광고PR 커뮤니케이션 효과이론

Theories of Advertising & Public Relations
Communication Effects

백혜진·최세정·조수영·정세훈·최인호·박진성·전종우
박노일·이두황·서영남·김미경·김수연·김효정·정동훈 지음

한울
아카데미

이 도서의 국립중앙도서관 출판예정도서목록(CIP)은 서지정보유통지원시스템 홈페이지
(http://seoji.nl.go.kr)와 국가자료종합목록시스템(http://www.nl.go.kr/kolisnet)에서
이용하실 수 있습니다. (CIP제어번호 : CIP2018035557[양장], CIP2018035558[학생판])

차례

발간사
본령(本令)을 위한 본령(本領)

상징적 상호작용 관점에서 인간 커뮤니케이션을 연구한 보어만(Bormann)의 상징수렴이론은 인간사(人間事) 속에 담긴 환상주제의 사회드라마 과정을 연구하는 틀입니다. 이 안에 담긴 다양한 스토리텔링 분석 개념 중 '인가하는 대리인(sanctioning agent)'은 드라마의 사회 수렴 과정을 정당화해주는 중요한 요소입니다. 인간사 속내를 들춰보면 역시 명분이 제일 중요하구나 하는 진리를 새삼 깨닫게 해주는 대목이었습니다.

회장 1년 임기를 시작하면서 부족한 제 자신이 학회의 명분을 받들어 해야 할 중요한 사명이 무엇인지 고민했습니다. 학회 정관을 엄숙한 마음으로 혼자 살펴보았습니다. 학회의 존립 목적은 '광고, 홍보 및 그와 관련된 연구 및 학술교류를 통해 광고홍보학의 발전에 기여(정관 1장 총직, 제3조)'하는 것이었습니다. 학회의 본령(本領)은 학문이고 학회원들의 '학문적 시대정신(zeitgeist)'을 담아내는 역할이 저의 본령(本令)임을 깨달은 순간입니다.

1998년 8월 사단법인 한국광고교육학회(본 학회의 전신)로 창립된 한국광고홍보학회는 1999년 3월에 《한국광고학보》를 창간하였으며, 1999년 9월 학회 중심 첫 학술서적인 『글로벌 시대의 광고와 사회』를 발간하였습니다. 2004년

4월에 《한국광고학보》를 《한국광고홍보학보》로 명칭을 변경하였고, 2010년 3월 《광고연구》의 발행권을 KOBACO로부터 이양받아 첫 발간을 시작하였습니다. 더불어 2017년 첫 KADPR총서 시리즈로 『100개의 키워드로 읽는 광고와 PR』이 출간되었습니다. 올해인 2018년에는 두 번째 KADPR 총서 시리즈로 『4차 산업혁명 시대의 광고기획 솔루션』이 출간되었으며, 이 책『광고PR 커뮤니케이션 효과이론』은 세 번째 KADPR총서 시리즈입니다.

머리말에서 백혜진 기획이사님이 자세히 밝혀주겠지만, 이 책은 학부 고학년과 대학원생을 위해 준비되었습니다. 광고와 PR 전공 학생들이 왜 커뮤니케이션 효과를 이해해야 하는가에 대한 논의는 학회원 중 많은 분들이 '광고PR학과'와 함께 '미디어커뮤니케이션학과'에 속해 있다는 표면적 이유조차 진부할 수 있겠습니다.

감사의 말씀을 전하고자 합니다. 이 책을 저와 함께 기획해주고 저자 선정에서부터 도서 세부내용, 그리고 집필까지 맡아준 백혜진 이사님에게 깊이 감사드립니다. 더불어 이 시리즈를 작년에 이어 도와주신 메타커뮤니케이션즈의 한재방 대표님과 최문규 부사장님께 깊이 감사드립니다. 또한 이 책 출간은 한국언론진흥재단 출판지원사업의 도움이었음도 밝힙니다. 작년에 이어 편집 및 출판 작업을 맡아준 한울엠플러스(주) 담당자분들에게도 감사드립니다.

무엇보다도 학회원들의 학문적 시대정신을 담아내기 위해 뜨거운 2018년 여름 밤을 바친 저자들에게 본서 탄생의 모든 공(功)을 돌리며 과(過)는 저에게 돌리겠습니다. 부디 독자 여러분의 성원을 빕니다.

2018년 10월
한국광고홍보학회 제13대 회장
박종민

머리말
광고학과 PR학의 뿌리 찾기와 벽 허물기

．

"대학원 이론 수업에서 사용할 교재가 없다."

"광고PR 분야 연구자들이 참고할 이론서가 없다."

이 두 가지 문제의식에서 이 책은 기획되었다. 이론은 오랜 경험과 관찰을 통해 일반화되고 추상화된 진술이자 사고의 방식(a way of thinking)이다. 이론은 어떠한 현상을 기술하고 설명하고 예측하는 역할을 한다. 따라서 이론은 하나의 학문이 견고하게 뿌리내리고 발전하는 근간이다. 그렇다면 광고학과 PR학에는 어떠한 이론들이 있는가? 광고학과 PR학을 별개의 학문으로 구분할 만큼 이론적 토대가 튼튼한가?

이 책은 광고와 PR의 뿌리가 커뮤니케이션이라는 전제에서 시작한다. 미국의 커뮤니케이션 학자인 파이슬리(Paisley, 1972)는 학문 분야의 발전을 수준 영역(level fields)과 변수 영역(variable fields)으로 구분한 바 있다. 수준 영역은 심리학, 사회심리학, 사회학, 문화인류학 등으로 나뉘고, 변수 영역은 교육학, 커뮤니케이션학, 정치학, 경제학 등 주제별로 나뉜다. 주제 영역은 더 세부적으로 나눌 수 있는데 커뮤니케이션학을 광고학, PR학, 헬스커뮤니케이션, 정치커뮤니케이션 등으로 나누는 것이 그 예이다. 그렇게 따지면 광고와 PR학은 엄연히 커뮤니케이션의 하부 분야이다. 그럼에도 광고학과 PR학은 마치 별개의 학문처럼 독립되어 발전했다. 광고학은 사회 심리학이나 설득 이론, 혹은 메시지 소구나 정보원과 관련된 커뮤니케이션 이론에 의지하여 광고 주제를 연구하는 방향으로 전개되었다. 문영숙·이병관·임혜빈(2017)[1]이 국내 광고 논문 1137편에서 어떠한 이론이 적용되었는지를 검토한 연구에서도 결론은 같았다. PR학 분야에서는 여러 이론들이 독자적으로 개발되었지만, 현상을 설명하고 예측하는 '좋은' 이론[2]으로 발전되지 못했다는 한계가 있다. 더구나 PR학은 학문적 정체성에서 여전히 혼란스럽다. 국내에서 Public Relations(PR)을 처음 '홍보(弘報)'로 소개하면서 '넓게 알린다'는 뜻의 광고(廣告)와 그 의미를 분명하게 하지 못한 것이 정체성 혼란의 시작일지도 모른다. 최근 들어 홍보학자들은 홍보학이라는 용어 대신 'PR학'이나 '공중관계학'으로 명명할 것을 주장하고 있다(따라서 이 책에서도 PR학으로 명명하기로 한다). 이렇듯 독자적인 이론의 발전이 부족했다는 점을 접어두고라도 디지털 미디어 테크놀로지를 포함한 사회 환경이 급변하면서 광고학과 PR학의 경계를 구분했던 기존의 정의를 적용하기 힘든 시점에 이르렀다. 이 책은 광고학과 PR학이 효과적인 커뮤니케이션을 통해 문제를 해결하는 공통된 목표를 가진 전략적인 설득 커뮤니케이션으로 기능한다는 점을 주목하였다. 광고PR의 맥락에서 커뮤니케이션의 효과이론을 살펴봄으로써 학문 간의 지식을 공유하고 불필요한 벽을 허물자는 것이 이 책의 취지이다.

라스웰(Lasswell, 1948)[3]은 커뮤니케이션을 누가(Source)', '무엇을(Message)', '어느 채널(Channel)'을 통해, '누구에게(Receiver)', '어떤 효과(Effect)'를 위한 소

---

1 문영숙·이병관·임혜빈, 「광고 연구의 이론 적용과 동향」. 《한국광고홍보학보》, 19권 2호 (2017), 85~134.

2 좋은 이론의 정의는 『커뮤니케이션 과학의 지평』 제1장 「좋은 이론이란 어떠한가」 파트를 참고하기 바란다.

3 Harold Dwight Lasswell, "The Structure and Function of Communication in Society"(1948), reprinted in Schramm, W. and Roberts, D. (eds) *The Process and Effects of Mass Communication*(Urbana: University of Illinois Press, 1974), pp. 84~99.

통의 과정이라고 설명한 바 있다. 이 SMCRE 모형은 각 커뮤니케이션 요소와 관련된 이론적 개념이 광고학과 PR학에서 어떻게 다루어졌는지를 체계적으로 살펴보고 접점을 찾는 데 유용하다.

이 책은 총 3부 12장으로 구성되었다. 각 장은 관련 이론의 정의와 기원 및 발전 과정과 더불어, 광고PR 분야에서의 국내외 연구 현황을 검토하고, 선행 연구의 한계점을 지적하고 향후 연구를 제언하는 형식으로 일관성을 유지하고 자 하였다.

제1부는 '전통 커뮤니케이션 효과이론'을 다루었다. 라스웰의 SMCRE 모형에 따라 각 커뮤니케이션 요소와 관련된 이론을 순서대로 정리하였다. 제1장은 정보원(Source)을 다룬다. 고대 그리스의 아리스토텔레스의 수사학(rhetoric)에서 기원한 정보원 신뢰도가 사회적 영향 이론, 정교화 가능성 모형, 의미 전이 모형, 조화 가설 등의 다양한 이론과 결합하여 광고PR의 다양한 주제에서 적용되었음을 설명한다. 제2장은 메시지(Message)와 관련된 이론을 기술한다. 트버스키와 카너먼의 전망이론에서 출발한 이득과 손실 메시지 프레임과 더불어, 이성 대 감성 소구, 공포, 유머, 죄책감 등 특정 감정 소구, 비교 소구 등의 메시지 소구를 소개한다. 채널(Channel)과 관련된 제3장에서는 광고 및 PR에서 매체의 효과를 직접적으로 설명하는 이론은 거의 없다는 점을 지적하며, 미디어의 기능 및 영향의 기제를 설명하는 의제 설정 이론(agenda-setting theory), 점화 이론(priming theory), 틀 짓기 이론(framing theory)을 소개한다. 제4장은 수용자(Receiver)의 개인적 특성을 고려하는 연구 전통의 역사를 개관하고 개인차 변수들 중에서 자기 해석과 인지 욕구에 대한 연구를 검토한다. 제5장은 설득 효과이론에서 가장 중요한 종속 변수인 태도를 살펴보고, 인지적 정보처리 과정으로서 정교화 가능성 모형과 휴리스틱 체계 모형을 설명한다.

제2부는 '커뮤니케이션 효과이론의 확장: 공중과 미디어의 변화'라는 제목을 붙였다. 변화하는 미디어 환경은 물론 수용자 혹은 소비자의 개념을 반영하고 새로운 시각을 제시하는 이론 및 개념들을 살펴보고자 하였다. 제6장은 PR학

에서 가장 핵심으로 다루는 공중의 개념을 심도 있게 살펴보고, 공중을 이론화하는 공중 상황이론과 공중 세분화 모형을 다룬다. 공중을 고정불변의 속성을 가진 집단이 아니라 쟁점 상황에 따라 등장하는 상황적인 존재로 개념화한 이론적 전환에 주목한다. 제7장은 디지털 미디어 이론 중 국내 광고·PR학 분야에서 유력한 이론적 개념으로 부상하고 있는 현존감의 개념과 역사적 발전, 국내외 연구 동향을 검토한다. 제8장은 소비자가 수동적으로 설득당하는 대상이 아닌 능동적 주체로서 설득과정에 개입한다는 점을 이론화한 설득 지식 모형을 설명한다. 제9장은 사람들이 전통 심리학이나 경제학에서 전제하듯 언제나 이성적이고 합리적인 의사결정을 하지는 않으며, 불확실한 상황에서 제한된 정보를 바탕으로 직관적인 판단과 의사결정을 한다는 트버스키와 카너먼의 '휴리스틱과 편향(Heurstics and Biases)' 연구 패러다임을 소개한다. 특히 광고PR 커뮤니케이션에서 활용도가 높은 대표성, 가용성, 정박과 조정, 감정 휴리스틱의 개념과 이론적 발전, 개념을 적용한 국내외 연구를 소개한 후, 이러한 휴리스틱을 심리적 기제로 한 행동경제학의 원리를 이용하여 행동 변화에 효과적인 전략 커뮤니케이션('넛지' 커뮤니케이션)을 제안한다.

제3부는 '광고·PR·커뮤니케이션과 인접 학문의 벽 허물기'라는 제목으로 다학제 간에 주목받는 연구 주제와 이론적 개념을 소개한다. 제10장은 경영학에서 시작된 개념이지만 광고PR 및 커뮤니케이션 제반 분야로 확대되어 주목받는 기업의 사회적 책임과 관련된 개념과 연구 동향을 설명한다. 제11장은 위험과 위기 커뮤니케이션을 다룬다. 독립적으로 발전해온 두 분야의 대표 이론과 관련문헌을 고찰한 후, 흩어져 있는 기존 연구의 결과들을 통합함으로써 위험위기 커뮤니케이션의 지식체계를 구축할 것을 제안한다. 마지막으로 제12장은 인공지능과 뇌과학 등에 대한 사회적 관심이 높아지는 최근의 동향을 반영하여 뇌과학 중 뇌전도(Electroencephalography: EEG) 연구를 소개한다. EEG가가 광고PR 혹은 인접분야에서 어떻게 적용되었는지 검토하고, 광고PR 커뮤니케이션 영역을 확장하여 다학제적 접근과 협업을 통해 다양한 방법론으로 가설을 검증할 것을 제안한다.

이 책은 광고홍보학회의 지식총서 시리즈 세 번째 작품이다. 지식총서라는 의미에 걸맞게, 학문적 발전에 도움이 될 만한 저서를 기획하는 데에만 수개월이 걸렸다. 기획에서 출판까지 숨가쁘게 달려온 과정에서 고마운 분들이 많다. 처음 아이디어 기획 단계부터 목차 구성까지 관심과 애정의 끈을 놓지 않으신 박종민 회장님. 대학원 이론서로서 기획 방향을 잡고 각 주제에 적합한 저술자를 찾는데도 큰 도움을 주신 전종우 교수님. 그리고 빡빡한 일정을 소화하며 편집 작업을 진행해주신 한울엠플러스(주)의 편집부. 무엇보다 6개월도 채 안 되는 기간 동안 쓸 만한 이론서를 만들어보겠다는 사명감으로 111년 만의 최악 폭염이 찾아온 여름을 저술 작업에 바친 저자들이 아니었다면 이 저서는 존재하지 않을 것이다. 짧은 시간 동안 각 분야의 방대한 국내외 문헌들을 정리하고 소화하여 챕터를 구성하는 데에서 부족함과 아쉬움도 많다. 광고PR 커뮤니케이션이라는 통합된 이름 아래 이론적 개념을 정리하고 확장하며 개발하는 먼 여정에서 이 이론서가 첫발을 떼는 역할을 하기를 바라는 마음이다.

2018년 10월
저자들을 대표하여
백 혜 진

제1부

SMCRE를 기반으로 한 전통 커뮤니케이션 효과이론

정보원(Source)
정보원 신뢰도와 효과이론

최 세 정

1. 들어가며

모든 커뮤니케이션은 기본적으로 라스웰(Laswell, 1948: 37)이 제기했던 질문의 틀, 즉 "누가 어떤 효과를 가지고 어떤 채널을 통해 누구에게 무엇을 이야기하는가(Who says what in what channel to whom with what effect)"로 이해할 수 있다. 정보원(source)의 개념은 이 중 '누가(who)'에 해당하며 광고와 PR 분야에서 '무엇(what)'에 해당하는 메시지를 전달하는 화자(speaker)가 가지는 설득 효과에 대한 연구가 주를 이루었다. 특히 광고 분야에서 정보원 효과(source effect)에 대한 연구는 광고에 등장하는 인물을 일컫는 광고 모델의 효과를 파악하는 데 중점을 두어왔다. 기업은 직접 제품이나 서비스에 대해 정보를 전달하기보다는 매력적이고 신뢰할 수 있는 인물을 광고의 화자로 활용함으로써 광고의 설득 효과를 제고하려는 목적으로 광고 모델을 이용한다(이정교, 2012). 정보원 효과는 같은 메시지라고 하더라도 누가 전달하느냐에 따라 설득 효과가 달라질 수 있다는 것을 의미하며, 실제 광고 모델의 유형이나 특성에 따라 광고 효과가 다르게 나타난다는 것은 오래전부터 실증적으로 입증되었다

(Erdogan, 1999; Friedman and Friedman, 1979). 즉, 우리는 일상생활에서 수많은 광고를 접하면서 모든 광고에 동일하게 반응하지 않으며 광고의 여러 요소 중 광고 모델, 즉 누가 광고에 등장하는가에 따라 다르게 반응할 수 있다.

광고에 등장하는 화자 혹은 모델의 유형은 유명인(celebrity), 전문가, 최고경 영자(CEO), 일반인 등이 있으며, 이러한 모델의 광고에서의 역할은 보증인 (endorser), 대변인(spokesperson), 배우(actor) 등으로 구분된다. 광고의 정보원 효과 연구 중 특히 유명인이 보증인으로 등장하는 광고의 설득 효과에 대한 연 구가 활발히 이루어졌는데, 유명 보증인(celebrity endorser)은 "인기가수, 배우, 스포츠 스타 등과 같이 특정 분야에서의 성취를 기반으로 대중에게 잘 알려진 유명인이 이러한 대중적인 인지도를 이용하여 광고에서 제품이나 서비스와 함 께 등장해 이를 보증하는 인물"로 정의한다(McCracken, 1989: 310).

보증(endorsement)이란 지지 혹은 옹호라고도 일컫는데, 광고 모델이 해당 제품이나 서비스의 광고에 등장하여 공개적으로 그 제품이나 서비스를 추천하 는 것을 의미한다. 예를 들어 직접 사용해본 경험과 개인적인 믿음을 바탕으로 제품의 품질, 기능, 효과 등을 증언(testimonial)하는 형식 등을 통해 보증이 이 루어질 수 있다. 한편 유명인은 광고에서 다른 역할로 등장하기도 하는데, 단 순히 제품이나 서비스에 관한 정보나 메시지를 전달하는 대변인(spokesperson) 의 역할을 맡거나, 영화나 드라마처럼 광고에서 가상으로 만들어진 시나리오 의 등장인물을 연기하는 배우(actor)의 역할을 맡기도 한다. 이는 가상의 상황 을 재현하는 인물을 연기하는 것이기 때문에 보증인이나 대변인의 역할을 맡 아 제품이나 서비스에 대한 메시지를 전달하는 것처럼 직접적인 형태의 보증 은 아니지만, 광고 모델로 등장하는 것 자체가 간접적인 보증의 의미가 있어 소극적인 형태의 보증으로 이해된다.

정보원으로서의 광고 모델의 효과에 관한 연구는 정보원 효과의 개념을 기 반으로 시작되었지만 이후 다양한 개념과 이론들을 적용하여 진화해왔다. 또 한 TV, 라디오, 신문, 잡지 등 레거시 미디어(legacy media) 광고 중심의 연구는 인터넷과 소셜 미디어 등의 등장으로 인해 다양한 미디어 환경과 맥락을 포함하게 되었으며 광고 모델뿐 아니라 다양한 화자 혹은 정보원을 포함한 연구로 확장되어 광고와 PR 메시지의 설득 효과를 이해하는 데 기여해왔다.

2. 이론(개념)의 정의와 기원

정보원 효과 개념은 설득 효과에 대해 처음으로 체계적인 지식을 제시한 고대 그리스의 아리스토텔레스(Aristotel)의 레토릭(rhetoric)에서 기원을 찾을 수 있다. 아리스토텔레스는 어떤 메시지에 대해 사실이나 진리와는 별개로 그 메시지가 어떻게 전달되느냐에 따라 다른 결과를 가져올 수 있다는 데 주목하고, 메시지를 전달하는 화자가 메시지의 효과를 결정하는 중요한 설득 요인 중 하나임을 강조했다.

이후 정보원 효과 개념은 제2차 세계대전 동안 군대에서 수행했던 연구 경험을 바탕으로 설득 효과에 대한 연구 프로그램을 체계적으로 제시한 호블랜드(Hovland)에 의해 정립되었다. 호블랜드와 동료들(Hovland et al., 1953)은 메시지의 설득 효과가 메시지 특성과 수용자 특성뿐 아니라 정보원 특성에 따라 어떻게 달라지는지에 대해 가설을 수립하고 검증했으며, 정보원 효과를 정보원 신뢰도(source credibility) 개념으로 설명하였다. 정보원 신뢰도는 "커뮤니케이션 정보원에 대한 수용자의 태도"(McCroskey, 1997: 87)로서, 메시지의 정보원의 객관적인 속성이라기보다는 정보원이 정확하고 진실한 메시지를 전달할 능력과 진정성을 가지고 있는지에 대한 수용자의 주관적인 판단과 인식을 의미하기 때문에 수용자에 따라 동일한 정보원의 신뢰도를 다르게 볼 수 있다.

정보원의 신뢰도는 연구자에 따라 다양한 차원으로 구성되어 있다고 제시되었다. 예를 들어, 매크로스키와 테번(McCroskey and Teven, 1999)은 정보원 신뢰도가 전문성(expertise)·진실성(trustworthiness)·선의(goodwill) 세 차원으로 구성된다고 주장했으며, 벌로, 레머트와 메르츠(Berlo, Lemert and Mertz, 1969)는 정보원 신뢰도가 '잘 아는'·'경험 있는'·'훈련받은' 등으로 표현되는 자격(qualification) 차원, '공정'·'친근' 등과 관련 있는 안전(safe) 차원, '활동적인'· '활기찬' 등을 의미하는 역동적(dynamic) 차원으로 구성된다고 밝혔다. 이 외에 도 정보원 신뢰도는 믿음(believability), 공정성(fairness), 평판(reputation), 객관 성(objectivity) 등 다양한 개념과 하위 차원을 통해 정의되었지만, 보편적으로 호블랜드와 위스(Hovland and Weiss, 1951)의 정의를 따라 정보원의 전문성 (expertise)과 진실성(trustworthiness)을 정보원의 신뢰도를 구성하는 핵심적인 두 차원으로 이해한다.

전문성(expertise)은 "화자가 타당성 있는 주장의 정보원으로 인식되는 정도 (the extent to which a communicator is perceived to be a source of valid assertions)"(Erdogan, 1999: 298)로 정의된다. 즉, 정보원이 메시지와 관련하여 지식, 경험, 기술, 훈련 등을 통해 정확한 정보를 전달할 수 있는 능력을 가지고 있는지를 의미한다. 전문성은 특정 분야나 주제에 관련된 속성이기 때문에 어 떤 분야에서 전문성을 가진 정보원이라고 하더라도 다른 분야나 주제에 대해 서는 전문성을 가지지 못할 수 있다. 한편 진실성(trustworthiness)은 정보원이 메시지를 편향되지 않고 정직하게 전달한다고 수용자가 가지는 믿음이라고 할 수 있다(Ohanian, 1991). 예를 들어, 소비자들은 제품이나 서비스에 대해 기업 이나 마케터가 전달하는 정보보다는 가족이나 친구가 제공하는 정보가 왜곡되 지 않고 믿을 만하다고 인식하는 경향이 있다. 정보원의 신뢰도는 전문성과 진 실성이 높을수록 높게 인식되며, 다른 요인의 효과가 일정하게 유지된다면, 정 보원의 신뢰도가 높을수록 메시지의 설득 효과는 높게 나타난다.

신뢰도와 함께 정보원 효과를 결정 짓는 또 하나의 주요 개념은 정보원 매력 도(source attractiveness)이다. 정보원 매력도는 정보원 신뢰도를 보완하여 정보 원 효과를 설명하는 개념으로서, 켄턴(Kenton, 1989)은 남성과 여성 정보원에 대한 신뢰도의 인식 차이를 전문성, 진실성 기반의 정보원 신뢰도만으로는 충 분히 설명하기 어렵다는 점을 지적하면서 정보원 매력도의 유용성을 주장하였 다. 메시지의 설득 효과에 영향을 주는 정보원 매력도는 신체적 매력도 (physical attractiveness)뿐 아니라 유사성(similarity), 친숙도(familiarity), 호감도

(likability) 요인에 의해 결정된다(McGuire, 1985; Baker and Churchill, 1977; Bower and Landreth, 2001).

유사성은 정보원과 메시지의 수용자 간 공통적인 요소들을 통해 얼마나 닮았다고 인식하는지를 의미한다. 유사성 매력 가설(similarity-attraction hypothesis)에 의하면 우리는 상대방이 나와 비슷한 생각, 가치관 등을 가졌다고 인식하면 그 사람에게 매력을 느끼는 경향이 있다(Fraser and Brown, 2002). 수용자는 나이, 성별, 인종, 직업, 사회계층, 교육배경 등 다양한 공통 요소를 기반으로 정보원에 대한 유사성 인식을 형성하며, 정보원이 이러한 요소들을 공유하여 자신과 비슷하다고 인식할수록 자신과 비슷한 성향·태도·선호·의견 등을 가지고 있을 것이라고 믿는 경향을 보였다(Feick and Higie, 1992). 정보원 유사성은 인구통계학적 속성 등 가시적인 요인 외에도 라이프스타일, 가치관, 취미 등 심리적·이념적인 요인에 의해 결정될 수 있는 포괄적 개념이다. 이러한 정보원에 대한 동질감은 정보원이 전달하는 메시지에 대한 반응도 보다 긍정적으로 이끄는 설득 효과가 있다.

친숙도는 정보원에 대해 얼마나 알고 익숙하게 느끼는지를 의미한다. 이러한 친숙함은 노출의 정도에 의해 결정된다. 어떤 대상에 대한 노출이 반복되면 그 대상에 대해 구체적인 정보나 지식이 없다고 하더라도 긍정적인 태도를 가질 수 있다는 자욘스(Zajonc, 1980)의 단순 노출 효과(mere exposure effect)가 제시하는 것처럼, 정보원이 빈번한 노출을 통해 잘 알고 익숙하다고 여기는 사람이라면 그 정보원에 대해 보다 매력적으로 느끼며 그 정보원이 전하는 메시지에 대해서도 보다 긍정적으로 반응할 수 있다. 호감도는 정보원에 대해 얼마나 긍정적인 감정을 가지는가를 의미한다. 정보원에게 호감을 느낀다면 정보원에 대한 매력도 또한 높게 평가하며 그 정보원이 전하는 메시지에 대해서도 보다 긍정적으로 평가할 수 있다.

다양한 커뮤니케이션 분야에서 정보원 신뢰도와 매력도의 효과를 설명하는 수많은 이론적·실증적 연구가 수행되어왔지만, 특히 광고와 PR 분야에서 정보원 효과 개념을 활용한 다양한 연구가 오랜 기간 지속되어왔다(예: Erdogan,

1999; Kahle and Homer, 1985; Sternthal, Dholakia, and Leavitt, 1978). 1980~2010년 동안 총 17개의 광고 관련 저명학술지에 게재된 926개의 논문들을 내용 분석한 김 외(Kim et al, 2014)의 연구에 의하면, 분석 대상 논문들이 활용한 이론과 개념들 중 정보원 신뢰도가 다섯 번째로 많이 적용되었던 것으로 나타났다.

3. 이론 확장 과정과 기제

1) 사회적 영향 이론

정보원 효과를 설명하고 검증하는 연구들은 여러 이론과 모형을 함께 적용해왔다. 켈먼(Kelman, 1958)의 사회적 영향 이론(social influence theory)은 정보원의 신뢰도와 매력도의 설득 효과를 이해하는 데 활용된 대표적 이론 중 하나이다. 사회적 영향 이론은 우리가 다른 사람이나 집단의 영향을 받아 태도를 바꾸는 과정을 순응(compliance), 내면화(internalization), 동일시(identification)로 설명한다. 특히 정보원 신뢰도와 매력도의 영향은 각각 내면화와 동일시 과정으로 설명된다(Kelman, 1958; 1961).

우리가 다른 사람이나 집단의 태도, 의견, 규범, 행동 등을 받아들이고 근본적으로 자기 자신의 것으로 만드는 과정을 내면화라 한다(Kelman, 1958). 내면화 과정은 다른 사람이나 집단이 제시하는 태도나 의견이 자신이 추구하는 가치와 목적에 부합하고 결국 자신에게 유용하다고 판단할 때 이루어질 수 있다. 따라서 정보원의 신뢰도가 높다고 인식할 때 그 정보원이 제시하는 의견, 태도 등이 타당하고 이를 수용하는 것이 궁극적으로 도움이 될 것이라고 생각하기 때문에 내면화가 원활히 이루어질 수 있다(Kelman, 1961).

동일시는 "개인이 다른 사람이나 집단과 만족스러운 자아 정의의 관계(self-defining relationship)를 형성하고 유지하기를 원하기 때문에 이들의 영향을 수용할 때 발생"한다(Kelman, 1958: 53). 우리는 동경하거나 선망하는 대상이 있을 때 그 대상처럼 되고 싶은 욕구가 있으며, 그 대상을 준거기준으로 자신을 정의하고 자신과 동일시함으로써 이러한 욕구를 간접적으로 충족할 수 있다 (Kamins and Gupta, 1994). 수용자가 정보원에 대해 호의적으로 느끼고 매력적으로 인식할수록 정보원과 동일시할 가능성이 높고, 궁극적으로 광고 메시지에 대해 긍정적으로 반응하고 수용할 수 있다.

2) 정교화 가능성 모형

광고 모델의 정보원 신뢰도와 매력도의 독자적인 설득 효과를 보여주는 연구 외에도 다른 변수들과의 상호 작용 효과를 검증하는 연구가 많다. 정교화 가능성 모형(Elaboration Likelihood Model)에 의하면 소비자의 관여도에 따라 정보원 신뢰도의 영향이 달라질 수 있다. 소비자의 제품에 대한 관여도가 높은 경우에는 광고 메시지의 논증 품질(argument quality) 등에 초점을 둔 중심적 경로(central route)를 통한 설득이 일어나는 반면, 소비자의 제품 관여도가 낮은 경우에는 광고 메시지의 정보원 신뢰도나 매력도 등 주변적 단서(peripheral cue)의 영향이 큰 것으로 나타났다(Petty, Cacioppo and Schumann, 1983). 즉, 소비자가 별로 관심이 없거나 중요하지 않다고 생각하는 제품의 광고를 접할 때 메시지를 면밀히 검토하지 않고 단순히 광고에 등장하는 모델의 신뢰도나 매력도를 단서로 사용하여 제품에 대한 태도를 결정한다는 것이다. 이에 따르면, 유명인 광고 모델이 일반인 모델에 비해 대체적으로 신뢰도와 매력도가 높게 인식되기 때문에 저관여 상황에서 광고 메시지의 정보원으로서의 영향이 더 두드러질 수 있다.

하지만 정보원 신뢰도나 매력도가 반드시 주변적 단서나 휴리스틱 단서 (heuristic cue)로 작용한다고 보기는 어렵다. 정교화 가능성 모형으로 대표되는 이중 경로 설득 모형(Dual-Processing Model of Persuasion)의 초기 연구는 중심적 경로와 주변적 경로를 설득 메시지를 처리하는 정형화된 과정으로 개념화하고 수용자가 설득 메시지에 접할 때 둘 중 하나의 경로만을 선택하는 것으로 보는 시각이 지배적이었지만, 단서적 - 체계적 처리 모형(Heuristic-Systematic Processing Model)을 포함하여 이후 이중 경로 설득 모형에 대한 논의는 많은 인지적 노력을 필요로 하거나 혹은 필요로 하지 않는 두 개의 메시지 처리 과정이 동시에 발생할 수 있고 서로 영향을 줄 수 있다고 본다(Chaiken and Maheswaran, 1994).

또한 정보원 신뢰도나 매력도가 메시지의 설득 효과를 결정 짓는 하나의 '증거(evidence)'로 이해하기도 한다. 크루글랜스키와 톰슨(Kruglanski and Thompson, 1999)이 제안한 단일 경로 설득 모형(persuasion by a single route)은 수용자가 메시지를 인지적으로 처리하여 결론에 도달하는 과정에서 정보원의 신뢰도 또한 "결론과 관계 있는 정보"로서 다른 증거들과 함께 종합적으로 이용된다고 보았다. 실제로 페티·카시오포·슈만(Petty, Cacioppo and Schumann, 1983)은 정교화 가능성 모형의 검증을 위한 이전 연구(Petty and Cacioppo, 1980)에서, 샴푸 제품의 광고에 등장하는 모델의 매력도를 주변적 단서로 조작하여 실험을 수행하였을 때 고관여·저관여 상황에서 모두 정보원 매력도의 유의미한 영향이 나타난 것은 광고 모델의 신체적 매력도, 특히 여성 모델의 헤어스타일이 샴푸의 품질에 대해 판단하는 데 논리적 근거로서 기능했기 때문이라고 보았다.

3) 의미 전이 모형

정보원으로서 광고 모델의 효과에 관한 연구는 보다 다양한 이론들을 기반으로 확장되었다. 많은 연구가 대체로 일반인에 비해 유명인 광고 모델의 긍정적인 설득 효과를 보여주었지만 실제로 유명인 모델을 활용한 모든 광고가 효과적이라고 보기는 어렵다. 그렇다면 어떤 조건에서 유명인을 이용한 광고가 효과적일까. 매크래켄(McCracken, 1989)은 정보원 효과 개념에 바탕을 둔 이전 연구들은 정보원의 속성으로부터 기인하는 설득 효과만 검증할 뿐 광고를 통해 유명인 모델과 관련성이 형성되는 제품이나 서비스와의 상호 작용 효과에 대한 이해를 제공하지 않는다고 비판하고, 유명인 모델을 이용한 광고의 효과가 이루어지는 과정을 설명한 의미 전이 모형(Meaning Transfer Model)을 제안하였다.

　의미 전이 모형은 유명인이 가지는 상징적 의미가 제품을 보증하는 광고를 통해 제품으로 전이되고 소비자가 구매하여 소비함으로써 소비자에게 다시 전이되는 과정을 세 단계로 도식화했다. 먼저 첫 번째 단계에서 유명인 개개인은 소속된 사회에서 다양한 활동을 통해 상징적 의미를 축적한다. 유명인이 미디어 등을 통해 전문 분야에서 활약하는 모습은 대중에게 지속적으로 노출되는데, 이러한 활동은 그 사회에서 대중적으로 인기 있고 두드러진 문화적 의미들을 내포한다. 따라서 유명인의 활동 이력에 따라 관련된 다양한 문화·사회적 상징적 의미들이 해당 유명인으로 전이되어 내재되는 과정이 발생하고, 각 유명인은 다양한 상징과 의미들의 독특한 조합을 가지게 된다. 두 번째 단계는 광고의 모델로 등장하여 제품을 보증함으로써 유명인이 가지고 있는 상징적 의미들이 제품으로 전이되는 과정이다. 기업의 입장에서 광고하고자 하는 제품이 가져야 할 바람직한 이미지나 속성에 부합하는 유명인을 광고 모델로 선정함으로써 유명인이 기존에 가지고 있는 의미를 활용하여 제품의 의미를 제고할 수 있다. 마지막으로 세 번째 단계에서 제품으로 전이된 의미들은 소비자가 해당 제품을 구매하고 이용함으로써 최종적으로 소비자에게 전이된다. 즉, 소비자는 광고를 통해 제품이 광고 모델로 등장하는 유명인과 관계를 형성하고 그 유명인이 상징하는 의미들을 해당 제품 또한 가지게 되었다는 것을 인지하고, 이러한 상징적 의미가 자신이 추구하는 정체성 혹은 이미지와 부합한다면 자기표현의 수단으로서 제품을 구매하고 소비하여 그 의미를 자기의 것으로 만들 수 있다.

　문화·사회적 관점에서 소비가 문화와 상호 작용하며 상징적 의미를 전달한다는 데 주목하여, 소비자가 속한 문화에서 보편적으로 받아들여지는 의미가 유명인을 통해 제품으로, 다시 제품으로부터 소비자에게로 전이되는 과정을 통해 유명 광고 효과의 기제를 설명한다는 데 의미 전이 모형의 의의가 있

다. 유명인이 상징하는 의미의 조합은 복합적으로 창출되기 때문에 다소 획일
적인 정보원 신뢰도와 매력도 외에도 유명인 개개인이 가지는 다양하고 차별
적인 상징적 속성과 의미를 이해하고 이러한 의미가 광고를 통해 제품과 연계
되었을 때 제품과의 상호 작용을 통해 소비자에게 어떠한 효과를 미칠 수 있는
지를 보여준다. 의미 전이 모형이 제시하는 유명인 광고의 의미 전이 과정은
몇몇 연구를 통해 입증되기는 했지만 상대적으로 실증 연구가 부족하다(Lee
and Thorson, 2008; Walker, Langmeyer and Langmeyer, 1992). 하지만 유명인 광고
모델이 내재하고 있는 의미들과 제품이 추구하는 의미들이 부합할 때 광고 효
과가 제고될 수 있다는 제안은 광고 모델의 정보원으로서의 설득 효과는 광고
하는 제품에 따라 달라질 수 있다는 조건적 접근(contingency approach)의 정보
원 효과 연구와 맥락을 같이한다.

4) 조화 가설

광고에서 정보원의 유형과 제품 유형 간의 관계에 주목한 초기 연구로서 카
눈고와 팽(Kanungo and Pang, 1973)의 실험연구 결과는 남성 모델과 여성 모델
이 각각 남성적, 여성적인 이미지가 강한 제품으로 인식되는 자동차와 가구의
광고에 등장했을 때 가장 호의적으로 평가된다고 제시했다. 프라이드먼과 프
라이드먼(Friedman and Friedman, 1979) 또한 광고 모델 유형과 제품 유형 간의
의미 있는 상호 작용 효과를 검증했다. 구체적으로 유명인, 전문가, 일반인 광
고 모델의 경우 각각 액세서리, 진공청소기, 과자 광고에 등장했을 때 설득력
면에서 평가가 가장 긍정적이었다. 즉, 광고 모델의 신뢰도를 높게 인식하고
제품에 대해 긍정적인 태도를 가지며 강한 구매 의도를 보였다. 이 연구 결과
는 광고 모델의 설득력은 제품에 따라 달라지며, 유명인은 자기표현과 상징적
의미가 강한 제품의 광고 모델로서 효과가 높고, 전문가 모델은 기능적인 제품
의 광고에 효과적이며, 일반인 모델은 상징적·기능적인 의미가 강하지 않은
일상적인 제품의 광고에서 설득 효과가 높다는 것을 보여준다.

광고 모델의 정보원 효과는 모델의 속성과 제품의 속성을 조화를 통해 향상될 수 있다고 제안하며 광고 모델과 제품의 관계를 개념화한 것이 조화 가설(Match-up Hypothesis)이다(Kamins, 1990). 조화 가설을 검증하는 연구에서 정보원 신뢰도와 매력도는 조화의 기반이 되는 특정 속성, 즉 조화 요소(match-up factor)로 주목받았다. 예를 들어, 외모적으로 매력적인 광고 모델은 매력적이지 않은 광고 모델보다 외모를 향상시키는 데 사용되는 제품을 광고할 때 더욱 효과적인 것으로 밝혀졌다(Kahle and Homer, 1985). 카민스(Kamins, 1990)의 실험연구 결과도 매력적인 유명인 모델이 매력을 향상시키는 제품인 고급 자동차의 광고에 등장할 때 매력적이지 않은 유명인 모델에 비해 더 높은 신뢰도와 긍정적인 제품 태도를 얻은 반면, 가정용 컴퓨터의 광고에서는 이러한 유명인 모델 유형에 따른 효과 차이가 나타나지 않았다.

조화 가설의 검증은 광고 모델의 매력도뿐 아니라 신뢰도를 포함하여 확장되었다. 틸과 버슬러(Till and Busler, 2000)의 연구는 유명인 광고 모델의 매력도는 모델과 제품의 조화 요소로 사용되었을 때 유의미한 효과가 없었지만, 광고 모델의 전문성은 조화 요소로서 소비자의 브랜드 평가에 긍정적인 영향을 미치는 것으로 나타났다. 즉, 광고 모델의 매력도와 신뢰도를 구분하여 각 속성이 제품과의 조화를 이루어 어떠한 정보원 효과를 미치는지 조화 가설을 통해 탐색할 수 있다.

하지만 광고 모델과 제품이 조화(match) 혹은 부조화(mismatch)를 이룬다는 이분법적인 접근보다는 소비자들의 인식에 의해 결정되는 조화의 정도를 이해하는 것이 더 중요하다. 또한 광고 모델의 두드러진 특성이나 이미지가 조화 요소로 작용할 수도 있지만 유명인과 제품 모두 다양한 이미지를 동시에 가지고 있기 때문에 유명인과 제품 이미지 간의 전반적인 조화가 정보원의 효과를 파악하는 데 더 유용할 것이다. '적합성(fittingness)'(Kanungo and Pang, 1973), '적절성(appropriateness)', '일관성(consistency)'(Misra and Beatty, 1990), '관련성(relevance)'(Miciak and Shanklin, 1994), '일치성(congruence)'(Kamins, 1990; Lynch and Schuler, 1994) 등 다양한 용어가 사용되었지만, 광고 모델과 제품 간의 조화를 소비자의 전반적인 인식, 즉 '인지된 적합성(perceived fit)'으로 개념화하는 것이 보편적이다(Choi and Rifon, 2012; Lee and Thorson, 2008).

리와 토슨(Lee and Thorson, 2008)은 실험연구를 통해 유명인의 이미지와 제품의 이미지 간의 조화의 정도를 세 가지 수준으로 조작하여 설득 효과를 검증하였다. 연구 결과, 광고에서 유명인과 제품의 이미지가 적절한 부조화(moderate mismatch)를 이룰 때 완전한 조화(complete match)나 극단적 부조화(extreme mismatch) 상황에서보다 소비자가 제품에 대해 가지는 구매 의도가 가장 높은 것으로 나타났다. 이러한 효과는 제품 관여도가 낮은 소비자 집단에 비해 높은 소집단에서 더 두드러졌다. 연구자들은 스키마 일치 이론(schema congruity theory)을 활용하여 연구 결과를 설명하였다.

5) 스키마 이론

스키마(schema)는 우리가 외부의 정보를 받아들여 개념이나 대상 등 관련성에 따라 분류하여 체계화하여 저장한 기억의 구조를 말하며 추후 새로운 정보를 처리하고 해석하고 저장할 때 영향을 미친다(Fiske and Taylor, 1984). 스키마는 다양한 관련 개념·정보 등이 마디(node)를 통해 서로 연결되어 이루어지기 때문에 우리가 어떤 대상에 대해 많은 경험·정보와 지식을 가지고 있다면 해당 스키마는 많은 마디로 구성되어 체계적으로 정립되어 있을 것이다. 우리가 새로운 정보를 처리할 때 관련된 기존의 스키마를 활용하여 이미 저장된 지식과 연관지어 정보의 내용과 속성 등을 파악하고 저장함으로써 정보처리 과정을 보다 효율적이고 체계적으로 수행할 수 있다. 광고 메시지를 처리할 때에도 다양한 관련 스키마의 영향을 받는다. 예를 들어, 유명인이 모델로 등장하는 광고를 접할 때 유명인에 대한 스키마, 유명인이 광고하는 제품에 대한 스키마, 광고에서 유명인이 수행하는 역할에 대한 스키마, 광고 전반에 대한 스키마 등이 해당 광고를 이해하고 평가하고 기억하는 데 영향을 미칠 수 있다(Speck, Schmann and Thompson, 1988).

스키마 이론에 따르면 새로운 정보가 기존 지식체계와 부합한다면 특별히 주목하지 않고 용이하게 처리할 수 있는 반면, 새로운 정보가 기존의 지식체계와 일치하지 않는다면 이러한 불일치를 해석하고 해결하기 위해 보다 많은 인지적 노력을 기울여 깊이 있는 처리 과정을 갖게 된다. 기존 스키마와 일치하는 정보는 쉽게 처리하기 때문에 그 인지적·감정적·행동적 효과가 강하지 않은 편이고, 기존 스키마와 크게 불일치하는 정보를 해석하고 해결하기 위해서는 기존의 지식체계를 많이 변화시켜야 하기 때문에 부정적인 반응을 유발할 수 있다(Meyers-Levy and Tybout, 1989). 하지만 적정한 수준의 불일치는 기존 지식체계와 다르기 때문에 오히려 신선하게 받아들이고 주목하면서도, 많은 변화가 필요하지는 않기 때문에 정보처리 과정을 통해 긍정적인 감정을 이끌 수 있다(Meyers-Levy and Tybout, 1989). 따라서 앞서 살펴본 리와 도울슨(Lee and Thorson, 2008)의 연구 결과는 유명인 광고 모델과 제품 간의 적정 수준의 부조화가 적정 수준의 스키마 불일치로 해석되어 오히려 긍정적인 결과를 가져온 것으로 볼 수 있다.

6) 준사회적 상호 작용

광고 모델의 정보원 효과에 대한 또 다른 이론적 접근은 준사회적 상호 작용(parasocial interaction)을 바탕으로 한다. 우리는 미디어에 등장하는 인물에 대해 직접적인 접촉이나 소통은 없더라도 상상적인 상호 작용을 통해 마치 실제로 관계를 가진 상대방처럼 친밀하게 느낄 수 있다(Horton and Whol, 1956). 유명인 광고 모델의 경우 이전의 미디어 노출과 빈번한 광고 노출을 통해 매개된 이미지가 형성되고, 소비자는 실제 상호 작용이 없음에도 광고에 투영된 유명인의 이미지를 바탕으로 준사회적 상호 작용을 가지기도 한다(Alperstein, 1991). 또한 가상의 상호 작용을 통해 유명인과 친밀한 인간관계를 가지고 특정 유명인에 대해 많은 관심과 애착을 가져 자신과 동일시(identification)하기도 한다(Giles, 2002).

동일시는 "동경하는 실제 또는 가공의 인물의 이미지에 개인적 혹은 매개된 과정을 통해 자신의 태도, 가치관 또는 행동을 재구성하는 과정"을 의미한다 (Fraser and Brown, 2002: 7). 특정 유명인을 동경하고 역할 모델(role model)로 여겨서 동일시하며 자신의 자아 형성과 발전의 기준으로 삼고 해당 유명인의 신념, 생활방식, 행동 등을 모방하기도 한다(Fraser and Brown, 2002). 이러한 소비자의 유명인에 대한 인식, 태도, 관계는 해당 유명인이 광고 모델로 등장할 때 그 효과에 영향을 미치기 때문에 중요하다. 예를 들어, 바실(Basil, 1996)은 유명 스포츠 스타인 매직 존슨(Magic Johnson)이 모델로 등장하는 AIDS 예방 공익광고의 효과를 수용자가 매직 존슨에 대해 가지는 동일시가 매개(mediation)하는 것을 실증적으로 밝혔다. 즉, 수용자의 유명인 광고 모델에 대한 동일시 정도가 클수록 AIDS에 대한 관심과 예방 행동 의도에 긍정적인 영향을 미치는 것으로 나타났다.

4. 광고PR 분야에서의 적용과 연구: 국내외 문헌을 중심으로

1) 유명인 광고 모델 신뢰도

정보원 효과는 광고와 PR 분야에서 중요한 개념으로 많은 연구에서 다뤄졌다. 특히 광고 모델의 효과를 검증하는 연구가 활발히 이루어졌는데, 연구 결과는 대체로 유명인 광고 모델이 일반인 혹은 비유명인 광고 모델에 비해 설득 효과가 높다는 것을 보여주며, 이는 소비자들이 대중적 인지도와 인기를 바탕으로 유명인 모델이 정보원으로서의 신뢰도와 매력도를 높게 평가하는 데 기인한다고 보았다(Erdogan, 1999).

앞서 살펴본 것과 같이 정보원 효과를 설명하는 대표적인 개념은 정보원 신뢰도와 매력도이다. 오해니언(Ohanion, 1990)은 유명인의 특성을 반영하여 두 개념을 함께 적용하여 유명인 광고 모델의 신뢰도를 개념화하고 측정 척도를 개발하였다. 즉, 유명인 광고 모델의 신뢰도를 정보원 신뢰도의 하위 차원인 전문성(expertise), 진실성(trustworthiness)과 함께 정보원 매력도(attractiveness)를 포함하여 세 개의 하위 차원으로 이루어진 것으로 제안하고 검증하였다. 즉, 대중에게 친숙하지 않은 일반인에 비해 유명인은 많은 노출을 통해 높은 인지도와 호감도를 누리는 경우가 많기 때문에 소비자들이 이미 인지하고 있는 유명인에 대한 매력도가 그 유명인 광고 모델의 정보원으로서의 전반적인 신뢰도를 구성한다고 보았다. 구체적으로 오해니언(Ohanion, 1990)이 개발한 유명인 광고 모델의 신뢰도 측정 척도는 전문성 5개 항목인 '전문적인(expert)', '경험 있는(experienced)', '지식이 많은(knowledgeable)', '자격이 있는(qualified)', '능숙한(skilled)', 진실성 5개 항목인 '의지할 만한(dependable)', '정직한(honest)', '믿을 만한(reliable)', '진실한(sincere)', '신뢰할 수 있는(trustworthy)', 매력도 5개 항목인 '매력적인(attractive)', '세련된(classy)', '멋진/아름다운(handsome/beautiful)', '우아한(elegant)', '섹시한(sexy)' 총 15개 항목으로 구성되었다. 오해니언(Ohanian, 1991)은 후속 연구를 통해 유명인 광고 모델 신뢰도의 세 가지 구성 요소인 전문성, 진실성, 매력도가 각각 소비자의 제품 구매 의도에 어떤 영향을 미치는가를 살펴보았는데, 전문성만이 구매 의도에 유의미한 긍정적 영향을 미치는 것으로 나타났다. 이후에도 많은 후속 연구가 이 척도를 이용하여 유명인 광고 모델의 정보원 효과와 여러 변수와의 관계를 검증하였다.

2) 유명인 광고 모델 전략

유명인을 광고 모델로 활용하기 위해서는 많은 비용을 투자해야 하기 때문에 신중하게 선정해야 한다. 앞서 의미 전이 모형, 조화 가설, 스키마 이론 등을 활용한 연구 결과에 살펴보았듯이, 광고 모델의 효과는 제품이나 서비스와의 조화에 따라 달라질 수 있기 때문에 최적의 유명인 모델을 선정하고 효과적인 전략을 활용하는 것이 중요하다. 광고 모델 효과 연구를 기반으로 실무에서 활용할 수 있는 광고 모델 선정 요인들을 파악하고 이들의 상대적 중요도를 다룬

연구들은 많지 않지만 전략적으로 유용한 시사점을 제공한다(Erdogan and Baker, 2000; Erdogan, Baker and Tagg, 2001; Knott and James, 2004; Miciak and Shanklin, 1994). 이 연구들은 광고 실무자들을 대상으로 설문과 심층면접을 실시하여 선행 연구에서 광고 모델 효과에 영향을 미치는 것으로 밝혀진 요인들이 실제 광고 모델을 선정할 때 중요하게 인식되는지를 파악하였다.

특히 놋과 제임스(Knott and James, 2004), 김봉철·김주영·최명일(2011)의 연구는 분석적 계층화 과정(Analytic Hierarchy Process: AHP) 기법을 이용하여 유명인 광고 모델 선정 요인을 도출하였다. 분석적 계층화 과정 기법은 의사 결정 과정에서 여러 평가 기준을 함께 고려하고 정량적 요인보다는 추상적·정성적 평가 요인이 많을 때 유용하며 의사 결정을 위한 각 요인의 상대적 중요도와 우선순위를 파악할 수 있게 한다. 놋과 제임스(Knott and James, 2004)의 연구에서 광고 모델의 선정에서 전문성·진실성·매력도의 하위 차원으로 구성된 정보원의 신뢰도가 가장 중요한 요인으로 밝혀졌고, 호감도·친숙도 등이 그다음으로 중요한 요인들로 평가되었다. 김봉철·김주영·최명일(2011)은 유명인 - 제품/목표 수용자의 조화(유명인 - 제품의 조화, 유명인 - 목표 수용자의 조화), 유명인의 속성(전문성, 신뢰성, 친밀성, 신체적 매력도), 유명인의 대중성(인지도, 인기), 유명인의 활용 가능성(광고 노넬료, 광고 중복 출연, 이전 출연 광고), 유명인의 잠재적 위험성(제품/브랜드보다 부각될 가능성, 부정적 사건 연루 위험성)을 광고 모델의 선정 과정에서 고려하는 요인들로서 설문조사를 실시하였다. 연구 결과, 유명인과 제품 간의 조화와 유명인과 목표 수용자 간의 조화가 가장 중요한 선정 요인으로 나타났고, 다음으로 신뢰성, 친밀성 등을 포함한 유명인의 속성이 중요하게 평가되었다. 이러한 연구 결과는 구체적인 중요도 평가는 다소 차이가 있지만, 전반적으로 정보원 효과를 적용한 유명인 광고 효과 연구들의 결과와 부합한다고 볼 수 있다.

대부분의 초기 정보원 효과 연구는 유명인 등의 모델 한 명이 등장하는 광고의 효과를 검증했지만 실제로 하나의 광고에 여러 명의 모델이 등장하는 경우도 증가했다(도선재·황장선, 2008). 두 명 이상의 모델을 기용하는 경우, 유명인과 일반인, 유명인과 최고경영자, 유명인과 전문가, 전문가와 일반인 등 다른 유형의 광고 모델을 동시에 광고에 출연시키는 전략을 활용하기도 한다. 또는 드라마나 영화 등에서 인기를 모은 유명인 커플이나 집단 등 동시에 여러 유명인을 광고에 출연시키는 경우도 많다. 무어, 모웬과 리어든(Moore, Mowen and Reardon, 1994)은 이러한 복수 모델 사용의 효과를 실험연구를 통해 실증적으로 검증하였다. 연구 결과, 정보원의 수가 한 명일 때보다 네 명일 때 광고에 대한 긍정적인 평가와 제품에 대한 호감도가 높았다. 이러한 결과는 복수 원천 효과(multiple source effect) 혹은 원천 확대 효과(effect of source magnification)로 설명이 가능하다(Harkins and Petty, 1981). 즉, 복수 모델 전략은 단수 모델 전략에 비해 설득력이 대체로 높은데, 다수가 동의하고 전달하는 의견에 따라야 한다는 사회규범적인 영향을 받기 때문이다(Moore, Mowen and Reardon, 1994).

3) 유명인 광고 모델의 부정적 효과

한편 광고 모델 전략의 부정적인 효과를 밝히는 연구로서 모웬과 브라운(Mowen and Brown, 1981), 트립과 동료들(Tripp, Jensen and Carlson, 1994)은 한 명의 유명인이 동시에 여러 제품의 광고 모델로 등장하는 중복 출연(multiple endorsements)에 주목했다. 같은 유명인이 여러 제품의 광고에 동시에 등장하는 경우, 해당 유명인과 각 제품 간의 관계가 소비자의 기억 속에 공고히 자리 잡기가 어렵기 때문에 소비자들에게 혼란을 주고, 각 제품이 동일 유명인을 공통적으로 활용하면서 차별화된 이미지를 확립하기 어려울 것이며, 여러 제품의 광고 모델로서 동시에 활동하는 유명인 모델에 대한 신뢰도가 낮아질 것이다. 특히 귀인 이론(attribution theory)에 의하면, 한 명의 유명인이 다수의 광고에 동시에 중복 출연한다면 해당 유명인이 제품의 품질과 효능을 믿고 좋아해서라는 내적 귀인(internal attribution)보다는 모델료 등 금전적 이익을 추구하기 때문이라는 외적 귀인(external attribution)을 할 가능성이 크다. 또한 귀인에 영향을 주는 독특성 효과(distinctiveness effect)를 적용하면, 유명인이 하나의 제품을 보증할 때보다 다수의 제품을 보증할 때에는 각 제품의 보증이 차별화되지 않기 때문에 유명인의 제품에 대한 믿음이나 선호와 같은 내적 속성보다는 외적 요인에 기인하는 경향을 보인다. 또한 이러한 귀인은 유명인 모델에 대한 정보원의 진실성에 부정정인 영향을 미쳐 설득 효과를 약화시킬 것이다(Mowen and Brown, 1981).

실제로 모웬과 브라운(Mowen and Brown, 1981)은 유명인이 다수의 제품 광고에 등장하여 보증할 때에 비해 하나의 제품 광고에만 등장하여 보증할 때 광고와 제품에 대해 더 긍정적인 평가를 받는 것을 보여주었다. 트립과 동료들(Tripp, Jensen and Carlson, 1994)의 연구에서도 유명인 모델이 광고하는 제품의 수와 유명인에 대한 노출 횟수의 영향을 살펴보았을 때 유명인이 보증하는 제품의 수가 늘어날수록 유명인에 대한 정보원 신뢰도, 호감도와 광고 태도가 부정적으로 나타났다. 또한 제품의 수와 관계없이 유명인에 대한 노출 횟수가 증가하면 광고 태도와 구매 의도가 낮아지는 것으로 밝혀져 유명인의 지나친 노출과 중복 출연은 제한되어야 함을 시사하였다. 송환웅·여준상(2009)은 유명인의 중복 출연의 부정적인 효과가 모델과 제품 간 적합도에 의해 조절되는지를 실험연구를 통해 검증하였다. 유의미한 상호 작용 효과가 나타났으며, 구체적으로 유명인 광고 모델이 중복 출연했을 때 발생하는 부정적인 효과는 모델과 제품의 적합성이 낮을 때 더 두드러지는 것으로 밝혀졌다. 즉, 유명인 모델과 제품의 적합성이 높다면 중복 출연으로 인한 부정적 반응이 상대적으로 강하게 나타나지 않는 반면, 모델과 제품의 적합성이 낮은 경우에는 보다 강한 부정적 반응을 일으키는 것이다. 따라서 앞서 조화 가설, 스키마 이론 등을 적용한 연구들이 제시하는 것처럼, 유명인 모델과 제품 간의 조화가 중복 출연 상황에서도 중요하며 부정적인 효과를 완화할 수 있음을 알 수 있다.

앞서 살펴보았던 유명인 광고 모델 선정 연구에서 유명인의 부정적 정보 유출 혹은 사건 연루 가능성도 하나의 평가 요인으로 언급되었다. 우리는 다양한 미디어를 통해 많은 유명인에 대한 소식과 정보를 접하는데 부정적인 정보나 소문은 광고 모델로서의 유명인의 이미지와 신뢰도를 실추시킬 수 있다. 실제로 국내외에서 많은 유명인들이 부정적인 정보로 인해 이미지와 신뢰도에 손상을 입어왔으며, 이러한 부정적인 이미지는 광고 모델로서 활동하는 제품의 이미지에도 영향을 줄 수 있기 때문에 광고를 중단하거나 모델 계약을 해지하는 경우가 빈번하다. 틸과 심프(Till and Shimp, 1998)는 일련의 실험연구를 통해 유명인의 부정적인 정보가 해당 유명인이 광고 모델로서 보증하는 제품의 평가에 어떠한 영향을 미치는지 파악하였다. 첫 번째와 두 번째 실험에서 가상의 유명인에 대한 부정적인 정보에 노출되었을 때 부정적인 정보가 주어지지 않은 경우에 비해 제품에 대한 태도가 더 부정적인 것으로 나타났다. 또한 이러한 부정적 효과는 부정적인 정보에 대한 노출 시기에 의해 조절되는 것으로 밝혀졌으며, 구체적으로 제품에 대한 평가는 유명인 모델에 대한 부정적인 정보에 광고 캠페인 이전에 노출될 때 캠페인 이후 노출되는 경우보다 더 부정적이었다. 하지만 마지막 실험에서 실제 유명인을 대상으로 부정적인 정보를 제공했을 때는 앞의 실험들의 결과와 달리 부정적인 효과가 유의미하게 나타나지 않았다. 연구자들은 실제 유명인에 대해 피험자들이 이미 많은 지식과 정보를 가져 기존의 지식체계와 태도 때문에 부정적인 정보의 효과가 약화된 것으로 보았다.

이병관·백혜진·김봉철(2004)은 광고 실무자들이 유명인 모델에 대한 부정적인 정보의 영향력에 대해 어떻게 인식하고 있는지 제3자 효과(the third person effect)에 근거해 파악하였다. 연구 결과, 광고 실무를 담당하는 광고주들은 다른 실무자들이나 일반 소비자들이 유명인 모델의 부정적인 정보에 의해 자신보다 더 큰 영향을 받는다고 인식하여 제3자 효과가 검증되었으며, 또한 미디어의 영향력을 강하게 인식하는 광고주일수록 부정적인 사건이나 정보에 연루된 유명인이 등장하는 광고를 중단해야 한다고 생각하는 것으로 나타났다. 개인적·직무적·사회적 이슈 등 여러 유형의 부정적인 정보 효과를 검증한 김상조(2004)의 연구 결과가 시사하는 것처럼, 유명인 광고 모델의 부정적인 정보 효과를 보다 정교하게 이해하기 위해서는 부정적인 사건/정보의 유형, 심각성, 사회적 영향력 등 다른 요인들을 포함한 후속 연구가 필요하다. 광고 모델의 최초 선정도 중요하지만 사후관리와 위기대응 전략에 대한 논의가 확장되어야 할 것이다.

4) 광고주/기업 신뢰도

광고 분야에서 정보원 효과 연구는 광고 모델을 중심으로 이루어졌지만, 광고 메시지의 정보원은 직접적인 화자나 등장인물인 광고 모델 외에도 제품이나 서비스를 생산하고 판매하는 광고를 집행하는 광고주도 포함한다. 골드버그와 하트윅(Goldberg and Hartwick, 1990)이 광고주의 평판도가 광고 메시지와 함께 제품의 평가에 상호 작용 효과를 미친다는 가설을 검증하였고, 광고 태도 모형(Attitude toward the Ad Model)에서 광고주인 기업에 대한 신뢰도는 '광고주 신뢰도(advertiser credibility)'로 포함되었으며 광고와 제품 태도에 영향을 주는 것으로 보았다(MacKenzie and Lutz, 1989).

전반적인 마케팅, PR 활동을 수행하는 보다 넓은 의미의 기업에 대한 신뢰도는 정보원 효과 모형에 기반을 둔 전문성(expertise)과 진실성(trustworthiness)의 하위 차원으로 구성되는 '기업 신뢰도(corporate credibility)'로 개념화되었다(Newell and Goldsmith, 2001). 뉴웰과 골드스미드(Newell and Goldsmith, 2001)는 기업의 전문성을 '나는 이 기업을 신뢰한다(I trust the XYZ Corporation)', '이 기업은 진실한 주장을 한다(The XYZ Corporation makes truthful claims)', '이 기업은 정직하다(The XYZ Corporation is honest)', '나는 이 기업이 나에게 말하는 것을 믿지 않는다(I do not believe what The XYZ Corporation tells me)' 등 4개 항목을 이용하여 측정하며, 진실성은 '이 기업은 많은 경험을 가지고 있다(The XYZ Corporation has a great amount of experience)'. '이 기업은 그들이 하는 일에 숙련되었다(The XYZ Corporation is skilled in what they do)', '이 기업은 전문성이 높다(The XYZ Corporation has great expertise)', '이 기업은 많은 경험을 가지고 있지 않다(The XYZ Corporation does *not* have much experience)' 등 네 개의 항목으로 측정하는 척도를 개발하여 검증하였다.

골드스미드, 라퍼티, 뉴웰(Goldsmith, Lafferty and Newell, 2000)은 광고 모델

의 신뢰도와 함께 기업(광고주)의 신뢰도가 광고와 제품 태도에 미치는 영향을 검증했다. 연구 결과, 광고 모델 신뢰도는 광고의 태도에 보다 큰 영향을 미치는 반면 기업 신뢰도는 제품 태도에 더욱 큰 영향을 미치는 것으로 나타났으며, 광고 정보원 효과 연구에서 광고 모델뿐 아니라 광고주인 기업의 신뢰도도 중요하다는 것을 제시했다. 이 외에도 '기업 평판(corporate reputation)'의 구성 요인, 영향을 주는 요인, 영향력 등에 대한 연구가 마케팅과 PR 분야에서 활발히 진행되어왔다(Walker, 2010).

5) 정보원 효과와 문화

유명인 광고는 특정 국가에서 더 빈번히 활용되는 것으로 밝혀졌는데 국가 혹은 문화 간 유명인 광고의 차이를 보거나 각 문화와 유명인 광고의 집행 방식의 관계를 보는 연구들도 있었다. 예를 들어, 명확하고 구체적인 정보를 제공하는 커뮤니케이션을 선호하는 저맥락 문화(low-context culture)로 분류되는 미국에 비해 추상적인 표현과 상징을 많이 사용하는 고맥락 문화(high-context culture)인 한국에서 유명인들이 TV 광고에 등장하는 비율이 훨씬 높은 것으로 나타났다(Choi, Lee, and Kim, 2005). 물론 유명인을 광고 모델로서 선호하는 경향은 여러 면에서 설명이 가능하지만, 매크래켄(McCracken, 1989)이 제안한 것처럼 유명인은 소속된 문화의 의미를 내재화하여 상징하기 때문에 광고에서 유명인을 통해 제품과 관련한 의미를 재현하고 소비자가 이를 공유하는 것이 고맥락 문화에서보다 원활히 이루어진다고 이해할 수 있다. 같은 연구에서 한국에서 유명인이 등장하는 광고가 미국의 유명인 광고에 비해 적은 정보량을 가진 것도 구체적인 정보보다는 상징적 의미를 강조하는 문화적 특성을 반영한 것으로 볼 수 있다.

또한 제인과 동료들(Jain et al., 2010)은 인도의 TV 광고에 네 가지 유형의 유명인 보증 방식[직접적이고 분명한 방식(explicit mode), 우회적이고 간접적인 방식(implicit mode), 명령적인 방식(imperative mode), 구체적인 언급 없이 단순히 등장하는 방식(co-present model)](McCracken, 1989)이 어떻게 나타나는지 558개의 유명 보증인 광고를 내용 분석하였는데, 간접적인 방식이 60% 이상으로 압도적으로 많이 이용되는 것으로 나타났다. 이 결과도 유명인을 활용한 광고에서의 크리에이티브 전략이 직접적인 커뮤니케이션보다는 상징적인 표현을 선호하는 인도의 고맥락 문화(high-context)적인 특성을 반영한다고 볼 수 있다. 이렇게 정보원 효과는 문화에 따라 달라질 수 있기 때문에 보다 많은 문화를 포함한 체계적인 연구가 필요하다.

5. 선행 연구의 한계와 향후 연구 제언

앞서 살펴본 광고와 PR 분야에서의 정보원 효과 연구는 전체 관련 연구의 일부에 지나지 않는다. 정보원 효과 개념의 기원과 직접적으로 관련 있고 초기 연구의 주요 대상이었던 광고 모델 효과 중심으로 선행 연구를 정리하였기 때문에 상대적으로 PR 영역의 연구가 적게 다루어졌으며, 비교적 최근 온라인 환경에서의 다양한 정보원 효과를 검증한 수많은 연구도 포함하지 않고 있다. 앞으로 정보원 효과 연구를 보다 포괄적이고 심도 있게 다룰 기회가 있기를 바라며, 향후 어떤 연구가 필요한지에 대해 미디어와 광고 환경 변화를 반영하여 다음과 같이 논의하고자 한다.

인터넷, 모바일 중심으로 재편되고 있는 미디어 환경으로 인해 새로운 광고 유형과 전략이 도입되고 다양한 정보원이 등장하고 있다. 검색 광고, 디스플레이 광고, 온라인 동영상 광고, 네이티브 광고 등 온라인 환경에서 주목을 받고 있는 광고는 소비자에게 상대적으로 생소하기 때문에 정보원 정보를 파악하고 처리하는 데 다소 어려울 수 있다. 특히 온라인 환경에서는 일반인들도 쉽게 콘텐츠를 제작하고 공유할 수 있기 때문에 콘텐츠의 전체 양뿐 아니라 정보원의 수도 기하급수적으로 증가했으며 정보원을 식별하고 관련 정보를 파악하는 것이 용이하지 않은 경우도 많다. 또한 기존 양식의 콘텐츠뿐 아니라 웹툰, 웹

드라마, 웹예능, 1인 방송 등 다양한 콘텐츠를 활용한 간접 광고 혹은 브랜디드 콘텐츠가 성장하고 있어 선행 연구가 다루었던 광고 모델 외에도 다양한 정보원의 효과를 고려해야 한다. 예를 들어, 하우츠와 동료들(Hautz et al., 2014)은 동영상 광고의 공유와 확산에 동영상의 정보원과 품질이 영향을 미친다는 것을 보여줬으며, 백과 동료들(Paek et al., 2011)은 유튜브의 공익광고(Public Service Announcement: PSA)의 제작자로서 전문가와 일반인의 설득력을 연구하였다.

또한 소셜 미디어의 확산과 이용 증가로 인해 소셜 미디어를 기반으로 하는 마케팅과 광고, PR 활동이 활발한 가운데 다양한 정보와 광고 메시지가 노출되는 소셜 미디어 상에서 정보원의 효과에 대한 연구도 중요하다. 예를 들어, 유은아·김현철(2014)은 페이스북의 정보원과 메시지 유형에 따른 설득 효과를 보았으며, 자파로바와 러시워스(Djafarova and Rushworth, 2017)는 인스타그램을 통해 인기를 얻은 유명인들의 프로필에 대한 신뢰도가 여성 소비자들의 구매 의도에 어떤 영향을 주는지를 연구하였다. 유튜브, 페이스북, 인스타그램 등 소셜 미디어는 다양한 일반인들이 다른 사람들이 관심을 가질 만한 콘텐츠를 게시해서 상호 작용을 하고 많은 인기를 얻어 전통적인 의미의 유명인과 유사한 '준유명인'이 되기도 한다. 특히 유튜브의 성장은 많은 일반인 크리에이터들이 인기를 얻어 '인플루언서(influencer)'로서 제품을 협찬받고 기업과 협업하여 브랜디드 콘텐츠를 제작하는 등의 활동을 가능케 하였다. 최지윤·정윤재(2017)는 뷰티 인플루언서를 활용한 마케팅 활동의 효과를 소셜 미디어와 매스 미디어 간 비교 분석하였다. 높은 구독자 수, 조회 수, 댓글 수 등을 통해 이런 온라인 유명인들이 많이 노출되고 있으며 상당한 수준의 영향력을 가지고 있다는 것은 추론이 가능하지만, 정보원으로서 기존의 유명인과 공통적인 혹은 차별화된 속성을 가지는지, 그리고 어떠한 설득력을 가지며 설득 효과를 제고하거나 감소시키는 조건은 무엇인지에 대한 후속 연구가 기대된다.

새로운 유형의 정보원과 새로운 형식의 광고 메시지는 단독 효과만 가지는 것이 아니라 다른 관련 정보원, 메시지와 함께 복합적으로 소비자의 인식, 태도, 행동에 영향을 미칠 것이다. 예를 들어, 웨이와 루(Wei and Lu, 2013)는 유명인의 보증과 소비자가 작성한 온라인 후기가 여성 소비자들의 쇼핑 행동에 미치는 영향을 함께 연구하였다. 또 다른 연구는 온라인 제품 후기가 얼마나 신뢰할 수 있는지, 정보원의 신뢰도를 평가하는 데 영향을 주는 다양한 단서를 살펴보았다(Shan, 2016).

이제는 기술의 발달로 인해 인공지능을 이용해 자동으로 콘텐츠를 생산하는 것이 가능한 시대다. 로봇 혹은 인공지능에 의해 제작되거나 자동으로 소비자에게 적합한 맞춤형 온라인 콘텐츠와 광고가 제공되었을 때 누가 정보원이며 어떠한 정보원 효과가 발생할 것인가. 이 외에도 수많은 흥미로운 질문을 답하는 실증적 연구를 진행함과 동시에 다양한 미디어와 플랫폼, 다양한 정보원, 다양한 유형의 메시지의 설득 효과를 함께 이해할 수 있는 보다 정교하고 체계적인 틀을 마련하는 것이 바람직할 것이다.

참고문헌

김봉철·김주영·최명일. 2011. 「유명인 광고모델 선정요인의 상대적 중요도 및 우선순위 분석: 광고주 및 광고 제작자의 인식을 중심으로 한 AHP분석」. ≪광고학연구≫, 22권 3호, 7~28쪽.

도선재·황장선. 2008. 「TV 광고의 모델 사용 유형에 대한 내용 분석」. ≪광고학연구≫, 19권 5호, 49~74쪽.

송환웅·여준상. 2009. 「유명인 광고모델 중복출연이 소비자 태도에 미치는 영향: 적합성의 조절효과」. ≪광고학연구≫, 20권 6호, 205~221쪽.

유은아·김현철. 2014. 「페이스북 정보원과 메시지 유형에 따른 커뮤니케이션 효과 연구: 자아 - 브랜드 일치도와 동료 간 상호 영향도를 중심으로」. ≪광고학연구≫, 25권 8호, 425~455쪽.

이병관·백혜진·김봉철. 2004. 「광고에서 유명인 모델의 부정적 정보와 제3자 효과」. ≪광고연구≫, 65호, 147~169쪽.

이정교. 2012. 『"유명인 광고의 이해: 이론과 전략』. 한경사.

최지윤·정윤재. 2017. 「뷰티 인플루언서 마케팅 활용 전략: 매스미디어와 소셜미디어의 비교를 중심으로」. ≪광고학연구≫, 28권 4호, 47~72쪽.

Alperstein, N. M. 1991. "Imaginary Social Relationships With Celebrities Appearing In Television Commercials." *Journal of Broadcasting & Electronic Media*, Vol. 35, No. 1, pp. 43~58.

Baker, M. and Churchill, G. A. 1977. "The Impact of Physically Attractive Models on Advertising Evaluations. *Journal of Marketing Research*, Vol. 14, No. 4, pp. 538~555.

Basil, M. D. 1996. "Identification As a Mediator of Celebrity Effects." *Journal of Broadcasting & Electronic Media*, Vol. 40, No. 4, pp. 476~495.

Bower, A. B. and Landreth, S. 2001. "Is Beauty Best? Highly versus Normally Attractive Models in Advertising." *Journal of Advertising*, Vol. 30, No. 1, pp. 1~12.

Chaiken, S. and Maheswaran, D. 1994. "Heuristic Processing Can Bias Systematic Processing: Effects of Source Credibility, Argument Ambiguity, and Task Importance on Attitude Judgment." *Journal of Personality and Social Psychology*, Vol. 66, pp. 460~473.

Choi, S. M. and Rifon, N. J. 2012. "It Is a Match: The Impact of Congruence between Celebrity Image and Consumer Ideal Self on Endorsement Effectiveness." *Psychology & Marketing*, Vol. 29, No. 9, pp. 639~650.

Choi, S. M, Lee, W. and Kim, H. 2005. "Lessons From the Rich and Famous: A cross-cultural Comparison of Celebrity Endorsement in Advertising." *Journal of Advertising*, Vol. 34. No. Summer, pp. 85~98.

Djafarova, E. and Rushworth, C. 2017. "Exploring the Credibility of Online Celebrities' Instagram Profiles in Influencing the Purchase Decisions of Young Female Users." *Computers in Human Behavior*, Vol. 68, No. March, pp. 1~7.

Erdogan, B. Z. 1999. "Celebrity Endorsement: A Literature Review." *Journal of Marketing Management*, Vol. 15, No. 4, pp. 93~105.

Erdogan, B. Z. and Baker, M. J. 2000. "Towards a Practitioner Based Model of Selecting Celebrity Endorsers." *International Journal of Advertising*, Vol. 19, No. 1, pp. 25~43.

Erdogan, B. Z, Baker, M. J. and Tagg, S. 2001. "Selecting Celebrity Endorsers: The Practitioner's Perspective." *Journal of Advertising Research*, Vol. 41, No. 3, pp. 39~41.

Feick, L. and Higie, R. A. 1992. "The Effects of Preference Heterogeneity and Source Characteristics on Ad Processing and Judgments About Endorsers." *Journal of Advertising*, Vol. 21, No. 2, pp. 9~24.

Fiske, S. T. and Taylor, S. E. 1984. *Social Cognition*. New York: Random House.

Fraser, B. P. and Brown, W. J. 2002. "Media, Celebrities, and Social influence: Identification with Elvis Presley." *Mass Communication & Society*, Vol. 5, pp. 185~208.

Friedman, H. and Friedman, L. 1979. "Endorser Effectiveness by Product Type." *Journal of Advertising Research*, Vol. 19, No. 5, pp. 63~71.

Giles, D. C. 2002. "Parasocial Interaction: A Review of the Literature and a Model for Future Research." *Media Psychology*, Vol. 4, No. 3, pp. 279~302.

Goldberg, M. E., and Hartwick, J. 1990. "The Effects of Advertiser Reputation and Extremity of Advertising Claim on Advertising Effectiveness." *Journal of Consumer Research*, Vol. 17, No. 2, pp. 172~179.

Harkins, S. G., and Petty, R. E. 1981. "The Multiple Source Effect in Persuasion: The Effects of Distraction." *Personality and Social Psychology Bulletin*, Vol. 7, No. 4, pp. 627~635.

Hautz, J, Füller, J, Hutter, K. and Thürridl, C. 2014. "Let Users Generate Your Video Ads? The Impact of Video Source and Quality on Consumers' Perceptions and Intended Behaviors. *Journal of Interactive Marketing*, Vol. 28, No. 1, pp. 1~15.

Horton, D. and Whol, R. 1956. "Mass Communication and Parasocial Interaction: Observations on intimacy at a distance." *Psychiatry*, Vol. 19, pp. 215~229.

Hovland, C. I, Janis, I. L. and Kelley, H. H. 1953. *Communication and Persuasion: Psychological Studies of Opinion Change.* New Haven, CT: Yale University Press.

Hovland, C. I, and Weiss, W. 1951. "The Influence of Source Credibility on Communication Effectiveness." *Public Opinion Quarterly*, Vol. 15, pp. 635~650.

Jain, V, Roy, S, Deshiwani, A. and Sudha, M. 2010. "How Celebrities Are Used in Indian Television Commercials." *Vikalpa*, Vol. 35, No. 4, pp. 45~52.

Kahle, L. R. and Homer, P. 1985. "Physical Attractiveness of the Celebrity Endorser: A Social Adaption Perspective." *Journal of Consumer Research*, Vol. 11 No, March, pp. 954~961.

Kamins, M. A. 1990, "An Investigation Into the 'Match-up' hypothesis in celebrity advertising: When Beauty is Only Skin Deep." *Journal of Advertising*, Vol. 19, No. 1, pp. 4~13.

Kamins, M. A, Brand, M. J, Hoeke, S. A. and Moe, J. C. 1989. "Two-sided Versus One-sided Celebrity Endorsements: The Impact on Advertising Effectiveness and Credibility." *Journal of Advertising*, Vol. 18, No. 2, pp. 4~10.

Kamins, M. A. and Gupta, K. 1994. "Congruence between Spokesperson and Product Type: A Matchup Hypothesis Perspective." *Psychology & Marketing*, Vol. 11, No. 6, pp. 569~586.

Kanungo, R. N. and Pang, S. 1973. "Effects of Human Models on Perceived Product Quality." *Journal of Applied Psychology*, Vol. 75, No. April, pp. 172~178.

Kelman, H. C. 1958. "Compliance, Identification, and Internalization Three Processes of Attitude Change." *Journal of Conflict Resolution*, Vol. 2, No. 1, pp. 51~60.

_____. 1961. "Three Processes of Social Influence." *Public Opinion*

Quarterly, Vol. 25, pp. 57~78.

Kenton, S. B. 1989. "Speaker Credibility in Persuasive Business Communication: A Model Which Explains Gender Differences 1." *The Journal of Business Communication (1973)*, Vol. 26, No. 2, pp. 143~157.

Kim, K., Hayes, J. L., Avant, J. A., and Reid, L. N. 2014. "Trends in Advertising Research: A Longitudinal Analysis of Leading Advertising, Marketing, and Communication Journals, 1980 to 2010." *Journal of Advertising*, Vol. 43, No. 3, pp. 296~316.

Knott, C. L., and James, M. S. 2004. "An Alternate Approach to Developing a Total Celebrity Endorser Rating Model Using the Analytic Hierarchy Process." *International Transactions in Operational Research*, Vol. 11, No. 1, pp. 87~95.

Kruglanski, A. W., and Thompson, E. P. 1999. "Persuasion by a Single Route: A View from the Unimodel." *Psychological Inquiry*, Vol. 10, No. 2, pp. 83~109.

Laswell, H. D. 1948. "The Structure and Function of Communication in Society," In L. Bryson (ed.). *The Communication of Ideas: Religion and Civilization Series*. New York: Harper & Row, pp. 37~51.

Lee, J. G. and Thorson, E. 2008. "The Impact of Celebrity-Product Incongruence on the Effectiveness of Product Endorsement." *Journal of Advertising Research*, Vol. 48, No. 3, pp. 433~449.

Lynch, J. and Schuler, D. 1994. "The Matchup Effect of Spokesperson and Product Congruence: A Schema Theory Interpretation." *Psychology & Marketing*, Vol. 11, No. 5, pp. 417~445.

MacKenzie, S. B., and Lutz, R. J. 1989. "An Empirical Examination of the Structural Antecedents of Attitude toward the Ad in an Advertising Pretesting Context." *The Journal of Marketing*, pp. 48~65.

McCracken, G. 1989. "Who Is The Celebrity Endorser? Cultural Foundations of the Endorsement Process." *Journal of Consumer Research*, Vol. 16, No. 3, pp. 310~321.

McCroskey, J. C. 1997. "Willingness to Communicate, Communication Apprehension, and Self-perceived Communication Competence: Conceptualizations and Perspectives." *Avoiding Communication: Shyness, Reticence, and Communication Apprehension*, Vol. 2, pp. 191~216.

McCroskey, J. C., and Teven, J. J. 1999. "Goodwill: A Reexamination of the Construct and Its Measurement." *Communications Monographs*, Vol. 66, No. 1, pp. 90~103.

McGuire, W. J. 1985. "Attitudes and Attitude Change." In G. Lindzey and E. Aronson(eds.). *Handbook of Social Psychology*. New York: Random House.

Meyers-Levy, J. and Tybout, A. M. 1989. "Schema Congruity as a Basis for Product Evaluation." *Journal of Consumer Research*, Vol. 16, No. June, pp. 39~54.

Miciak, A. R. and Shanklin, W. L. 1994. "Choosing Celebrity Endorsers." *Marketing Management*, Vol. 3, No. 3, pp. 51~59.

Misra, S. and Beatty, S. 1990. "Celebrity Spokesperson and Brand Congruence: An Assessment of Recall and Affect." *Journal of Business Research*, Vol. 21, No. 2, pp. 159~173.

Moore, D. J, Mowen, J. C. and Reardon, R. 1994. "Multiple Sources in Advertising: When Product Endorsers Are Paid by the Advertising Sponsor." *Journal of the Academy of Marketing Science*, Vol. 22, No. 3, pp. 234~243,

Moore, D. J. and Reardon, R. 1987. "Source Magnification: The Role of Multiple Sources in the Processing of Advertising Appeals." *Journal of Marketing Research*, Vol. 24, No. November, pp. 412~417.

Mowen, J. C., and Brown, S. W. 1981. "On Explaining and Predicting the Effectiveness of Celebrity Endorsers." *Advances in Consumer Research*, Vol. 8, pp. 437~441.

Newell, S. J. and Goldsmith, R. E. 2001. "The Development of a Scale to Measure Perceived Corporate Credibility." *Journal of Business Research*, Vol. 52, No. 3, pp. 235~247.

Ohanion, R. 1990. "Construction and Validation of a Scale to Measure Celebrity Endorser's Perceived Expertise, Trustworthiness and Attractiveness." *Journal of Advertising*, Vol. 19, No. 3, pp. 39~52.

_____. 1991. "The Impact of Celebrity Spokespersons' Perceived Image on Consumers Intention to Purchase." *Journal of Advertising Research*, Vol. 31, No. 1, pp. 46~54.

Paek, H.-J, Hove, T, Jeong, H. J. and Kim, M. 2011. "Peer or Expert? The Persuasive Impact of YouTube Public Service Announcement Producers." *International Journal of Advertising*, Vol. 30, No. 1, pp. 161~188.

Petty, R. E. and Cacioppo, J. T. 1980. "Effects of Issue Involvement on Attitudes in an Advertising Context," In G. G. Gorn and M. E. Goldberg(eds.). *Proceedings of the Division 23 Program*. Montreal, Canada: American Psychological Association.

Petty, R. E, Cacioppo, J. T. and Schumann, D. 1983. "Central and Peripheral Routes to Advertising Effectiveness: The Moderating Role of Involvement." *Journal of Consumer Research*, Vol. 10, pp. 135~146.

Shan, Y. 2016. "How Credible Are Online Product Reviews? The Effects of Self-generated and System-generated Cues on Source Credibility Evaluation." *Computers in Human Behavior*, Vol. 55, pp. 633~641.

Speck, P. S, Schumann, D. W. and Thompson, C. 1988. "Celebrity Endorsement-Scripts, Schema and Roles: Theoretical Framework and Preliminary Tests." *Advances in Consumer Research*, Vol. 15, pp. 69~76.

Sternthal, B, Dholakia, R. and Leavitt, C. 1978. "The Persuasive Effect of Source credibility: Tests of Cognitive Response." *Journal of Consumer Research*, Vol. 4, No. 4, pp. 252~260.

Till, B. D. and Shimp, T. A. 1998. "Endorsers in Advertising: The Case of Negative Celebrity Information." *Journal of Advertising*, Vol. 27, No. 1. pp. 67~82.

Till, B. D. and Busler, M. 2000. "The Match-up Hypothesis: Physical Attractiveness, Expertise, and the Role of Fit on Brand Attitude, Purchase Intent and Brand Beliefs." *Journal of Advertising*, Vol. 29, No. 3, pp. 1~13.

Tripp, C, Jensen, T. and Carlson, L. 1994. "The Effects of Multiple Product Endorsements by Celebrities on Consumers' Attitudes and Intentions by Celebrities on Consumers' Attitudes and Intentions." *Journal of Consumer Research,* Vol. 20, No. 4, pp. 535~547.

Walker, K. 2010. "A Systematic Review of the Corporate Reputation Literature: Definition, Measurement, and Theory." *Corporate Reputation Review.* Vol. 12, No. 4, pp. 357~387.

Walker, M, Langmeyer, L. and Langmeyer, D. 1992. "Celebrity Endorsers: Do you Get What You Pay For?" *Journal of Services Marketing,* Vol. 6, No. Fall, pp. 35~45.

Wei, P.-S. and Lu, H.-P. 2013. "An Examination of the Celebrity Endorsements and Online Customer Reviews Influence Female Consumers' Shopping Behavior." *Computers in Human Behavior*, Vol. 29, No. 1, pp. 193~201.

Zajonc, R. B. 1980. "Feeling and Thinking: Preference Need No Inferences." *American Psychologist*, Vol. 35, pp. 151~175.

메시지(Message)

메시지 소구와 프레임 이론

조수영

1. 들어가며

광고와 공공PR 캠페인의 실무자들은 해당 캠페인 주제에 맞는 적절한 메시지를 구성하여 소비자와 타겟 공중을 설득하고자 한다. 타겟공중에게 가장 적합한 메시시를 구성하는 것은 도전적인 작업으로, 메시지 자체의 특성 이외에도 소비자의 성향, 상황적 변수와 같은 다양한 요인들이 설득의 성공 여부를 좌우한다. 그럼에도 광고PR 캠페인의 실행에서 캠페인 성격에 적절한 메시지를 적용하는 것은 가장 핵심사항이다. 한편, 동일한 내용의 메시지라 할지라도 어떤 소구를 사용하느냐, 어떤 프레임으로 메시지를 구성하느냐에 따라 설득의 정도와 수용자 반응은 달라질 수 있다. 이 장에서는 메시지 프레임과 소구에 관한 전통적인 이론을 소개하고 해당 이론들이 광고PR 연구와 실무 분야에서 어떻게 적용되어 오는지에 대해 소개하고자 한다.

2. 이론의 정의, 광고PR 분야의 적용과 연구, 선행 연구의 한계와 향후 연구 제언

1) 메시지 프레이밍

메시지 프레이밍이란 같은 내용의 메시지라도 특정한 부분을 더 강조하여 수용자들에게 다른 효과를 끼치는 것을 말한다. 우리가 흔히 떠올리는 미디어 프레이밍과는 구별되는 개념으로, 미디어 프레이밍은 '뉴스 미디어'가 어떤 사회적 사건이나 이슈를 취재, 보도하면서 특정한 시각(프레임)을 부각시키거나 배제함으로써 뉴스 독자의 사건 해석과 이에 따른 여론 형성에 영향을 미치는 전반적인 과정을 포괄한다. 각각의 차이를 예로 들면, 뉴스 미디어에서 가난을 개인의 책임으로 보도하는지 혹은 사회적인 문제로 보도하느냐는 미디어 프레이밍으로 설명할 수 있다. 미디어가 가난을 어떻게 프레이밍하느냐에 따라 가난에 대한 책임을 바라보는 대중의 해석은 달라질 수 있다. 한편 메시지 프레이밍은 같은 내용의 메시지를 다르게 표현(wording)함으로써 수용자들의 반응을 다르게 이끌어내고자 하는 것으로, '한국 가구의 20%는 빈곤층, 혹은 한국 가구의 80%는 빈곤층이 아니다'라고 다르게 표현하는 것이다.

메시지 프레임은 상황에서 따라 다양하게 적용될 수 있지만 광고PR 분야, 특히 헬스 커뮤니케이션(캠페인) 분야에서 주로 사용되는 대표적 메시지 프레임은 '이익 대 손실' 프레임이다. 이익 프레임은 캠페인 메시지에서 권고한 행동을 채택했을 때 얻을 수 있는 혜택과 긍정적 결과에 초점을 맞춘 것인 반면 손실 프레임은 권고한 행동을 하지 않았을 때 겪을 수 있는 손실이나 부정적 결과를 부각시킨 것이다. 예를 들어, 자궁경부암 백신접종에 관한 공공 캠페인이 백신 접종을 통해 간단히 자궁경부암의 위험으로부터 벗어날 수 있는 이익을 강조했다면 해당 메시지는 이익 프레임을 사용한 것이고, 백신 접종을 하지 않았을 때 겪을 수 있는 자궁경부암의 부정적인 결과에 초점을 맞추었다면 해당 메시지는 손실 프레임을 사용했다고 볼 수 있다.

전략 커뮤니케이션 분야에서 메시지 프레이밍에 따른 설득효과는 주로 전망이론(prospect theory)에 근거를 두고 연구되고 있다. 트버스키와 카너먼(Tversky and Kahneman, 1981)에 의해 정립된 전망이론은 원래 경제학에 기반을 둔 이론으로, 인간이 합리적인 의사결정을 하는 존재라고 주장하는 기대효용이론(expected utility theory)을 반박하면서 등장하였다. 트버스키와 카너먼(Tversky and Kahneman, 1978)의 전망이론은 기존 경제학에서 인간을 바라보는 시선인 합리성과 반대되는 비합리성과 편향적 사고를 전제로, 사람들이 위험을 피하고자 할 때 합리적 이성보다는 감정의 영향을 받아 비합리적 의사결정을 하기 쉽다고 설명한다. 특히 사람들은 동일한 대안을 가진 메시지라도 메시지의 프레이밍 방식에 따라 의사결정을 다르게 하며, 특히 사람들은 이익보다는 손실에 민감하여 편향된 사고를 할 가능성이 크다고 주장한다.

전망이론에서 제시한 프레이밍은 ① 선택된 대안이 가져오는 결과를 이익혹은 손실로 프레이밍할 때 수용자들의 의사결정에 차이가 나는지 살펴본 '결과 프레이밍'과 ② 결과의 발생 가능성을 확실과 불확실로 프레이밍할 때 나타나는 차이를 검증하는 '확률 프레이밍'으로 나뉠 수 있다(이세영·박현순, 2009). 먼저 이익 - 손실에 초점을 둔 결과 프레이밍을 중심으로 살펴보면, 사람들은 이익보다는 손실에 더 민감하기 때문에, 이익이 예상될 때는 이익이 크지만 손실의 가능성이 있는 것보다는 그 이익이 작더라도 손실 가능성 없이 확실하게 이익이 보장된 안전한 선택을 선호한다. 즉, '이익 프레임'에서는 '위험 회피' 성향을 보인다는 것이다. 반면, 손실이 예상되는 경우(손실 프레임)에는 손실이 적지만 확실한 대안보다는 손실이 크더라도 손실이 확실하지 않는 '위험 추구' 성향을 보인다.

이러한 가정들은 실증연구를 통해 증명되었다. 메시지 프레이밍 유형을 기반으로 트버스키와 카너먼(Tversky and Kahneman, 1981)은 실험 연구를 진행했는데, 구체적으로 살펴보면, 질병으로 600명이 사망할 수 있는 상황에서 이들을 구출할 수 있는 방법을 이익 - 손실 프레임을 적용한 메시지로 제시한 후 사람들이 어떤 방법을 선택하는지 살펴보았다. 먼저 이익 프레임을 적용한 메시지 A는 200명을 확실히 살릴 수 있는 방법으로(100%), 메시지 B는 600명이 모두 살 수 있는 확률이 1/3과 누구도 살지 못할 확률이 2/3으로 제시되었다. A와 B, 두 메시지의 기대효용은 동일했으나 실험 참여자의 72%는 대안 A를 선택했으며, 28%의 참여자만이 대안 B를 선택했다. 즉, 메시지를 이익(생존)으로 프레이밍했을 경우, 사람들은 불확실한 대안 B보다는 확실한 대안 A를 선호한 것이다. 이는 사람들이 불확실한 이익보다는 확실한 이익을 선호하는 경향이 있다는 카너먼과 트버스키(Kahneman and Tversky, 1979)의 주장을 뒷받침한다.

반면 손실 프레임 메시지의 경우, 600명 중 400명은 모두 사망(100%)하는 대안 C와 어느 누구도 사망하지 않을 확률이 1/3이고 600명 모두가 사망할 확률이 2/3인 대안 D가 제시되었다. 앞서와 같이 두 대안의 기대효용이 같음에도, 72%의 피험자들은 대안 D를 선택했고 28%만이 대안 C를 선택했다. 즉, 메시지를 손실(사망)로 프레이밍했을 경우에, 사람들은 손실의 규모가 커도 손실이 불확실한 D를 선호한 것이다. 이러한 결과는 확실한 손실은 불확실한 손실보다 더 크게 생각하는 사람들의 편향된 사고를 증명한다. 즉, 사람들은 이익 프레이밍일 때는 '위험 회피'적 선택을 하고 손실 프레임에서는 '위험 추구적' 선택을 하는 경향이 강하므로, 사람들이 위험 회피적 선택을 하도록 유도하기 위해서는 이익 프레임이, 위험 추구적 선택을 하도록 유도하려면 손실 프레임이 더 효과적일 수 있음을 시사한다.

전망이론은 메시지 프레임 구성을 통해 사람들의 선택을 전략적으로 유도할 수 있다는 측면에서 광고PR 캠페인, 특히 헬스 커뮤니케이션 캠페인의 메시지 구성에 매우 유용한 이론이라고 할 수 있다. 왜냐하면 이는 건강 관련 행위들 또한 위험 추구 혹은 위험 회피적 선택으로 볼 수 있기 때문이다. 전망이론을 이용한 1990년대 중반까지의 헬스컴 분야 연구들은 대체로 손실 프레이밍이 이익 프레이밍 메시지보다 효과가 높다고 보고하고 있다(Banks et al., 1995; Kalichman and Coley, 1995; Meyerowitz and Chaiken, 1987; Rothman et al., 1992). 그러나 로스먼과 살로비(Rothman and Salovey, 1997)는 위험이 내포되어 있는 건강행위에는 손실 프레임이, 위험이 내포되어 있지 않은 행위에는 이익 프레임이 더 효과적이라고 주장했다. 즉, 건강행위의 종류에 따라 유용한 프레임의 종류가 달라짐을 시사하는 것이다. 예를 들어, 검진 행동(암 검진, 유선 촬영 등)과 같이 위험을 안고 있는 행동은 검진을 받도록 설득하기 위해 '위험 추구'적 선택을 유도하는 손실 프레임이 효과적이지만, 예방 행동(유방 백신 접종, 유방 암 자가 검진, 자외선 차단제 사용)은 이익이 예상되는 행동이므로 '위험 회피'적 선택을 유도하는 이익 프레임이 효과적이라는 것이다(Rothman et al., 2006). 이렇듯 특정한 건강행위에 따른 사람들의 위험 인식이 다를 수 있으므로 건강행위에 대한 위험 인식을 먼저 파악한 후 권고하는 메시지 프레임 방향을 결정해야 할 것이라는 주장이다. 한편, 오키프와 젠슨(O'Keefe and Jensen, 2007)은 질병의 검진과 예방에 따라 프레이밍 효과가 상대적으로 다르다는 이러한 가설에 의문을 제기하며 메시지 프레이밍 효과를 다룬 93편의 연구의 메타 분석을 통해 예방 관련 행동에 대해서는 손실보다는 이익 프레임 메시지가 더 효과적이지만 그 차이는 크지 않다고 보고하고 있다.

학자들은 또한 메시지 프레이밍의 효과는 몇 가지 요인들에 의해 달라질 수 있다고 하면서 이슈관여도, 권고안에 대한 위험성 인식의 차이, 개인의 특질 등을 꼽는다(백혜진·이혜규, 2013). 먼저, 개인의 이슈 관여도에 따라 프레이밍의 효과는 달라지지만, 관여도의 고저에 따라 어떤 프레이밍이 더 효과적인가에 대해서는 의견이 분분하다. 예를 들어 로스먼과 살로비(Rothman and Salovey, 1997)는 관여도가 높은 경우에만 메시지 프레이밍 효과가 나타날 수 있다고 주장했지만, 다른 학자들은 이슈 관여도가 높을 때는 손실 프레임이, 이슈 관여도가 낮을 때는 이익 프레임이 더 효과적이라고 주장하기도 한다. 한편, 이슈 관여도와 메시지 프레이밍에 대한 관계를 밝히기 위해 오키프와 젠슨(O'Keefe and Jensen, 2008)의 이익 - 손실 프레임 관련 논문의 메타분석에 의하면, 사람들은 손실 프레임 메시지보다 이익 프레임 메시지에 대한 관여도가 더 높은 것으로 나타났다. 다시 말해, 그간의 주장과는 달리 손실 프레임의 효과가 이익 프레임에 비해 더 크지 않고 그 효과는 상대적으로 일관적이지 않는 반면, 이익 프레임의 효과는 일관되게 나타난다는 것이다. 한 국내 연구는 메시지 프레이밍의 효과는 개인 고유의 가치와 관심 수준과 같은 개인적인 관여도보다는 상황적 관여도가 더 중요하다고 주장한다(이종민·류춘렬·박상희, 2007).

둘째, 메시지에서 권고된 행동에 대해 개인이 위험성을 어떻게 인식하는가에 따라서도 메시지 프레이밍의 효과는 달라진다. 예를 들어, 에이즈에 감염되지 않았다고 믿는 사람에게 에이즈 검사를 권고할 때는 이익 프레임의 메시지를, 감염되었을 것이라고 믿는 사람에게는 손실 프레임의 메시지를 제시했을 때 검사를 받을 가능성이 더 높게 나타났다(Apanovitch, McCarthy and Salovey, 2003).

셋째, 연구들은 메시지 프레이밍의 효과가 개인의 인구통계학적 특성, 성향 및 특질에 따라서도 달라질 수 있다. 교육 수준이 낮은 경우에는 외부 정보에 더 쉽게 좌우되고 손실에도 민감한 경향이 있기 때문에 손실 프레임에 더 잘 반응하는 것으로 알려져 있다(백혜진·이혜규, 2013). 성별에 따른 차이를 보인 연구도 있는데, 여성은 손실, 남성은 이익 프레임에 더 민감하게 반응한다는 결과도 있다(Rothman and Salovey, 1997). 금연광고의 메시지 프레임 효과를 살펴본 연구에 의하면, 금연광고의 수용자가 흡연자일 때는 긍정(이익) 프레임이, 비흡연자일 때는 부정(손실) 프레임이 더 효과적이라고 보고하고 있다(이명천· 나정희·김지혜, 2006). 연구들은 개인의 성향에 따라 메시지 프레이밍 효과도 다르게 나타날 수 있는 가능성을 보여주는데, 이익을 추구하는 향상초점의 사람들에게는 이익 프레임이, 손실을 회피하는 예방 초점의 성향을 가진 사람들에게는 손실 프레임이 더 효과적일 것이다(백혜진·이혜규, 2013).

전망이론을 차용하여 메시지 프레이밍의 효과를 살펴본 대부분의 연구들은 이익 - 손실에 초점을 둔 '결과 프레이밍' 효과검증에 집중하는 반면, 앞서 언급된 전망이론의 또 다른 핵심개념인 확률 프레이밍에 대해서는 많이 검증하지 않고 있다. 또한 결과와 확률, 두 가지 프레이밍 방식이 어떻게 상호 작용하는지 실증적으로 검증한 연구도 드물다. 전망이론을 바탕으로, 공공이슈에 대한 동의를 이끌어내는 데 메시지 프레이밍의 효과를 검증한 이세영과 박현순(2009)의 연구는 결과 프레이밍 측면에서는 손실 프레임이 확률 프레이밍 측면에서는 확실한 메시지가 효과적임을 검증했으나, 두 가지 프레이밍 방식의 상호 작용 효과는 나타나지 않았다. 김은혜와 조수영(2013)은 결과 프레이밍(손실 - 이익)과 확률 프레이밍(확실 - 불확실) 개념을 둘 다 적용하여 자궁경부암 예방백신 접종 캠페인 메시지의 효과를 살펴보았다. 연구 결과에 따르면 손실 프레임(자궁경부암 예방백신을 접종하지 않았을 때 손실 강조)에서 결과를 불확실한 확률로 제시했을 때 백신 접종에 대한 행동의도가 높게 나타났다. 즉, 전망이론의 예측대로 동일한 대안이더라도 손실의 측면이 강조되었을 때는 예상된 결과를 불확실하게 제시하는 것이 보다 효과적임을 증명한 것이다.

전망이론을 적용한 선행 연구들은 주로 결과 프레이밍에 초점을 맞춰 진행되어왔으며, 특히 헬스 커뮤니케이션 상황에서는 검진행동을 권고하는 캠페인에는 손실 프레임을 사용하고 예방행동을 권고하는 메시지에는 이익 프레임을 사용하는 것이 더 효과적임을 시사한다. 기존의 연구들은 다양한 상황에서 손실 - 이익 프레임 중 어떤 것이 더 효과적인가에 초점을 두었다면, 향후 연구들은 메시지 프레이밍 효과에 영향을 줄 수 있는 다양한 상황적·개인적 변수들에 초점을 맞추어 좀 더 타겟 맞춤형 메시지 전략에 주의를 기울이는 것이 필요하다. 또한 결과 프레이밍뿐 아니라 그간 간과되어왔던 확률 프레이밍의 효과를 지속적으로 테스트해봄과 동시에 결과 - 확률 프레이밍 이외에 메시지 프레이밍에 영향을 줄 수 있는 제3의 프레이밍 요인을 찾아 이론을 세분화하고 현실에 보다 명확하게 적용될 수 있는 메시지를 개발하려는 노력도 필요할 것이다.

2) 메시지 소구의 종류와 효과

(1) 이성 vs. 감성 메시지 소구

메시지 소구란 메시지를 전달하는 방식이며 수용자의 반응을 이끌어내기 위해서 무엇에 호소할 것인지에 대한 전략이다. 광고PR을 비롯한 커뮤니케이션 분야 전반에서 메시지를 효과적으로 전달하는 방식에 관한 관심과 연구는 역사가 깊으며 현재도 활발히 지속되고 있다. 캠페인 메시지는 다양한 소구를 사용할 수 있는데, 광고와 같은 포맷을 통해 짧은 시간 안에 소비자를 설득해야 하는 상황에서 여러 가지 소구를 사용하기는 어렵기 때문에 대부분의 광고 메시지는 잠재 고객을 가장 잘 설득할 수 있는 하나의 소구(appeal)를 선택하여 사용하게 된다. 대표적인 메시지 소구 유형은 크게 감정적 소구와 이성적 소구로 분류되는데, 학자들은 이 두 가지 유형 중 어떤 것이 더 효과적인지 지속적으로 검증하고자 한다.

감성 소구는 메시지 수용자의 감정에 소구하는 기법이며 이성 소구는 실증적 자료를 활용하여 수용자의 논리적인 사고에 호소하는 소구 방법을 말한다. 사람들은 행복·즐거움·희망·사랑과 같은 긍정적인 감정과 분노·공포·혐오·죄책감과 같은 부정적인 감정을 가지고 있는데, 감성 소구를 사용한 메시지는 사람들의 이런 다양한 감정을 자극하여 수용자들의 인식과 행동을 변화시키고자 한다. 감성 소구는 긍정적 감정 소구와 부정적 감정 소구로 나눌 수 있는데, 대표적인 긍정적 감성 소구는 유머와 성적 소구 등이 있으며, 부정적 감성 소구로는 위협(공포) 소구와 죄책감 소구 등이 있다. 각각의 소구 방법에 대해서는 이후에 보다 상세히 설명하겠다. 긍정적 감성 소구는 바람직한 행동을 하거나 특정한 제품을 사용했을 때 얻을 수 있는 유익에 초점을 맞추는 반면, 부정적 감성 소구는 메시지에서 권고하는 바람직한 행동을 하지 않았거나 특정 제품들을 사용하지 않았을 때 일어날 수 있는 부정적인 결과에 초점을 맞추며 수용자들의 공포심 등을 자극한다. 예를 들어, 매력적인 여성이나 남성을 내세운 성적 소구의 향수광고는 해당 제품을 사용하면 나도 그처럼 매력적인 사람이 될 수 있다는 것을 내세운다. 연 캠페인에서 사용되는 부정적 감성 소구는 흡연으로 인한 질병으로 고통 받는 사람의 사진이나 담배연기를 맡고 괴로워하는 어린아이의 찌뿌린 얼굴을 보여주며 수용자의 부정적인 감정을 자극한다.

감성 소구는 최근 들어 더욱 많이 사용되고 있는데, 이혜갑(2016)에 의하면 감성 소구는 몇 가지 측면에서 장점을 가지고 있다. 첫째, 감성 소구가 제품의 혜택과 잘 연결되어 표현되었을 때는 이성 소구에 비해 주목을 끌 수 있다. 둘째, 기술이 발전하면서 제품들이 기능 면에서 표준화되어가기 때문에 제품의 차별화가 점점 어려워지고 있는 지금, 감성 소구는 소비자의 마음속에 차별화된 포지셔닝을 제공할 수 있다. 마지막으로, 감성 소구는 저관여 제품에 대한 소비자들의 관여도를 높이기 쉽다고 한다.

이성 소구는 인간의 논리와 합리성에 호소하는 메시지 기법으로 사실적인 정보를 전달함으로써 이성을 기반으로 하여 수용자를 설득하고자 하는 기법이다. 이성 소구의 메시지는 소비자가 메시지에서 제안된 행동을 취했을 경우 얻을 수 있는 가치를 사실적으로 전달함으로써 수용자들이 메시지를 의식적으로 평가한 후 제안된 행동을 하도록 유도한다. 예를 들어, 금연 캠페인에 사용되는 이성 소구는 흡연으로 인한 사망자 수 및 각종 심각한 질환에 노출될 확률, 부정적 결과에 대한 통계 정보의 제공과 같은 것이다. 제품 광고에서도 기능적인 면에 대한 사실적 정보와 타 제품과의 차별점을 논리적으로 제시하는 것은 이성적 소구 기법에 속한다. 예를 들어, 이성 소구를 사용하는 광고는 제품 및 서비스가 제공하는 혜택을 증거와 데이터에 기반을 두고 제시함으로써 소비자들에게 신뢰를 갖도록 설득하는 방식이다. 이성적 소구는 비교 광고 등에서 많이 사용된다.

그렇다면 이성 - 감성 소구 중 어떤 유형의 소구가 더 효과적일까? 그간의 연구들에 의하면 이성 소구보다는 감성소구가 더 효과적인 것이라고 알려져 있기도 하며(Perse, Nathanson and McLeod, 1996), 특히 이슈에 대한 수용자의 관여도가 낮을 때는 이성 소구보다는 감성소구를 사용했을 때 메시지 회상률이 높고, 해당 이슈에 대한 정보를 습득하고 싶다는 욕구가 자극되는 것으로 보고되고 있다(Flora and Maibach, 1990). 하지만 이에 대한 확고한 결론은 찾기 힘들며, 커뮤니케이션 상황과 독립 변수의 조합에 따라 이성 - 감성 메시지의 효과는 상이한 결론을 보이고 있다. 일련의 연구들은 구체적 증거를 통해 정보를 전달하는 이성적 소구가 더욱 설득력 있다고 결론을 낸다(Sturges, 1994; 유현재·조은선, 2013; 이인성·김하나, 2014). 광고와 같은 설득 메시지는 아니지만, 루머의 유형(음모성/오염성)과 루머 메시지 소구 유형(이성/감성)에 따른 수용자의 루머 신뢰, 루머 확산 및 반박 의도의 차이를 살펴본 실험연구에 따르면, 수용자들은 감성적 소구의 루머보다는 이성적 소구의 루머를 더 신뢰하고, 루머의 확산의도도 높게 나타났다(장금시·조수영, 2017). 이성 - 감성 소구는 다양한 커뮤니케이션 상황에서 지속적으로 이용되는 소구 방법이다. 그러나 현재까지의 연구에서 이성 - 감성적 소구 방법에 대한 정의 및 조작은 다소 포괄적이어서 커뮤니케이션 상황에 따른 소구 방법의 효능에 대하 결론 또한 상이할 수 밖에 없다. 향후 연구들은 이성 - 감성적 소구에 대한 세분화된 정의를 통해 각각의 상황과 제품, 캠페인 성격에 맞는 소구 방법에 대한 테스트가 지속되어야 할 것이다.

(2) 공포 소구

공포 소구는 메시지가 권유하는 내용을 받아들이지 않았을 때 신체적·사회적으로 발생할 수 있는 부정적 결과를 강조함으로써 수용자들이 공포심을 느껴 바람직하지 않은 행동을 하지 않도록 설득하는 기법이다. 공포 소구는 특히 금연, 금주, 암, 에이즈 예방, 음주운전 등과 같은 공공 헬스 캠페인에서 가장 많이 사용되어온 소구방식으로, 미국의 공익광고의 1/4가량이 공포 소구를 이용한 것으로 조사된다. 예를 들어 현재 우리나라에서 시행되고 있는 담뱃갑 경고 그림과 "폐암 위험, 최대 26회! 피우시겠습니까? 흡연하면 기형아를 출산할수 있습니다. 니코틴에 중독, 발암물질에 노출"과 같은 담뱃갑 경고 문구들도 공포 소구를 이용해 금연을 유도하는 설득방식이다. 공포 소구는 위협 소구라는 용어로도 사용된다.

공포 소구에 사용되는 위협은 두 가지 유형으로 분류할 수 있다. 하나는 신체적 위협으로, 수용자들에게 위험이나 질병에 대한 위험을 상기시키는 것이다. 예를 들어 흡연이나 마약, 음주운전을 했을 때 생길 수 있는 신체적 질병과 치명적 위험을 강조하여 공포를 느끼게 하고, 이를 피하기 위해 해당행위를 하지 않도록 설득하는 것이다. 또 하나는 사회적 위협으로 사람들이 사회적 상황에서 소외되는 것에 공포심을 가지고 있는 사람들의 심리를 자극한 설득법이다. 예를 들어 금연광고에서 지속적인 흡연으로 인해 사람들로부터 소외되는 상황을 제시하거나, 어떤 제품을 사용하거나 사용하지 않음으로써 사람들로부터 소외될 수 있는 상황을 이용하여 설득한다. 공포 소구는 헬스 캠페인 등에서 많이 사용되어온 만큼 관련 연구도 활발하게 진행되고 있으며 그 효과를 설명하는 모형도 다양하다. 다음은 공포 소구의 효과를 설명하는 다양한 모형들이다.

㉠ 공포동인 모형(fear-as-acquired drive model) | 제니스와 페슈바흐(Janis and Feshbach, 1953)는 메시지의 공포 수준과 메시지의 권고를 수용하는 수용자의 각성 간의 관계를 연구하며 둘 사이에 부정적인 선형관계가 존재함을 밝혔다. 즉, 공포의 양이 적은 메시지가 가장 큰 설득 효과를 나타냈고, 공포의 양이 증가할수록 설득효과가 낮아지는 것이다. 이들의 작업은 이후 공포동인 모형으로 알려진 공포 소구 모형의 개념적 토대가 되었다. 공포동인 모형은 1960년 대 중반 호블랜드 학파가 제시한 모형으로, 공포의 강도에 따라 사람들의 행동 변화가 결정됨을 전제하는데, 특히 공포 소구의 강도와 메시지 수용 사이에 역 U자 관계를 가정한다. 즉, 공포수준이 너무 높을 때는 수용자들이 메시지를 부정하거나 회피하며 너무 낮을 때는 두려움을 느끼지 않아 행동을 바꾸지 않기 때문에, 적당한 수준의 공포가 수용자의 행동 변화를 이끌어낸다는 것이다.

공포 소구의 위협강도 효과에 대한 결론은 연구에 따라 매우 다양하다. 지나 치게 강한 수준의 위협은 수용자가 거부반응을 보일 수 있기 때문에 낮은 수준 이 더 효과적이라는 연구들도 있지만(Backer, Rogers and Sopory, 1992; Janis and Feshbach, 1953), 다른 연구들은 위협 강도가 높을 때 설득 효과도 높다고 주장 한다(Latour and Pittes, 1989; Vincent and Dubinsky, 2005). 그러나 공포 소구의 효 과는 공포 소구의 크기만으로는 측정되기 어려운 면이 있다. 1970년대에 이르 러서는 레벤탈(Leventhal, 1970; 1971)이 병행과정 모형(Parallel Process Model)을, 이후 로저스(Rogers, 1975/1983)가 이를 발전시켜 보호동기 이론(protection motivation theory)을 제안했다. 1990년대에 들어서는 이전 이론들의 단점을 보 완하여 위티(Witte, 1992)가 확장된 병행과정 모형(extended parallel process model: EPPM)을 개발했다.

㉡ 평행반응 모형(parallel process model) | 공포동인 모형에 이어 등장한 레

벤탈(Leventhal, 1970; 1971)의 평행반응 모형은 공포동인 모형이 인간의 감정적 측면만을 강조하는 한계를 지녔다고 지적하였다. 그에 따르면 공포 소구 메시지는 감정적 반응과 더불어 인지적 반응도 유발하는(병행과정을 일으키는) 것이다. 모형에 따르면 공포 소구는 위험통제(danger control)와 공포통제(fear control), 이 두 가지 반응 과정을 일으킨다. 위험통제 반응은 수용자가 취하는 문제해결적 인지적 과정이다. 수용자는 위험통제 반응 과정을 통해 메시지에 포함된 위협의 특성을 '인지'하고 가능한 대처 방안을 찾는다. 공포통제는 수용자가 공포 소구 메시지로 유발된 불쾌한 감정을 완화시키려는 반응과정으로 수용자는 공포 소구를 무시하거나 방어할 수 있다. 두 가지의 다른 반응 정도에 따라 수용자의 행동은 다르게 나타날 수 있는데, 위험통제의 경우 수용자는 메시지에서 권고된 대로 태도/행동을 변화시키는 적응적 행동을 하게 된다. 반면 공포통제의 경우, 수용자는 상황을 회피·부정하는 부적응적 행동을 하게 된다. 평행반응 모형은 이전 모형들과 달리 위험통제와 공포통제 개념을 제시함으로써 공포 소구에 대한 이해의 폭을 확장했다.

ⓒ 보호동기 이론(protection motivation theory) ㅣ 로저스(Rogers, 1975, 1983)는 평행반응 모형을 좀 더 정교화시켜 보호동기 이론을 제안했다. 공포동인 모형이 정서적인 측면에 초점을 맞춘 반면, 병행과정 모형과 보호동기 이론은 수용자들이 공포 메시지를 어떻게 인지적으로 해석하느냐에 따라 그들의 행동이 결정된다고 전제한다. 보호동기 이론에 따르면 사람들이 위협 메시지를 접한 후, ① 그 위협이 심각하고 중요한 것이며(위협에 대한 심각성), ② 자신이 그 위협에 취약하며(위협에 대한 취약성), ③ 메시지에서 권고된 행동이 위협으로부터 자신을 보호할 수 있다고 인식하면(권고 방안의 반응 효능감) 스스로 자신을 보호하려는 동기가 형성되고 행동 변화로까지 이어질 것이라고 주장한다. 보호동기 이론은 이후에 자기효능감과 보상요소를 추가하여 수정된 보호동기 이론으로 발전되었다(Rogers, 1983). 하지만 보호동기 이론은 수용자가 언제, 왜 메시지를 수용하거나 거부하는지 상세히 설명하기 어려운 약점을 갖는데, 이를 보

완하는 모형이 병행과정 확장모형이다.

ⓔ 병행과정 확장모형(extended parallel process model) | 병행과정 확장모형
(EPPM)은 공포 소구와 관련된 이론적 관점을 통합한 모형이라고 볼 수 있다(차
동필, 2006). 모형에 따르면 수용자들은 공포 소구 메시지에 노출되었을 때 메
시지의 두 가지 인지적 평가를 하게 된다. 즉 메시지의 '위협'의 정도에 대한 평
가와 이를 피하기 위해 따라야 하는 '권고반응의 효능'에 대한 평가이다. 먼저,
지각된 위협은 공포 소구 메시지에서 제시된 위협이 얼마나 심각한 수준인지
에 대한 지각된 심각성과, 자신이 위협에 노출될 가능성에 대한 지각된 취약성
으로 구성된다. 지각된 효능감은 메시지에서 권고된 행동을 하면 위협을 피할
수 있다고 믿는 정도인 지각된 반응 효능감과, 권고된 행동을 이행할 수 있다
고 믿는 정도인 지각된 자기 효능감으로 구성된다.

위협과 효능감에 대한 평가를 토대로 수용자는 위험지각이 없을 때는 ① 무
반응(no response), 위험을 인지했을 때는 ② 메시지의 권고사항을 수용하는 위
험통제 반응, 혹은 ③ 메시지를 회피하고 거부하는 공포통제 반응을 보이게 된
다. 위험통제 반응은 지각된 위협과 지각된 효능감이 모두 높을 때 나타나며,
공포통제 반응은 높은 지각된 위협과 낮은 지각된 효능감 상황에서 주로 발생
한다. 다시 말해 수용자가 위험을 인지했으나(예를 들어 공포 소구 메시지를 통해
담배의 유해성은 인지했으나) 스스로 권고상황을 이행할 수 없다고 믿을 때(담배
를 끊기는 너무나 어렵다고 믿을 때) 공포통제 반응(메시지 회피/부정)이 나타난다.
EPPM은 공포 소구 메시지 구성이 높은 위험(담배는 매우 유해한 것이다)과 권고
사항에 대한 높은 효능감을 보여줄 때(담배를 끊으려면 어떤 방법을 채택해야 하는
지 보여주고, 담배를 끊을 수 있다는 확신을 줄 때) 가장 효과적이라고 주장한다. 또
한 위협과 효능감 모두 중요하지만 효능감이 보다 중요한데, 위협은 높게 지각
했을지라도 효능감을 높게 지각하지 못하면 사람들은 공포통제 반응을 통해
메시지를 외면하기 때문이다.

EPPM을 적용한 연구들은 주로 헬스 분야에서 많이 이루어졌다. 에이즈와

그림 02-1 • 병행과정 확장모형

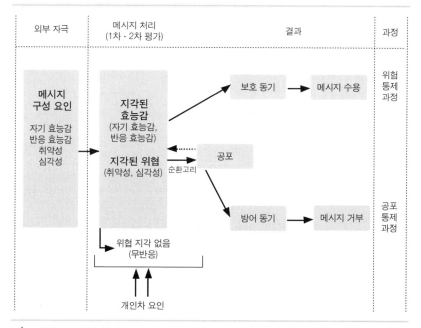

| 외부 자극 | 메시지 처리
(1차 · 2차 평가) | 결과 | 과정 |

자료: Witte, K.(1998). Fear as motivator, fear as inhibitor: Using the extended parallel process model to explain fear appeal success and failures. In P. A. Andersen and L. K. Guerrero(Eds.), *The Handbook of Communication and Emotion*(p. 432). New York: Academic Press. 차동필(2006) 재인용.

관련된 FGI 연구에 의하면, 연구 참가자들이 에이즈에 대한 지각된 위험은 높았으나 콘돔 사용에 대한 효능감이 낮아 공포통제 반응이 지배적으로 나타났다(에이즈 예방 캠페인 메시지를 외면)(Witte, Cameron and Nzyuko, 1995). 에이즈 예방 캠페인을 주제로 한 국내 실험연구는 공포 소구의 위험 수준 측면에서만 보았을 때 종속 변수인 콘돔 사용 태도와 사용 의도에 유의미한 차이가 없는 것을 발견했다. 하지만 위험수준이 메시지 측면성(반박/비반박적 양면 메시지)과 함께 고려되었을 때는 고위협/반박적 양면 메시지가 가장 효과적인 것으로 나타났다(최명일, 2007). 대학생 대상의 수막염 관련 실험연구는 공포 소구 메시지를 이용할 때 위험과 효능감을 모두 지각하는 것이 중요하지만 그중 효능감을 높게 지각하는 것이 더 중요함을 보여주었다(Gore and Bracken, 2005). 하지만 에이즈 예방 공익 캠페인 포스터 등을 분석한 연구 결과에 따르면, 기존 캠페인들은 위협을 강조했을 뿐 효능감을 거의 고려하지 않은 것으로 나타났다(Witte, et al., 1998). 이는 아마도 포스터라는 한정된 공간에서 위협과 효능감 모두를 적절하게 표현하는 것이 부족하거나, 위협에만 집중하고 효능감의 중요성에 대해 지각하지 못한 실무자들의 이론적 지식 부족에서 기인한 것일 것이다.

앞서도 언급했듯 EPPM 관련 연구들은 공포 소구의 효과가 나타나기 위해서는 수용자들이 위협과 효능감 모두를 지각해야 하며, 너무 위협적인 내용만을 강조한 채 효능감 요소들이 배제되어 있으면 위협적인 메시지로만 인식되어 메시지를 회피하게 된다고 한다(Rogers. 1983; Witte, 1992). 공공 캠페인에 사용된 공포 소구 메시지에 관한 98편의 기존 연구를 메타분석한 결과에 따르면, EPPM의 예측대로 고위협/고효능감 메시지가 다른 유형에 비해 높은 설득효과를 보이는 것으로 나타났다(Witte and Allen, 2000).

한편 반드시 고위협/고효능감 조건이 설득효과가 높은 것은 아니라는 일부 연구 결과들도 있다. 즉, 고위협/저효능감 조건이 오히려 설득효과가 높다는 결과를 보여주기도 했다. 예를 들면, 피부암 관련한 공포 소구 메시지 효과에 관한 연구에 의하면 고위협/저효능감 메시지가 가장 효과적으로 나타났다(Rimal and Real, 2003). EPPM을 이용하여 에이즈에 관한 공포 소구 메시지의 효과를 알아본 한 국내연구 또한 고위협/고효능감, 고위협/저효능감, 저위협/고효능감 간에 크게 유의미한 차이가 없는 것을 발견했다(차동필, 2006). 이 결과를 두고 연구자는 공포 소구 메시지는 위협과 효능감 중 어느 한 가지만을 강조해도 비슷한 효과를 유발할 수 있을 것임을 시사하기도 했다. 폭음 예방 캠페인에서의 공포 소구 메시지 효과를 살펴본 실험 연구 또한 공포 수준과는 관계없이 효능감이 높은 조건이 가장 효과적인 것으로 나타났다. 한편, EPPM의 개념들을 바탕으로 낙태 예방 공공 캠페인 메시지에 관한 실험연구에 의하면, 높은 공포 소구 메시지를 접한 집단은 낮은 공포 소구 메시지를 접한 집단보다 종속 변수인 낙태에 대해 태도에 더욱 부정적인 답변을 하였으나, 동시에 높은 공포 소구 낙태 메시지에 대한 저항과 회피도 더 높게 나타났다. 즉, 낙태 예방 캠페인의 경우 메시지의 공포수준이 높으면 수용자들이 심리적으로는 메시지를 회피하면서도 이로 인해 낙태에 대한 부정적 태도도 동시에 증가하는 것으로 나타났다(조수영, 2015).

학자들은 공포 소구를 이용한 메시지를 구성할 때는 메시지가 생생하고 개인적·구체적이며 사용되는 언어가 충격적일 때 공포감을 유발하기 쉽다고 주장하며(Witte, 1993), 위협과 권고반응을 전달하는 순서도 시간차를 두는 것보다 위협 메시지 후 바로 권고 반응 메시지를 제시하는 순서가 더 효과적임을 밝히고 있다(Skillbeck, Tulips, and Ley, 1977). 또한, 위협 메시지에 자발적으로 노출되었는지 아니면 강제적으로 우연히 노출되었는지 여부도 메시지 효과가 다를 수 있음을 시사하는데, 비자발적으로 노출된 수용자의 경우 메시지를 무시하고 따르지 않을 가능성이 높다고 주장한다(백혜진·이혜규, 2013). 오키프(O'Keefe, 2002)는 공포 소구가 효과적이기 위해서는 수용자가 ① 공포 소구 메시지의 위협이 심각하고 자신에게 해당되는 것이라고 여기기 위해서는 위협의 종류가 그(녀)에게 중요하고 적절한 이슈여야 하며, ② 수용자가 스스로 위협을 제거할 수 있다고 믿을 수 있는 권고반응이 있어야 한다는 것이다.

공포 소구는 공공 캠페인에 많이 사용되고 있으나 반복적으로 노출할 경우 장기적으로는 그 효과가 감소할 것이라는 주장도 있다(Schoenbachler and Whittler, 1996). 공포 소구의 장기적 효과에 대해서는 아직 입증되지 않았다. 공포 소구는 현실과 유리된 상황이 아닌 우리가 경험하는 상황에서 검증되는 것이 타당하다. 특히 장기적인 효과를 연구할 때는 더더욱 그러하다. 우리나라는 2016년부터 담뱃갑 경고그림을 시행하고 있으며, 시행 초기 조사에 의하면 담배 판매량이 감소하는 것으로 나타났다. 공포 소구를 이용한 국가적 차원의 금연 캠페인도 해마다 시행되고 있는데 이렇게 현실에서 행해지고 있는 장기적 헬스 캠페인을 이용해 공포 소구의 장기적 효과에 대해 연구해 볼 필요성이 있다. 이를 통해 장기적 헬스 캠페인의 메시지 소구 방법의 방향을 설정할 필요가 있다.

(3) 유머 소구

사람들은 공포나 위협에 의해서도 설득되지만 즐거운 감정을 주는 메시지에 의해서도 설득된다. 유머 소구는 사람들에게 웃음과 즐거움을 유발하는 메시지를 전달함으로써 긍정적 감정이 제품이나 서비스에 전이되어 사람들의 행동을 이끌어낼 목적으로 사용된다. TV광고의 약 20%가 유머를 사용할 정도로 유머는 광고의 일반적인 설득전략이 되어가고 있다(Beard, 2005). 유머 소구는 수용자의 주목을 끄는 데 유용하기 때문에 브랜드 인지 단계에 효율적이며 (Madden and Weinberger, 1984) 브랜드에 대한 호의적 태도를 만들어낸다고 한다(Gelb and Pickett, 1983; Spotts et al., 1997). 더 나아가 유머 소구 광고는 소비자에게 메시지에 대한 이해와 기억 측면에서 보다 효과적이라는 주장도 있다(Nord and Peter, 1980). 또한 유머 소구는 신규제품보다는 소비자에게 이미 알려진 기존 브랜드의 광고 캠페인에 사용될 때, 그리고 감정지향적인 저관여 제품에 사용될 때 보다 효과적이다(이혜갑, 2016). 유머 소구는 특히 상품에 대한 소비자의 관여도가 낮을 때 해당 상품 및 광고에 대한 소비자의 기억을 증가시키고 상품 및 브랜드에 대한 친밀도도 높여 긍정적인 태도 형성에 기여한다(Chung and Zhao, 2003).

하지만 유머 소구를 사용한 광고가 메시지를 이해시키거나 더 나아가 행농을 이끌어내는 데는 제한적일 수 있다는 부정적인 의견도 있다. 와인버거와 굴라스(Weinberger and Gulas, 1992)에 의하면 유머 소구는 소비자의 주목을 끌고 광고에 대한 호감을 증가시키지만 다른 소구에 비해 설득효과가 크다고 말할 수는 없다. 유머 소구는 광고 컨셉트와 무관해서는 안 되며 심각한 상품(e.g., 금융, 보험) 등에 잘못 사용될 경우 부정적인 결과를 가져올 수 있다. 또한 과장된 유머를 사용하면 광고에 대한 신뢰가 저하되며 광고에서 권유된 행동의 진정성이 의심될 수 있으므로 유머 소구 사용 시에는 이런 점들에 유의해야 한다(Goldman and Glantz, 1998).

유머광고에 관련한 연구들은 유머광고 정보원의 공신력 측면에서 복합적인 결과를 보여주는데, 유머 요소가 포함된 설득 메시지가 정보원의 신뢰를 증가시킨다(Sternthal and Craig, 1973)는 의견과 오히려 인지적 측면에서 부정적으로 작용하여 정보원에 대한 공신력을 감소시킨다(Madden and Weinberger, 1984)는 의견, 그리고 두 가지 결과가 복합된 연구결과(Speck, 1991)도 있다. 몇몇 연구는 자기폄하적 유머의 효과를 조사했다. 자기폄하적 유머는 화자가 자신을 낮추며 유머소재의 하나로 이용하는 형태를 말한다. 자기폄하적 유머는 화자의 호감도를 향상시킨다는 의견도 있지만 한편으로는 화자의 공신력을 낮춘다고 보는 견해도 있다. 따라서 화자의 공신력이 낮거나 공신력을 강화시킬 필요가 있다면 자기폄하적 유머의 사용은 권장되지 않는다. 한편으로는 화자의 공신력이 좋다면 인간적 단점을 언급하는 자기폄하적 유머는 수용자의 호감을 증진시킬 수 있다(김영석, 2008).

보통 유머 소구는 소비재나 서비스 광고에 주로 사용되어왔는데, 최근 한 연구는 미국의 대학생들을 대상으로 유머 소구가 사용된 부정적 정치광고가 후보자에 미치는 긍정적 효과에 대해 실험 연구를 실시하였다. 연구 결과에 따르면 부정적 정치광고에서 유머 소구가 사용되었을 때가 그렇지 않을 때에 비해 광고에 대한 태도도 긍정적이고 후보자에 대한 투표의지도 높은 것으로 나타났다. 유머 소구가 포함된 부정적 정치광고는 특히 정치적 관여도가 낮은 유권자에게 효과적이었다(김하나, 2012). 이는 유머를 포함한 정치적 메시지가 정치인에 대한 유권자의 신뢰를 쌓는 데 긍정적인 영향을 미친다는 조사와도 맥락을 같이한다(Baumgartner, 2007). 이 외에도 유머 소구 메시지는 금연광고에 대한 회상 및 금연행위에 대한 긍정적인 반응에도 유의미한 효과를 가지는 것으로 나타났다(Beaudoin, 2002; Biener et al., 2004).

유머 소구는 그간 주로 제품광고에 주력하여 사용되어왔지만 상업적인 메시지뿐 아니라 정치나 공공 캠페인에서도 사용될 가능성이 많은 만큼 다양한 맥락에서 유머광고의 효용성에 대한 연구가 이루어질 필요가 있겠다. 예를 들어, 감각추구 성향이 높은 사람일수록 유머 소구 메시지를 선호한다는 연구 결과도 있으며(Hassett et al., 1979), 스마트폰 중독 예방 메시지 개발을 위해 청소년들을 대상으로 한 실험 연구에 의하면 공포 소구 메시지에 비해 유머 소구 메시지가 청소년들의 스마트폰 중독 예방 메시지에 대한 태도 및 예방행동에 더 효과적임을 보여주었다. 저자들은 청소년을 대상으로 하는 메시지의 경우 신체적 폐해의 강조보다 긍정적 심리를 강조하는 것이 더 중요하다고 주장한다(송민호·진범섭, 2014). 이렇듯 유머 소구는 공공 캠페인에서도 사용될 유용성이 있는 만큼, 그 사용 및 연구범위도 보다 광범위해질 필요가 있겠다.

(4) 죄책감 소구

죄책감은 사회적으로 바람직한 것으로 여겨지는 규범이나 원칙 또는 개인적 신념에 어긋나는 행동을 했을 때 느끼는 감정을 말한다. 사람들은 평소 자신이 가지고 있는 가치관이나 사회적인 법을 지키지 않았을 때 죄책감을 느끼게 되며, 죄책감을 느끼면 사회적/도덕적 기준에 맞게 자신의 행동을 수정하려는 동기가 발생한다(Burnnett and Lunsford, 1994). 죄책감 소구(guilt appeal)는 광고나 메시지를 통해 사람들의 죄의식을 자극함으로써 메시지에서 표현된 권고행동을 따르도록 설득하는 부정적 소구 방법의 하나이다. 죄책감 소구가 자주 사용되는 분야는 주로 기부와 자선분야이다.

미셀리(Miceli, 1992)에 의하면 죄의식이 유발되려면 두 가지 조건이 필요하다. 먼저 사람들이 비극적인 사건의 발생이나 환경에 대해 혹은 그 사건이나 환경이 발생하지 않도록 조치를 취하지 못한 것에 대해 책임감을 느껴야 한다. 더불어, 그 사건이 일어남으로 인해 누군가가 피해를 받았다는 것을 인식해야 한다는 것이다.

동정심과 죄의식 소구의 효과에 관한 한 연구는 피험자들이 자선모금을 위한 포스터를 평가하도록 했는데, 연구 결과에 의하면, 인물의 모습이 어둡고 부정적인 분위기의 포스터를 접했을 때 동정심이나 죄의식이 생겨 자선행위에 참여하는 경우가 많았다. 반면 포스터에 묘사된 인물이나 분위기가 밝은 경우를 접한 피험자는 자선행위를 거의 하지 않았다(Eayres and Ellis, 1990). 유니세프, 세이브 포 칠드런과 같은 비영리단체의 기부광고들에 묘사된 어린이들이나 자선모금 TV 프로그램에 등장하는 인물들도 대부분 어둡고 부정적인 얼굴로 등장하며 광고 및 프로그램의 스토리 또한 인물이 겪고 있는 극한의 어려움에 초점이 맞춰져 있는 것은 우연이 아니다.

한편 쿨터와 핀토(Coulter and Pinto, 1995)에 의하면, 죄의식 소구를 사용하는 광고에 의해 촉발되는 죄의식의 정도와 설득 효과 간에는 역U자의 관계가 있다고 주장했다. 즉, 죄의식 소구의 강도가 너무 약하면 수용자가 광고에 주의를 기울이지 않아 설득효과가 낮을 수 있지만, 너무 강한 경우도 수용자들이 광고를 회피하거나 광고에 분노할 수 있으므로 설득 효과가 저하될 수 있다는 것이다. 그러므로 중간 정도 강도의 광고가 적절하다고 주장했다.

와이너, 페리와 매구슨(Weiner, Perry and Magusson, 1988)은 사람들이 타인의 가난, 질병, 신체적 결함과 같은 불행에 어떻게 반응하는지는 타인의 불행이나 결점을 어떻게 해석하고 귀인하는지에 달렸다고 한다. 이들은 사람들이 타인의 질병이나 결점에 대해 어떻게 감정적으로 반응하는지 알아보기 위해 실험을 진행했는데, 결과에 따르면, 피험자들의 타인의 결점이 원인을 어떻게 인식하느냐에 따라 다른 반응을 보였다. 즉, 피험자들은 다른 사람들이 가진 결점이 통제 불가능한 원인에 의한 것으로 해석했을 경우에는 타인에 대해 동정심을 느끼게 되었으나, 그들의 결점을 통제 가능한 것으로 해석했을 경우에는 반대로 분노의 감정을 갖는 경향이 있었다. 폐암에 걸린 환자들을 바라보는 사회적인 시선도 그(녀)가 흡연자인 경우와, 비흡연자인데도 폐암에 걸린 경우가 상당히 다르다. 이러한 결과는 자선모금 캠페인에서 죄의식이나 동정심 소구를 사용할 경우, 수혜자들의 사회적·신체적 장애는 그들의 잘못이 아니라는 점을 명시할 필요가 있음을 시사한다.

자선활동, 장기기증과 같은 메시지에서 사람들이 죄책감을 더 강하게 느낄수록 도우려는 동기는 더 높아지는 것으로 나타났지만(Hibbert et al., 2007; Lindsey, 2005), 죄책감 소구의 효과는 일정치 않으며 상황에 따라서는 역효과를 가져오기도 한다(O'Keefe, 2002). 그 이유는 죄책감 소구가 상황에 따라 성가심, 수치심과 같은 다른 부정적 감정도 활성화시켜 설득효과를 감소시키기 때문이다(Coulter and Pinto, 1995; Bennett, 1998). 이런 부정적인 감성을 지나치게 유발할 경우 수용자들은 메시지의 의도를 의심하고 메시지에 대해서도 부정적 평가로 이어져 저항을 초래할 수 있기 때문이다(Fishbein et al., 2002).

죄책감 소구는 자선 모금 캠페인과 같은 경우 외에도 보다 광범위하게 사용될 수 있다. 예를 들어, 윤리적인 제품을 구매하지 않아서 발생할 수 있는 유해성 등을 강조하여 소비자의 죄책감을 유발시킴으로써 해당 제품을 구매하도록 설득할 수 있다. 공정무역 제품이나 환경친화적 제품, 유아용품 등을 마케팅할 때도 소비자 혹은 부모의 죄책감을 불러일으키는 메시지 소구 방법이 사용될 수 있다. 향후 죄책감 소구의 효과에 대한 연구는 기부뿐 아니라 보다 다양한 분야에 적용될 수 있을 것이며 수용자의 성향, 가치관 등과 어떻게 상호 작용하는지 살펴볼 필요가 있다. 예를 들어, 최근 한 연구는 죄책감 소구를 이용한 국제 기아 돕기 촉구 메시지가 공감적 개인성향과 어떻게 상호 작용하는지 살펴보았는데, 공감적 관심이 높은 사람들은 낮은 사람들에 비해 죄책감 수준의 고저와 관계없이 메시지에 더 우호적인 것으로 나타났다(이승조·이한규, 2015).

(5) 비교 소구

비교 소구는 광고를 통해 경쟁 브랜드명(경쟁자)을 직접 언급하면서 경쟁 브랜드의 약점을 제시하고 자사 브랜드의 강점을 강조하는 소구 기법이다. 경쟁 브랜드명을 직접 언급하지는 않지만, 광고 내용에서 어떤 브랜드와 비교하고 있는지 소비자들이 알 수 있는 경우도 있다. 즉, 상표나 브랜드명은 숨겼지만 경쟁 브랜드의 디자인이나 이니셜로 암시를 주는 방식을 말하는데 이를 간접 비교 소구라고도 한다. 미국은 소비자의 의사결정 기회를 증가시킬 수 있다는 점을 들어 비교 광고를 합법화했으며, 우리나라에서도 2008년 비교표시 광고에 관한 심사지침이 제시되며 관련된 법률적 근거가 마련되었다. 비교 광고는 광고의 특성상 소비자의 주목을 끌 가능성이 높기 때문에 브랜드 인지도 및 메시지 회상에서 다른 광고에 비해 효과적이다(이혜갑, 2016).

펩시는 공익광고의 형식을 차용하여 "No to dope, No to heroin, No to coke(마약 하지 마시오, 헤로인 하지 마시오, 코카인(coke) 하지 마시오)"라는 광고를 낸 적이 있다. 광고의 마지막의 부분은 코카인(coke)으로, '코카콜라'를 흔히 '코크(coke)'라고도 한다. 즉, 이는 마약류인 코카인을 부정하면서 동시에 코카콜라를 빗대어 부정적으로 묘사한 비교 광고의 예이다. 국내 광고의 예는 1993년 미스터피자가 기름기를 줄였다는 피자광고를 하면서 "이제껏 프라이팬에 익혀 기름이 뚝뚝 떨어지는 피자를 제맛이라고 드셨습니까? 그렇다면 피자, 헛 먹었습니다"라는 포스터를 선보이며 간접적으로 피자헛과 비교, 피자헛을 비난하는 방식을 취했다.

시장에서 후발주자나 소규모 브랜드는 선발주자나 시장을 선도하는 브랜드와 비교하는 광고를 통해 소비자들이 동급의 브랜드로 지각하게끔 해 선도 브랜드와 동급의 제품처럼 인식시킬 수 있는 가능성이 있다(Gorn and Weinberg, 1984). 앞서 언급한 미스터피자의 피자헛 비교 광고를 예로 들 수 있다. 당시 시장을 선도하는 유명 브랜드인 피자헛에 후발 토종 브랜드 미스터피자는 비교 광고를 통해 품질의 우위를 점하려고 한 것이다. 이처럼 비교 광고는 시장에 이미 정착된 유명 브랜드보다는 신제품이나 후발 브랜드의 전략적 수단으로 사용될 수 있다. 한편, 비교 광고는 경쟁 브랜드의 약점을 직접 언급하기 때문에 광고 주체 브랜드에 대한 신뢰도를 저하시킬 수도 있다. 따라서 비교 광고의 내용이 진실하지 않을 경우 오히려 소비자들의 신뢰를 잃을 수 있음에 유의해야 할 것이다.

한편, 비교 광고의 한 형태로 경쟁 브랜드, 경쟁 기업, 경쟁 후보 혹은 이슈를 거론하며 악의적인 공격을 하여 제품이나 후보의 명성을 훼손하는 기법을 부정 소구(negative advertising appeal)라고 한다. 부정 소구는 특히 정치광고에서 많이 사용되는데, 부정 소구 정치광고는 경쟁 후보의 정치적 입장, 인격, 사생활 등을 집중적으로 공격한다. 비교 광고는 광고 주체 후보의 긍정적 정보에 중점을 두어 경쟁 후보에 비해 차별화된 장점을 부각시키는 데 비해, 부정 소구 광고는 경쟁 후보에 관한 나쁜 정보에 초점을 맞춘다. 부정 소구는 사람들의 주목을 끄는 효과도 있으나 잘못 사용될 경우 의도치 않은 역효과가 생길 수 있다. 즉, 부정 소구는 잘못하면 수용자들에게 광고의 내용이 공정하지 않다는 인식과 경쟁자에 대한 동정심을 유발시키는 부메랑 효과를 야기할 수 있다.

부정 소구 정치광고에 관한 한 연구에 의하면 부정 소구는 경쟁 후보뿐 아니라 광고의 주체인 후보에 대해서도 수용자들이 부정적으로 평가하는, 즉 공격자와 피공격자 모두가 부정적 영향을 받는 '양자 부정 효과'가 발견되기도 했다 (김무곤, 2003). 비슷한 주제의 다른 연구에 의하면, 부정 소구 광고는 피공격자보다는 공격자에게 더 부정적인 것으로 나타났다(Garramone, 1984). 김하나 · 최호준 · 김봉철(2010)의 정치후보자의 부정적 정치광고 효과를 다룬 실험연구에 의하면, 여성 후보자는 긍정적 정치광고를 이용할 때 더 효과적인 반면 남성 후보자는 부정적 정치광고를 이용했을 때 효과가 더 큰 것으로 나타나, 부정 소구 정치광고의 효용성이 후보자 성별에 따라 달라질 수 있음을 시사하기도 한다.

참고문헌

김무곤. 2003. 「공격적 정치광고가 후보자 이미지에 미치는 영향」. 《광고연구》, 58호, 85~108.
김영석. 2008. 『설득커뮤니케이션』. 나남.
김은혜 · 조수영. 2013. 「메시지 프레이밍과 수용자의 미래지향적 성향이 건강메시지 설득효과에 미치는 영향 전망이론의 적용」. 《홍보학 연구》, 17(3), 77~119.
김하나. 2012. 「유머 소구를 이용한 부정적 정치광고의 효과 연구: 인지적, 감정적, 행동적 효과를 중심으로」. 《광고연구》, (92), 209~235.
김하나 · 최호준 · 김봉철. 2010. 「여성 후보자의 부정적 정치광고 효과에 관한 연구」. 《한국광고홍보학보》, 12(1), 121~154.
백혜진 · 이혜규. 2013. 『헬스커뮤니케이션의 메시지 · 수용자 · 미디어전략』. 커뮤니케이션북스.
송민호 · 진범섭. 2014. 「청소년의 스마트폰 중독에 관한 심리적 요인의 이해와 중독 예방을 위한 설득 메시지 전략의 모색」. 《언론과학연구》, 14(3), 135~179.
유현재 · 조은선. 2013. 「자살예방 공익광고에 대한 태도와 개인의 특성 간의 관계 연구」. 《광고학연구》, 24(3), 173~196.
이명천 · 나정희 · 김지혜. 2006. 「흡연 여부와 메시지 프레이밍에 따른 금연광고 효과 연구」. 《한국광고홍보학보》, 8(3), 210~236.
이세영 · 박현순. 2009. 「PR 메시지 유형, 준거점 설정, 지각된 위험이 의사 결정에 미치는 영향」. 《한국언론학보》, 53(2), 70~95.
이승조 · 이한규. 2015. 「죄책감 소구 수준과 개인성향의 상호작용이 국제기아 돕기 메시지의 반응에 미치는 영향」. 《감성과학》, 18(3), 49~62.

이인성·김하나. 2014. 「정치광고 배경음악의 친숙도와 광고소구 유형에 따른 후보자 투표의 도차이: 수용자 정치관여도의 조절적 역할을 중심으로」. 《광고학연구》, 25(1), 51~69.

이종민·류춘렬·박상희. 2007. 「광고 메시지 프레이밍 효과에 관한 연구」. 《한국언론학보》, 51(3), 282~307.

이혜갑. 2016. 『광고의 이해』. 이화여자대학교 출판부.

장금시·조수영. 2017. 「루머유형, 메시지 소구 유형이 루머 신뢰 및 확산 의도에 미치는 영향: 수용자의 정보처리 동기의 조절 효과를 중심으로」. 《홍보학연구》, 21(2), 1~38.

조수영. 2015. 「낙태 예방 공익 캠페인 메시지 연구」. 《한국광고홍보학보》, 17(1), 136~166.

차동필. 2006. 「공포 소구 메시지의 위협과 효능감 수준에 따른 설득효과」. 《한국언론학보》, 50(4), 411~436.

최명일. 2007. 「메시지 유형에 따른 에이즈 예방 캠페인 효과: 공포 소구와 메시지 측면성의 효과를 중심으로」. 《광고학연구》, 18(2), 185~206.

Apanovitch, A. M, McCarthy, D. and Salovey, P. 2003. "Using message framing to motivate HIV testing among low-income, ethnic minority women." *Health Psychology*, 22(1), 60.

Backer, T. E, Rogers, E. and Sopory, P. 1992. *Designing Health Communication Campaigns: What Works?*. Sage Publications.

Banks, S. M, Salovey, P, Greener, S, Rothman, A, J. and Moyer, A. 1995. "The effects of message framing on mammography utilization." *Health Psychology*, 14(2), 178~184.

Baumgartner, J. C. 2007. "Humor on the next frontier: Youth, online political humor, and the JibJab effect." *Social Science Computer Review,* 25(3), 319~338.

Beard, F. K. 2005. "One hundred years of humor in American advertising." *Journal of Macromarketing*, 25(1), 54~65.

Beaudoin, C. E. 2002. "Exploring antismoking ads: Appeals, themes, and consequences." *Journal of Health Communication*, 7(2), 123~137.

Bennett, R. 1998. "Shame, guilt & responses to nonprofit & public sector ads." *International Journal of Advertising*, 17(4), 483~499.

Biener, L, Ji, M, Gilpin, E. A. and Albers, A. B. 2004. "The impact of emotional tone, message, and broadcast parameters in youth anti-smoking advertisements." *Journal of Health Communication*, 9(3), 259~274.

Burnett, M. S, and Lunsford, D. A. 1994. "Conceptualizing guilt in the consumer decision-making process." *Journal of Consumer Marketing,* 11(3), 33~43.

Chung , H. and Zhao, W. 2003. "Humour effect on memory and attitude: Moderating role of product Involvement." *Journal of International Advertising*, 22, 117~144.

Coulter, R. H. and Pinto, M. B. 1995. "Guilt appeals in advertising: What are their effects?" *Journal of Applied Psychology*, 80(6), 697.

Eayrs, C. B. and Ellis, N. 1990. "Charity advertising: For or against people with a m e n t a l handicap?" *British Journal of Social Psychology*, 29(4), 349~366.

Fishbein, M, Hall-Jamieson, K, Zimmer, E, von Haeften, I. and Nabi, R. 2002. "Avoiding the boomerang: Testing the relative effectiveness of anti-drug public service announcements before a national campaign." *American Journal of Public Health*, 92(2), 238~245.

Flora, J. A. and Maibach, E. W. 1990. "Cognitive responses to AIDS information: The effects of issue involvement and message appeal." *Communication Research*, 17(6), 759~ 774.

Garramone, G. M. 1984. "Voter responses to negative political ads." *Journalism Quarterly*, 61(2), 250~259.

Gelb, B. D. and Pickett, C. M. 1983. "Attitude-toward-the-ad: Links to humor and to advertising effectiveness." *Journal of Advertising*, 12(2), 34~42.

Goldman, L. K. and Glantz, S. A. 1998. "Evaluation of antismoking advertising campaigns." *Jama*, 279(10), 772~777.

Gore, T. D. and Bracken, C. C. 2005. "Testing the theoretical design of a health risk message: Reexamining the major tenets of the extended parallel process model." *Health Education & Behavior*, 32(1), 27~41.

Gorn, G. J. and Weinberg, C. B. 1984. "The impact of comparative advertising on perception and attitude: Some positive findings." *Journal of Consumer Research*, 11(2), 719~727.

Hassett, J. and Houlihan, J. 1979. "Different jokes for different folks." *Psychology Today*, 64~71.

Hibbert, S, Smith, A, Davies, A. and Ireland, F. 2007. "Guilt appeals: Persuasion knowledge and charitable giving." *Psychology & Marketing*, 24(8), 723~742.

Janis, I. L. and Feshbach, S. 1953. "Effects of fear-arousing communications." *The Journal of Abnormal and Social Psychology*, 48(1), 78.

Kahneman, D. and Tversky, A. 1979. "On the Interpretation of Intuitive Probability: A reply to Jonathan Cohen." *Cognition*, 7(4), 409~411.

Kalichman, S. C. and Coley, B. 1995. "Context framing to enhance HIV-antibody-testing messages targeted to African American women." *Health Psychology*, 14(3), 247~254.

Latour, M. S. and Pittes, R. F. 1989. "Using fear appeals in advertising for AIDS prevention in the college-age population." *Journal of Healthcare Marketing,* 9(3), 5~14.

Leventhal, H. 1970. "Findings and Theory in the Study of Fear Communications." In *Advances in experimental social psychology* (Vol. 5, pp. 119-186). Academic Press.

———. 1971. "Fear appeals and persuasion: the differentiation of a motivational construct." *American Journal of Public Health*, 61(6), 1208~1224.

Lindsey, L. L. M. 2005. "Anticipated guilt as behavioral motivation: An examination of appeals to help unknown others through bone marrow donation." *Human Communication Research*, 31(4), 453, 481.

Madden, T. J. and Weinberger, M. G. 1984. "Humor in advertising: A practitioner view." *Journal of Advertising Research*, 24, 23~29.

Meyerowitz, B. E. and Chaiken. S. 1987. "The effect of message framing on breast self-examination attitudes, intentions, and behavior." *Journal of Personality and Social Psychology*, 52(3), 500~510.

Miceli, M. 1992. "How to make someone feel guilty: Strategies of guilt inducement and their goals." *Journal for the theory of social behaviour*, 22(1), 81~104.

Nord, W.R. and Peter, J. P. 1980. "A behavioral modification perspective on marketing." *Journal of Marketing*, 44 (spring), 36~47.

O'Keefe, D. J. 2002. "Guilt as a mechanism of persuasion." In: J. P. Dillard and M. Pfau (eds.). *The persuasion handbook: Developments in theory and practice.* Thousand Oaks, CA: Sage, 329~344.

_____. 2002. *Persuasion: Theory and Research* (Vol. 2). Sage.

O'Keefe, D. J. and Jensen, J. D. 2007. "The relative persuasiveness of gain-framed loss-framed messages for encouraging disease prevention behaviors: A meta-analytic review." *Journal of Health Communication*, 12(7), 623~644.

_____. 2008. "Do loss-framed persuasive messages engender greater message processing than do gain-framed messages? A meta-analytic review." *Communication Studies*, 59(1), 51~67.

Perse, E. M, Nathanson, A. I. and McLeod, D. M. 1996. "Effects of spokesperson sex, public service announcement appeal, and involvement on evaluations of safe-sex PSAs." *Health Communication*, 8(2), 171~189.

Rimal, R. N. and Real, K. 2003. "Perceived risk and efficacy beliefs as motivators of change: Use of the risk perception attitude (RPA) framework to understand health behaviors." *Human Communication Research*, 29(3), 370~399.

Rogers, R. W. 1975. "A protection motivation theory of fear appeals and attitude change1." *The Journal of Psychology*, 91(1), 93~114.

_____. 1983. "Cognitive and psychological processes in fear appeals and attitude change: A revised theory of protection motivation." *Social Psychophysiology: A Sourcebook*, 153~176.

Rothman, A. J, Bartels, R. D, Wlaschin, J. and Salovey, P. 2006. "The strategic use of gain-and loss-framed messages to promote healthy behavior: How theory can inform practice." *Journal of Communication*, 56(suppl_1), S202~S220.

Rothman, A. J. and Salovey, P. 1997. "Shaping perceptions to motivate healthy behavior: the role of message framing." *Psychological Bulletin*, 121(1), 3.

Rothman, A. J, Salovey, P, Antone, C, Keough, K. and Martin, A. D. 1992. "The influence of message framing on intentions to perform health behaviors." *Journal of Experimental Social Psychology*, 29, 408~433.

Schoenbachler, D. D. and Whittler, T. E. 1996. "Adolescent processing of social and physical threat communications." *Journal of Advertising*, 25(4), 37~54.

Speck, P. S. 1991. "The humorous message taxonomy: A framework for the study of humorous ads." *Current Issues and Research in Advertising*, 14(1), 1~44.

Spotts, H. E, Weinberger, M. G, and Parsons, A. L. 1997. "Assessing the use and impact of humor on advertising effectiveness: A contingency approach." *Journal of Advertising*, 26(3), 17~32.

Skilbeck, C, Tulips, J. and Ley, P. 1977. "The effects of fear arousal, fear position, fear exposure, and sidedness on compliance with dietary instructions. European." *Journal of Social Psychology*, 7(2), 221~239.

Sternthal, B. and Craig, S. 1973. "Humor in advertising." *Journal of Marketing*, 37, 12~18.

Sturges, D. L. 1994. "Communicating through crisis: A strategy for organizational survival." *Management Communication Quarterly*, 7(3), 297, 316.

Tversky, A. and Kahneman, D. 1978. "Judgment under Uncertainty: Heuristics and Biases: Biases in judgments reveal some heuristics of thinking under uncertainty." In *Uncertainty in Economics* (pp. 17~34).

_____. 1981. "The framing of decisions and the psychology of choice." *Science*, 211(4481), 453~458.

Weiner, B, Perry, R. P. and Magnusson, J. 1988. "An attributional analysis of reactions to stigmas." *Journal of Personality and Social Psychology*, 55(5), 738.

Weinberger, M. G. and Gulas, C. S. 1992. "The impact of humor in advertising: A review." *Journal of Advertising*, 21(4), 35~39.

Witte, K. 1992. "Putting the fear back into fear appeals: The extended parallel process model." *Communications Monographs*, 59(4), 329~349.

_____. 1993. "Message and conceptual confounds in fear appeals: The role of threat, fear, and efficacy." *Southern Journal of Communication*, 58(2), 147~155.

Witte, K. and Allen, M. 2000. "A meta-analysis of fear appeals: Implications for effective public health campaigns." *Health Education & Behavior*, 27(5), 591~615.

Witte, K, Cameron, K. A, Lapinski, M. K. and Nzyuko, S. 1998. "Evaluating HIV/AIDS prevention programs according to theory: A field project along the Trans-Africa Highway in Kenya." *Journal of Health Communication*, 4, 345~363.

Witte, K, Cameron, K. and Nzyuko, S. 1995. "HIV/AIDS along the Trans-Africa Highway in Kenya: Examining risk perceptions, recommended responses, and campaign materials." *Report submitted to the ALL-University Research Initiative Grant Program,* Michigan State University, East Lansing, MI.

채널(Channel)
의제 설정·틀 짓기·점화 이론

정세훈·최인호

1. 들어가며

채널(channel)이란 커뮤니케이션 정보원이 메시지를 생산하여 수용자에게
전달하기 위한 수단이다(Laswell, 1948). 비유하자면, 우리가 목적지로 이동하
기 위해서 도로를 이용하는 것처럼 메시지가 수용자에게로 전달되기 위해서는
메시지가 이동할 길이 필요한데 그 길이 바로 채널이 된다. 일반적으로 채널은
텔레비전, 신문, 라디오 등의 매스 미디어를 의미하지만 전화나 직접적 대화와
같은 직접적인 의사 소통도 채널에 해당한다. 최근에는 인터넷과 스마트폰이
보편화되며 전통적인 미디어와 구별되는 새로운 형태의 채널이 등장하였다.
과거의 채널이 생산자로부터 수용자에게 일방적으로 메시지를 전달하는 일방
향적 성격을 띠었다면 새로운 미디어는 실시간 상호 작용이 가능한 양방향적
성격을 띤다고 할 수 있다.

광고 및 PR 역시 커뮤니케이션 유형으로서 채널의 선택은 매우 중요하다.
특히 매체에 따라 주 이용자의 특성이 다르기 때문에 캠페인 집행 매체 선택
시 이러한 특성을 고려할 필요가 있다. 예를 들어 신문의 경우 문자 형태로 많

은 정보를 제공하는 매체로서 고연령·고학력·고소득 사용자의 이용 비율이 상대적으로 높지만, 텔레비전은 영상 위주로 정보를 전달하기 때문에 교육 수준이 낮은 사용자도 쉽게 이용할 수 있다는 점에서 보다 보편적인 매체라고 할 수 있다. 인터넷과 스마트폰의 경우 신문이나 방송에 비해 더 신속하게 정보전달이 가능하며 이용자의 연령대가 상대적으로 낮은 편이다.

채널의 특징은 이용자의 인구통계학적 특성뿐만 아니라 풍부성(richeness)에 의해서도 구분될 수 있다. 매체 풍부성은 특정 매체가 다양한 정보를 전달할 수 있는 정도를 뜻하며, 시간이나 공간의 제약을 넘어 다양한 메시지를 전달하는 경우 풍부성이 높다고 말한다(Rice, 1992). 매체 풍부성은 네 가지 차원으로 구분되는데, 언어적 다양성(language variety), 전달 단서의 다양성(mutiplicity of cues), 개인화(personalization), 즉각적 피드백(immediacy of feedback) 차원이 그 것이다. 이러한 네 가지 특성이 증가하면 매체의 풍부성이 증가한다(Dennis and Valacich, 1999).

광고 및 PR에서 매체가 중요한 역할을 함에도 매체의 효과를 직접적으로 설명하는 이론은 거의 없다고 해도 과언이 아니다. 그런 관점에서 커뮤니케이션 이론 중에서 의제 설정 이론(agenda-setting theory), 점화 이론(priming theory), 틀 짓기 이론(framing theory)은 매체의 또는 매체 간의 효과를 실명하는 데 유용하다.

2. 이론(개념)의 정의와 기원

1) 의제 설정 이론(agenda-setting theory)

의제 설정 이론은 미디어가 가지고 있는 의제 설정 기능을 설명한다. 즉, 미디어가 공중(public)에게 중요한 의제를 설정할 수 있다는 것이다.

이러한 의제 설정 관련 논의는 월터 리프먼(Walter Lippman)의 주장으로부터 시작한다고 볼 수 있는데, 그 주장의 핵심은 미디어가 대중에게 현실을 있는 그대로 보여주는 것이 아니라, 미디어의 의도대로 걸러서 보여준다는 것이다 (McCombs, 2004: 3)

의제 설정 이론의 핵심은 미디어의 중요한 의제(media agenda)가 공중에게 중요한 의제(public agenda)로 '의제의 현저성(salience)'을 전이시키는 과정을 설명하는 것이다. 즉, 미디어에서 중요(또는 현저)하다고 이야기하는 이슈를 공중들이 중요하다고 지각하게 된다는 설명이다. 이러한 이론은 매스컴의 의제 설정 효과를 다룬 매컴스와 쇼(McCombs and Shaw, 1972)의 연구에서 출발하여 다양한 갈래의 연구로 발전되어나갔다.

첫째, 기본적인 의제 설정 이론이 미디어가 사람들에게 '무엇'을 생각해야 할지 안내하는 것에 대해 설명했다면, 그 이후에는 미디어가 사람들에게 '어떻게' 생각하고 행동해야 하는가에 영향을 미치는 것으로 발전해나갔다(McCombs, 1993; 2004).

둘째, 2차 의제 설정 이론이라고 부르기도 하는 속성 의제 설정(attribute agenda-setting)은 미디어가 어떤 이슈나 사람에 대해 다룰 때 그들의 어떤 측면이나 특성을 강조함으로써 공중의 관심을 그러한 특성에 집중하게 만들고 (McCombs, Lopez-Escobar and Llamas, 2000), 그 사안을 이해하는 방식에 영향을 미치는 것을 말한다(McCombs, 2004). 1차 및 2차 의제 설정 이론을 연계한 연구에서 실제로 특정 속성이 이슈나 대상의 현저성을 증가시킬 수 있다는 것을 보여주었다(Ghanem, 1997; McCombs, 2004; McCombs and Ghanem, 2001; Scheafer, 2007).

셋째, 심리학 기반 의제 설정 효과 연구에서는 정향욕구(need for orientation)의 개념에 초점을 맞추기도 했다. 즉, 관련성(relevance)과 불확실성(uncertainty)이 정보 검색과 지각된 이슈 현저성의 효과를 설명하는 과정을 설명한 바 있으며(McCombs, 1999), 최근 연구에서는 의도하지 않은 매체 노출로 인한 의제 설정 효과를 설명하기도 하였다(Lee, 2009; Lee and McCombs, 2013).

이처럼 의제 설정 이론은 다양한 방식으로 발전해왔지만, 그 핵심은 미디어의 중요한 의제(media agenda)와 공중에게 중요한 의제(public agenda) 및 그 관계를 설명하는 것이다.

2) 점화 이론(priming theory)

점화 이론은 미디어가 가지고 있는 개념의 점화(또는 활성화) 효과를 설명한다. 즉, 미디어가 어떤 개념을 활성화시킴으로써 수용자의 후속적인 판단에 영향을 미칠 수 있다는 것이다.

이러한 연구의 출발점은 1960년대로 거슬러 올라간다. 시걸(Segal, 1966)은 한 과업 안의 어떤 단어들이 그다음 과업에서 비슷한 단어를 인출하는 단서로 작용하는 것을 보여준 바 있으며, 퀼리언(Quillian, 1967)은 이러한 점화 이론을 설명하는 과정으로서 활성화 확산 이론(spreading activation theory)을 소개했다.

맥나마라(McNamara, 2005: 3)는 점화를 "맥락이나 이전 경험에 의해 생성된 적절한 기준선에 비해 지각적 또는 인지적 작업의 수행 능력 향상"이라고 정의한 바 있다. 맥나마라는 과제 수행을 향상시키는 개념으로서 점화를 이야기했지만(McNamara, 2005), 실제로 점화는 과제 수행 능력을 저하시키는 방향으로 나타날 수도 있으며, 점화의 결과는 인지적 차원, 정서직 차원, 행동적 차원으로 나타날 수 있다.

인지적 점화란 점화의 존재로 인해 생각의 변화가 일어나는 것을 말한다(Myers and Hansen, 2012). 심리학에서 인지적 점화는 의미론적 점화라고도 부르는데, 이는 단어, 문구, 기호 또는 상징이 자극에 대한 반응에 영향을 미치는 것을 말한다. 예를 들어 맥나마라는 의미론적 점화를 "서로 의미론적으로 관련이 있는 자극(예, 개 - 고양이)이 선행될 때, 관련이 없는 자극(예, 식탁 - 개) 보다 자극에 반응하는 속도나 정확성이 향상되는 것"(McNamara, 2005)이라고 정의했다.

정서적 점화 개념은 파지오와 동료들(Fazio et al., 1986)에 의해 발전되었는데, 어떤 자극이 정서적 반응에 영향을 미칠 수 있다는 결과를 보여주었다. 예를 들어, 파지오와 동료들(Fazio et al., 1986)은 긍정 또는 부정적 의미의 형용사(예를 들어 매력적인, 기쁜, 혐오스러운, 끔찍한 등)를 점화 단어로 제시한 후 표적 단어의 정서를 판단하도록 하였는데, 먼저 본 형용사와 표적 단어의 정서가 일치할 경우가 불일치할 경우보다 판단 속도가 빨랐다. 또, 스프리트 외(Spruyt et al., 2002)는 앞서 보여준 점화 그림이 뒤에 보여준 대상 그림과 정서적으로 일치할 때(예를 들어 둘 다 행복하거나 둘 다 슬픈 감정이 전달될 때) 대상 그림에 대한 응답 시간이 현저히 빨랐는데, 이는 정서적 점화 효과를 지지한다고 할 수 있다.

마지막으로, 행동적 점화는 점화로 인해 활성화된 행동이 증가하는 것을 말한다(Dijksterhuis, 2010). 예를 들어, 피츠몬스 외(Fitzsimons, Chartrand and Fitzsimons, 2008)의 연구에서는 애플(Apple) 브랜드 로고로 점화된 소비자가 IBM 브랜드 로고로 점화된 소비자보다 창조적으로 행동함을 보여주었으며, 만델(Mandel, 2003)은 자신을 독립적으로 생각하는 소비자보다 자신을 상호의존적으로 생각하도록 점화된 소비자가 사회적 위험을 덜 감수하는 행동패턴을 보인다는 것을 밝혔다(즉, 사회적으로 용인되지 않는 제품을 사지 않았다). 또 다른 예로, 라런과 동료들(Laran, Dalton and Andrad, 2011)의 연구에서는 저품질 브랜드(예, 월마트)로 점화된 소비자가 고품질 브랜드(예, Nordstrom)로 점화된 소비자보다 낮은 가치의 제품을 구입하는 소비 패턴을 보여주기도 하였다.

이처럼 점화 이론은 미디어가 특정한 개념을 점화(또는 활성화)시킴으로써 후속적인 인지, 정서 및 행동에 영향을 영향을 미치는 효과를 설명한다.

3) 틀 짓기 이론(framing theory)

틀 짓기 이론은 미디어가 제공하는 해석의 틀이 미치는 효과를 설명한다. 즉 미디어가 특정한 해석의 틀을 제공함으로써, 이에 영향을 받아 수용자가 특정한 해석의 틀을 가지고 현실을 판단하게 된다는 것이다.

틀 짓기 이론은 크게 사회학적 기반 연구(예, Entman, 1993; Gitlin, 1980; Goffman, 1974)와 심리학적 기반 연구(예, Iyengar, 1991; Kahneman and Tversky,

1984)를 통해 발전해왔다.

사회학적 기반의 틀 짓기 연구는 고프먼(Goffman, 1974)의 개념에서 출발한 다고 볼 수 있다. 고프먼에 따르면 틀을 '해석의 도식(schemata of interpretation)' 이라고 불렀는데, 이는 의미 없는 사건의 연속을 의미 있는 것으로 만들어주는 인식상의 틀이라고 할 수 있다. 기틀린(Gitlin, 1980)은 틀 짓기를 방대한 양의 정보를 정리하고 효과적으로 포장하는 장치로 정의한다. 또, 엔트먼(Entman, 1993)에 따르면 틀 짓기에는 선택(selection)과 현저성(salience)이 포함되는데, 틀을 짓는다는 것은 지각된 현실 중 어떤 측면을 선택하고 그 측면이 더 두드러지게 만듦으로써, 어떤 문제를 정의하고, 원인과 결과를 해석하고, 도덕적 가치를 평가하며, 그에 대한 적합한 처방을 제시하는 과정으로 설명한다.

한편, 심리학적 기반의 틀 짓기 연구는 카너먼과 트버스키(Kahneman and Tversky, 1979, 1984)의 연구에서 출발했다고 볼 수 있다. 이러한 심리학 기반 틀 짓기 연구에서는 본질적으로 같은 정보를 어떻게 제시하느냐에 따라 사람들의 선택이 어떻게 달라지는지를 보여주었다. 트버스키와 카너먼(Tversky and Kahneman, 1981)의 아시아 질병 실험(Asian disease experiment)이 대표적인 사례이다. '600명을 사망에 이르게 하는 아시아 질병이 발생했을 때, A 치료법을 도입하면 200명을 살릴 수 있고 B 치료법을 도입하면 1/3의 확률로 600명을 모두 살리거나 2/3의 확률로 아무도 살릴 수 없다. A 치료법과 B 치료법 중 어떤 치료법을 선택할 것인가?' 이 질문에 다수의 사람들이 A 치료법을 선택하였다. 그렇다면 다음의 경우는 어떨까? 'C 치료법을 도입하면 400명이 죽고, D 치료을 도입하면 1/3의 확률로 아무도 죽지 않거나 2/3의 확률로 600명이 죽는다.' 이 경우 다수의 사람들이 D 치료법을 선택하였다. 산술적으로는 동일한 결과를 가져오는 선택에 왜 이런 차이가 발생했을까?

사람들은 A 치료법과 B 치료법처럼 '이익'이 강조될 때(예, 사람을 살림)에는 위험을 회피(즉, 확실한 선택)하고자 하였으며, 그 이유로 확실히 200명을 살리는 A 치료법을 선택하고자 하였다. 반면, C 치료법과 D 치료법처럼 '손실'이 강조될 때(예를 들어, 질병으로 사람이 죽음)에는 위험을 감수(즉, 불확실한 선택)하려고 하였으며, 그 이유로 불확실한 확률로 죽는 D 치료법을 선택하였다. 물론, A와 B 치료법 그리고 C와 D 치료법의 기대값이 본질적으로 다르다는 의미는 아니다. 그럼에도 이러한 '동등성'(Druckman, 2001: 228) 접근 방식은 논리적으로는 동등하지만 서로 다르게 표현된 메시지의 영향이 어떻게 달리 나타나는지를 보여준다.

3. 이론의 확장 과정과 기제

1) 의제 설정 이론(Agenda-setting theory)

의제 설정 이론은 미디어가 가지고 있는 의제 설정 기능을 설명했는데, 매컴스(McCombs, 2014)에 따르면 이러한 미디어의 의제 설정은 여러 방향의 광범위한 이론으로 발전해왔다고 설명한다.

첫 번째는 기본 의제 설정으로서 미디어의 의제 설정이 공중의 의제에 미치는 영향을 지칭하는 것으로, 이를 1차 의제 설정이라고 보았다. 매컴스와 쇼(McCombs and Shaw, 1972)의 채플힐(Chapel Hill) 연구가 의제 설정 이론의 시작이라고 할 수 있다. 1968년 미국 대통령 선거 시기에 노스캐롤라이나 채플힐에서 이뤄진 이 연구는 미디어에서 선거 관련 특정 이슈를 강조하면 유권자들도 해당 이슈가 중요하다고 생각하게 된다는 가설을 입증하였다. 채플힐 연구는 아직 투표할 사람을 결정하지 못한 부동층을 대상으로 했는데, 이들이 중요하다고 생각하는 의제는 미디어의 의제와 매우 높은 상관관계를 나타냈다(r = .979). 채플힐 연구를 확장시킨 샬럿(Charlotte) 연구(Shaw and McCombs, 1977)에서도 의제 설정 효과가 검증되었다. 샬럿 연구는 1972년 대통령 선거 기간 동안 세 차례에 걸쳐 조사를 하였으며 조사 대상 역시 부동층만이 아닌 전체 유권자를 대표하는 표본을 선정하여 방법론 차원에서도 발전을 이뤄냈다.

둘째는 속성 의제 설정으로서 미디어의 의제 설정이 (주목) 대상이 가지고 있는 속성의 현저성과 관련하여 공중의 의제에 미치는 영향을 지칭하는 것으로, 이를 2차 의제 설정이라고 보았다. 1차 의제 설정이 '무엇에 관해 생각할 것인가(what to think about)?'에 대한 것이라면 2차 의제 설정은 '무엇을 생각할 것인가(what to think)?'에 대한 것으로(McCombs, 2004), 미디어의 이슈를 공중이 어떻게 이해하는지에 초점을 맞춘다. 1차 의제 설정에서 대상의 현저성이 달라지는 것처럼 대상이 지닌 특정 속성이 다른 속성에 비해 현저해질 수 있다는 것이다(McCombs, 2004). 예를 들어 정치 후보의 정치 성향, 학력, 자질 등의 속성을 현저하게 보도한 기사를 읽은 실험 참가자들은 자신이 읽은 기사에서 언급한 속성을 기준으로 정치인을 평가한 것으로 나타났다(McCombs, Lopez-Escobar and Llamas, 2000).

셋째는 네트워크 의제 설정으로서 여러 미디어의 (주목) 대상 또는 속성과 관련한 의제 설정 네트워크가 공중의 의제 네트워크의 (주목) 대상 또는 속성의 현저성에 미치는 영향을 지칭하는 것으로, 이를 3차 의제 설정이라고 보았다. 미디어의 의제가 단일하게 단독으로 존재하는 것이 아니라 의제 간에 네트워크를 형성하고, 이를 접한 사람들의 머릿속에 연결된 상태로 저장되며, 이는 '기억의 네트워크 모형'(Anderson, 1983; Anderson and Bower, 1973)을 형성한다(Guo, Vu and McCombs, 2012). 미디어에서 자주 함께 다루는 의제는 강하게 연결되어 하나의 의제를 떠올리면 그와 연결된 의제들과 속성이 함께 떠오르게 된다는 것이다(Guo, Vu and McCombs, 2012). 따라서 연구의 대상도 의제의 중요도 인식에서 네트워크의 연결성과 그 정도를 파악하는 것으로 변화한다.

넷째는 의제 설정 효과의 강도를 이해하기 위한 정향욕구 개념과 관련된 연구이다. 매컴스(McCombs, 2004)에 따르면 정향욕구는 의제 설정 효과에 영향을 미치는 다양한 요소 중 가장 연구 가치가 높은 것으로 의제 설정의 심리적 기제를 파악하는 데 중요한 역할을 한다. 정향 욕구는 관련성(relevance)과 불확실성(uncertainty)의 두 가지 차원으로 나누어진다(McCombs and Weaver, 1985). 관련성은 어떤 이슈가 공중과 얼마나 관련이 있는가를 말하며, 불확실성은 공중이 해당 이슈에 대한 정보를 얼마나 알고 있는가를 의미한다. 예를 들어 아이를 키우는 가정에서는 교육 정책이나 보육 정책 등이 관련성 높은 주제이지만 미혼 청년층에게는 관련성이 낮은 주제가 될 것이다. 불확실성에 대해서는 공중과의 관련성이 높은 이슈의 경우 관련 정보를 많이 알고 있다고 예상할 수 있으며 그 경우 불확실성은 낮아진다. 일반적으로 관련성이 높고 불확실성이 높은 경우 정향욕구는 높아지며 관련성이 낮고 불확실성이 낮은 경우 정향욕구도 낮아진다. 연구에 따르면 정향욕구가 높으면 정보추구 경향이 강해지고 미디어 이용이 증가하다 보니 의제 설정 효과에 영향을 더 많이 받는 것으로 나타났다(Weaver, 1980).

그리고 이러한 1·2·3차 의제 설정 효과의 결과로서 태도, 의견 및 행동을 살펴보는 연구로 확장되어왔다. 이러한 여러가지 의제 설정 이론의 연구 경향에서 핵심 개념은 대상에 대한 의제, 속성 의제, 그리고 두 의제 사이의 현저성 전이라고 할 수 있다.

2) 점화 이론(Priming theory)

앞서 언급한 바와 같이, 점화란 미디어가 어떤 개념을 활성화시킴으로써 후속적인 판단에 영향을 미치는 것을 설명하는데, 점화 이론은 이러한 활성화의 구체적 심리적 과정을 설명함으로써 발전해왔다. 점화 이론을 설명하는 심리과정은 크게 두 가지로 분류될 수 있는데, 여기에는 ① 전향적 점화(prospective priming)와 ② 소급적 점화(retrospective priming)가 있다(Jones, 2012).

전향적 점화는 지식을 활성화시키는 점화가 표적(target)에 대한 노출 이전에 일어나서, 표적에 대한 반응에 영향을 미친다고 설명한다. 반면에 소급적 점화는 표적에 노출된 이후에 점화 과정이 시작된다고 주장한다. 전향적 점화를 설명하는 이론적 배경에는 활성화 확산 이론(spreading activation theory)과 기대 이론(expectancy theory)의 두 가지가 있고, 소급적 점화를 설명하는 이론적 배경에는 의미 연결 이론(semantic-matching theory)과 복합 단서 이론(compound-cue theory)의 두 가지가 있다.

전향적 점화와 관련된 첫번째 이론인 활성화 확산 이론에 따르면, 점화가 일어나면 기억 속에 점화와 관련된 노드를 활성화시킨다고 말한다(Quillian, 1967). 개인이 표적에 반응할 때, 활성화되지 않은 노드가 아닌 활성화된 노드를 사용할 가능성이 높다. 예를 들어, '물'을 제시하면 물과 관련된 기억의 모든 노드가 활성화된다(예, 수영, 물고기, 음료, 목욕 및 건강). 그런 다음 점화가 일어난 사람에게 다음에 어떤 활동을 하길 원하는지 물어보면 물과 관련된 활동(예, 수영, 낚시, 목욕 등)으로 대답할 가능성이 높다. 표적에 노출되기 전에 생각이 활성화되었기 때문에 전향적 점화에 해당한다.

전향적 점화와 관련된 두 번째 이론인 기대 이론은 점화에 노출되면 인식 속에서 자동적으로 예상되는 표적 단어의 집합이 만들어진다(Posner and Snyder, 1975). 예상되는 단어 집합이 만들어져야 하기 때문에 기대 이론은 앞서 언급한 활성화 확산보다 점화 과정이 느릴 수 있다. 그럼에도 점화 과정이 표적에 노출되기 전에 일어나기 때문에 기대 이론 역시 전향적 점화로 분류된다.

소급적 점화에 해당하는 첫 번째 이론은 의미 연결 이론으로서, 이는 개인이 점화와 표적 모두에 노출되어 있고 그런 후에 점화를 사용하여 표적을 이해한다고 설명한다(Neely and Keefe, 1989). 예를 들어, 대의명분 마케팅(cause-related marketing) 캠페인에서 대의명분(cause)이 브랜드와 함께 제시될 때 사람들의 인식이 대의명분으로 점화되면 적극적으로 대의명분(점화)과 브랜드(표적) 간의 관계를 평가하게 될 수 있다.

소급적 점화에 해당하는 두 번째 이론은 복합 단서 이론으로서, 점화와 표적이 단기 기억에 함께 저장되어 있다고 가정한다. 일단 점화와 표적이 제시되면, 단기 기억에서 이 복합 단서는 장기 기억에 이미 존재하는 의미 복합체와 연결된다(Ratcliff and McKoon, 1988). 이 연결 과정은 복합 단서 이론의 핵심이기 때문에, 점화와 표적 단서 사이의 친밀성이 필수적이다. 이렇듯, 의미 연결 이론과 마찬가지로 복합 단서 이론 역시 표적에 노출된 이후에 점화 과정이 시작된다고 설명한다.

3) 틀 짓기 이론(Framing theory)

앞서 언급한 바와 같이 틀 짓기 이론은 미디어가 제공하는 해석의 틀에 영향을 받아 수용자가 해석의 틀을 가지고 현실을 판단하게 된다는 이론으로서, 미디어 틀(media frame)에 대한 연구와 수용자 틀(individual frame)에 관한 연구를 통해 발전해왔다.

미디어 틀은 일상의 다양한 사건들 중 무엇이 중요하고 그 사건은 어떠한 의미를 갖는가를 재현해내는 것으로서, 미디어 생산자의 선택과 강조를 통해 구성되는 현실이다(Entman, 1993; Gitlin, 1980; Tuchman, 1978). 이러한 과정을 통해 미디어는 사건을 정의하고 인과 관계를 해석하며 나아가 해결책을 제시한다. 수용자 틀은 미디어 틀로 인해 형성된 수용자 개인의 머릿속 생각들의 집합으로 정보처리 과정에 영향을 미친다. 따라서 동일한 사건일지라도 미디어가 어떻게 틀 짓는가에 따라 수용자 틀이 달라질 수 있고, 그 결과 사건에 대한 해석과 평가, 나아가서는 의사 결정에까지 영향을 미칠 수 있다(Iyengar, 1991).

틀 짓기의 종류는 매우 다양하지만 대표적인 연구자인 아이엔거(Iyengar, 1991)는 미디어 메시지의 제시 방식을 기반으로 하여 일화적(episodic) 틀과 주제적(thematic) 틀을 제시하였다. 일화적 틀은 사건 속의 개인이나 집단의 행위에 초점을 맞추어 결과를 중심으로 사건을 해석하는 것이고, 주제적 틀은 사건의 인과관계를 파악하여 사건을 분석적으로 해석하는 것이다.

세멧코와 발켄버그(Semetko and Valkenburg, 2000)는 기존 문헌 검토를 통해 공통적으로 발견되는 미디어 틀을 갈등, 인간적 흥미, 경제적 결과, 도덕성, 책임성 등의 다섯 가지로 정리하였다. 갈등 프레임은 개인이나 집단, 기관 간의 갈등을 강조하는 것이고 인간적 흥미 프레임은 이슈나 사건에 대한 사람들의 감정을 강조한다. 경제적 결과 프레임은 사건으로 인해 유발되는 경제적 측면을 부각하는 것이며 도덕성 프레임은 이슈나 사건을 종교나 도덕적 규범에 따라 해석한다. 마지막으로 책임성 프레임은 문제의 원인이 무엇이며 이를 책임져야 하는 주체가 누구인가를 강조한다.

틀 짓기 연구는 종종 의제 설정과 점화와 혼동되기도 한다. 세 접근방식 모두 인지적 미디어 효과의 관점에서 연구되어왔기 때문이다. 예를 들어, 매컴스와 쇼(McCombs and Shaw, 1972)는 일상적 뉴스 선택에 의해 미디어 의제가 공중 의제에 영향을 준다는 명제를 기반으로 틀 짓기 현상 역시 의제 설정의 한 과정으로, 또는 2차적 효과로 설명하기도 했다(Maher, 2001). 하지만 이는 여러 가지 반론을 유발했는데, 대표적인 것이 의제 설정과 점화 그리고 틀 짓기는 효과의 과정이 다르다는 것이다.

의제 설정의 효과는 어떤 이슈가 논의되는 빈도(또는 양)에 의해 유발되는 효과로서, 틀 짓기 효과처럼 어떤 이슈가 논의되는 방식(또는 질적 측면)에 의해 유발되는 것이 아니라는 주장이다(Cappella and Jamieson, 1997).

틀 짓기 이론에 관련된 심리적 과정에 대한 설명은 틀 짓기를 의제 설정과 점화와 구별 가능하게 한다. 구체적으로, 의제 설정과 점화 이론은 접근성(accessibility) 모형을 사용해 설명 가능한 반면, 틀 짓기는 적용성(applicability) 개념으로 설명할 수 있다(Scheufele, 2000; Scheufele and Tewksbury, 2007). 접근성은 미디어가 어떠한 사건을 강조함으로써 이와 관련된 신념과 기억들을 활성화하여(즉, 접근 가능성이 증가) 사건의 중요도에 대한 판단에 영향을 준다는 설명이다. 하지만 뉴스 프레임은 내내 다양한 내용을 복합적으로 포함하기 때문에 특정 기억을 쉽게 떠올릴 수 있는 접근성보다는 그중 어떠한 측면을 부각하고 우선 순위를 줄 것인가에 영향을 미치는 적용성 차원으로 이해해야 한다(Nelson and Oxley, 1999; Scheufele and Tewkbury, 2007; Price and Tewksbury, 1997).

틀 짓기 효과는 특정한 인지적 단위의 활성화를 포함한다(Pan and Kosicki, 2001). 예를 들어, 판과 코시키(Pan and Kosicki, 2005)는 틀 짓기 효과의 순서를 '틀 짓기 장치에 대한 노출' → '활성화' → '적합성 판단'으로 설명하는데, 이는 이슈를 이해하는 데 적절한 인식의 사용을 가져온다.

즉, 미디어를 통해 어떠한 생각이 활성화되어 접근 가능해졌다 하더라도 그것이 반드시 사건을 해석하는 데 적용 가능한 것은 아니다. 예를 들어 장애인

학교 건립에 대해 긍정적으로 접근한 보도를 접한 후 장애인 학교 건립에 대한 생각이 활성화된다 하더라도 모든 수용자들이 장애인 학교에 찬성 입장을 취하지는 않는다. 이는 프레임 효과가 미디어 메시지의 타당성(plausibility)을 평가하는 숙고 과정을 거쳐 발생하는 것이기 때문이며, 따라서 틀 짓기 효과는 의제 설정이나 점화 이론에 비해 수용자의 능동성을 전제한다 할 수 있다 (Nelson, Oxley, and Clawson, 1997).

4. 광고PR 분야에서의 적용과 연구: 국내외 문헌을 중심으로

의제 설정 이론, 점화 이론, 틀 짓기 이론 중에서, 광고PR 분야에서 가장 많이 활용된 이론은 점화 이론이다.

점화는 소비자가 상품과 서비스를 평가하는 데 모호함을 경험하고 제품을 구입하기 전에 이런 모호함을 줄이기 위해 광고나 환경의 문맥을 고려한다는 전제를 바탕으로 한다. 예를 들어, 이(Yi, 1993)는 소비자들이 목표 차량 광고에서 '기름값'이나 '안전성'에 중점을 두는 문맥적 광고를 보면 대상 제품이 연료 효율적이거나 안전하기를 바란다는 것을 발견했다. 다시 말해, 기름값이 점화될 경우 소비자들의 대형차에 대한 평가가 부정적으로 변하는 반면, 안전성이 점화될 경우 대형차에 대한 평가가 긍정적으로 변할 수 있는 것이다.

또한, 버거와 피츠먼스(Berger and Fitzsimons, 2008)는 단순한 문맥적 요인이 어떻게 제품 평가에 영향을 미치는지 보여준다. 해당 연구에서 실험 참가자들은 이플레이라는 가상의 디지털 음원 플레이어 광고에 노출되었다. 하나는 수화물을 모티브로 한 광고 문구("수화물은 당신의 장비를 나르고 이플레이에는 당신의 음악이 담겨 있습니다"), 다른 하나는 식판을 모티브로 한 광고 문구("식판은 당신의 저녁을 나르고 이플레이에는 당신의 음악이 담겨 있습니다")로 제작되었다. 또한 실험 참가자의 절반은 식당에서 식판을 이용해 저녁을 먹으며 실험에 참가하였고, 나머지 절반은 식판을 사용하지 않고 저녁을 먹으며 실험에 참가하였다. 10일 뒤 제품에 대한 설문을 진행한 결과 식판을 사용하며 식판 모티브 광고에 노출된 실험 참가자들이 이플레이를 가장 높이 평가하였다. 식당에서 식판을 사용하였던 경험이 문맥적 점화 역할을 한 것이다. 일반적으로 문맥적 점화는 인지적 결과(예, 제품 평가)에 미치는 영향을 살펴보는 데 활용되지만 정서적이고 행동적 차원의 점화 효과를 확인하는 연구도 찾아볼 수 있다.

'가려진(Masked)' 점화는 1980년대 초 에벳과 험프리스(Evett and Humphreys, 1981)에 의해 소개되었는데, 이는 네 가지 단계에 기반을 둔다. 1단계는 마스크(일련의 파운드 표시: ####), 2단계는 점화(아주 잠깐만 제시됨), 3단계는 목표, 4단계는 또 다른 마스크이다. 예를 들어, 라부르 외(Labroo, Dhar and Schwarz, 2008)는 연구 참가자들이 '개구리'란 단어에 잠깐 노출된 후, 와인을 선택하는 상황에서 개구리 그림이 있는 와인을 원하도록 만들 수 있음을 보여주었다.

이처럼 점화는 광고, 마케팅 및 소비자 행동 분야에서 광범위하게 활용되어 왔다. 스트라한 외(Strahan, Spencer and Zanna, 2002)의 연구에 따르면 목마른(thirsty), 건조한(dry)이라는 단어를 점화한 집단은 해적(pirate), 이겼다(won)라는 단어를 점화한 집단에 비해 음료수 구매가 증가하였다. 또한 목마름이 점화된 집단은 갈증 해소 음료를 에너지 음료에 비해 더 많이 마시는 것으로 나타났다.

성과 최(Sung and Choi, 2011)에서는 자아 개념의 점화가 광고에 대한 태도와 구매 의도에 영향을 미친다는 점을 발견하였다. 연구자들은 개인 스포츠 경기와 단체 스포츠 경기 사진을 여러 장 보여주는 방식으로 독립적인 자아와 상호의존적인 자아를 점화하였다. 독립적인 자아가 점화된 사람들은 제품의 긍정적인 기능(달리기 능력 향상)을 강조한 광고를, 상호의존적인 자아가 점화된 사람들은 부정적인 문제를 예방하는 기능(발 통증 완화)을 강조한 광고에 대해 광고 태도와 구매 의도가 높게 나타났다.

광고를 통한 점화 효과를 확인한 연구도 존재한다. 켐스와 동료들(Kemps, Tiggemann and Hollitt, 2014)은 음식 광고를 보여준 집단과 통제 집단 간의 차이를 확인하였다. 연구 결과 음식 광고에 노출된 집단은 통제 집단에 비해 음식을 먹고자 하는 욕구가 높게 나타났고 단어 완성 과제에서 음식과 관련된 단어를 더 많이 적어낸 것으로 나타났다.

헬스 캠페인 분야에서 많이 활용된 이론은 틀 짓기 이론이다.

이러한 틀 짓기의 기반이 되는 전망이론에 따르면, 어떤 선택이 잠재적 손실(loss)을 강조하면 개인은 그 손실을 막기 위해 위험한(또는 불확실한) 선택을 하려고 한다는 것이다. 하지만 선택이 잠재적 이득(gain)을 강조하면 개인은 일반적으로 이런 이득을 얻기 위해 위험한(또는 불확실한) 선택을 회피하게 된다.

특히 로스먼과 살로비(Rothman and Salovey, 1997)는 이러한 논리를 조금 변형하여 헬스 캠페인 영역에 적용하였다. 전망이론에서는 잠재적 손실(loss)을 강조하면 개인은 그 손실을 막기 위해 위험한(또는 불확실한) 선택을 한다고 설명하는 것을 바탕으로, 로스먼과 살로비는 위험한(또는 불확실한) 선택에 대해 잠재적 손실(loss)을 강조하는 전략이 효과적이라고 예측하였다. 마찬가지로, 잠재적 이익(gain)을 강조하면 개인은 그 이익을 얻기 위해 위험한(또는 불확실한) 선택을 회피한다는 설명을 바탕으로, 로스먼과 살로비는 위험하지 않은(또는 확실한) 선택에 대해 잠재적 이익(gain)을 강조하는 전략이 효과적이라고 예측하였다.

예를 들어, 질병 예방행동(prevention behavior)의 경우에는 위험과 불확실성이 낮기 때문에 잠재적 이익을 강조하는 전략이 효과적이라고 할 수 있다. 한편, 질병 검진(detection behavior)의 경우에는 위험과 불확실성이 높기 때문에 잠재적 손실을 강조하는 것이 효과적이라고 할 수 있다. 구체적으로 마이어로위츠와 차이켄(Meyerowitz and Chaiken, 1987)은 유방암 자가 검진 메시지를 손실 틀과 이익 틀로 나누어 제시하였는데, 자가 검진을 하지 않을 경우 암 발견 가능성이 낮아진다는 손실 틀에 노출된 참가자들의 검진에 대한 태도와 행동 의도 등이 증가하는 것으로 나타났다. 반면 자외선 차단제 사용의 맥락에서 틀 짓기 효과를 확인한 드트와일러와 동료들(Detweiler et al., 1999)의 연구에서는 자외선 차단제 사용의 이득을 강조한 이익 틀이 사용하지 않을 때 발생할 위험을 강조한 손실 틀에 비해 사용 의도와 향후 지속 사용 의도가 높게 나타났다.

하지만 이후 진행된 리뷰 연구들은 이러한 예측을 부분적으로 지지하고 있다. 총 165건의 틀 짓기 효과에 관련한 연구를 메타 분석한 오키프와 젠슨 (Okeefe and Jensen, 2006)의 연구에 따르면 예방 행동 메시지에서는 이익 틀이 손실 틀에 비해 설득적인 것으로 나타났으나 검진 행동 메시지에서는 이익 틀과 손실 틀 간의 통계적으로 유의미한 효과 차이가 나타나지 않았다. 이후 검진 행동 연구 53건을 대상으로 진행한 후속 연구(O'keefe and Jensen, 2009)에서는 손실 틀이 이익 틀에 비해 효과적인 것으로 나타나긴 하였으나 효과 크기는 매우 미미하였다($r = -0.39$). 이러한 결과는 건강 행동에 대해서 예방과 검진이라는 구분 외에 보다 세분화된 분류가 필요하며 틀 짓기 효과를 조절하는 다양한 요소와 상황을 밝혀내야 할 필요성을 제시한다.

광고PR 분야에서 상대적으로 적게 적용된 이론은 의제 설정 이론이다. 주로 정치 커뮤니케이션 분야에서 연구가 이루어지고 있으며 특히 정치광고의 효과를 검증한 연구들이 주를 이룬다. 예를 들어 패터슨과 매클루어(Patterson and McClure, 1976)의 연구에 따르면 대통령 선거 기간 동안 정치광고를 자주 접할수록 후보자들 간의 주요 이슈에 대한 입장 차이를 잘 이해하고 있었지만, 텔레비전 선거 보도의 경우 노출 빈도와 후보들 간 입장에 대한 인지 정도에 차이가 나타나지 않았다. 동일한 광고에 대한 반복 노출이 기억에 영향을 미쳤다는 것을 의미한다. 브라이언스와 와텐버그(Brians and Wattenberg, 1996)의 연구에서 역시 텔레비전 광고, 뉴스, 신문 보도의 의제 설정 효과를 비교한 결과 텔레비전 광고는 후보자에 대한 정확한 정보에 영향을 미쳤으며 뉴스는 후보자의 이미지 평가에 영향을 미쳤다.

의제 설정 효과와 관련된 또다른 연구의 축은 이슈 소유권(issue ownership)이다. 이슈 소유권은 특정 이슈에 대해 한 정당이 다른 정당에 비해 더 잘 알고 해결할 능력을 갖추고 있다고 인식하는 것이다(Petrocik, 1996). 예를 들어, 미국 공화당은 안보나 국방 관련 문제에 우위를 점하고 민주당은 복지 관련 문제에 우위를 가진다. 이는 속성 의제 설정과 보다 연관이 있는 주제로 이슈 소유권을 의제 설정의 조절 변수로 판단한다. 아이엔거와 동료들(Iyengar et al., 1997)은 공명 효과(resonance effect)를 기반으로 하여 의제 설정 효과는 유권자들이 생각하는 후보자의 대표적 속성과 공명할 때 효과가 극대화될 수 있다고 하였다. 즉, 남성 후보가 외교나 안보와 같은 남성적 이슈를 내세울 때, 여성 후보가 교육이나 환경과 같은 여성적 이슈를 내세울 때 캠페인의 효과가 증가하였다.

5. 선행 연구의 한계와 향후 연구 제언

이렇듯 의제 설정 이론(agenda-setting theory), 점화 이론(priming theory), 틀 짓기 이론(framing theory)은 광고PR 분야와 직간접적으로 연관되어 많은 연구가 이루어져 왔다. 하지만 이러한 이론들은 채널(또는 매체)의 효과를 설명하는 이론으로 발전하지는 못한 한계가 있다. 후속 연구에서는 다매체 환경 속에서 의제 설정 이론, 점화 이론, 틀 짓기 이론이 여러 채널 간의 효과를 어떻게 설명할 수 있는지를 살펴볼 수 있을 것으로 기대한다.

특히 새로운 온라인 및 소셜 미디어 환경에서는 정보의 추구 및 검색(seeking and search)과 공유(sharing) 행위가 활발히 이루어지고 있다. 정보추구란 개인이 네이버나 구글 등의 검색 엔진에 원하는 검색어를 입력하여 결과의 목록과 그에 해당하는 웹 콘텐츠를 산출하는 행동이다(Cole, 2011). 또 정보공유는 타인에게 정보를 제공함으로써 정보를 재사용할 수 있도록 하는 것이다(Chow and Chan, 2008). 과학기술정보통신부와 한국인터넷진흥원의 보고서(2017)에 따르면 만 3세 이상 국내 인터넷 이용자의 92.9%는 정보 검색이나 자료 획득과 같은 정보적 목적으로 인터넷을 이용한다고 응답하였다. 이는 온라인상에서의 정보 행위가 매우 빈번하게 일어나는 활동이라는 것을 의미한다.

정보의 검색 행위는 여러가지 요인에 의해 결정된다. 선행 연구들은 인터넷 이용자의 인구 통계학적 속성(Howard and Massanari, 2007; Slone, 2003), 사전 지식이나 인터넷 능력(Al-Maskari and Sanderson, 2011; Willoughby et al., 2009; Xie and Joo, 2012), 동기(O'Brien and Toms, 2013; Rose and Samouel, 2009) 등이 정보

검색에 영향을 미친다고 보고한다. 또한 인지 욕구(Cacioppo and Petty, 1982), 오락 욕구(Brock and Livingstone, 2004), 자기 감시성(Snyder, 1974) 등의 개인 성향도 정보 검색에 영향을 미칠 수 있다.

개인 수준이 아닌 국가 수준에서 정보 검색의 국가 간 차이를 조사한 연구도 존재한다. 정과 마무드(Jeong and Mahmood, 2011)의 연구에서는 국가를 정치적 자유, 경제적 지위, 문화적 차이의 기준에 따라 분류하여 국가에 따라 검색 주제에 차이가 존재하는지 확인하였다. 연구 결과, 뉴스는 고소득 국가보다는 중간 소득 국가에서 검색될 가능성이 높았으며 오락 관련 주제는 저소득 국가보다 중간 국가에서 검색될 가능성이 더 높았다. 교육 관련 주제는 저소득 국가에서 고소득 국가보다 더 많이 검색되었다. 이러한 결과는 정보 검색 행동이 사회 구조적 차원에서 정치적·경제적·문화적 요인에 따라 달라질 수 있음을 시사한다.

이러한 정보의 검색과 공유 행위는 다중 매체를 동시에 이용하는 멀티태스킹 행위에 의해 더욱 증가하고 있다. 새로운 미디어 환경에서 미디어 이용자는 두 개 이상의 미디어로 멀티태스킹 행위를 자주하며 인터넷 기반의 멀티태스킹(예, TV를 보며 인터넷 이용)은 가장 자주 일어나는 멀티태스킹 형태이다 (Foehr, 2006; Holmes et al., 2006; Pilotta and Schultz, 2005). 연구에 따르면 인터넷 기반 멀티태스킹은 관련 온라인 검색을 증가시킨다(Collins, 2008; Zigmond and Stipp, 2010).

선행 연구들은 인터넷이나 스마트폰 등의 뉴미디어로 멀티태스킹을 하면 정보 검색 및 공유가 증가할 수 있다고 밝힌다. 예를 들어, 구글 검색 쿼리 데이터를 분석한 지그문트와 스팁(Zigmond and Stipp, 2010)의 연구에서는 어떤 제품의 TV 광고가 노출되는 동안 그 제품의 검색 쿼리가 증가하는 것으로 나타났다. 또한 사람들은 TV를 시청하며 소셜미디어 등을 통해 다른 사람들과 자주 상호 작용하는 경향이 존재했다(Jeong and Fishbein, 2007; Lee and Lee, 1995; Mora, Ho and Krider, 2011).

이러한 정보의 검색과 공유 행위는 의제 설정 이론을 기반으로 설명 가능하다. 앞서 살펴본 바와 같이 의제 설정 이론에 따르면 미디어는 공중의 의제에 영향을 미칠 수 있다(McCombs and Shaw, 1972). 다시 말해, 미디어에서 특정 의제에 대한 관심을 증가시키면 그 의제의 중요성도 높게 인식할 수 있으며, 그 결과 그와 관련된 정보의 유통 역시 증가할 수 있다. 예를 들어, 윅스와 사우스웰(Weeks and Southwell, 2010)은 오바마 대통령이 무슬림이었다는 루머를 이용해 이를 검증하였는데, 해당 이슈에 대한 대중 매체의 보도가 증가하면 온라인 검색도 증가하였다. 라가스와 트란(Ragas and Tran, 2013)의 연구에서도 뉴스와이어 보도가 인터넷 사용자의 검색 관심도를 증가시키는 것으로 나타났다.

또한, 많은 연구가 이루어지지 않았지만, 정보의 검색과 공유 행위의 효과를 점화 이론 및 틀 짓기 이론으로 설명할 수 있을 것으로 예상된다. 앞서 설명한 바와 같이, 점화 이론은 미디어가 어떤 개념을 활성화시키는 효과를 의미하는데, 예를 들어 한 매체(예, TV)를 통해 전달받은 정보가 특정한 개념을 활성화시킴으로써 다른 매체를 통해 전달받은 정보(예, 온라인 검색)에 대한 인지적·정서적·행동적 반응에 영향을 미칠 수 있다.

또한, 틀 짓기 이론은 미디어가 제공하는 해석의 틀의 효과를 설명하는데, 예를 들어 한 매체(예, TV)를 통해 전달받은 정보가 특정한 개념을 활성화시킴으로써 다른 매체를 통해 전달받은 정보(예, 소셜 미디어를 통해 공유되는 정보)에 대한 해석에 영향을 미칠 수 있는 것이다.

이처럼 의제 설정 이론, 점화 이론, 틀 짓기 이론은 변화하는 미디어 환경과 이용자의 행태 속에서 광고 및 PR 캠페인에서 활용되는 매체 및 채널 간의 효과를 설명하는 데 유용할 것으로 보이며, 이에 대한 다양한 연구가 있기를 기대한다.

참고문헌

Al-Maskari, A. and Sanderson, M. 2011. "The effect of user characteristics on search effectiveness in information retrieval." *Information Processing & Management*,

47(5), 719~729.

Anderson, J. R. and Bower, G. H. 1973. *Human associative memory*. Washington, DC: Winston.

Anderson, J. R. 1983. "A spreading activation theory of memory." *Journal of verbal learning and verbal behavior, 22*(3), 261~295.

Berger, J. and Fitzsimons, G. 2008. "Dogs on the street, pumas on your feet: how cues in the environment influence product evaluation and choice." *Journal of Marketing Research 45*(1), 1~14.

Brians, C. L. and Wattenberg, M. P. 1996. "Campaign issue knowledge and salience: Comparing reception from TV commercials, TV news and newspapers." *American Journal of Political Science*, 172~193.

Brock, T. C. and Livingston, S. D. 2004. "The Need for Entertainment Scale." In L. J. Shrum (ed.). *The Psychology of Entertainment Media: Blurring the Lines between Entertainment and Persuasion* (pp. 255~274). Mahwah, NJ: Erlbaum.

Cacioppo, J. T. and Petty, R. E. 1982. "The need for cognition." *Journal of personality and social psychology, 42*(1), 116.

Cappella, J. and Jamieson, K. 1997. *Spiral of cynicism: The press and the public good*. New York: Oxford University Press.

Chow, W. S. and Chan, L. S. 2008. "Social network, social trust and shared goals in organizational knowledge sharing." *Information & management, 45*(7), 458-465.

Cole, C. 2011. "A theory of information need for information retrieval that connects information to knowledge." *Journal of the American Society for Information Science and Technology, 62*(7), 1216~1231.

Collins, R. L. 2008. "Media multitasking: Issues posed in measuring the effects of television sexual content exposure." *Communication methods and measures, 2*(1-2), 65~79.

Dennis, A. R. and Valacich, J. S. 1999, January. "Rethinking media richness: Towards a theory of media synchronicity." In *Systems Sciences, 1999. HICSS-32. Proceedings of the 32nd Annual Hawaii International Conference on*. IEEE.

Detweiler, J. B, Bedell, B. T, Salovey, P, Pronin, E. and Rothman, A. J. 1999. "Message framing and sunscreen use: gain-framed messages motivate beach-goers." *Health Psychology, 18*(2), 189.

Dijksterhuis A. 2010. "Automaticity and the unconscious." In Fiske ST, Gilbert DT, Lindzey G (eds.). *Handbook of Social Psychology* (5th ed.), Hoboken, NJ: John Wiley & Sons.

Daft, R. L, Lengel, R. H. and Trevino, L. K. 1987. "Message equivocality, media selection, and manager performance: Implications for information systems." *MIS quarterly*, 355~366.

Druckman, J. 2001. "The implications of framing effects for citizen competence." *Political Behavior, 23*(3), 225~256.

Entman, R. 1993. "Framing: Toward clarification of a fractured paradigm." *Journal of Communication, 43*(4), 51~58.

Evett L. J, Humphreys G. W. 1981. "The use of abstract graphemic information in lexical access." *The Quarterly Journal of Experimental Psychology 33*(4), 325~350.

Fazio, R. H, Sanbonmatsu, D. M, Powell, M. C. and Kardes, F. R. 1986. "On the automatic activation of attitudes." *Journal of Personality and Social Psychology 50*(2), 229~238.

Fitzsimons, G. M, Chartrand, T. L. and Fitzsimons, G. J. 2008. "Automatic effects of brand exposure on motivated behavior: how Apple makes you 'think different'". *Journal of Consumer Research 35*(1), 21~35.

Foehr, U. G. 2006. *Media multitasking among American youth: Prevalence, predictors and pairings.* Menlo Park, CA: Henry J. Kaiser Family Foundation.

Ghanem, S. 1997. Filling the tapestry: The second level of agenda setting. In M. E. McCombs, D. L. Shaw, & D. Weaver (eds.). *Communication and democracy* (pp. 3~14). Mahwah, NJ: Erlbaum.

Gitlin, T. 1980. *The whole world is watching: Mass media in the making & unmaking of the new left.* Berkeley: University of California Press.

Goffman, E. 1974. *Frame analysis: An essay on the organization of experience.* Cambridge, MA: Harvard University Press.

Guo, L, Vu, H.T. and McCombs, M. 2012. "An expanded perspective on agenda-setting effects: Exploring the third level of agenda setting," *Revista de Comunicación,* 11, 51~68 (University of Piura, Peru).

Holmes, M. E, Papper, R. A, Popovich, M. N. and Bloxham, M. 2006. *Engaging the ad-supported media: A Middletown Media Studies whitepaper.* Muncie, IN: Ball State University Center for Media Design. Retrieved from https://www.bsu.edu/webapps2/cmdreports/product_select.asp?product_idD7

Howard, P. N, and Massanari, A. 2007. "Learning to search and searching to learn: Income, education, and experience online." *Journal of Computer-Mediated Communication, 12*(3), 846~865.

Iyengar, S. 1991. *Is anyone responsible? How television frames political issues.* Chicago: University of Chicago Press.

Iyengar, S, Valentino, N. A, Ansolabehere, S. and Simon, A. F. 1997. "Running as a woman: Gender stereotyping in political campaigns." *Women, media, and politics,* 77~98.

Jeong, S. H. and Fishbein, M. 2007. "Predictors of multitasking with media: Media factors and audience factors." *Media Psychology, 10*(3), 364~384.

Jeong, Y, and Mahmood, R. 2011. "Reading the world's mind: Political, socioeconomic and cultural approaches to understanding worldwide Internet search queries." *International Communication Gazette, 73*(3), 233~251.

Jones, L. L. 2012. "Prospective and retrospective processing in associative mediated priming." *Journal of Memory and Language* 66(1), 52~67.

Kahneman, D, and Tversky, A. 1979. "Prospect theory: An analysis of decision under risk." *Econometrica, 47*(2), 263~292.

_____. 1984. "Choices, values, and frames." *American Psychologist, 39*(4), 341~350.

Kemps, E, Tiggemann, M. and Hollitt, S. 2014. "Exposure to television food advertising primes food-related cognitions and triggers motivation to eat." *Psychology & health, 29*(10), 1192~1205.

Laran, J, Dalton, A. N. and Andrade, E. B. 2011. "The curious case of behavioral backlash: why brands produce priming effects and slogans produce reverse priming effects." *Journal of Consumer Research 37*(6), 999~1014.

Labroo, A. A, Dhar, R. and Schwarz, N. 2008. "Of frog wines and frowning watches: semantic priming, perceptual fluency, and brand evaluation." *Journal of Consumer Research 34*(6), 819~831.

Laswell, H. D. 1948. *The structure and function of communication in society. The communication of ideas.* New York: Harper and Brothers.

Lee, J. K. 2009. *Incidental exposure to news: Limiting fragmentation in the new media environment.* Unpublished doctoral dissertation, University of Texas, Austin.

Lee, J. K. and McCombs, M. E. 2013. "Mapping the psychology of agenda setting." In E. Scharrer (ed.). *Media effects/media psychology.* Oxford, England: Blackwell.

Lee, B. and Lee, R. S. 1995. "How and why people watch TV: Implications for the future of interactive television." *Journal of Advertising Research, 35*(6), 9~19.

Maher, M. 2001. "Framing: An emerging paradigm or a phase of agenda setting?" In S. Reese, O. Gandy, Jr. and A. Grant (eds.). *Framing public life: Perspectives on media and our understanding of the social world* (pp. 83~94). Mahwah, NJ: Erlbaum.

Mandel, N. 2003. "Shifting selves and decision making: the effects of self-construal priming on consumer risk-taking." *Journal of Consumer Research 30*(1), 30~40.

Meyerowitz, B. E. and Chaiken, S. 1987. "The effect of message framing on breast self-examination attitudes, intentions, and behavior." *Journal of personality and social psychology, 52*(3), 500.

McCombs, M. E. 1993. "The evoluation of agenda-setting research: Twenty-five years in the market place of ideas." *Journal of Communication, 43*, 58~67.

McCombs, M. 1999. "Personal involvement with the issues of the public agenda." *International Journal of Public Opinion Research, 11,* 152~168.

_____. 2004. *Setting the agenda: The mass media and public opinion.* Malden, MA: Blackwell.

_____. 2014. *Setting the agenda: The mass media and public opinion,* (2nd ed).

Cambridge, England: Polity Press.

McCombs, M. E. and Ghanem, S. I. 2001. "The convergence of agenda setting and framing." In S. D. Reese, O. H. Gandy, Jr. and A. E. Grant (eds.). *Framing public life: Perspectives on media and our understanding of the social world* (pp. 67~83). Mahwah, NJ: Erlbaum.

McCombs, M. E, Lopez-Escobar, E. and Llamas, J. P. 2000. "Setting the agenda of attributes in the 1996 general election." *Journal of Communication, 50*, 77~92.

McCombs, M. E. and Shaw, D. L. 1972. "The agenda-setting function of mass media." *Public Opinion Quarterly, 36*, 176~197.

McCombs, M. E. and Weaver, D. H. 1985. "Towards a merger of gratifications and agenda setting research." In K. E. Rosengren, L. A. Wenner, and P. P. Palgreen (eds.). *Handbook of political communication* (pp. 95~108). Newbury Park, CA: Sage.

McNamara, T. P. 2005. *Semantic Priming: Perspectives from Memory and Word Recognition.* Psychology Press: New York, NY.

Mora, J. D, Ho, J. and Krider, R. 2011. "Television co-viewing in Mexico: An assessment on people meter data." *Journal of Broadcasting & Electronic Media, 55*(4), 448~469.

Myers, A. and Hansen, C. H. 2012. *Experimental Psychology* (7th ed.). Wadsworth Cengage Learning: Belmont, CA.

Neely, J. H. and Keefe, D. E. 1989. "Semantic context effects on visual word processing: a hybrid prospective/retrospective processing theory." In Bower GH (ed.). *The Psychology of Learning and Motivation 24.* (pp. 207–248). Academic Press, Inc.: San Diego, CA.

Nelson, T. E. and Oxley, Z. M. 1999. "Issue framing effects on belief importance and opinion." *The journal of politics, 61*(4), 1040~1067.

Nelson, T. E, Oxley, Z. M. and Clawson, R. A. 1997. "Toward a psychology of framing effects." *Political Behavior, 19*(3), 221~246.

O'Brien, H. L, and Toms, E. G. 2013. "Examining the generalizability of the User Engagement Scale (UES) in exploratory search." *Information Processing & Management, 49*(5), 1092~1107.

O'keefe, D. J. and Jensen, J. D. 2006. "The advantages of compliance or the disadvantages of noncompliance? A meta-analytic review of the relative persuasive effectiveness of gain-framed and loss-framed messages." *Annals of the International Communi-cation Association, 30*(1), 1~43.

_____ . 2009. "The relative persuasiveness of gain-framed and loss-framed messages for encouraging disease detection behaviors: A meta-analytic review." *Journal of Communication, 59*(2), 296~316.

Pan, Z. and Kosicki, G. M. 2001. "Framing as a strategic action in public deliberation." In S. D. Reese, O. H. Gandy, and A. E. Grant (eds.). *Framing public life: Perspectives on media and our understanding of the social world* (pp. 35~65). Mahwah, NJ: Erlbaum.

_____. 2005. "Framing and the understanding of citizenship." In S. Dunwoody, L. Backer, D. McLeod, & G. Kosicki (Eds.), *The evolution of key mass communication concepts* (pp. 165-204). Cresskill, NJ: Hampton Press.

Patterson, T. E. and McClure, R. 1976. *The unseeing eye: The myth of television power in national elections.* New York: Putnam's.

Petrocik, J. R. 1996. "Issue ownership in presidential elections, with a 1980 case study." *American journal of political science,* 825~850.

Pilotta, J. J. and Schultz, D. 2005. "Simultaneous media experience and synesthesia." *Journal of Advertising Research, 45*(1), 19~26.

Posner, M. I. and Snyder, C. R. 1975. "Attention and cognitive control." In Solso RL (ed). *Information Processing and Cognition: The Loyola Symposium* (pp. 205~223). Erlbaum Associates, Inc.: Hillsdale, NJ.

Price, V. and Tewksbury, D. 1997. "News values and public opinion: A theoretical account of media priming and framing." In G. A. Barnett and F. J. Boster (eds.). *Progress in communication sciences: Advances in persuasion* (Vol. 13, pp. 173~212). Greenwich, CT: Ablex.

Quillian, M. R. 1967. "Word concepts: a theory and simulation of some basic semantic capabilities." *Behavioral Science 12*(5): 410~430.

Ragas, M. W. and Tran, H. 2013. "Beyond cognitions: A longitudinal study of online search salience and media coverage of the president." *Journalism & Mass Communication Quarterly, 90*(3), 478~499.

Ratcliff, R. and McKoon, G. 1988. "A retrieval theory of priming in memory." *Psychological Review 95*(3), 385~408.

Rice, R. E. 1992. "Task analyzability, use of new media, and effectiveness: A multi-site exploration of media richness." *Organization science, 3*(4), 475~500.

Rose, S. and Samouel, P. 2009. "Internal psychological versus external market-driven determinants of the amount of consumer information search amongst online shoppers." *Journal of Marketing Management, 25*(1-2), 171~190.

Rothman, A. J. and Salovey, P. 1997. "Shaping perceptions to motivate healthy behavior: the role of message framing." *Psychological bulletin, 121*(1), 3.

Segal, S. J. 1966. "Priming compared to recall: following multiple exposures and delay." *Psychological Reports 18*(2): 615~620.

Semetko, H. A. and Valkenburg, P. M. 2000. "Framing European politics: A content analysis of press and television news." *Journal of communication, 50*(2), 93~109.

Scheafer, T. 2007. "How to evaluate it: The role of story-evaluative tone in agenda setting and priming." *Journal of Communication, 57,* 21~39.

Scheufele, D. A. 2000. "Agenda-setting, priming, and framing revisited: another look at cognitive effects of political communication." *Mass Communication & Society, 3*(2 & 3), 297~316.

Scheufele, D. A. and Tewksbury, D. 2007. "Framing, agenda setting, and priming: The evolution of three media effects models." *Journal of Communication, 57*(1), 9~20.

Shaw, D. L. and McCombs, M. E. 1977. *The emergence of American political issues: The agenda-setting function of the press.* St. Paul, MN: West.

Slone, D. J. 2003. "Internet search approaches: The influence of age, search goals, and experience." *Library & Information Science Research, 25*(4), 403~418.

Snyder, M. 1974. "Self-monitoring of expressive behavior." *Journal of personality and social psychology, 30*(4), 526.

Spruyt, A, Hermans. D, De Houwer, J, and Eelen, P. 2002. "On the nature of the affective priming effect: affective priming of naming responses." *Social Cognition 20*(3), 227~256.

Strahan, E. J, Spencer, S. J. and Zanna, M. P. 2002. "Subliminal priming and persuasion: Striking while the iron is hot." *Journal of Experimental Social Psychology, 38*(6), 556~568.

Sung, Y. and Choi, S. M. 2011. "Increasing power and preventing pain." *Journal of Advertising, 40*(1), 71~86.

Tuchman, G. 1978. *Making news: A study in the construction of reality.* New York: Free Press.

Tversky, A. and Kahneman, D. 1981. "The framing of decisions and the psychology of choice." *Science, 211,* 453~458.

Weaver, D. H. 1980. "Audience need for orientation and media effects." *Communication Research, 7*(3), 361~373.

Weeks, B. and Southwell, B. 2010. "The symbiosis of news coverage and aggregate online search behavior: Obama, rumors, and presidential politics." *Mass Communication and Society, 13*(4), 341~360.

Willoughby, T, Anderson, S. A, Wood, E, Mueller, J. and Ross, C. 2009. "Fast searching for information on the Internet to use in a learning context: The impact of domain knowledge." *Computers & Education, 52*(3), 640~648.

Xie, I. and Joo, S. 2012. "Factors affecting the selection of search tactics: Tasks, knowledge, process, and systems." *Information Processing & Management, 48*(2), 254~270.

Yi, Y. 1993. "Contextual priming effects in print advertisements: The moderating role of prior knowledge." *Journal of Advertising 22*(1), 1~10.

Zigmond, D. and Stipp, H. 2010. "Assessing a new advertising effect." *Journal of Advertising Research, 50*(2), 162~168.

수용자(Receiver)

개인차 변수의 역할

박 진 성

1. 들어가며

커뮤니케이션 연구의 도래를 알렸던 5단계(SMCRE) 모형은 수용자의 개인적 특성을 이해하는 것이 커뮤니케이션 연구의 중심 주제 중의 하나임을 제안했다. 이 장의 목적은 광고홍보 연구에서 수용자의 개인적 특성을 고려하는 연구 전통의 역사와 현재의 연구 진행 상황을 개관하고 이러한 연구 의제가 앞으로 나아가야 할 방향을 제시하는 데 있는데, 주로 실증주의적 인식론에 기반을 둔 양적 연구의 관점에서 이러한 주제를 탐구할 것이다. 수용자 특성은 양적 연구 전통에서 '개인차 변수'를 활용함으로써 연구됨을 고려하여, 이 장은 먼저, 개인차 변수를 정의하고 유형을 정리한 다음 연구에서 수용자 요인의 탐색 필요성을 실무적·학술적 관점에서 논의할 것이다. 둘째로, 이론과 연구 전통의 성장 과정에서 개인차 변수의 역할을 고찰한 후 '인과관계 증명', '중간값 분할' 등 그러한 변수의 활용에 대한 학계의 쟁점들을 정리함으로써 독자들의 올바른 판단과 관련 연구의 질적 향상에 대한 기여를 도모할 것이다. 마지막으로, 소비자 연구에서 활발히 사용되는 개인차 변수인 '인지 욕구(need for cognition)'

와 '자기 해석(self-construal)'이 광고홍보 연구에서 어떻게 활용되는지 고찰하고, 향후 연구를 위한 제언을 제시함으로써 이 장을 마무리할 것이다.

2. 이론(개념)의 정의와 기원

1) 수용자 요인과 광고 홍보 연구: 커뮤니케이션 관점

일반적으로 광고 홍보를 비롯한 마케팅 커뮤니케이션 연구는 크게 마케팅 중심의 관점과 커뮤니케이션 중심의 관점에서 진행된다. 우선 커뮤니케이션적 관점에서 보자면, 이 학문 분야의 창시자 중 하나로 평가받는 해럴드 라스웰(Harold Lasswell)은 정보원 - 메시지 - 채널 - 수용자 - 효과를 커뮤니케이션 상황을 구성하는 핵심적인 다섯 요소로 정의했다(Rogers, 1991). 이에서 알 수 있듯이 수용자의 인구·사회·심리·문화·환경적 특성은 커뮤니케이션 효과를 결정하는 요인으로 간주되어왔다.

커뮤니케이션학 내의 많은 갈래들 중에서 이용과 충족(uses and gratification) 연구 전통은 수용자 중심의 관점을 견지하면서 수용자 집단들의 미디어 이용 동기를 규명하고, 이를 기반으로 사용 패턴과 결과들에 대한 이해를 확장시키는 데 많은 기여를 했다(Severin and Tankard, 1997). 주로 매스커뮤니케이션 연구에서 생성되어 발전한 이용과 충족 이론은 광고 홍보 연구분야로도 확장되어 상업적 메시지의 활용 동기와 그의 결과들을 규명하는 데 기여했다.

예를 들어 고한준, 조창환과 로버츠(Ko, Cho and Roberts, 2005)는 온라인 광고의 맥락에서 정보 획득 동기는 수용자와 메시지 사이의 상호 작용을, 그리고 사회적 교류 추구 동기는 수용자들 간의 상호 작용을 유도하는 경향이 있으며, 이러한 상호 작용은 태도, 구매 의도 등을 향상시킬 잠재력이 있음을 보여주었다. 이러한 연구는 수용자의 동기가 광고 이용 행위를 결정하는 요인임을 보여준다. 이는 수용자의 동기에 따라 설득을 위해 활용해야 할 장치가 달라짐을 명확하게 드러낸다는 점에서 실무적으로 가치 있는 발견이라 할 수 있다.

욕구와 동기가 행동을 결정한다는 전제하에 이용과 충족 연구의 주된 연구 경향의 하나는 수용자의 다양한 미디어 이용 동기들을 빠뜨림 없이 밝혀내고 유형화하여 일종의 분류 체계(typology)를 마련하는 것이었으며, 이러한 작업은 새로운 매체가 등장할 때 시장 확장과 세분화 전략을 도출하는 등의 용도로 활용되곤 했다. 이러한 연구 방식 역시 광고 홍보 분야에 적용되었는데, 가령 우창완, 안선경과 조승호(Woo, An and Cho, 2008)는 미국 메이저리그 팀들의 온라인 게시판(message board)에 팬들이 포스팅한 메시지들을 내용 분석하여, 정보추구 등의 인지적 욕구가 지배적 동기이며, 의견 교환 등 기존의 이용과 충족 이론 연구가 밝혀내지 못한 이용 동기 역시 주요 이용 동기임을 밝혀냈다. 이러한 결과는 팬과 스포츠 단체 사이의 관계 조정을 위한 도구로서의 각종 온라인 채널 활용에 유용한 지침을 제공한다. 비슷한 접근법을 활용해 문티거, 무어먼과 스미트(Muntinga, Moorman and Smit, 2011)는 메신저를 통한 온라인 인터뷰 방법을 통해 브랜드 관련 소셜 미디어 활동의 참여 동기가 소비활동, 브랜드에 대한 기여, 창의성에 대한 욕구 등임을 밝혔다. 미디어 이용 동기를 밝혀내고 유형화하는 이론과 충족 연구 접근법은 새로운 마케팅 커뮤니케이션 채널이 등장할 때마다 유용하게 활용될 것으로 예상된다.

국제적으로 권위 있는 광고 홍보 학술지들[《광고학 저널(Journal of Advertising)》, 《광고학 연구저널(Journal of Advertising Research)》, 《광고학 국제저널(International Journal of Advertising)》, 《홍보 리뷰(Public Relations Review)》, 《홍보 연구저널(Journal of Public Relations Research)》]에 실린 논문들을 개관한 결과, 이용과 충족 이론을 활용한 연구는 광고 홍보 분야에서 주류적인 관점으로 자리 잡지는 못한 것으로 평가된다. 데이터베이스 웹 오브 사이언스(Web of Science)에 따르면 전술한 고한준과 동료들(Ko, Cho and Roberts, 2005)의 연구 이후 이용과 충족 이론을 기반으로 하여 앞서 말한 5개 학술지에 게재된 논문은 15편에 지나지 않았다.

분야를 막론하고 새로운 매체를 활용하는 소비자의 동기를 파악하는 것이 가장 우선적으로 해결해야 할 연구 의제임을 고려할 때, 그리고 기술 발전으로 인해 새로운 형태의 상업적 메시지 전달 방식이 점점 빠른 속도로 등장함을 고려할 때, 이용과 충족 이론이 좀 더 폭넓게 활용될 것이 요구된다. 다만 이는 일종의 귀납적 사고 과정에 입각해 데이터로부터 추출한 이용 동기에 기반을 두고 수용자 행위를 예측하려는 노력이 욕구와 동기 등에 대한 일반 이론과의 연계 없이 진행되어 데이터 중심의(data-driven) 이론적 기반이 취약한 (a-theoretical) 연구로 귀결될 우려를 극복하는 것은 이 이론을 적용하는 데 고민해볼 문제로 간주된다.

2) 수용자 요인과 광고 홍보 연구: 마케팅적 관점

커뮤니케이션적 관점과 함께 광고 연구의 또 다른 한 축인 마케팅적 관점 역시 수용자의 특성을 중요한 연구 의제로 다루어왔다. 대부분의 광고, 홍보, 마케팅, 소비자 행동 관련 저서들이 상업적 메시지의 효과를 결정하는 요인으로 수용자의 인구사회심리학적 속성들을 제시하고 있다. 광고 홍보 및 인접 학문의 주요 이론과 연구 모형들 역시 그러한 관점을 반영하고 있다. 가령 광고 효과와 관련해서 학계에서 가장 널리 인정받는 이론적 모형들 중 하나인 매키니스와 야보르스키(MacInnis and Jaworski, 1989)의 광고효과모형은 소비자의 특성, 그중에서도 소비자의 욕구(needs), 동기(motivation), 능력(ability)을 광고 노출 효과를 조절하는 요인으로 간주하고 있다.

비슷한 맥락에서 호이어·매키니스·피터르스(Hoyer, MacInnis and Pieters, 2013)는 동기와 능력의 역할에 더해 가치(values), 성격(personality) 등도 상업적 메시지에 대한 소비자 반응을 결정하는 요인으로 제안했다. 이들 연구자는 상업적 메시지에 대한 반응을 결정짓는 일련의 인지적(cognitive)·감성적 (affective) 과정들, 가령 사고 과정(reasoning), 개인적 관련성(personal relevance), 관여도(involvement), 감정(emotions) 등을 결정하는 요인이 바로 소비자의 심리적 특성이라고 제안했다. 바움가르트너(Baumgartner, 2002) 역시 소비자의 개인적 특성을 이해하는 것이 상업적 메시지 효과를 분석하기 위해 필수적인 요소임을 주장했으며, 이를 위해 소비자의 개인적 특성을 기질적(dispositional), 목적 추구적(goal-striving), 서사적(narrative) 요인으로 유형화하여 입체적으로 재구성할 것을 제안했다.

3) 수용자 요인과 개인차 변수

마케팅의 연구의 여러 영역 중 상업적 메시지 효과 연구의 결정 요인으로서 수용자의 심리적 특성을 비교적 일관되게 조명해온 분야는 소비자 심리학이다. 현상학(phenomenology), 근거이론(grounded theory) 등의 이론적 전통에서 진행된 소비자 심리학 연구는 소비자의 개인적 특성들이 의사 결정에 미치는 영향들을 심층 인터뷰하여 민족지학적(ethnographic) 접근법, 장기적 참여 관찰(longitudinal observations) 등 질적 연구 방법으로 조명해왔다.

이에 반해 실증주의적 인식론을 기반으로 한 양적 연구 전통에서는 주로 성격(personality), 기질(traits) 등의 개인차 변수 등을 통해 수용자 특성이 정보처리 등에 미치는 영향을 조명해왔다. 질적 연구 전통이 괄목할 만한 성장을 보이고 수용자 중심 연구의 확립에 대한 기여가 컸음에도 이 장에서는 실증주의적 관점에서 수용자 특성이라는 요인이 가지는 역할이 '개인차 변수'라는 연구 패러다임 및 방법론적 도구에 의하여 어떻게 반영되어 왔는지에 초점을 맞출 것이다.

3. 이론의 확장 과정과 기제

1) 수용자 연구의 학술적·실무적 필요성

소비자 심리학 내에서도 수용자의 개개인에 내재하는 여러 요인들을 적극적으로 반영하는 것은 다음 몇 가지 이유에서 꼭 필요한 과정이라 볼 수 있다. 첫째, 시장 세분화(market segmentation), 타게팅(targeting), 수요자 맞춤형 메시지 전략(message-customization) 등 마케팅 전략의 핵심적 개념들을 기획하고 실행하는 데 소비자에 대한 심층적 이해는 필수적이라 할 수 있다. 이러한 마케팅 커뮤니케이션 원리들은 소비자가 동일한 특성들을 가진 균질한(homogenous) 집단이 아니라 다양한 가치, 욕구, 동기를 내재화한 이질적(heterogeneous) 집단들로 구성되어 있으며 이러한 수용자 특성들을 반영한 광고 메시지에 개인들이 더 잘 반영한다는 인식을 전제하고 있다. 실제로 개인의 사회심리적 속성들(psychographics)은 표적 소비자를 정의하고 세분화하는 주요 지표의 하나로 활용된다(Hoyer, et al., 2013).

둘째, 통상적으로 자극 - 반응(stimulus-response) 이론으로 지칭되는, 자극과 반응의 관계를 조명하는 데 집중했던 초창기 행동주의 심리학은 1950년대까지 심리학의 지배적인 이론으로 인정받았다. 같은 자극이라도 유기체의 심리적 구조와 과정들에 따라 다양한 반응을 만들어내는 현상에 주목했던 우즈워스(Woodsworth) 등의 학자들에 의해 자극 - 유기체 - 반응(stimulus-organism-response) 이론으로 수정된 이래(Haggbloom, 2002), 효과의 이질성을 촉진시키는 그러한 유기체 관련 요인들의 역할을 밝혀내는 것은 심리학 연구의 주된 흐름의 하나였다.

연구자들은 그러한 유기체의 심리적 구조와 과정을 설명하기 위하여 많은 개념들을 고안했고 이들이 자극에 대한 반응을 결정하는 과정을 분석해왔다. 이러한 요인들에는 지각(perception)·사고(reasoning) 등 지속성 없이 상황에 따라 형성되는 심리 과정도 포함되지만, 성격·기질·가치·동기 등 수용자에 내재하는 심리적 속성 혹은 구조들도 연구자들의 관심을 받아왔다. 광고 홍보 연구에서도 단순 노출 효과(mere exposure effects) 등 일부 연구 흐름을 제외하면 수용자 요인을 주요 연구 의제로 고려해왔다. 하지만 곽효진, 안드라스와 진칸(Kwak, Andras and Zinkhan, 2009)은 이용자 충족 연구 전통의 토대 위에서 그러한 단순 노출 효과도 수용자가 미디어를 얼마나 능동적 혹은 수동적으로 이용하는지에 따라 달라질 수 있음을 보여주었다는 것은 광고 홍보 연구에서 수용자 요소의 중요성을 다시 한 번 시사하고 있다.

셋째, 학술적 관점에서 보면 학문의 발전 과정에서 이론의 정립 및 수정은 중심적인 역할을 차지하는데(Shoemaker, Tankard, and Lasorsa, 2003), 수용자 역할을 파악하는 것은 이론의 발전을 촉진시킬 수 있다는 점을 이해할 필요가 있다. 변수와 변수 사이의 인과관계를 추론, 증명함으로써 궁극적으로 특정 사회현상을 체계적으로 설명하는 것으로 어떤 한 이론이 제안된다면, 그러한 이론의 수정과 발전은 처음에 제안되었던 관계들 사이를 매개하는 요인들과 그러한 관계들이 강화, 혹은 희석되는 조건들을 탐색해서 제시함으로써 진행된다(Hayes, 2013).

매키니스 외(MacInnis and Jaworski, 1989)의 광고효과모형이 제안하듯이, 수용자의 심리적 특성은 상업적 메시지의 효과를 연구하는 데 필수적인 요소들이다. 특정 이론이 제시하는 상업적 메시지의 효과가 수용자의 특성에 의해 조절되고 매개되는 방식을 이해하는 것은 그 이론의 설명력(explanatory power), 예측력(predictive power), 적용 범위(scope), 외적 타당도(external validity) 등을 향상시킨다. 이러한 기준들이 이론의 가치를 평가하는 주요 지표들임을 고려할 때, 수용자 특성에 대한 이해가 광고 홍보 메시지 효과에 관한 이론의 개선과 발전에 기여한다는 점을 좀 더 명확하게 인식할 수 있다.

넷째, 통계적 관점에서 본다면 개인의 심리적 속성을 이론에 근거해 연구 모형에 포함시켜 조절, 매개, 혹은 통제 요인으로 활용하는 것은 변수들 사이의 허구적 관계(spurious association)를 배제할 수 있는 기회를 제공해 연구 결과의 신뢰성을 높여주고, 또는 잠복해 있던(suppressed) 인과관계를 드러내는 결과를 낳기도 한다. 또한 종속 변수의 변량 중에서 모형이 설명하지 못하는 영역, 즉 오차(errors)를 감소시켜 연구 설계의 통계적 검증력(statistical power)을 높이고 유형 2 오류(Type-II error) 가능성을 줄임으로써 분석 결과의 타당성을 높이는 등의 긍정적인 효과를 기대할 수 있다.

2) 개인차 변수의 정의 및 유형

전술했듯이 소비자 행동과 광고홍보 등의 분야에서 소비자 특성 요인들을 연구하는 접근법은 다양하지만, 실증주의적 연구 전통에서는 주로 개별 소비자들 내에서 일관성 있게 관찰되는 인지적·감성적·행동적 패턴 등을 개념화하고 측정, 분석함으로써 그러한 연구 목적을 달성한다. 그러한 유형의 변수들을 묶어 통상적으로 '성격, 기질, 개인차 변수(personality, trait, and individual difference variables)'라는 포괄적인 명칭을 부여한다. 이 장에서는 편의상 '개인차 변수(individual differences variables)'라는 명칭으로 이러한 유형의 변수들을 지칭하기로 한다.

개인차 변수는 성격, 기질을 비롯하여 개인의 내부에서 비교적 지속적으로 일관성 있게 유지, 관찰되는 인지적·정서적·행동적 특성들로 정의할 수 있다. 마케팅 맥락에서 활용할 수 있는 변수와 측정 도구들을 소개한 『마케팅 규모 편람(Handbook of Marketing Scales)』(Bearden, Netemeyer and Haws, 2011)은 개인차 변수들을 '대인 지향성 및 자기 개념 관련 요인들', '충동과 강박에 관한 요인들', '국가 이미지와 소속감에 관한 요인들', '의견 지도력 및 추구 행위 관련 요인들', '혁신성 관련 요인들', '소비자의 사회적 영향력 관련 요인들'의 여섯 범주로 유형화한다.

이러한 개인차 변수들은 주로 유전적 기질과 축적된 사회화 과정 등을 통해 장기간에 걸쳐 형성되기 때문에, 실험물에의 자극 등을 통한 개인 내의 변화보다 개인 간의 차이가 상대적으로 더 두드러질 것이라고 간주하는 것이 대부분의 연구 맥락에서 더 합리적인 전제일 것으로 판단된다. 따라서 대부분의 연구 맥락에서, 특히 실험 연구 방법론이 활용될 경우, 개인차 변수들은 결과변수보다는 독립 요인이나 조절 요인으로 활용되는 경우가 더 많을 것이라는 점을 추론할 수 있다. 다만 자기 개념 등 일부 변수들의 경우 외부의 단기적 자극에 의해 강화되거나 활성화되는 등의 가능성도 배제할 수 없는데, 이런 경우 해당 변수를 측정 변수로 다룰 것인지 조작 변수로 간주할 것인지는 연구자가 연구의 목적과 맥락에 맞게 판단할 사안인 것으로 보아야 한다.

3) 개인차 변수 연구의 초창기 역사

앞서 제시한 대로 개인차 변수 활용의 필요성이 있지만, 소비자 심리학 분야에서 개인차 변수 연구의 역사는 그리 길지 않으며, 연구 발전의 속도도 더딘 편이었다(Haugtvedt, Liu and Min, 2003). 잠재적 가치에 비하여 활용도가 낮았던 것은 초창기 연구에 내재한 여러 문제 때문이기도 한데, 카사르잔(Kassarjian, 1971)의 연구는 이러한 문제들을 잘 조명하고 있다. 카사르잔(Kassarjian, 1971), 카사르잔과 셰펫(Kassarjian and Sheffet, 1981) 등 연구자들은 소비자 행동 맥락에서 개인차 변수, 특히 성격의 역할과 관련한 초창기 연구에 관한 문헌 연구들을 제시했는데, 이러한 연구들은 초창기 개인차 변수 연구자들의 접근 방법과 한계를 잘 정리하고 있다.

1970년대까지의 연구를 개관한 후 이들 연구자가 내린 결론은 성격을 구성하는 다양한 요인과 소비자 행동 사이의 연관성은 존재하지 않거나, 혹은 일관성이 결여되어 있거나 극도로 미미한 수준이어서 실제적 의미가 있다고 보기에는 힘들다는 것이었다. 그들은 기존 연구들이 이렇게 미미한 성과를 보인 데에 몇 가지 이유가 있다고 보았는데, 이러한 논의는 이후 개인차 변수에 관한 연구의 발전에 일정 수준의 영향을 미쳤다는 점에서, 그리고 다른 다양한 연구 맥락에도 적용될 만한 지적들이라는 점에서 현재의 연구자들도 유념할 필요가 있으며, 따라서 비교적 상세히 소개할 가치가 있다고 판단된다.

첫 번째로 제기한 문제는 성격이라는 극도로 추상적인 개념을 측정하는 도구의 낮은 타당도와 신뢰도 문제이다. 측정 도구의 낮은 측정 신뢰도는 변수들 사이의 상관관계를 떨어뜨리는 요인이므로, 성격의 다섯 가지 차원(big five personality inventory)을 측정하는, 상대적으로 타당성과 신뢰도를 확보한 도구들이 1970년대 초반에 제시되었음을 고려하면 타당한 주장임을 짐작할 수 있다.

두 번째는 이와 연관된 문제로 연구의 맥락과 무관한, 고도로 포괄적이고 추상적인 변수가 구체적인 영역의 소비자 행동을 예측할 수 있는지에 관한 의문인데, 이 역시 모든 연구자가 검토해볼 필요가 있는 사안이다. 모든 행동적 특성을 몇 개의 근본적 심리 요인으로 설명할 수 있다는 전제를 내포하는, 일종의 환원주의적(reductionism) 연구 패러다임에 대한 카사르잔(Kassarjian, 1971)의 다음 지적은 모든 연구자가 자신의 연구 맥락에서 고민해볼 가치가 있다.

원래 사회성, 감정적 안정성, 내향성, 신경증적 기질 등 고도로 포괄적인 성격 특성들을 측정하기 위하여 개발된 측정 도구들이 치약이나 담배 구매 시의 브랜드 선택을 예측하기 위하여 활용되어왔다. … 특정 구매 맥락에서 좀 더 명확한 연구 결과를 얻기를 기대한다면 의료적 관점에서 정신분열이나 정서적 안정성 등을 평가하기 위한 변수를 차용하여 사용하기보다는 자신의 연구 맥락을 반영하는 성격 관련 변수들을 정의하고 측정도구들을 개발하여 사용할 필요가 있다 (1971: 415~416).

마지막 문제는 두 번째 지적과 관련한 의제로서, 이론으로부터 연역적 추론을 통해 가설을 도출하여 검증하기보다는 성격과 관련한 포괄적 변수들과 소비 행위에 관한 변수들을 두루 측정하여 통계적 상관성을 조사한 다음 저자가 유의미하다고 판단한 결과들을 보고하는 행태이다. '산탄총 접근법'이라고 불리는 이러한 행태는 이론적으로 별 의미 없는, 우연에 기인한 연구 결과들을 양산했고, 이는 반복된 검증을 통해 이론과 모형의 타당성과 적용 범위를 확보해나가는 사회과학 발전의 일반 법칙을 거스르는 행위로서, 연구의 발전에 크게 이바지하지 못했다.

4) 개인차 변수 연구의 역사: 성장기

개인차 변수를 활용한 연구의 발전은 이러한 문제를 극복하면서 이루어졌다. 성적 긴장으로 모든 인간 행위를 설명하려 했던 프로이드처럼 일군의 고도로 포괄적·추상적·다차원적인(multi-dimensional) 성격 관련 변수들로 모든 소비 행위를 설명하려 했던 초창기 연구의 경향성들을 후기 연구자들은 지양했다. 그 대신 그들은 특정한 연구 맥락을 반영하면서 단일 차원(single factor)으로 구성된 변수들을 개발하고 활용함으로써, 수용자의 의사 선택 과정에서 심리학적 특성의 역할을 설명하려 했다. 또한 자극에 대한 행동적 반응의 전 단계로서 특정한 심리학적 과정들을 작동시킬 가능성을 증가시키거나 감소시키는 요인들을 탐색하기 위해 개인차 변수들의 효과 조절 역할을 규명해왔으며, 이러한 연구 패러다임은 소비자 관련 이론의 발전에 크게 기여해왔다 (Haugtvedt et al., 2008).

전술한 패턴의 이론 발전을 보여주는 대표적 연구 성과가 카치오포와 페티 (Cacioppo and Petty, 1982)가 제안한 인지 욕구(need for cognition: NFC) 개념과 측정 도구이다. 광고 홍보 연구자들이 가장 빈번히 활용하는 이론적 모형 중 하나인 인지 정교화 모형(elaboration likelihood model)은 소비자가 인지적으로 정교화된 방식과 단순화된 방식으로 메시지를 처리하는 것이 어떤 상이한 결과를 낳는지를 밝히고, 또한 그러한 두 가지 설득의 경로로 소비자를 진입하게 하는 상황적 요인들을 조명하는 연구 모형을 제안함으로써 시작되었다(Petty and Cacioppo, 1981).

이들의 핵심적 연구 문제는 정교화의 가능성을 높여주는 요인들과 그 결과들을 규명하는 것이었다. 그들은 인지적 정교화를 촉진하는 상황적 요인이 있듯이 정교화된 인지적 사고를 하려는 일관된 경향성(또는 그러한 사고를 거부하려는 경향성)이 개인 내부에 일관성 있게 내재할 가능성도 배제할 수 없다고 추론했는데(Haugtvedt et al, 2008), 이러한 인식을 기반으로 하여 인지 욕구라는 변수와 측정 도구들을 개발하게 되었다(Cacioppo and Petty, 1982). 이들 연구자는 후속 연구를 통해(Cacioppo, Petty and Morris, 1983), 메시지의 질적 수준이 가지는 설득 효과는 인지 욕구가 낮은 그룹에 비해 인지 욕구가 큰 그룹에서 더 강화되어 나타났으며 메시지 처리 시 그에 대한 인지적 정교화의 정도도 인지 욕구가 높은 그룹에서 더 크게 나타났다는 것을 보여주어, 연구 결과의 내적 타당도를 정립했다.

인지 욕구의 개념화 및 측정 도구의 개발을 통한 그들의 연구는, 이론적 근거를 기반으로 하여 수용자 특성 변수를 개념화하고 또 그러한 변수를 활용함으로써 이론의 타당도를 향상시키고 적용 범위를 확장했다는 점에서 개인차 변수 연구가 발전해온 과정과 앞으로 지향해야 할 방향을 동시에 시사하고 있다. 또한 호그트베트 외(Haugtvedt et al., 2008)가 제안하듯이 상황을 통해 조작할 수 있는 심리적 과정을 개인차 변수를 활용해서도 입증할 수 있다면 이론의 외적 타당성도 확보하는 그 이론이 설명하고자 하는 현상에 대한 이해도 증진될 수 있다.

5) 개인차 변수 활용에 대한 우려: 이론적 관점

개인에 내재된 특성에 대한 이해를 강조하는 관점과 상황적 요인들을 중시하는 관점 사이의 긴장은 사회심리학 연구에서 상존해왔다(Swann and Seyle, 2005). 또한 자극이 반응으로 연결되는 과정에 개입되는 심리적 요인들을 탐구하는 데 개인차 변수들을 필수적으로 사용하는 것 또한 아니다. 가령 소비자, 광고, 홍보 분야의 많은 연구자들은 실험 연구 설계를 활용하여 연구 주제와 관련 있는 특정한 심리상태들을 수용자들이 경험하도록 유도한 다음, 이러한 정신적 상태들이 메시지 수용, 태도 형성, 구매 의도 등 상업적 메시지에 대한 수용자 반응으로 어떻게 연결하는지를 관찰함으로써 수용자 특성의 역할을 이해하는 데 큰 기여를 해왔다.

연구자의 실험 설계에 의해 심리 변수의 특정한 수준들을 조작해내는(manipulation) 방법론은, 인과 관계를 증명할 수 있다는 장점 때문에 소비 행위와 관련된 분야들의 연구자들이 선호하기도 한다. 하지만 모든 수용자 요인들이 실험물에 의해 조작될 수 있는 것은 아니라는 점을 이해하는 것이 중요하며, 또한 심리적 요인들의 역할을 다양한 접근법, 가령 상황을 통해 변수의 다양한 상태들을 조작하여 경험하도록 유도하는 방식과 개인차 변수를 활용하여 교차적으로 검증하는 연구 행태는 해당 이론의 타당도 확보에 크게 기여할 수 있다는 점 역시 상기할 필요가 있다(Haugtvedt et al., 2008).

6) 개인차 변수 활용에 대한 우려: 방법론적 관점

소비자 의사 결정 과정에서 개인차 변수의 역할을 조명하는 연구자들은 방법론적인 관점에서 중간값 분할법(median-split approach)의 타당성에 관한 학술적 논쟁에 주의를 기울일 필요가 있다. 중간값 분할이란 등간, 비율 척도 등으로 측정된 연속형 변수를 처리할 때 분석 단위들을 중간값을 기준으로 두 집단으로 분할(split), 즉 이원화하여(dichotomization) 일종의 불연속(discrete) 변수로 다루며 분석하는 방법이다. 측정치들이 가진 정보량을 축소시키는 방법이라는 점에서는 바람직하지 않지만, 특히 실험을 통해 조작된 데이터와의 상호 작용 등을 탐색할 경우 분석의 편의성, 연구 결과의 가독성 등을 높여준다는 등의 이유로 연구자들 사이에서 종종 활용되고 있다.

앞서 말했듯이 구체적 연구 맥락에서 개인차 변수의 주된 역할 중 하나는 수용자가 외부 자극에 반응하여 겪게 되는 특정한 심리적 과정들 및 그 결과들을 촉발하는 것이다. 이는 효과의 조절자로서 개인차 변수의 역할을 규명하는 것을 뜻한다. 개인차 변수는 대부분 연속형으로 측정되고 그러한 요인들의 조절 효과를 규명하는 것이 연구의 주된 흐름이라 할 때, 중간값 분할 접근법에 관한 논란을 짚어보고 대안들을 이해하는 것은 중요한 의제라고 할 수 있다.

실험 연구의 상황에서 중간값 분할을 사용하여 분산 분석(analysis of variance: ANOVA)을 시행하는 것보다 연속형 측정치들의 정보량을 보전하면서 공분산 분석(analysis of covariance: ANCOVA), 회귀 분석(regression) 등을 통해 분석하는 것이 더 타당하다는 것은 대학원 교육 과정에서 활용하는 많은 사회과학 방법론 저서에서 제시하는 바이다. 하지만 앞으로 서술할 다양한 이유들로 중간값 분할법은 광고 홍보 분야를 비롯한 많은 사회과학연구 분야에서 꾸준히 사용되고 있다.

7) 중간값 분할의 타당성에 대한 논쟁과 대안적 방법들

중간값 분할의 타당성에 관한 학술적 논쟁은 주기적으로 반복되는 것으로 보인다. 1990년대 많은 연구자가 그러한 논쟁이 참여했고 많은 사회과학 방법론 교과서들이 그러한 논쟁을 소개하고 일정한 가이드라인을 제시하고 있다. 심지어 2008년 소비자 연구 권위지인 《소비자 연구(Journal of Consumer Research)》의 편집장 개럴드 핏시먼스(Garold Fitzsimons)가 '이원화의 죽음(death to dichotomizing)'을 선언하면서 그러한 분석법의 사용을 중지할 것을 적극 주장했지만, 학술적 논쟁은 최근까지도 계속되고 있다. 가령 가장 최근의 사례를 보면 중간값 분할의 타당성과 대안적 접근법들은 소비자 연구 부분의 또 다른 권위지인 《소비자 심리학 저널(Journal of Consumer Psychology)》 25권 4호(2015년 출간)에서 집중적으로 논의되었는데, 연속형 변수를 조절 변수로 활용하는 연구자들은 참고할 가치가 있다고 판단된다.

이 논쟁에서, 먼저 중간값 분할 방법을 비판하는 연구자들(McClelland et al., 2015; Rucker, McShane and Preacher, 2015)은 기존 연구들의 재검토와 모의 데이터 시뮬레이션을 통해 그러한 접근법의 오류들을 증명했다. 그들은 우선 측정치들의 정보량 손질과 그로 인해 발생하는 유형 2 오류(Type-II error) 가능성의 증대에 대한 우려를 표한다. 유형 2 오류란 연구 가설이 참인데 이를 기각하게 되는 오류를 의미하는데, 이는 분석의 통계적 검증력(statistical power)이 낮을 때 나타나는 현상이다. 정리하자면 중간값 분할을 사용하면 변수의 정보량이 일부 상실되어 데이터 분석 시 통계적 검증력의 하락을 초래하여, 연구 가설이 참인데 통계적으로 유의미한 결과를 찾아내지 못할 가능성이 증가한다는 뜻이다.

재미있는 것은 중간값 분할을 사용할 경우 특정한 상황들에서는 유형 1 오류(Type-I error)가 증대될 가능성, 즉 연구 가설이 거짓인데 이를 기각하지 못하는 확률이 커질 수 있음을 비판자들이 보여주었다는 것이다. 특히 독립 변수들 사이에 다중 공선성이 일정 수준으로 있을 때 이러한 문제가 나타날 가능성이 높아지는데, 일반적으로 연구자들이 유형 1 오류를 더 심각하게 받아들이는 것을 고려할 때, 이러한 지적은 개인차 변수의 조절자 역할을 탐구하려는 연구자들이 주목해야 할 사안인 것으로 보인다.

중간값 분할은 여전히 빈번히 사용되고 있으며, 이를 옹호하는 방법론 전문가들도 많이 있다(Iacobucci et al., 2015a, 2015b). 2009년 전문 연구자들을 대상으로 실시한 설문 조사(DeCoster, Iselin and Gallucci, 2009) 결과를 근거로 옹호론자들은 중간값 분할법이 여전히 연구자들에게 '매력 있는' 분석 방법임을 주장한다. 그러한 매력의 이유로 연구자들이 변량 분석 등의 친숙한 방법론으로 데이터를 비교적 쉽게 분석하고 해석할 수 있다는 점과 연구 결과들을 언어적·시각적으로 표현하기 용이하다는 점을 든다. 조절자로서의 역할을 규명한다는 것은 효과가 조건에 따라 발생하거나 발생하지 않는다는 점을 보여주는 것인데, 중간값 분할로 이원화된 데이터를 분량 분석과 그에 따르는 대조 분석 등의 방법으로 분석하는 것은 일단 편리하고 또한 직관적으로 이해하기 편해서 연구자들이 많이 활용한다는 인식이다.

또한 유형 2 오류의 증대 가능성에 대한 지적에 그들은 기본적으로 유형 2 오류는 유형 1 오류보다 학술적으로 심각한 문제는 아니며, 분석과 표현의 편리성이라는 혜택에 따르는 비용 정도로 여겨져야 한다고 주장한다. 또한 이러한 오류는 샘플의 크기를 늘리는 등의 노력으로 쉽게 극복할 수 있다고 제안한다. 일반적으로 더 심각하게 받아들여지는 유형 1 오류 증대 가능성에 대한 지적에, 그들은 다중 공선성이 미미한 경우에 그러한 오류는 증가하지 않으며, 다중 공선성이 상당히 존재하는 경우에도 유형 1 오류의 증가의 폭은 미미한 수준이라고 주장한다. 또한 일반적으로 조작 변수와 측정 변수 사이에는 다중 공선성 문제가 생길 가능성이 매우 낮으므로 다중 공선성이 높을 경우를 가정한 지적은 비현실적이라는 것이 그들의 주장이다. 그들은 중간값 분할을 사용해도 크게 문제될 것은 없으나, 대안으로 측정 변수와 조작 변수 사이의 상관관계를 보고함으로써 두 요인 사이의 독립성을 보여준 후 변량 분석(ANOVA)을 실시할 것을 연구자들에게 해결책으로 권고했다.

8) 대안의 제시: 스포트라이트 분석과 플러드라이트 분석

중간값 분할의 사용의 타당성과 사용 여부에 대한 최종 판단의 주체는 개별 연구자가 되어야 할 것이다. 다만 위에서 열거한 여러 논점들을 분석해보면 비판론자들은 연속형 변수로 다루는 방식의 우월성을 입증하고 있는 반면에 옹호론자들의 주장은 중간값 분할법이 용이한 방법이라는 점 이외에는 우월성에 대한 논거가 없고 일각에서 예상하는 폐해가 실제로는 크지 않을 것이라는 예측에 초점을 맞추고 있다. 비판론자들은 연속형 변수의 조절 역할을 규명할 때 분석과 결과 제시의 편이성을 향상시킬 수 있는 몇 가지 방법을 고안했는데 (Rucker et al., 2015; Spiller et al., 2013), 스포트라이트 분석과 플러드라이트 분석은 그러한 대안적 방법들 중 일부이다.

스포트라이트 분석은 연속형으로 변화하는 조절 변수의 특정한 값들에서 독립 변수의 효과의 크기와 통계적 유의미성을 분석하고 이를 시각적으로 표현하는 방법이다. 스포트라이트 분석은 통상적으로 조절 변수의 평균 값을 기준으로 ±1 과 2 표준 편차에 해당하는 지점들에서 독립 변수의 효과의 크기와 통계적 유의미성을 검증한다. 조절 변수의 특정한 값이 이론적 실무적으로 의미 있을 경우 그러한 값을 기준 점으로 하여 마찬가지의 분석을 할 수 있다. 스필러 외(Spiller et al., 2013)는 실험 공모자가 먹는 사탕의 양이 실험 참가자가 먹는 사탕의 양에 미치는 영향력이 실험 공모자의 체질량 지수(body mass index: BMI) 정도에 따라 달라지는 패턴을 시각화해서 보여주었는데, 과체중으로 인한 건강 문제가 시작되는 지점으로서 연구 맥락에서 실제적 의미가 있는 25를 기준으로 조절 변수를 변환해서 분석함으로써 실제적으로 의미 있는 결론을 도출하려 했다.

플러드라이트 분석은 스포트라이트 분석법의 개념적 확장판으로서, 연속형

그림 04-1 • 스필러 외(Spiller et al., 2013)에서 발췌한 플러드라이트 분석의 사례 1

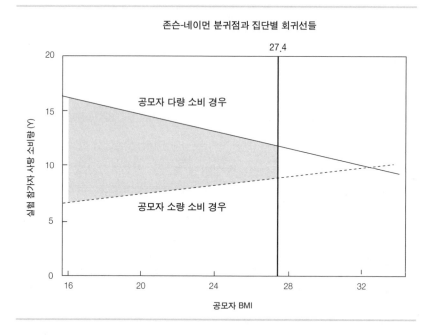

존슨-네이먼 분귀점과 집단별 회귀선들

으로 측정된 조절 변수들의 모든 값에서 독립 변수의 효과의 크기와 통계적 유의미성을 검증한 후 독립 변수가 통계적으로 유의미한 효과를 가지게 하는 조절 변수 값들을 구간으로 보여주는 것이다. 그림 04-1은 이러한 분석의 결과를 시각화한 것인데, 실험 공모자의 BMI가 27.4[이러한 지점을, 방법론을 정립한 연구자의 이름을 따 존슨 - 네이먼 지점(Johnson-Neyman point)이라 지칭함] 미만일 때 공모자가 사탕을 많이 먹는다면(공모자가 사탕을 적게 먹는 경우에 비해) 실험 참가자들이 통계적으로 유의미한 수준에서 사탕을 더 많이 소비하지만, 공모자 BMI 27.4 이상부터 두 집단의 차이가 통계적으로 유의미하지 않음을 보여준다.

그림 04-2는 집단 차이를 종축에 위치시킴으로써 전술한 결과를 다른 방식으로 시각화하고 있다. 실선은 두 집단의 사탕 소비량의 차이(효과의 크기), 점선은 95% 신뢰 수준에서 그러한 집단 차의 신뢰 구간을 보여주는데, 체질량지수 27.4 이상 지점에서 신뢰 구간의 '차이 없음'을 의미하는 0을 포함하게 되

그림 04-2 ● 스필러 외(Spiller et al., 2013)에서 발췌한 플러드라이트 분석의 사례 2

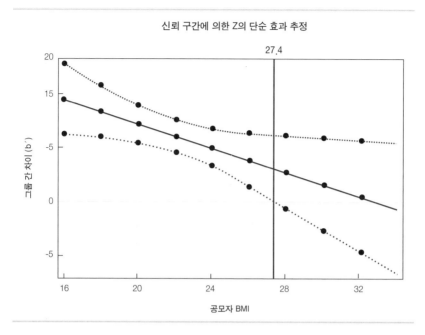

신뢰 구간에 의한 Z의 단순 효과 추정

는 결과를 시각화해서 드러내고 있다. 호예스(S. H. Hayes)는 2013년 저서 『매개, 조절, 조건부 과정 분석: 회귀 분석 기반 접근법(Introduction to mediation, moderation, and conditional process analysis: A regression-based approach)』에서 이러한 방법론의 실행 과정을 상세히 설명하고 있다(Hoyes, 2013).

4. 광고PR 분야에서의 적용과 연구: 국외 문헌을 중심으로

대표적 개인차 변수들인 인지 욕구(need for cognition)와 자기 해석(self-construal)이 대표적 광고 홍보 학술지에 게재된 연구에서 어떻게 활용되어 왔는지를 개관하는 것은 개인차 변수들의 활용이 광고 홍보 효과에서 수용자의 역할에 대한 이해의 증진에 어떻게 기여하는지를 이해하는 데 도움을 줄 것이

표 04-1 • 광고 홍보 해외 학술지에서 주요 개인차 변수의 활용 현황

분야	학술지명	변수명	
		인지 욕구 (n = 14)	자기 해석 (n = 20)
광고 (n = 34)	《광고학 저널(Journal of Advertising)》	9	8
	《광고학 국제저널International Journal of Advertising)》	3	11
	《광고학 연구저널(Journal of Advertising Research)》	2	1
홍보 (n = 0)	《홍보 연구저널(Journal of Public Relations Research)》	0	0
	《홍보 리뷰(Public Relations Review)》	0	0

라는 판단하에, 분야를 대표하는 저널인 《광고학 저널(Journal of Advertising)》, 《광고학 연구저널(Journal of Advertising Research)》, 《광고학 국제저널(International Journal of Advertising)》, 《홍보 리뷰(Public Relations Review)》, 《홍보 연구저널(Journal of Public Relations Research)》에 2005년부터 현재까지 실린 논문들을 검토했다.

인지 욕구를 활용한 논문은 14편, 자기 해석을 활용한 논문은 20편으로 검색되었으며, 표 04-1이 보여주듯이 각 변수의 활용 빈도는 학술지와 연구 분야별로 차이가 있는 것으로 드러났다. 세 변수를 활용한 논문은 전반적으로 광고 학술지에 더 빈번하게 게재되는 것으로 드러났으며, 특히 대부분의 논문들이 《광고학 저널(Journal of Advertising)》(n = 17)과 《광고학 국제저널(International Journal of Advertising)》(n = 14) 두 학술지에 집중적으로 게재되었다. 모든 개인차 변수를 다 분석한 것이 아니라 일반화하기에는 무리가 있지만 위 결과는 마케팅 커뮤니케이션 정보처리와 메시지 효과 등에 관한 이론적 기반을 강조하는 두 학술지의 지향성을 반영한 것으로 보인다.

1) 인지 욕구와 광고 홍보 연구

인지 욕구가 광고홍보 권위지에 게재된 논문들에서 활용된 방식을 보면 몇

가지 뚜렷한 경향성이 드러났다. 우선 어떤 논문에서도 인지 욕구를 종속 변수로 다루지 않았는데, 이는 개인에 내재한 속성으로서 개인 내에서 지속되는 속성을 지닌 개인차 변수의 속성을 반영한 결과로 보인다. 두 편의 논문에서 인지 욕구를 독립 변수로 다루었는데, 가령 모한티와 랫네슈워(Mohanty and Ratneshwar, 2015)는 인지 욕구가 시각적 상징물의 주관적 해석의 정도에 영향을 미치는 요인임을 보여주었고, 이러한 효과가 부조화적인 상징물이 사용된 광고에서 더 두드러지게 나타났다.

검색된 총 14편의 논문 중 압도적 다수인 12편은 인지 욕구가 특정한 종류의 광고 효과를 조절하는 역할을 분석했다. 가령 성적 소구의 광고 효과를 분석한 퍼트레부(Putrevu, 2008)의 연구에서 인지 욕구가 낮은 집단에서는 성적 소구에 대한 반응이 비(非)성적 소구의 경우보다 더 호의적이었으며, 인지 욕구가 높은 집단에서는 비성적 소구가 더 효과적이었다. 윤혜진과 메이어(Yoon and Mayer, 2015)는 위협 정보와 유머 소구가 결합된 광고 메시지의 효과를 인지 욕구가 조절한다는 사실을 밝혀냈다. 구체적으로는 인지 욕구가 낮은 그룹에서는 위협의 수준이 낮을 경우 유머가 사용되지 않은 메시지에 대한 반응이 유머가 사용된 메시지보다 더 효과적이었고, 위협 수준이 높을 경우 유머 소구가 사용된 메시지에 대한 반응이 유머 없는 메시지보다 더 나았다. 인지 욕구가 높은 그룹에서는 이와 반대되는 경향들이 나타났다. 정리하자면 이러한 연구들은 인지 욕구는 연구자들에 의해 주로 특정한 형태의 광고 전략에 대한 수용자의 반응을 촉진시키거나 감퇴시키는 등의 조절 작용을 하는 요인으로 취급되었음이 확인되었다. 인지 욕구를 종속 변수와 직접적으로 연관된 독립 변수로 간주하는 일부 연구들이 있지만, 이러한 경향성은 앞으로도 지속될 것으로 전망된다.

2) 자기 해석과 광고 홍보 연구

자기 해석 변수를 활용한 연구를 개관한 결과, 인지 욕구의 경우와 비슷한 패턴이 발견되었다. 첫째, 독립 변수로 활용된 3편의 논문에 비해 종속 변수로 사용된 논문의 수가 16편으로 훨씬 많았다. 다만 자기 해석 변수의 경우 종속 변으로 활용된 논문이 1편 있었는데(Zhang, 2009), 집단주의의 문화적 정서를 반영하는 광고 메시지는 상호 의존적인 자기 해석을 촉발시켰으며, 개인주의 적 광고 메시지는 독립적 자기 해석을 불러일으키는 경향이 있었다. 또한 이러 한 효과는 수용자의 문화적 지향성에 따라 달라졌다.

위 연구는 자기 해석이 인지 욕구에 비해 상대적으로 단기간의 자극에 의해 비교적 쉽게 영향받는 개념임을 보여준다. 실제 자기 해석을 조절 변수로 사용 한 연구들에서도 일부는 측정 변수로, 일부는 조작 변수로 자기 해석을 활용했 다. 예를 들어 카레클라스, 칼슨과 밀링(Kareklas, Carlson and Muehling, 2012)의 친환경 광고 메시지의 효과에 관한 연구에서 위험 방지를 강조하는 광고 소구 는 독립적 자기 해석이 점화된 수용자들 사이에서 더 효과적이었고, 혜택을 강 조하는 소구는 상호 의존적 자기 해석이 점화된 수용자들에게서 더 효과적이 었다. 특정한 내용과 형식의 대본에 대한 노출을 통해 특정 자기 해석을 점화 시켜 광고 효과 조절자로서의 역할을 검증하는 방식은 측정 변수로서의 자기 해석과 함께 사용되면서 관련 이론의 발전에 기여하고 있다.

5. 선행 연구의 한계와 향후 연구 제언

개인차 연구의 활용은 광고 홍보 효과의 결정 요인으로서 수용자의 역할을 설명하는 데 매우 유용한 접근법임에도 몇 가지 해결해야 할 의제들이 있다. 첫째, 일부 개인차 변수들의 경우 측정과 조작 두 가지 방식의 연구가 다 가능 하다는 점을 고려할 때, 연구 진행 시 두 방식의 적절성을 판단할 때 어떠한 사 항들을 고려해야 하는지에 대한 학계의 논의가 필요해 보인다. 메타 분석 등을 통하여 두 연구 방식의 채택이 연구 결과와 어떻게 연결되는지 검증해보는 것 도 해볼 수 있는 시도로 보인다.

둘째, 어떤 상황에서 개인차 변수의 활용을 고려해야 하는지에 관한 학계의 논의도 필요해 보인다. 기존 이론에 근거하여 개인차 변수의 활용을 결정할 수도 있겠지만, 휫셋과 쇼더(Whitsett and Shoda, 2014)가 제안한 '개인 내 고도 반복 측정 방법(highly repeated within-person design: HRWP)'은 그러한 이론적 근거가 부재할 때에도 효과의 이질성에 대한 데이터에 근거하여, 효과의 방향과 크기가 아직은 알려지지 않은 개인 간의 차이에 의해 중재될 가능성을 확인할 수 있음을 보여줬다. 이러한 연구 접근법은 아직 광고 홍보 연구 분야에서 활용되지 않고 있는 것으로 보인다.

마지막으로, 중간값 분할법의 사용을 지양해야 한다는 점점 많은 연구자들 사이에서 공유되고 있지만, 그러한 방법론에 대한 논쟁은 여전히 지속되고 있어 연구자들이 이에 대해 혼란을 겪는 것으로 보인다. 개인차 변수를 중재 변수로 활용할 경우 스포트라이트, 플러드라이트 등 유형 1, 2 오류 가능성을 최소화하는 것이 최선의 선택인 것으로 보이며, 중간값 분할법을 활용할 경우 다중 공선성 등의 문제를 점검한 후 활용하는 것이 권고되는 바이다. 분석 방법을 결정해야 할 상황에 놓였을 때 광고홍보 연구자들이 어떠한 판단을 내리는지 체계적으로 분석해볼 가치가 있다고 판단된다.

참고문헌

Bearden, W. O, Netemeyer, R. G. and Haws, K. L. 2011. *Handbook of marketing scales: Multi-item measures for marketing and consumer behavior research*. Los Angeles: Sage.

Baumgartner, H. 2002. "Toward a personalogy of the consumer." *Journal of Consumer Research*, 29, 286~292.

Cacioppo, J. T. and Petty, R. E. 1982. "The need for cognition." *Journal of Personality and Social Psychology*, 42, 116~131.

Cacioppo, J. T, Petty, R. E. and Morris, K. 1983. "Effects of need for cognition on message elaboration, recall, and persuasion." *Journal of Personality and Social Psychology*, 51, 1032~1043.

DeCoster, J, Iselin, A. R. and Gallucci, M. 2009. "A conceptual and empirical examination of justifications for dichotomization." *Psychological Methods*, 14(40, 349-366.

Fitzsimons, G. I. 2008. "Editorial: Death to dichotomizing." *Journal of Consumer Research*, 35(1), 5~8.

Haggbloom, S. J, Warnick, J. E, Jones, V. K, Yarbrough, G. L, Russell, T. M, Borecky, C. M, McGahhey, R. et al. 2002. "The 100 most eminent psychologists of the 20th century." *Review of General Psychology*, 6(2), 139~152.

Haugtvedt, C. P, Liu, K. and Min, K. S. 2008. "Individual differences: Tools for theory testing and understanding in consumer psychology research." In C. P. Haugtvedt, P. M. Herr, and F. R. Kardes (eds.). *Handbook of Consumer Psychology*. NY: Psychology Press.

Hayes, S. M. 2013. *Introduction to mediation, moderation, and conditional process analysis: A regression-based approach.* New York: The Guilford Press

Hoyer, W. D, MacInnis, D. J. and Pieters, R. 2013. *Consumer Behavior:* Mason, OH: South-Western, Cengage Learning.

Iacobucci, D. Posavac, S. S, Kardes, F. R, Schneider, M. J. and Popovich, D. L. 2015a. "The median split: Robust, refined, and revived." *Journal of Consumer Psychology*, 15(4), 690~704.

_____. 2015b. "Toward a more nuanced understanding of the statistical properties of a media split." *Journal of Consumer Psychology*, 15(4), 690~704.

Kareklas, I, Carlson, J. R, Muehling, D. D. 2012. "The rold of regulatory focus and self-view in 'green' advertising message framing." *Journal of Advertising*, 41(4), 25~39.

Kassarjian, H. H. 1971. "Personality and consumer behavior: A review." *Journal of Marketing Research*, 8, 409~418.

Kassarjian, H. H. and Sheffet, M. J. 1981. "Personality and consumer behavior: An update." In H. Kassarjian and T. Robertson (eds.). *Perspectives in consumer behavior* (pp. 160-180). Glenview, IL: Scott, Foresman.

Ko, H, Cho, C. H. and Roberts, M. S. 2005. "Internet uses and gratifications: A structural equation model of interactive advertising." *Journal of Advertising*, 34(2), 57~70.

Kwak, H.K., Andras, T.L, and Zinkhan, G.M. 2009. "Advertising to "active" viewers: Consumer attitudes in the US and South Korea." *International Journal of Advertising*, 28(1), 49~5

MacInnis, D. J. and Jaworski, B. J. 1989. "Information processing from advertisements: Toward an integrative framework." *Journal of Marketing*, 53(4), 1~23.

McClelland, G. H, Lynch, J. G, Irwin, J. R, Spiller, S. A. and Fitzsimons, G. J. 2015. "Median splits, Type II errors, and false-positive psychology: Don't fight the power." *Journal of Consumer Psychology*, 25(4), 679~689.

Mohanty, P. and Ratneshwar, S. 2015. "Did You Get It? Factors Influencing Subjective

Comprehension of Visual Metaphors in Advertising." *Journal of Advertising*, 44(3), 232~242.

Muntinga, D. G, Moorman, M. and Smit, E. G. 2011. "Introducing COBRAs: Exploring motivations for brand-related social media use." *International Journal of Advertising*, 30(1), 13~46.

Petty, R. E. and Cacioppo, J. T. 1981. "Attitudes and persuasion: Classic and contemporary approaches." *Dubuque*, IA: W. C. Brown.

Putrevu, S. 2008. "Consumer responses toward sexual and nonsexual appeals: The influence of involvement, need for cognition(NFC), and gender." *Journal of Advertising*, 37(2), 57~69.

Rogers, E. 1994. *A History of communication study: A biological approach*. NY: The Free Press.

Rucker, D. D, McShane, B. B. and Preacher, K. J. 2015. "A researcher's guide to regression, discretization, and median splits of continuous variables." *Journal of Consumer Psychology*, 25(4), 666~678.

Severin, W. and Tankard, J. 1997. *Communication theories: Origins, methods, and uses in the mass media*. New York: Longman.

Shoemaker, P. J, Tankard Jr., J. W. and Lasorsa, D. L. 2003. *How to build social scientific theories*. Thousand Oaks: Sage Publications.

Spiller, S. A, Fitzsimons, G. J, Lynch Jr., J. G. and McClelland, G. H. 2013. "Spotlights, Floodlights, and the Magic number zero: Simple effects tests in moderated regression." *Journal of Marketing Research*, 50, 277~288.

Swann, W. B. and Seyle, C. 2005. "Personality psychology's comeback and its emerging symbiosis with social psychology." *Personality and social psychology bulletin*, 31, 155~165.

Whisett, D. D. and Shoda, Y. 2014. "An approach to test for individual differences in the effects of situations without using moderating variables." *Journal of Experimental Social Psychology*, 50, 94~104.

Woo, C. W, An, S. K, Cho, S. H. 2008. "Sports PR in message boards on Major League Baseball websites." *Public Relations Review*, 34(2), 169~175.

Yoon, H. J. and Mayer, J. M. 2015. "Do humor and threat work well togother? The moderating effect of need for cognition in humorous threat persuasion advertisements." *International Journal of Advertising*, 33(4), 725~740

Zhang, J. 2009. "The effect of Advertising appeals in activating self-construals: A case of bicultural Chinese Generation X consumers." *Journal of Advertising*, 38(1), 63~81.

효과(Effects)

인지적 정보처리 과정과 설득 효과이론

전종우

1. 들어가며

커뮤니케이션 과정에서 사람들을 설득한다는 것은 쉬운 일이 아니다. 특별한 경우를 제외하고는 누구라도 상대방의 설득 노력에 대해 방어적인 자세를 취하기 때문이다. 최근 주목을 받고 있는 설득 지식(persuasion knowledge)이라는 개념도 소비자에 대한 설득을 이해하기 위해 제시된 개념이다. 미디어가 다양해지고 소비자가 접촉할 수 있는 정보의 유통 경로가 많아지면서 현재의 마케팅 커뮤니케이션 환경에서는 과거와 같이 일방적인 메시지는 크게 효과를 발휘하지 못한다. 소비자들이 자발적으로 이용할 수 있는 정보가 가장 설득적이며 이러한 메시지를 생산하기 위해서는 소비자의 정보처리에 대한 이해가 필수적이다. 소비자들은 특정한 정보에 대해 많은 인지적인 노력을 들이기도 하고 간단한 단서를 통해 의사결정을 하기도 한다. 따라서 자기방어적인 소비자를 설득하기 위해서는 논리적인 이해를 구하거나 소비자들에게 감성적인 만족을 제공해야 한다. 이는 설득에 이성적인 차원과 감성적인 차원이 깊게 관여한다는 의미이다.

그러면 설득이 되었다는 것을 어떻게 알 수 있을까? 이 장에서는 소비자의 태도에 주목하여 이야기를 전개해나가고자 한다. 먼저, 심리학에서 다루는 태도에 대한 정의와 태도를 구성하는 요소에 대한 이해를 한 후 광고와 PR, 마케팅 커뮤니케이션 차원에서 태도의 확장과 활용에 대해 논의를 진행하고자 한다. 태도라는 것은 특정한 메시지나 설득적인 노력에 의해 형성될 수 있고 기존의 태도가 변화할 수 있다. 이러한 두 가지를 바탕으로 하여 태도의 역동성에 대해 논의를 시작한다.

2. 개념의 정의와 구성요소

1) 태도(attitudes)

태도는 다양한 정의가 가능하다. 태도는 수용자들이 대상을 평가할 때 고려할 수 있는 개념으로 전통적으로 "일정한 호의와 비호의를 가지고 특정 대상을 평가하면서 표현되는 심리적인 경향"이라 정의된다(Eagly and Chaiken, 1993: 1). 파치오(Fazzio, 1989)는 특정한 대상물과 평가 사이의 연상이라 하였다. 피슈바인과 아젠(Fishbein and Ajzen, 1975)은 특정 속성을 해당 대상과 연관시키는 것으로 각 속성은 평가와 연결될 수 있다고 하였다. 같은 맥락에서 재너와 렘펠(Zanna and Rempel, 1988)은 특정 정서적 반응을 대상과 연관시킬 수 있고, 이러한 정서적 상태는 대상에 대한 평가에 영향을 미칠 수 있다고 하였다.

태도의 구조는 대상에 대한 평가와 평가 과정에 관여하는 지식 구조로 설명할 수 있다. 태도의 구조라는 말은 지식 구조의 내용과 그 숫자, 태도에 연결된 강도와 이와 관련된 지식 구조, 또한 태도와 관련 지식 구조 사이의 연결 패턴을 의미한다. 구조에서도 태도 내의 구조(intra-attitudinal structure)가 있고 태도 간의 구조(inter-attitudinal structure)도 존재한다. 태도 내 구조는 어떠한 태도를 구성하는 요소들이 서로 연관되는 방식이고 태도 간의 구조는 함께 묶일 수 있는 유사한 태도들의 군집이라고 할 수 있다.

전통적으로 태도를 개념적으로 정리할 때 태도는 필요로 할 때 기억 속에서 인출하는 것으로 보았지만 일부 연구자들은 태도에 대한 판단이 필요할 때 생성되는 일시적인 구성으로 보기도 하였다. 이는 사람들이 모든 대상에 대해 사전에 전체적인 차원에서 일반적인 평가를 지니고 있는 것은 아니라는 것이다.

(1) 태도의 접근성(accessibility)

태도 접근성은 대상과 평가 사이의 연결 강도를 의미하는 것으로, 접근성이 높은 태도는 대상을 마주칠 때 대상에 대한 평가가 기억에서 자동으로 활성화된다. 또한 태도의 접근성은 연결주의 모형(connectionist model) 내에서 연결 강도의 가중치로 개념화할 수 있다. 이 모형에서 태도 접근성은 특정 자극이 얼마나 특정한 태도 유형을 활성화하고 정확하게 생성할 수 있는지에 대한 것이다. 일반적으로 태도의 접근성은 특정한 형용사를 참가자들이 평가하는 것으로 측정한다. 응답 대기 시간이 짧으면 태도의 접근성이 높은 것이고 반응 시간이 느리면 태도에 대한 접근성이 낮은 것이다. 태도가 활성화되는 빈도도 태도의 접근성에 영향을 미치게 되며, 자주 활성화되면 해당 표현이 대상과 평가 사이의 연관성을 강화시켜 개인의 기억에서 평가를 쉽게 인출할 수 있게 한다.

(2) 이성, 감성, 행동

태도의 삼자이론(the tripartite theory)은 태도가 이성, 감성, 행동의 세 가지 구성요소를 가지고 있다는 것으로, 이는 오랜 역사를 지닌 접근방법이다(Katz and Stotland, 1959). 전통적으로 이성(cognition)은 태도 대상에 대해 보유하고 있는 신념을 나타내기 위해 사용되었고, 감성(affect)은 태도 대상에 대한 긍정적이고 부정적인 감정을 묘사하는 데 사용되었다. 행동(behavior)은 태도 객체에 대한 명백한 동작과 응답을 설명하기 위해 사용되었다. 이후 태도의 삼자이론 연구자들은 이러한 세 가지 구성 요소를 구분할 수 있다고 주장하였다(Breckler, 1984). 그 후 삼자이론가들은 좀 더 수정을 가하여 감성이 단순한 인정(approval)이나 긍정(good)과 부정(bad)의 속성 평가가 아니라 특별하거나 뚜렷한 감정상태로 정의할 수 있다고 하였다. 또한 최근의 연구는 태도를 감성, 이성, 행동과 구별되는 개념으로 보기도 한다.

결론적으로 학자들은 태도를 감성, 이성, 행동으로 구분할 수 있다고 생각하였으며 감성과 인지를 기반으로 한 태도 연구가 많이 이루어졌고, 행동 기반의 연구는 많이 이루어지지 않았다. 하지만 자기지각이론(self perception theory)에서 주장하는 바와 같이 과거의 행동으로부터 태도를 추론할 수 있다고 주장하였다. 물론 행동이 태도에 영향을 미치는 과정에서 신념이나 감정적인 반응이 관여하여 매개할 수도 있을 것이다. 하지만 다른 요인이 개입하지 않고 순수하게 행동과 태도의 관계를 설명하기 위해 신념이나 감정을 통제한 연구는 이루어지지 않고 있다. 이는 그만큼 태도의 구성 요인들을 분리하여 이해하는 것이 쉽지 않다는 의미이기도 하다.

(3) 태도의 기능

연구자들은 사람들이 태도를 형성하고 유지하려는 동기에 대해 고민을 해왔다. 카츠(Katz, 1960)는 태도가 지식 기능(the knowledge function), 실용주의/도구적(the utilitarian/instrumental function) 기능, 자기방어 기능(the ego-defensive function), 가치표현 기능(the value-expressive function) 등 네 가지 기능을 한다고 주장하였다. 태도의 지식 기능은 태도가 기존 정보와 새로운 정보를 통합할 수 있는 스키마를 제공함으로써 정보처리의 관리를 돕고 쉽게 단순화한다고 가정한다. 실용주의/도구적 기능은 태도가 개인이 원하는 목표를 달성하고 부정적인 결과를 피하도록 돕는다. 정신분석학에서 파생된 자기 방어 기능은 자기 존중(self-esteem)의 유지 혹은 보수와 관련이 있다. 가치표현 기능은 개인이 자신의 가치와 자기 개념에 관한 정보를 전달하기 위해 태도를 이용한다고 규정한다. 스미스와 동료들(Smith et al., 1956)은 태도가 좋아하는 다른 사람들과의 관계를 유지하는 데 용이하다는 사회조정기능(the social-adjustive function)을 제안하기도 하였다.

(4) 작업 기억(working knowledge)

태도와 관련된 중요한 개념 중 하나가 작업 기억이다. 작업 기억은 대상을 만나게 되면 자연스럽게 떠오르는 태도와 관련된 생각이나 경험, 그리고 그 숫자로 정의된다(Wood, Rhodes and Biek, 1995). 태도 대상과 강하게 연관되어 있는 생각과 경험을 바탕으로 기억 속에서 이용 가능한 모든 지식의 하위 집합으로 볼 수 있다. 작업 기억은 태도와 관련된 지식 구조의 숫자와 태도 구조 간의 연결 강도와 같은 태도 구조의 주요한 측면과 직접 관련된다. 태도 대상에 대한 빈번한 노출과 태도 대상에 대한 높은 수준의 인지도는 태도 대상을 만날 때 많은 생각이나 경험을 불러올 가능성을 높이는 변수 중 하나이다.

(5) 복잡성(complexity)

지식의 복잡성은 태도에 관련된 정보가 서로 다른 기본적인 차원을 나타내는 정도를 말한다. 이는 태도가 여러 범주에 속할 수 있다는 것을 의미한다. 예를 들어 서로 다른 사람이 동일한 대상에 대해 긍정적이고 유사한 양의 지식을 말할 수 있더라도 태도의 복잡성에는 차이가 날 수 있다. 하나의 차원이나 낮은 수준의 차별화된 지식을 가진 사람보다는 여러 가지 차원 혹은 높은 수준의 차별화된 지식을 가진 사람이 태도에 대하여 더 높은 복잡성을 가졌다고 할 수 있다.

(6) 양면성(ambivalence)

태도의 양면성은 태도가 긍정적인 것과 부정적인 것을 모두 포함한다는 의미로, 태도와 관련한 긴장감이 있는 경우에 나타난다. 양면성은 태도 대상에 대한 직접적인 측정을 통해 알 수 있는 경험적 양면성과 수학적 모형을 사용하여 평가하는 잠재적 양면성으로 구분된다. 양면성은 한 개인의 태도가 좋아하는 다른 사람들의 태도와 모순되는 경우도 발생한다(Priester and Petty, 2001). 또한 차원 내 양면성(within-dimension ambivalence)과 차원 간 양면성(between-dimension ambivalence)으로도 구분할 수 있다. 차원 내 양면성은 동일 차원 내에서 하나의 평가가 신념적으로든 감성적으로든 충돌할 경우 발생한다. 차원 간 양면성은 감성과 이성이 불일치하거나 평가와 감성이 불일치할 때, 평가와 이성이 불일치할 때와 같은 경우에 발생한다.

(7) 이중 태도 구조(dual attitude structure)

태도 간 구조(inter-attitudinal structure)는 서로 다른 대상에 대한 태도의 관계를 나타내지만 이중 태도 구조는 동일한 대상에 대해 두 가지 이상의 태도를 유지하는 것이 가능하다는 것이다. 태도가 바뀌더라도 이전의 태도가 반드시 폐기되는 것이 아니라 새로운 태도와 함께 오래 지속될 수 있다. 하나의 태도는 의식적인 상태에서 명시적으로 표현되지만 또 하나의 태도는 인식 밖에 존재하여 개인은 이중적인 태도를 유지할 수 있다. PAST(past attitudes still there) 모형은 태도 변화가 발생한 이후에도 더 오래된 태도가 여전히 존재한다고 보는 것이다. 이 모형은 개인이 자신의 태도를 바꾸는 경우 원래 태도를 거짓으로 표현하거나 자신감이 낮은 것에 관련된다고 본다. 새로운 태도나 과거 태도는 여전히 기억에 남아 있어 둘 중 하나 혹은 둘 다를 활성화할 수 있다. 이중 태도 구조는 겉보기에 양면성의 태도 내 구조와 비슷하게 보이지만, 양면성이 긴장감을 통해 형성되는 반면 이중 태도 모형에서는 암시적 태도를 인지하지 못하고 명시적인 태도만을 인정하여 해결이 필요한 심리적인 긴장감이 존재하지 않는다.

(8) 태도 변화

전통적으로 태도 변화에 대한 연구는 설득이 태도에 미치는 영향에 대한 것이다. 여기서 중요한 것은 전문성(expertise)과 신뢰성(trustworthiness)이다. 이 두 가지 변수는 서로 상호 작용하며 설득효과를 발휘한다. 구체적으로 전문가가 신뢰할 수 있다고 생각하면 이는 설득효과를 나타낸다. 전문성과 신뢰 이외에 커뮤니케이터에 의해 유발된 동정심(sympathy)과 호감도(likability) 역시 설득에 영향을 미친다.

설득의도가 알려지게 되면 수용자의 저항을 불러오게 되며 설득 효과는 떨어진다. 이는 설득 지식 모형(persuasion knowledge model)으로 설명이 가능하다. 설득 지식은 설득상황에서 능동적이고 주체적인 소비자의 역할에 중심을 두고 설득 과정을 설명하는 개념이다(Friestad and Wright, 1994). 기존의 설득과정과는 달리 설득의 개념을 확장하여 소비자의 행동을 보다 자세하게 이해하고자 설득 지식이라는 개념이 제안되었다(김정현, 2006). 기본적으로 사람들이 설득 메시지에 노출되었을 경우 해당 메시지가 설득의 목적을 지니고 자신에게 접근한다고 생각하면 설득 지식이 활성화되면서 부정적인 반응을 보이게 되고 설득의 효과가 떨어진다는 것이다.

설득 지식을 설명하기 위한 학문적인 개념으로는 대표적으로 에이전트 (agent), 설득 시도(persuasion attempt), 설득 에피소드(persuasion episode), 설득 대처행동(persuasion coping behavior) 등이 포함된다(Friestad and Wright, 1994). 타깃은 설득을 위한 대상자를 의미하고, 에이전트는 설득을 실행하고자 하는 주체가 되는 사람들을 말한다. 설득 시도는 에이전트가 타깃을 설득하기 위한 노력을 말하는 것이고 이러한 설득 시도를 개념적으로 에피소드라고 말한다. 마지막으로 설득 대처행동은 설득 에피소드에 대해 타깃이 대응하는 것을 말한다. 또한 설득 지식의 세부적인 차원에서 주제 지식과 에이전트 지식에 대한 이해도 필요하다. 주제 지식은 설득 메시지에 담겨 있는 내용에 대한 지식을 말한다. 주제 지식이 증가하면 개인의 이성적인 노력이 활성화되어 설득메시지의 효과가 떨어지게 된다(김윤애·박현순, 2008). 반면 에이전트 지식은 설득을 시도하는 주체인 에이전트에 대한 지식이며 에이전트에 대한 지식이 많아지게 되면 또한 설득메시지가 효과를 발휘하기 힘들어진다(김정현, 2006). 이러한 모든 개념들이 소비자가 설득 메시지에 대처하는 과정에서 하는 역할들이 설득 지식의 과정을 설명한다. 소비자가 에이전트가 하는 행동을 설득작업이라고 생각하지 않으면 그에 대한 대처행동을 일으키지는 않지만 설득작업으로 생각하면 설득에 대한 대처행동에 나선다는 것이다(김정현, 2006).

2) 신념(beliefs)

(1) 신념의 정의

신념은 특정 대상에 대해 가지고 있는 지식이 옳은 것인지 혹은 사건이나 상태가 일어날 확률에 대한 평가로 정의된다(Eagly and Chaiken, 1993). 미래에 대한 신념은 기대(expectation)라는 표현으로 이해할 수 있다. 또한 어떤 대상 자체의 존재를 믿는 것(believe in)과 대상에 대한 것(believe about)을 믿는 것은 차이가 난다. 따라서 신을 믿거나 언론의 자유를 신봉할 수 있다. 역시나, 신은 전능하지 않다고 믿거나 언론의 자유는 헌법에 의해 보장된다고 믿을 수 있다. 하지만 신을 믿는 것은 신의 존재를 믿는 것이고, 언론의 자유를 믿는 것은 언론의 자유가 바람직하다고 믿는 것이다. 결국 이러한 신념은 주관적인 것이고 진위에 대한 판단일 수 있다(Wyer and Albarracin, 2005).

신념은 지식에 대한 것이다. 신념은 지각(perception)이나 추론(inference), 판단(judgement)과 다르다. 지각은 개념적인 차원에서 자극 정보를 이해하는 것이고 추론은 정보나 지식의 의미를 유추하는 것을 말한다. 판단은 대상에 대한 공개적이거나 암묵적인 표현을 말한다. 신념은 태도나 의견과도 차이가 난다.

(2) 신념의 역할

신념은 태도에 중요한 영향을 미치게 된다. 개인들은 대상의 속성에 대해 평가하면서 태도를 형성하게 된다. 기본적인 속성 정보를 모두 취합하여 태도라는 평가에 이르게 된다는 것이다. 또한 일관된 동기에 의해 태도가 형성되고 변화된다는 의견도 존재한다. 신념과 태도는 일치하는 것이 일반적이지만, 저관여 상태일 경우 신념과 태도가 일치하지 않는 경우도 있다. 신념이 태도에 미치는 영향에 대해서는 다양한 효과 모형이 개발되어 있다.

㉠ 기대가치 모형(expectancy-value models of attitudes) │ 인지적 학습이론에서는 여러 가지 대안 중에 가중치를 부여하여 판단을 하는 경우가 많다. 이는

피슈바인(Fishbein)의 기대 가치 모형에서 확인할 수 있다. 대상에 대한 평가를 하는 데에서 여러 속성들에 대한 신념이 중요한 역할을 한다. 결국 개별 속성의 신념과 평가를 통해 최종 태도가 형성된다는 것이다.

ⓒ **인지균형이론(cognitive balance theory)** | 사람들은 같은 그룹 내에서 타인과 유사한 관심사나 가치, 태도 등을 가지고 있으면 잘 어울려 살 수 있다. 하지만 가치나 태도를 달리하면 갈등을 느끼게 된다. 인지균형이론은 이러한 갈등에 대한 이해를 제공하는 것이다. 예를 들어 A가 B와 친구 사이이고 C라는 제품을 구매하였을 경우 A는 B에게 C에 대한 긍정적인 평가를 원하게 된다. C가 A의 바람대로 구매한 제품에 대해 긍정적인 평가를 하면 두 사람과 제품, 3자 사이에 갈등은 발생하지 않는다. 하지만 B가 제품 C에 대해 부정적인 반응을 하게 되면 A는 갈등 상황에 놓이게 된다. 이 경우 A는 갈등을 해결하고 인지적인 균형을 회복하기 위해 제품 C를 반품할 수 있다. 다른 경우 B와의 관계를 단절하는 극단적인 방법을 통해서도 인지적인 균형을 회복할 수 있다.

ⓒ **정교화 가능성 모형(elaboration likelihood model: ELM)** | 정교화는 사람들이 설득과정에서 제시된 정보에 주의를 기울이는 정도를 의미하며 정교화 과정에는 상당한 인지적 노력이 요구된다. 정교화 과정이 높은 상태에서 형성된 태도는 지속성이 높고 낮은 정교화 과정에서 형성된 태도는 일시적이며 변화하기 쉽다. 정교화 가능성 모형에서는 중심경로(central route)와 주변경로(peripheral route)라는 개념을 제시하는데, 어떠한 경로를 통해 정보가 처리되느냐에 따라 태도의 변화 과정에 차이를 보이게 된다. 중심 경로를 통해 정보가 처리되면 새로운 정보를 세심하게 검토하고 장점과 단점, 내포된 의미 등을 이성적으로 생각하게 된다. 이후 그것이 타당하다고 판단되면 대상에 대한 호의적인 태도가 형성된다. 반면, 주변경로는 제시된 메시지에 능동적이거나 특별한 사고과정 없이 재빨리 수용하거나 거절하는 단순한 방법을 제공한다. 주변경로를 통해 정보가 처리되면 인지적인 노력 없이 빠른 결정에 도달하게 해주는

다양한 주변 단서에 의존하게 된다. 주위 사람들의 의견과 같은 인기정보 (popularity information)를 따라 행동하는 것이 대표적이다.

정교화 가능성이 낮은 경우 접근 가능성이 중요한 역할을 하게 된다. 개인의 메시지 전 태도(pre-message attitude)가 주변 단서의 역할을 하게 되는데, 접근 가능성이 이를 조절하게 된다는 의미이다. 또한 태도가 높은 수준의 지식과 관련되어 있으면 태도 변화가 쉽지 않다. 높은 수준의 정교화 상황에서는 접근 가능성이 메시지 전 태도와 일치하는 방향으로 제시된 정보를 편향시키게 된다. 이는 좋아하는 정보를 더 좋아하고 싫어하는 정보는 더 싫어한다는 의미이다. 기존의 태도는 일단 활성화되면 새로운 정보가 인식되고 평가되는 방식에 편견을 심어줄 수 있다.

ⓔ 휴리스틱 체계 모형(heuristic systematic model: HSM) | 휴리스틱 체계 모형도 정교화 가능성 모형과 유사하게 두 가지 정보처리를 설명하는 모형이다. 사람들이 설득력 있는 메시지를 접하게 될 경우 태도를 바꿀 수 있으며, 이는 체계적이거나 휴리스틱한 방식으로 처리될 수 있다. ELM과 마찬가지로 HSM에서도 시스템적인 처리와 휴리스틱한 처리가 동시에 일어날 수도 있다. 하지만 HSM에서는 약화(attenuation), 편향(bias), 첨가(additivity)를 통해 두 가지가 동시에 발생할 수 있다고 본다. 이러한 모형들은 일반적으로 개인이 특정한 대상이나 문제에 대해 사용 가능한 정보를 신중히 고려할 수 있을 때 매우 사려 깊은 태도 변화가 일어난다고 가정한다. 사려 깊지 못한 태도의 변화는 개인이 정보를 평가할 수 있는 동기나 능력이 부족한 경우 발생하며, 태도에 도달하기 위해 단순한 근거로 다양한 주변 단서에 의존한다.

ⓓ 유니 모형(unimodel) | 이중 모형에 대한 대안으로 유니 모형이 제안되었다. 유니 모형은 설득을 한 가지의 과정으로 생각하였고 태도의 형성에서 신념과 목표라는 요소의 통합을 시도하였다. 유니 모형은 주관적으로 관련이 있다고 생각하는 증거를 함수의 선행 변수로 보는 것을 말한다. 유니 모형에 의하

면 설득은 가용한 증거들로부터 결론을 끌어내는 과정으로 간주된다. 또한 가능한 정보들이 길고, 복잡하고, 명확하지 않을 경우 증거를 분석하는 데서 동기를 유발하고 많은 인지적인 노력을 요구하게 된다.

3) 감성(affect)

감성은 현대 심리학에서 자주 사용되는 개념이지만 비교적 새로운 개념이다. 1960년대에 다소 좁은 의미에서 감성이라는 개념이 등장하였지만 감성적인 차원에 대한 관심이 많아지면서 수요가 증가하였다. 초기에는 태도의 개념으로 감성이 소개되었지만 이후 인지적·행동적 관계에서 감정적 요소가 따로 구분되었다.

감성은 기본적으로 "태도적인 평가가 수반되지 않은 행동에 대한 직접적인 영향"으로 정의할 수 있다(Allen, Machleit and Klein, 1992: 500). 이러한 정의에서 볼 수 있는 것은 행동의 설명에서 태도만으로 설명이 불가능한 부분을 감성이 설명할 수 있다는 이야기이다.

(1) 의식적/무의식적 감성(affect)

감성은 의식적이고 지각된 감성과 무의식적인 감성으로 구분할 수 있다. 감성의 전형적인 상태는 느낌(feeling)으로 나타나며 이는 수용자의 지각된 경험을 의미한다. 감정(emotion)에 대한 연구자들은 감성을 의식적이고 지각적인 경험으로 정의하고 있다. 이러한 정의에 의하면 지각되지 않은 무의식적인 감성은 모순되는 것으로 보이지만 무의식적인 감성도 태도에 영향을 미치며 지속적인 연구가 필요하다는 데에는 동의를 하고 있다. 그 이유는 단순 노출(mere exposure) 모형에 기인한다. 단순 노출 패러다임에 의하면 특정한 대상에 대해 반복적으로 노출되었을 때 호의적인 평가로 연결된다고 한다. 여기서는 감성이 지각되지 않는다. 수용자의 평가에 인지적인 요인이 크게 관여하지 않기 때문이다. 하지만 단순 노출 효과 연구에서 수용자들은 자신의 감성이 발현되는 원인과 제시되는 자극을 인지한다는 사실에 주목할 필요가 있다. 따라서 단순 노출 효과는 명확한 근거 없이 분위기를 좋고 나쁘게 느끼는 것과 같이 설명이 어려운 것으로 볼 수도 있다.

감성은 경험적인 차원으로도 이해될 수 있다. 이는 감성을 이해하는 프레임으로 기능할 수 있으며 유형, 품질, 정서적 경험 등의 측면으로 분류할 수 있다. 구체적으로 강도(intensity), 지속성(duration), 빈도(frequency)가 감성을 구분하는 중요한 측면들이다.

(2) 감정(emotion)

감정적 경험을 설명하는 대표적인 이론이 제임스 랭(James-Lang) 이론이다. 이 이론은 감정 자극에 대한 신체적인 반응을 통해 감정을 이해하고자 하였다. 감정적인 자극은 신체 반응을 유발하고 이러한 신체 반응의 피드백이 감정적 경험으로 연결된다는 것이다. 이 이론은 감정 연구에서 많은 영향을 미치기는 했지만 감정적 경험의 기원에 대해서는 확실한 이론적 뒷받침을 하지는 못했다.

이러한 제임스 랭 이론의 문제점을 지적하며 몇몇 해결책이 등장하였다. 한 가지는 자율신경계보다 더 차별화된 반응 체계를 찾는 것이었다. 이에 근거하여 감정적인 경험이 안면반응이론(facial feedback theory)에 기초한다고 주장하였다. 안면반응이론은 안면 근육 활동을 조작하고 감정적인 경험에 미치는 영향을 탐구하는 다수의 연구를 이끌어냈다. 또 한 가지는 감정을 두 가지 요소로 구분하는 이론이었다. 말초 생리적 흥분은 감정의 격렬함과 관련이 있는 반면 인식은 분노와 공포 같은 다른 감정에 관여한다는 것이다. 이는 신체적 반응이 감정의 질적인 차이를 설명하자 못하는 제임스 랭 이론을 보완하는 것이다. 하지만 이 이론은 말초적인 생리적 활성화가 감정의 필수 요소라는 제임스 랭 이론의 핵심적인 가정을 계속 유지하고 있다는 비판을 받는다. 두 가지 요소 이론은 이후 인지적 감성 이론으로 연결된다. 인지적 감성 이론은 인지가 감성에 두 가지 중요한 역할을 한다고 가정한다. 첫째, 인지는 감성적 반응의 생성에 중요한 영향을 미치고 다음으로 인지는 특정한 감성들을 서로 구분하는 데 중요한 역할을 한다는 것이다.

(3) 감각적 감성(sensory affect)

감각적 감성은 이름에서 알 수 있듯이 감각 자극에 반응하여 인출되는 것이다. 감각적 감성에 대한 과학적 연구는 오랜 전통을 가지고 있다. 모든 감각 기관은 자극의 종류와 강도에 대한 정보를 제공하며 이는 종종 자극적인 경험을 동반한다. 감각적 경험의 가장 일반적인 학습 메커니즘은 단순한 연관 학습과 단순 노출을 기반으로 한다.

㉠ **선천적 감각적 감성**(innate sensory affects) | 감각 자극은 생존을 위한 중요한 정보를 제공한다. 유아는 평균적이고 전형적인 얼굴을 선호한다.

㉡ **고전적 조건**(classical conditioning) | 고전적 조건화는 원래 감정적인 특징을 가지고 있지 않은 자극에 대한 감정적인 반응을 학습하는 데 매우 중요한 메커니즘이다.

㉢ **소멸**(extinction) | 소멸은 거꾸로 된 조건화를 말한다. 소멸은 자극에 대한 감각적인 반응을 감소시키는 것이다.

㉣ **단순 노출**(mere exposure) | 단순 노출이란 중립적인 자극이 반복적으로 노출되면 자극에 대해 약간의 즐거운 반응이 생기는 것을 말한다(Zajonc, 1968). 하지만 전혀 모르는 자극에 대해서는 아무리 노출되어도 긍정적이거나 부정적인 반응을 불러오지 않는다. 더욱 부정적인 자극에 지속적으로 노출되면 즐거운 감정을 불러일으키기보다는 부정적인 감정이 증가한다. 단순 노출 효과가 강력하기는 하지만 그에 대한 이론적인 설명을 하는 것은 힘든 일이다. 결론적으로 여러 가지 연구에 의하면 단순 노출은 즐거움을 증가시키게 되며 불쾌감에 큰 영향을 미치지는 않는다.

(4) 분위기(mood)

기본적으로 분위기는 경계심, 나른함, 긴장감, 우울함과 관련한 경험이다. 이러한 경험들은 일반적으로 감정(emotion) 이론에서 잘 다루어지지 않는다. 분위기는 그 자체로 얼굴표정으로 나타나지는 않고 대상에 대한 평가로 연결되지도 않는다. 분위기의 주요한 기능은 신체 내부의 상태를 돌아보고 판단한다는 것이다. 세이어(Thayer, 1989)의 이론에 의하면 극도의 경계심에서 극도의 피곤함에 이르는 범위를 에너지가 수반된 각성이라고 한다.

분위기는 적어도 부분적으로는 내생적인 생물학적인 요인에 영향을 받지만 분위기는 또한 외생적인 요인으로부터도 영향을 받는다. 가장 대표적인 것이 음악이다. 또한 사람들은 비가 오는 날보다는 화창한 날에 더 좋은 분위기를 느낀다. 이러한 분위기는 상황에 대한 인지적인 분석에 기초하는 것이 아니며 그 이유도 확실하게 밝혀지지 않았다. 특정한 감정적인 작업을 한 후에 느껴지는 잔존 감성 경험(residual affective experiences)은 가끔 분위기를 만들기도 하지만 이러한 경험은 오래가지 못한다.

분위기는 태도의 대상에 대한 일시적인 평가에 영향을 미친다. 분위기는 해당 장소를 벗어나서까지 지속되지는 않는다. 따라서 감정이나 감각적 감성이 태도 대상과 연관된 정보를 제공해주고 지속적인 것과는 달리 분위기는 일시적인 것으로 태도에 미치는 영향이 오래 지속되지 않는다.

(5) PAD(pleasure, arousal, dominance)

PAD는 사람들의 감정에 대한 반응을 설명하는 중요한 이론으로 간주되며 즐거움, 각성, 지배의 세 가지 차원으로 이루어져 있다(Mehrabian and Russell, 1974). 사람들은 자신이 처한 환경에서 행동을 하기 전에 특정한 자극에 대해 정서적으로 반응하게 되고 이러한 정서적 경험은 사람들의 행동에 영향을 미치게 된다. 각성(arousal)이라는 개념은 국내 문헌에 사용될 때 환기로 표기되기도 한다. PAD는 인간 감성을 설명하기 위해 상당히 오래전에 개발된 개념이지만 현재에도 이러한 세 가지가 인간의 감성을 결정하는 중요한 요인이라

고 보고 있다(Osgood, Suci and Tannenbaum, 1957). PAD가 등장한 초기 이후에
도 연구자들은 이러한 세 가지 차원이 인간 감성의 모든 영역을 설명할 수 있
다고 주장한다(Russell and Mehrabian, 1977). 그때부터 소비자 심리와 소비자행
동 연구에서 PAD를 대표적으로 소비자 감성을 설명하는 이론으로 사용하고
있다.

도입 초기에 PAD는 세 가지 차원이 상호 독립적인 개념이라고 보는 것이 일
반적이었다(Mehrabian and Russell, 1974). 하지만 최근에 세 가지 차원 간의 인
과관계에 대한 연구도 이루어지고 있다(Kuppens, 2008). 구체적으로 즐거움에
영향을 미치는 각성과 지배의 역할에 대해 연구한 결과, 각성은 즐거움에 영향
을 미치는 것으로 나타났지만 지배는 영향을 미치지 못하는 것으로 나타났다
(이현화·문희강, 2012). 세 가지 차원 중 지배의 경우 즐거움과 각성과 개념적으
로 차이가 나는 경우가 많아 즐거움과 각성의 두 가지 차원만 사용하는 것이
타당하다고 주장하기도 한다(전종우, 2009). 지배라는 개념은 다른 개념과 비교
하여 적재치가 떨어지기 때문이다. 개념적으로도 즐거움과 각성이 인간의 감
성의 방향과 강도를 측정하는 두 가지 축으로 기능한다(Jun, Cho and Kwon,
2008).

3. 이론의 확장 과정과 기제

태도를 설명하고 태도에 영향을 미치는 요인은 다양하다. 지금까지 논의한
태도 개념을 바탕으로 태도 연구에 확장해 사용할 수 있는 개념 몇 가지를 소
개한다.

1) 인게이지먼트

인게이지먼트는 관여도와 유사한 개념이지만 보다 넓은 의미로 사용되고

있다. 인게이지먼트는 인지, 감성, 행동 차원을 모두 포함하는 복합적인 개념이다. 세 가지 차원 중에서 행동적인 차원이 인게이지먼트를 보다 잘 설명한다는 주장이다(Brodie ert al., 2011). 관련성이 인게이지먼트를 유발하는 데 도움이 되며 소비자 연구에서는 미디어의 관련성이 중요한 요인으로 간주된다(Ephron, 2006). 메시지와 환경적인 차원의 관련성도 인게이지먼트를 이해하는데 중요하다(Wang, 2006). 환경적인 맥락에서 인게이지먼트를 구성하는 데 브랜드 메시지의 연관성이 중요하다는 의미이다(Peer et al., 2007).

보다 실증적인 연구를 보면 TV시청 환경에서는 시청자가 프로그램에 집중하고 자신과의 관련성을 느끼고 만족하는 것을 인게이지먼트라고 한다(이종선·장준천, 2009). 광고나 프로그램의 정보를 이해하고 집중하고 몰입하는 정도를 인게이지먼트라 하기도 한다(정만수·조가연, 2012). 광고에서의 인게이지먼트는 매체효과의 하나로 집중도, 관심도, 만족도 등으로 설명할 수 있다(오세성, 2009). 구체적인 방송 광고의 경우 크리에이티브 인게이지먼트, 광고 모델 인게이지먼트, 브랜드 인게이지먼트로 구분할 수 있다(한은경·문효진, 2013). 광고물이 스토리가 있는 경우에는 크리에이티브 인게이지먼트, 미디어 인게이지먼트, 그리고 브랜드 인게이지먼트로 사용되기도 한다(최윤슬·한상필·유승엽, 2015). 여기서 크리에이티브 인게이지먼트는 설득메시지가 자신과 관련된 정도, 경험, 몰입 등에 미치는 영향으로 설명한다(김운한, 2013).

2) 이원 태도

태도에 대한 다양한 정의에서 알 수 있듯이 태도는 하나의 차원만으로 구성된 개념으로 보기에는 무리가 있는 복합적인 개념이다(Bagozzi and Burnkrant, 1979). 앞서 이중 태도에 대해서도 언급하였듯이 하나의 대상에 대해 복수의 태도가 있을 수 있고 긍정적인 태도와 부정적인 태도를 모두 가지고 있을 수도 있다. 여기에 더해 태도를 이성적인 태도와 감성적인 태도 두 가지로 설명할 수 있다(Leigh, Zinkhan and Swaminathan, 2006). 다른 구분에 의하면 태도의 하위 요인으로 감정적 태도(affective attitudes)와 평가적 태도(evaluation attitudes)를 들 수 있다(Ajzen, 2002). 감정적 태도는 대상에 대하여 인지적인 차원에서 즐거움에 대한 것이고, 평가적 태도는 대상이나 대상이 되는 행위가 이로운지 해가 되는지 판단하는 것이다. 평가적인 태도는 다른 이름으로 도구적인 태도(instrumental attitudes)로 사용되기도 한다. 태도를 두 가지로 구분하는 경우 이성적인 태도와 감성적인 태도로 구분하는 것이 일반적이며, 기능적인 태도(utilitarian attitudes)와 쾌락적인 태도(hedonic attitudes)로도 구분할 수 있다(Stafford, Stafford and Day, 2002). 기능과 쾌락으로 구분한 태도는 제품이나 욕구 등에 다양하게 적용할 수 있다. 제품의 경우도 실용성을 중심으로 한 기능적인 제품과 감각적인 즐거움을 제공하고 상징적인 만족을 추구하는 쾌락적 제품으로 구분할 수 있다. 바트라와 아톨라(Batra and Ahtola, 1991)는 기능과 쾌락의 구분을 태도에 적용하였다. 기능은 이성적인 판단에 근거한 것이고 쾌락은 감성적인 만족에 근거한 평가이다.

3) 이원 경험

소비자 행동의 한 유형인 경험의 경우도 이성적인 차원과 감성적인 차원으로 구분할 수 있다. 구체적으로 보면 경험은 지적인 경험(intellectual experiences)과 감성적 경험(affective experiences)으로 구분된다. 소비자 행동의 설명에서 이성적인 차원과 감성적인 차원을 구분하여 독립적인 영향성을 검증하는 경우가 많기 때문이다. 소비자의 정보처리 모형에서도 ELM(elaboration likelihood model)을 비롯하여 다양한 모형들이 정보처리에 요구되는 노력의 양에 따라 메시지 효과가 달라진다고 보는 것이 타당하기 때문이다. 이러한 이성과 감성의 이원적인 구분을 바탕으로 이원 경험 모형은 소비자들이 경험을 지적인(intellectual) 경험과 감성적인(affective) 경험으로 구분하여 이해하는 것이다(Dennis et al., 2014).

4. 광고PR 분야에서의 적용과 연구: 국내외 문헌을 중심으로

태도는 광고 효과를 탐구하는 연구들에서 종속 변수로 많이 사용된다. 대표적인 것이 광고 태도와 브랜드 태도이다. 마케팅 커뮤니케이션 차원에서 많이 사용되는 광고 태도는 "광고 전반에 지속적으로 호의적 혹은 또는 비호의적으로 반응하는 학습된 선유경향"이라고 정의할 수 있다(Lutz, 1985). 광고 태도와 함께 브랜드에 대한 태도, 국가에 대한 태도 등 특정한 브랜드 차원에서도 태도는 대상에 대한 평가에 유용하게 적용된다.

1) 이성의 역할

전통적으로 소비자 심리 연구에서는 이성적인 소비자를 가정한다. 모든 소비자 행동이 소비자가 이성적이지 않으면 이론에 입각한 합리적인 설명이 불가능하기 때문이다. 또한 소비자 행동의 단계에서도 이성적인 판단에 근거하여 단계가 진행되는 것이 일반적이다. 태도는 사람들의 신념에 의해 형성되는 것이 일반적이라고 보아왔기 때문이다(Fishbein and Ajzen, 1975). 따라서 이성적인 차원은 소비자의 태도와 행동의도에 중요한 영향을 미치는 변수로 기능한다.

이성적인 차원 중에서 광고와 마케팅에 자주 사용되는 변수가 신뢰도이다. 신뢰는 소비자의 이성적인 판단에서 핵심적인 개념이며 소비자의 설득에 관한 연구에서 중요한 변수이다(Choi and Rifon, 2002). 신뢰가 형성되기 위해서는 여러 요인이 복합적으로 작용하며 여기에는 인지적인 차원, 감성적인 차원, 행동적인 차원이 모두 포함된다(Johnson and Grayson, 2005). 기존 연구에서 신뢰를 구성하는 요인이 이성적(cognitive)이고 감성적(affective)인 차원으로 구분된다는 것을 밝혔다. 신뢰는 다양한 정의가 가능하겠지만 기본적으로 진실성(truthfulness)과 정확성(accuracy)이 핵심적이다(Menon et al., 2003). 좀 더 자세히 보면 신뢰는 "확신을 가지고 있는 상대방에게 의존하고자 하는 의지"로 정의된다(Moorman, Deshpande and Zaltman, 1993: 82). 신뢰는 개개인들의 결정을 평가하거나 정당화시켜주는 역할로 인해 정보를 교환하거나 지식을 통합하는 데 중요한 역할을 한다(Pigg and Crans, 2004). 신뢰는 SNS와 같은 뉴미디어 커뮤니케이션 환경에서도 타인과의 정보 교환에 영향을 미친다(Ridings, Gefen and Arinze, 2002). 콘텐츠가 많아질수록 소비할 콘텐츠를 선택하는 데에서 콘텐츠에 대한 신뢰는 중요한 요소이다.

신뢰는 소비자들의 구매 의도에 영향을 미치며 매개 변수로서도 역할을 한다(김만진, 2008). 온라인 쇼핑몰을 이용할 경우도 신뢰는 사용 의도에 영향을 미친다(Gefen, Karahanna and Straub, 2003). 모바일 커머스(m-commerce)에서도 신뢰는 고객 충성도에도 영향을 미친다(Lin and Wang, 2006). 신뢰는 모바일 커머스의 사용 의도에 직접적인 영향을 미치기도 하며 신뢰를 형성하는 데 도움이 되는 선행요인으로는 보안성, 개인의 혁신성, 도달성 등이 영향을 미치는 것으로 나타난다(소원근·김하균, 2003).

2) 감성의 역할

감성이 소비자행동 연구에서 중요한 것은 광고에 대한 태도, 광고에 등장하는 브랜드에 대한 태도, 소비와 관련된 행동에 긍정적인 영향을 미치기 때문이다(Morris et al., 2002). 소비자의 감성에 대한 연구는 인지적인 차원 연구를 보완하는 기능을 한다(Batra and Ray, 1986). 과거에는 소비자 행동 연구에서 이성적인 차원의 역할에 초점을 두고 많은 연구가 이루어졌다. 하지만 소비자들이 이성적인 판단만을 하는 것은 아니다. 일반적으로 소비자들이 이성적인 판단을 하기는 하지만 이성만 가지고는 충동구매와 같은 비이성적 소비자행동에 대한 설명이 힘든 경우가 많다. 이러한 상황에서는 소비자의 감성적인 차원에 대한 이해가 필요하다. 소비자가 구매 과정에서 다양한 인지적인 노력을 기울여 대상을 고르고 압축하는 것은 사실이지만 결정적인 구매 순간에는 감성적인 의사결정이 이루어지기 때문이다. 물론 소비자 의사결정의 마지막 단계에는 대안 간에 큰 차이가 없는 경우도 많기는 하지만 최종 선택에서 감성적인 차원의 역할에 대해서는 지속적인 연구가 필요하다.

(1) PAD의 영향

앞서 설명한 PAD에 대한 실증적인 연구를 보면 PAD의 하부 차원인 즐거움, 각성, 지배 변수는 브랜드 디자인에 대한 태도 평가를 호의적으로 만드는 것으로 나타난다(Jun, Cho and Kwon, 2008). 국내 문헌에서도 소비자의 감성 변수인 PAD의 영향성에 대해 검증한 결과 즐거움과 지배가 문화예술 웹사이트 만족에 영향을 미치는 주요한 요인으로 밝혀졌다(백헌 외, 2012). 축제 이벤트를 대상으로 PAD에 영향을 미치는 선행요인에 대한 연구에서는 관람객들의 체험 요소인 일탈체험, 심미체험, 오락체험 등이 즐거움과 각성, 지배에 미치는 선행요인으로 나타났다(이미혜, 2016).

(2) 감정 욕구(need for emotion)

감정을 구성하는 다양한 개념들과 함께 감정과 관련한 소비자들의 선유적인 경향도 존재한다. 이는 감정 욕구라는 개념으로 정리할 수 있다. 감정 욕구는 감정적인 상황에 대한 수용자의 반응을 의미하며 감정적인 상황을 회피하는 정도로 측정된다(Raman, Chattopadhyay and Hoyer, 1995). 이는 개념적인 특성을 기반으로 하여 감정 민감도로도 해석할 수 있으며 콘텐츠나 광고 수용에 긍정적인 영향을 미치는 소비자의 심리적 경향으로 정의된다. 감정 욕구에 대한 기존 연구를 보면 감정 욕구는 특정한 매체에 대한 태도에 긍정적인 영향을 미치는 것으로 보고되며, 콘텐츠에 대한 평가에도 긍정적인 영향을 미친다. 공연과 같은 현장 콘텐츠를 대상으로 관람객의 감정 욕구의 영향성을 검증한 연구에서는 현장 콘텐츠인 공연의 현장성 지각에 긍정적인 영향을 미치는 것으로 나타났다(전종우·이대현, 2013). 따라서 감정 욕구는 특정한 자극에 대한 반응이 아니라 소비자가 기존에 가지고 있는 심리적인 특성을 의미하며 광고나 메시지에 대한 평가에 긍정적인 영향을 미치는 것으로 나타난다.

5. 선행 연구의 한계와 향후 연구 제언

설득 커뮤니케이션에서 가장 중요한 종속 변수인 태도에 대해 살펴보았다. 태도는 이성, 감정, 행동 등 하부 구조로 이루어져 있고, 개별 개념들이 태도에 영향을 미치기도 하고 태도가 거꾸로 영향을 미치기도 한다(Albarracin, Johnson and Zanna, 2005). 그동안의 연구들은 소비자의 이성적인 요인을 중심으로 인지적인 정보처리 연구가 많이 이루어져 있다. 하지만 최근의 마케팅 환경에서는 감성의 역할에 더 많은 학문적인 관심을 기울이는 것이 사실이다. 따라서 소비자의 감성적인 차원의 역할에 대한 지속적인 연구가 필요하다.

소비자들이 설득 메시지에 더 높은 심리적인 장벽을 세우는 것이 일반적이다. 광고라는 표현 자체가 이미 부정적인 이미지를 내포하고 있다. 온라인상에서는 이미 광고라는 표현이 스크리닝되는 경우도 많다. 이러한 환경에서는 소비자들의 설득 지식을 활성화하지 않고 자발적인 메시지 소비를 유도하는 브랜디드 엔터테인먼트(branded entertainment)에 주목한다. 브랜디드 엔터테인먼트는 과거 PPL(product placement)과 같이 기존 콘텐츠에 상업적인 메시지를 단순히 포함시키는 것이 아니라 광고주만을 위한 개별적인 콘텐츠를 만드는 것을 의미한다. 이러한 브랜디드 엔터테인먼트의 효과는 소비자의 감성적인 차원을 먼저 활성화시켜 심리적 장벽을 누그러뜨리고 궁극적으로 인지적인 평가에 영향을 미치게 된다. 따라서 현대의 소비자 설득에는 보다 소프트한 접근이 필요하며 소비자 감성에 대한 이해가 더욱 중요한 일이 되었다.

소비자의 감성에 대한 연구에서도 새로운 학문적 개념을 찾는 것이 중요하다. 이 장에서는 PAD를 핵심적으로 다루고 있지만 소비자의 감성을 측정할 수 있는 다양한 변수 개발이 필요하다. 몇 가지 제안할 수 있는 것으로서 소비자들이 재미를 느낄 수 있는 유희성(playfulness)도 관심을 기울일 필요가 있다. 이는 사람들이 놀이를 좋아한다는 전통적인 주장을 기반으로 놀이 이론에서 파생된 개념이다. 또한 메시지의 스토리에 대한 공감(empathy)이나 대상에 몰입하여 느끼게 되는 전송(transportation) 등의 개념들도 감성적인 효과를 설명하는 변수가 될 수 있다.

또 한 가지는 이성과 감성을 두 가지 축으로 소비자의 태도와 행동을 설명하는 연구를 확장하는 것이다. 지금까지도 이성과 감성의 이원 모형에 대한 연구가 많이 이루어져 있고 이론 모형도 개발되어 있다. 이를 더욱 확장하여 심리학이나 마케팅 연구에서 주로 사용되는 개념들을 이성적인 차원과 감성적인 차원으로 나누어 이원 모형으로 설명하려는 시도도 의미가 있을 것이다, 이는 이성과 감성으로 설명할 수 있는 것이 태도뿐이 아니라는 주장이다. 예를 들어 행동의 경우도 이성과 감성으로 구분하여 세부 차원 개발이 가능할 것이다. 또한 소비자의 인식에 관여하는 모든 개념은 이성적인 차원과 감성적인 차원 두 가지로 인식될 수 있고 그러한 접근법은 보다 풍부한 설명을 제공해줄 수 있다.

참고문헌

김만진, 2008. 「모바일 서비스 품질평가 요인에 관한 연구」. 중앙대학교 대학원 석사학위 논문.

김운한. 2013. 「키워드 광고에서의 크리에이티브 인게이지먼트 요인탐색」. 《광고연구》, 97, 39~77.

김윤애·박현순. 2008. 「메시지 제시 형태(광고, 퍼블리시티, 블로그)에 따른 설득효과 차이: 설득지식모델을 적용하여」. 《한국언론학보》, 52(5), 130~159.

김정현. 2006. 「설득지식 모델의 소비자 행동 연구에의 적용을 위한 이론적 검토」. 《홍보학연구》, 10(2), 61~88.

백헌·권두순·이재범·김진화. 2012. 「감정반응(PAD 요인이 문화예술 웹사이트 서비스에의 만족과 구전을 통해 충성도에 미치는 영향」. 《Information System Review》, 14(1), 105~128.

소원근·김하균. 2003. 「모바일 특성이 m-commerce 신뢰와 사용의도에 미치는 영향에 관한 한·중 비교연구」. 《대한경영정보학회》, 33(2), 63~79.

오세성. 2009. 「프로그램 인게이지먼트에 기반한 방송광고 판매방식이 지상파 광고의 브랜드 애드파워에 미치는 영향 연구」, 『한국방송광고공사 연구보고서』.

이미혜. 2016. 「축제체험 요소(4Es)에 따른 감정반응(PAD) 연구」. 《관광경영연구》, 20(2), 115~134.

이현화·문희강. 2012. 「유통업체의 위치기반 모바일 쇼핑서비스 제공에 대한 소비자 반응: PAD 감정모델과 정보의 상황관련성을 중심으로」. 《유통연구》, 17(2), 63~92.

전종우. 2009. 「간판 광고의 인지적 요소와 감성적 요소가 거리 정체성(Street Identity)에 미치는 영향」.《OOH광고학연구》, 6(2), 5~21.

전종우·이대현. 2013.「관람객의 감성적 요인이 공연 문화콘텐츠 선호에 미치는 영향: 대학생들의 연극과 뮤지컬에 대한 인식을 중심으로」.《홍보학연구》, 17(4), 110~134.

정만수·조가연. 2012. 미디어 인게이지먼트와 제품관여도가 광고효과에 미치는 영향: 모바일 어플리케이션을 중심으로,《광고학연구》, 23(2), 201~227.

최윤슬·한상필·유승엽. 2015.「디지털 스토리텔링 광고의 인게이지먼트 속성이 온라인 구전에 미치는 영향: 공감의 매개역할을 중심으로」.《광고학연구》, 26(5), 189~212.

한은경·문효진. 2013.「광고인게이지먼트 구성요인에 대한 탐색적 연구」.《광고연구》, 99, 161~189.

Ajzen, I. 2002. "Constructing a TPB questionnaire: Conceptual and methodological considerations." http://www.unix.oit.umass.edu/tpb.measurement.pdf.

Albarracin, D, Johnson, B. T. and Zanna, M. P. 2005. *The handbook of attitudes*, Mahwah, NJ: Lawrence Erlbaum Associates.

Allen, C. T, Machleit, K. A. and Kleine, S. 1992. "A Comparison of Attitudes and Emotions as Predictors of Behavior at Diverse Levels of Behavioral Experience." *Journal of Consumer Research*, 18, 493~504.

Bagozzi, R. P. and Burnkrant, R. E. 1979. "Attitude organization and the attitude-behavior relationship." *Journal of Personality and Social Psychology*, 27, 913~929.

Batra, R. and Ahtola, O. 1991. "Measuring the hedonic and utilitarian sources of consumer attitudes." *Marketing Letters*, 2(2), 150~170.

Batra, R. and Ray, M. L. 1986. "Affective responses mediating acceptance of advertising." *Journal of Consumer Research*, 13, 234~249.

Brodie, R. J, Hollebeek, L, Juric, B. and Ilic, A. 2011. "Consumer engagement: Conceptual domain, fundamental propositions, and implications for research." *Journal of Service Research*, 14, 252~271.

Choi, S. M. and Rifon, N. J. 2002. "Antecedents and consequences of web advertising credibility: A study of consumer response to banner ads." *Journal of Interactive Advertising*, 3(1), 12~24.

Dennis, C, Brakus, J. J, Gupta, S. and Alamanos, E. 2014. "The effect of digital signage on shoppers' behavior: The role of the evoked experience." *Journal of Business Research*, 67, 2250~2257.

Eagly, A. H. and Chaiken, H. 1993. *The psychology of attitudes*, Fort Worth, TX: Harcourt.

Ephron, E. 2006. *Media planning: From recency to engagement*, India: The ICFAI University Press.

Fazzio, R. H. 1989. "On the power and functionality of attitudes: The role of attitude accessibility." In A. R. Pratkanis, S. J. Breckler, and A. G. Greenwald (eds.). *Attitude structure and function* (pp. 153-179). Hillsdale, NJ: Lawrence Erlbaum associates.

Fishbein, M. and Ajzen, I. 1975. *Belief, attitudes, intention, and behavior: An introduction to theory and research*, Reading, MA: Addison-Wesley.

Friestad, M. and Wright, P. 1994. "The persuasion knowledge model: How people cope with persuasion attempts," *Journal of Consumer Research*, 21, 1~31.

Gefen, D, Karahanna, E. and Straub, D. W. 2003. "Trust and TAM in online shopping: An integrated model." *MIS Quarterly*, 27(1), 51~90.

Johnson, D. and Grayson, K. 2005. "Cognitive and affective trust in service relationship." *Journal of Business Research*, 58(4), 500~507.

Jun, J. W, Cho, C. and Kwon, H. J. 2008. "The role of affect and cognition in consumer evaluations of corporate visual identity: Perspectives from the United States and Korea." *Journal of Brand Management*, 15(6), 382~398.

Katz, D. 1960. "The functional approach to the study of attitudes." *Public Opinion Quarterly*, 24, 163~204.

Katz, D. and Stotland, E. 1959. "A preliminary statement to a theory of attitude structure and change." In S. Koch (ed.). *Psychology: A study of a science: Vol. 3 Formation of the person and the social context* (pp. 423-475). New York: McGraw-Hill.

Kupens, P. 2008. "Individual differences in the relationship between pleasure and arousal." *Journal of Research in Personality*, 42, 1053~1059.

Leigh, J. Zinkhan, G. M, Swaminathan, V. 2006. "Dimensional relationships of recall and recognition measures with selected and affective aspects of print ads." *Journal of Advertising*, 35(1), 105~122.

Lin, H. H. and Wang, Y. S. 2006. "An examination of the determinants of customer loyalty in mobile commerce contexts." *Information & Management*, 43 (1), 20-36.

Ling, H. H. and Wang, Y. S. 2006. "An examination of the determinants of customer loyalty in mobile commerce contexts." *Information & Management*, 43(1), 20~36.

Lutz, R. J. 1985. "Affective and cognitive antecedents of attitude toward the ad: A conceptual framework." In *psychological processes and advertising effects: Theory, research, and applications*, Hillsdale, N.J: Erlbaum, 45~63.

Mehrabian, A. and Russell, J. A. 1974. *An approach to environmental psychology*. MIT Press, Cambridge: MA.

Menon, A. M, Deshpande, A. D, Perri III, M. and Zinkhan, G. M. 2003. "Trust in online prescription drug information among Internet users: The impact on information search behavior after exposure to direct-to-consumer advertising." *Health Marketing Quarterly*, 20(1), 17~35.

Moorman, C, Deshpande, R. and Zaltman, G. 1993. "Factors affecting trust in market research relationships." *Journal of Marketing*, 57(21), 81~102.

Morris, J. D, Woo, C, Geason, J. A. and Kim, J. 2002. "The power of affect: Predicting intention." *Journal of Advertising Research*, 42(3), 7.

Osgood, C. E, Suci, G. J, and Tannenbaum, P. H. 1957. *The measurement of meaning*. Urbana, IL: University of Illinois Press.

Peer, L. Malthouse, E, Nesbitt, M. and Calder, B. 2007. *The local TV news experiences: How to win viewers by focusing on engagement*. Medill/Media Management Center at Northwestern University.

Pigg, K. E. and Crank, L. D. 2004. "Building community social capital: the potential and promise of information and communications technologies." *Journal of Community Informatics*, 1(1), 58~73.

Priester, J. R. and Petty, R. E, 2001. "Extending the bases of subjective attitudinal ambivalence: International and intrapersonal antecedents of evaluative tension." *Journal of Personality and Social Psychology, 71*, 431~449.

Raman, N, Chattopadhyay, P, and Hoyer, W. D. 1995. "Do consumers seek emotional situations: The need for emotions scales." *Advances in Consumer Research, 22*, 537~542.

Ridings, C. M, Gefen, D. and Arinze, B. 2002. "Some antecedents and effects of trust in virtual communities." *Journal of Strategic Information Systems*, 11(3&4), 27~295.

Russell, J, and Mehrabian, A. 1977. "Evidence for a three-factor theory of emotions." *Journal of Research in Personality*, 11, 273~294.

Smith, M. B, Brunrr, J. S, and White, R. W. 1956. *Opinions and personality*, New York: Wiley.

Stafford, M. R, Stafford, T. F. and Day, E. 2002. "A contingency approaach: The effects of spokesperson type and service on service advertising perceptions." *Journal of Advertising*, 31, 17~34.

Thayer, R. E. 1989. *The biopsychology of mood and arousal*. London: Oxford University Press.

Wang, A. 2006. "Advertising engagement: A diver of message involvement on message effects." *Journal of Advertising Research*, 46(4), 355~368.

Wood, W, Rhodes, N, and Biek, M. 1995. "Working knowledge and attitude strength: An information processing analysis." In R. E. Petty and J. A. Krosnic (eds.). *Attitude strength: Antecedents and consequences* (pp. 283-313) Mahwah, NJ: Lawrence Erlbaum Associates.

Wyer, R. S. and Albarracin, D. 2005. "Belief formation, organization, and change: Cognitive and motivational influences." In D. Albarracin, B. T. Johnson, and Zanna, M. P. (eds.). *The handbook of attitudes* (pp. 273-322). Mahwah, NJ: Lawrence Erlbaum Associates.

Zajonc, R. B. 1968. "Attitudinal effects of mere exposure." *Journal of Personality and Social psychology*, 9, 1~27.

Zanna, M. P. and Rempel, J. K. 1988. "Attitudes: A new look at an old concept." In D. Bar-Tal and A. W. Kruglanski (eds.). *The social psychology of knowledge* (pp. 315-334). Cambridge, UK: Cambridge University Press.

제2부

커뮤니케이션 효과이론의 확장
공중과 미디어의 변화

공중의 개념 변화
공중 상황이론과 세분화

박노일

1. 들어가며

PR 활동의 핵심은 조직체에게 중요한 공중을 찾아 상호 호혜적인 관계성을 발전시키는 데 있다. PR 활동의 대상인 공중이 누구인지를 이해하는 것은 전략 커뮤니케이션 과정에서 실제적이며 가장 중요한 선행 작업이다(Park and Jeong, 2011). 제임스 그루닉(James E. Grunig)의 공중 상황이론(Situational Theory of Publics)은 PR 커뮤니케이션 대상자인 공중을 고정불변의 상수와 같은 집단으로 상정하기보다는 상황적인 존재로 간주한다. 당대에 팽배했던 매스커뮤니케이션 이론이나 마케팅 차원의 메시지 송신자 중심의 PR 커뮤니케이션 관행과 이론적 지식 가정을 뒤엎은 것이다. 즉 공중 상황이론은 정보생산과 확산력을 보유한 커뮤니케이터(communicators)를 공중으로 간주함으로써 '일반 공중'이라는 원초적인 미디어 수용자 개념의 한계성을 극복하였다. 공중 상황이론은 문제 상황에 처한 사람들이 문제해결을 위해 정보추구 행위가 증가하거나 감소하는 정도인 커뮤니케이션 행동을 종속 변수로 상정함으로써 PR학 차원의 공중 세분화이론 연구에 중요한 토대를 제공하였다.

이렇듯 PR학의 독보적인 공중 세분화 모형인 공중 상황이론은 당대의 수동적인 수용자 개념인 공중을 상황적 개념으로 전환하여 공중 분류의 이론적 틀을 제공한 핵심적인 기초이론이다. 그러나 PR학의 공중 세분화 연구는 커뮤니케이션 행위자로서 문제해결에 관여하고 참여하는 사회적 행위자인 공중개념을 입체적으로 리뷰하거나, 공중의 커뮤니케이션 행동의 의미를 큰 틀에서 논의하여 그 이론적 발전 방향을 종합적으로 제시하는 노력은 아직까지 미흡했다. 따라서 이 장에서는 공중 개념의 변화와 공중 상황이론의 태동부터 커뮤니케이션 행동 변수의 세분화, 그리고 공중 세분화이론의 수정과 발전, 확장이 이뤄지고 있는 국내외 연구 흐름을 종합적으로 검토하고 공중 세분화 연구의 최신 성과와 새로운 이론적 발전방향을 제시하고자 한다.

구체적으로 공중 상황이론이 제시한 '상황적' 존재로서 공중 개념의 의미를 짚어보고, 커뮤니케이션 행동 변수를 기준으로 공중을 분류하는 공중 상황이론의 개요와 공중 세분화이론의 진화 궤적을 종합하여 살펴보고자 한다. 동시에 공중 상황이론의 검증과 수정 및 확산과정에서 식별된 문제점을 정리하고, 대안이론으로 제시된 문제해결 상황이론(Situational Theory of Problem Solving)의 등장과 공중 세분화 연구 현황을 소개하고자 한다. 또한 문제해결 상황이론이 디지털 네트워크 사회에서 활동공중(active public)을 포함한 활동가집단(activist groups)을 포착할 수 있는 공중 세분화 연구의 확장 의미를 살피고자 한다. 그런 후 종합적으로 디지털 미디어 중심의 커뮤니케이션 환경에서 공중 세분화 연구가 나가야 할 학술적·실무적 방향을 논하고자 한다. 이 장은 공중 세분화 연구의 기원인 공중 상황이론을 다면적으로 논하면서 새로운 공중 분류 모형인 문제해결 상황이론의 유용성을 제언하고 공중 세분화 연구와 공중 개념의 커뮤니케이션학적 의미를 체계적으로 논한다는 데 의미가 있다.

2. 공중 상황이론의 개요와 기원

1) 이론의 태동, 상황적 존재로서 공중

전략적 커뮤니케이션 과정(strategic communication process)에서 이해관계자나 표적 집단을 식별하지 않는다면 어떠한 PR 활동도 성공할 수 없다(Grunig and Hunt, 1984). 조직체가 집중적으로 소통해야 할 집단을 분류하고 특정 집단을 선정하는 공중 세분화는 PR 실무자 관점에서 이루어지며 또 여러 가지 PR 프로그램 중 가장 먼저 실행되어야 할 작업으로 간주한다. 공중 상황이론은 거의 독보적으로 공중을 분류하고 활동공중을 식별하는 데 필요한 이론적인 토대를 제공해왔다(천명기·김정남, 2016; Grunig, 1997; Grunig and Hunt, 1984; Hallahan, 2000; Kim, 2006). 공중 상황이론은 1960년대에 팽배했던 매스커뮤니케이션 수용자로서 상정한 공중에 대한 이해를 달리하면서 등장하였다(김정남·박노일·김수정, 2014; Grunig, 1966; 1978). 그루닉(Grunig, 1966)은 신고전파적 경제학(neoclassical economics) 관점에서 조직체가 커뮤니케이션해야 하는 대상이 일정한 수준의 정보를 보유하고 고정된 속성을 가진 사람들로 간주하는 오류를 지적하였다. 의사결정과정에서 어떤 사람들은 문제의 심각성을 인식하지 못하고 특정 행위도 하지 않을 것이라고 전제하거나, 고정적으로 일정한 수준의 지식정보를 보유하고 있을 것이라는 관점에 대한 의문을 제기한 것이다(Kim, Ni and Sha, 2008). 이렇듯 공중 상황이론은 PR 커뮤니케이션 대상을 고정적이고 수동적인 매스커뮤니케이션 메시지 수용자로 상정한 당대의 지배적인 공중 개념에 대한 의구심에서 등장하였다.

공중 세분화 연구에서 공중 상황이론이 기여한 것은 공중을 수동적이고 정적인 존재가 아니라 '상황적인(situational)' 존재로 가정한 데 있다(Grunig and Hunt, 1984). 어떠한 상황 속에 공중이 존재한다고 하면 특정 상황과 관련한 인간의 심리적 동기와 필요에 따라 정보를 검색하거나 공유하고 때론 강력한 집단행동을 취한다는 공중 개념의 가변성(variability)을 이해할 수 있다(Park and

Jeong, 2011). 커뮤니케이션 행동에 나서는 과정은 사람들이 처한 환경과 맥락 등 다양한 요인에 따라 변화하며 또 상황변화에 따라 받아들이는 정보량과 질이 다르다는 것이다(Kim, 2006). 공중 상황이론은 공중의 상황 인식수준에 따라 문제해결을 위한 정보 검색 등 구체적인 커뮤니케이션 행동이 촉발한다는 인과적 모형을 제안함으로써 공중 세분화이론의 발전적 기초를 이루게 되었다 (Grunig and Hunt, 1984).

본래 공중이란 개념은 고대 그리스 어원에서 사적인(private) 것과 대조적인 의미로 통용되다가 18세기부터 지금의 '사회적 집합체' 개념으로 이해되었다 (배미경, 2003). 듀이(Dewey, 1927; 1991)에 따르면 공중은 어떤 쟁점에 함께 직면해 있고 문제인식을 공유하고 있을 뿐만 아니라 문제해결을 위해 행동하거나 관련된 정보를 찾으려는 사회적 행위자집단으로 정의한다. 이 외에도 공중은 쟁점에 관련되어 있고 문제점에 대해 토론하거나 특정 쟁점에 대한 의견이 분화된 집합체로 정의되기도 하며(Blumer, 1966), 조직체의 커뮤니케이션과 정책에 의해 영향을 받는 공통의 이해관계를 가진 집단이거나 또는 그 조직체에 영향을 미치는 행동과 의견을 가진 집단이라고 정의되기도 한다(Cutlip, Center and Broom, 2006). 공중을 쟁점과 관련한 관심사를 공유하거나 자발적인 커뮤니티 혹은 결사(結社)의 형태로 살피기도 하며(Coombs, 2015), 쟁점 상황의 부상과 소멸 맥락에서 정의하기도 한다(Hallahan, 2000). 학자마다 다소 상이하게 공중을 정의하고 있지만, 공통적으로는 어떤 상황과 관련하여 느슨하게 연결된 사람들의 집단이며 각 구성원들은 동일한 문제와 쟁점을 탐색하고 상호 작용하며 행동하거나 그러할 가능성이 높은 구성체로 정의할 수 있다.

2) 공중 세분화의 기준: 커뮤니케이션 행동

경영학 차원에서 마켓(market)을 분류하는 방식은 PR학 차원의 공중 분류 접근법과 차이가 있다(차동필, 2002; 2006). 마케팅은 제품, 서비스, 아이디어를 중심으로 소비자 혹은 광고 메시지 수용자를 분류하여, 각 집단을 상호 동질적이고 집단 간 배타성을 가진 사람들로 정의한다(Kotler and Andreasen, 1987). 반면 PR에서 공중을 세분화하는 일은 어떤 시장 소비자 그룹이나 고정된 특성을 가진 사람들을 확인하는 것이 아니라 특정 쟁점과 관련한 집단을 PR 실무자가 임의적으로 분류하고 선택하는 과정이다(박노일, 2011). 공중은 이슈나 상황에 따라 발생하였다가 문제가 해결되면 소멸하는 상황적이며 목적지향적인 집합체이기 때문이다(Grunig, 1997). 따라서 PR학의 공중 세분화 접근은 같은 성별과 또래 집단이라도 다른 쟁점인식을 나타낼 수 있기 때문에 마케팅 차원의 제품 서비스 이용자나 인구사회학적 변수(성, 나이, 교육수준, 수입, 인종, 주거지 등)으로 공중을 분류하는 데는 한계가 있으며 또한 쟁점 상황이 발생하기 이전에 특정 공중을 지정하거나 확정하기가 어렵다고 본다.

예를 들어, 한 백화점의 주요 소비자는 인근 지역에 거주하는 주부들이라고 쉽게 이해할 수 있다. 하지만 PR 관점에서 보면 특정 백화점의 위생문제와 관련한 주부 소비자는 물론 전혀 예상치 못했던 비영리단체, 온라인 결사체, 정부 규제기관까지 다양하게 뭉쳐진 사람들을 상대해야 한다. 따라서 마케팅 차원의 제품 소비자나 인구사회학적 속성으로 공중을 세분하기보다는 쟁점 상황에 맞춘 사람들의 집단을 파악하고 분류하는 작업이 중요하다. 일부 선행 연구에서 조직체의 커뮤니케이션 대상인 공중을 인구사회학적 속성에 따라 고정된 단일 집단으로 간주하곤 하는데 이는 공중 개념에 대한 오류이다(차동필. 2002). 동일한 40대 직장 여성이라고 해도 여성평등권에 대해서는 적극적인 정보추구 행동을 하는 반면 대기업 갑질 문제에 대해서는 무관심한 공중일 수 있고, 또 최저임금인상 문제에는 적극적인 공중인 반면 다른 쟁점에 대해서는 무관심할 수 있기 때문이다.

PR학에서 공중을 분류한다는 것은 마케팅 차원에서 소비자의 구매행동이나 호감도를 살피는 시장세분화와 달리 특정 사안이나 쟁점 상황을 고려하여 나타난 커뮤니케이션 행동 변수를 중심으로 살핀다(김정남·박노일·김수정, 2014). 즉 공중 세분화이론의 근간은 공중의 커뮤니케이션 행동을 주목하는 데 있다. 커뮤니케이션 행동은 문제와 관련한 의도적인 정보처리 행위이며 쟁점의 활성화는 사람들의 커뮤니케이션 강도에 따라 달라진다(Park and Jeong, 2011). 쟁점 상황이란 사람들이 문제의 심각성을 인식하는 과정에서 사회적으로 구성되기 때문에(Hallahan, 2001), 사람들의 커뮤니케이션 수준에 따라 공중 유형을 분류할 수 있다고 본다(Grunig and Hunt, 1984). 즉 쟁점 상황과 관련하여 공중을 체계적으로 분류하면 집단 내의 사람들은 상호 유사한 쟁점인식과 커뮤니케이션 행동이 나타나고 반대로 집단 간에는 차별적인 커뮤니케이션 행동 수준이 나타난다는 것이다(Grunig and Repper, 1992). 따라서 PR학 차원에서 공중 세분화의 기본원리는 쟁점을 중심으로 뭉쳐진 사람들을 상호 동질적이면서 상호 배타적인 커뮤니케이션 행동유형으로 구분하는 데 있다.

커뮤니케이션 행동을 통해 공중을 분류한다는 공중 세분화 관점은 조직체의 전략적인 커뮤니케이션 대상을 수동적인 메시지 수용자나 사회구성원 모두를 지칭하는 일반 대중으로 단순화하는 맹점을 극복할 수 있게 했다. 마케팅관점과 달리 상황적인 맥락에서 형성된 집단을 주목하고 이들의 커뮤니케이션 행동을 중심으로 공중을 분류한 PR학 차원의 공중 세분화 연구는 다양한 사회적 여론형성과 집단행동에 나서는 사람들을 포착할 수 있는 프레임을 제공하였다(Grunig, 1997). PR 실무자들은 커뮤니케이션 행동과 상황에 대한 인식 변수를 주목함으로써 실제 다양한 쟁점 사안에 대해 누가 어떠한 방식으로 더 활발하게 정보추구 행위를 할 것이며 또 어떤 사람들이 적극적인 정보처리 행위를 하지 않은 상태로 남아 있을지를 판단하는 실무적인 인사이트를 갖게 되었다(Grunig and Hunt, 1984; Grunig, Grunig and Dozier, 2002).

3) 공중 상황이론의 개요

공중 상황이론은 사람들의 커뮤니케이션 행동을 이해함으로써 누가 특정 메시지에 관심을 기울이고 어떠한 행동에 나설지를 예측함으로써 PR 실행 전략수립과 공중 세분화 연구에 독보적인 기여를 했다. 공중 상황이론의 모형구조에서 종속 변수는 커뮤니케이션 행동이며, 이를 예측하는 독립 변수는 상황에 대한 인식(perception) 변수이다. 심각한 상황이란 사람들의 머릿속에 존재하기 때문에(Coombs, 2015), 사람들이 지각하는 쟁점인식과 관여도 수준에 따라 문제해결을 위한 적극적인 정보 검색과 공유 행위가 변동한다는 것이다. 이는 조직체의 전략 커뮤니케이션 대상을 상황적 맥락에 따라 분류하는 접근법으로 문제 상황에 대한 사람들의 지각수준을 주목한 데 특징이 있다.

그루닉(Grunig, 1966)에 의해 처음 제시된 공중 상황이론은 많은 변화를 거쳐 1997년에 이르러 세 개의 독립 변수(문제인식, 관여도, 제약인식)와 두 개의 종속 변수(정보추구, 정보처리)로 완성된 모형 형태를 갖추게 되었다(Grunig, 1997). 독립 변수인 문제인식(problem recognition)은 쟁점 상황에 대해 영향을 받는 사람이 그 문제의 심각성을 인식하거나 이를 해결하기 위해 무엇인가 해야겠다고 생각하는 정도를 의미한다. 즉 문제인식은 공중 구성원이 어떤 상황에서 무엇인가 빠져 있거나 결정이 안 된 상태로 남아 있다고 지각하여 하던 일을 멈추고 그 상황에 대해 생각하는 정도나 개인이 어떤 상황이 문제가 되어 뭔가 조치를 취해야 한다고 지각하는 정도로 측정한다(Grunig, 1983). 공중 구성원 중 특정 사안에 대한 문제 틀(problematic)을 인식하지 않는다면 문제의 심각성을 생각하거나 해결에 나서려고 하지 않기 때문에 문제인식은 커뮤니케이션 행동을 설명하는 유용한 변수로 간주한다.

제약인식(constraint recognition)은 관련 문제를 해결하는 데 본인의 심리적 자신감이 부족하거나 해결에 나서더라도 긍정적인 결과를 얻을 수 없다는 생각 또는 본인이 처한 상황에서 해결의 물리적 대안이 없다고 인식하는 정도를 의미한다(Grunig, 1983; Grunig and Hunt, 1984). 다시 말해 제약인식은 자신이 문제해결을 위한 행동을 계획하고 실행할 역량이 부족하거나 제한된다고 지각하는 정도로서 쟁점 상황과 관련하여 어떤 조치를 취하는 데 심리적·물리적 장애를 느끼는 정도이다. 개인이 취할 수 있는 능력에 대한 자신감 부족 인식인 제약인식은 다른 한편으로는 개인이 가질 수 있는 문제해결의 자신감이나 확신 정도인 '자기 효능감(self efficacy)'과 유사하다(박노일, 2011). 공중 구성원 개인이 어떤 사안에 대해 제약인식 수준이 높거나 자기효능감이 낮으면 적극

표 06-1 • 문제인식과 제약인식에 따른 공중의 커뮤니케이션 행동

제약인식	문제인식	
	높음	낮음
낮음	문제직면적 행동(PF)	일상적 행동(RB)
높음	제약된 행동(CB)	숙명적 행동(FB)

적인 커뮤니케이션 행동이나 구체적인 행동이 나타나지 않는다.

공중 상황이론은 표 06-1과 같이 문제인식(높음/낮음)과 제약인식(높음/낮음)을 토대로 네 가지 유형의 커뮤니케이션 행동을 분류하였다. 먼저 문제직면적 커뮤니케이션 행동(Problem-Facing behavior: PF)이 나타나는 공중은 관련된 쟁점에 대한 문제인식이 높고 제약인식이 낮아 문제해결에 적극적이다. 반면에 관련 사안의 쟁점을 심각하게 인식하고 있으나 공중 구성원이 나서서 해결할 수 있는 심리적 자신감이나 대안이 없다고 인식하는 경우는 자신의 행동을 억제하거나 제약된 커뮤니케이션 행동(Constrained Behavior: CB)을 나타낸다. 문제의 심각성이나 중요성을 높게 인식하고 있으나 본인의 해결할 수 있다는 효능감이 낮다면 쟁점 상황을 어쩔 수 없이 받아들이는 숙명적 커뮤니케이션 행동(Fatalistic Behavior: FB)을 나타낸다. 마지막으로 사안의 심각성을 인식하지 못하여 문제인식이 낮으며, 특정 문제해결의 걸림돌이 있다고 생각도 하지 않는 상황이라면 사람들은 평상시와 같은 일상적 커뮤니케이션 행동(Routine Behavior: RB)을 보인다는 것이다(Grunig and Hunt, 1984).

이와 같이 공중 상황이론은 문제인식과 제약인식 변수에 따라 커뮤니케이션 행동을 문제직면 행동(Problem-Facing behavior: PF), 제약행동(Constrained Behavior: CB), 일상행동(Routine Behavior: RB), 숙명행동(Fatalistic Behavior: FB) 유형으로 분류하고, 이를 다시 표 06-2와 같이 관여도(level of involvement) 수준(높음/낮음)에 따라 여덟 가지 유형의 공중으로 분류하였다. 관여도는 특정 문제 상황이 본인과 개인적으로나 심리적으로 관련되어 있는 정도를 의미한다. 일종의 연관성(connection) 개념인 관여도는 특정 쟁점이 공중에게 어느 정

표 06-2 • 상황이론에 따른 공중 분류

구분	공중 유형	
	고관여	저관여
문제직면적 행동(PF): 고문제인식, 저제약인식	활동공중	인지/활동 공중
제약된 행동(CB): 고문제인식, 고제약인식	인지/활동 공중	잠재/인지 공중
일상적 행동(RB): 저문제인식, 저제약인식	활동공중(점진적)	비공중/잠재공중
숙명적 행동(FB): 저문제인식, 고제약인식	잠재공중	비공중

도 영향을 미치고 있거나 혹은 미칠 수 있다고 생각하는지로 측정하였다 (Grunig, 1978; 1983). 선행 연구들은 누적적으로 커뮤니케이션 메시지가 수용자 자신과 관련되어 있다고 생각하면 적극적으로 정보를 처리할 가능성이 높다고 제시해왔다(예, Krugman, 1965). 마찬가지로 공중 구성원 개인이 쟁점에 대해 어느 정도 자신과 관련되어 있다고 생각하면 적극적인 정보추구 행동에 나설 가능성이 높다.

공중 상황이론의 종속 변수인 커뮤니케이션 행동은 적극적인 정보추구 (information seeking)와 수동적인 정보처리(information processing)로 구분한다 (Grunig and Hunt, 1984). 정보추구 행동은 적극적인 커뮤니케이션 행동(active communication behavior)으로 왕성한 커뮤니케이션 활동 수준을 보이는 공중 구성원은 정보를 적극적으로 검색하기 때문에 특정 사안이나 문제원인을 해석하고 이해하는 수준이 높다. 정보처리는 수동적인 커뮤니케이션 행동(passive communication behavior)으로 사람들이 랜덤하게 정보를 처리할 뿐 적극적으로 정보를 찾거나 검색하는 노력을 보이지 않는다. 쟁점 상황에서 공중 구성원이 문제인식과 관여도가 높으면 메시지 주목도와 커뮤니케이션 행동 수준이 높아지며, 제약인식이 높으면 반대로 커뮤니케이션 행동 수준이 낮아진다(Grunig and Hunt, 1984).

먼저 문제직면적 커뮤니케이션 행동(PF) 집단은 관여도 고저에 따라 활동공중(active public)과 인지공중(aware public)으로 나뉜다. 문제인식이 높고 제약인식이 낮아 문제해결의 자신감이 있는 사람들로 쟁점 상황이 본인과 연관되었다고 인식하게 되면 매우 왕성한 정보 검색과 공유 행동이 나타난다. 즉 쟁점에 대한 문제의 심각성을 인식하고 문제해결의 자기효능감이 높은 동시에 관련 사안이 본인들과 관련된 문제라고 지각하게 되면 사람들은 적극적으로 연대하고 정보를 공유하는 커뮤니케이션 행동을 한다. 반면에 같은 문제직면적 커뮤니케이션 행동(PF)을 나타내는 공중 구성원이라도 관련 사안에 대한 관여도가 낮으면 문제의 심각성만 알고 있는 인지공중으로 잔류할 가능성이 있다.

제약된 커뮤니케이션 행동(CB) 집단의 공중은 문제의 심각성을 인식하고 있으나 문제해결의 장애인식이 높은 상황이다. 제약된 행동 집단은 쟁점 상황이 본인과 강하게 연결되어 있다고 생각하면 문제의 중요성을 지각하는 인지공중이거나 문제해결의 한계를 절감하고 있더라도 쟁점 관련성이 더 증가하면 활동공중으로 변모할 가능성이 있다. 제약된 커뮤니케이션 행동집단의 공중은 관련 사안에 대해 낮은 관여도를 갖고 있더라도 일단 문제의 심각성을 인지한 상황이기 때문에 잠재공중(latent public)이나 인지공중으로 분류된다. 일상적 커뮤니케이션 행동(RB) 유형의 공중은 관여도 고저에 따라 점진적 활동공중과 잠재공중으로 구분한다. 문제의 심각성을 모르고 있고 낮은 제약인식을 갖고 있기 때문에 특정 사안이 본인과 관련되어 있다는 인식이 증가하면 점진적으로 활동공중으로 승화할 가능성이 크다. 반면에 문제해결의 자신감이 높으나 문제의 심각성이나 관련성을 인식하지 못하는 상황에서는 비공중(non-publics) 또는 잠재적 공중으로 분류한다.

마지막으로 숙명적 커뮤니케이션 행동(FB) 공중은 관여도 고저에 따라 잠재공중과 비공중으로 나눈다. 문제인식이 높지 않으나 제약인식을 크게 느끼는 사람들이 특정 쟁점이 본인과 관련되어 있다고 지각하는 순간 잠재공중으로 분류한다. 반면 문제인식과 관여도가 낮고 제약인식만 높은 상황이라면 쟁점에 대한 지각이나 관련성을 인식하지 않고 본인의 문제해결 역량도 낮게 보는 집단인 비공중으로 분류한다. 숙명적 커뮤니케이션 행동(FB) 집단의 공중은 체념적인 문제해결 태도를 유지하지만 개인적인 관련성으로 언제든지 고관여 문제직면적 커뮤니케이션 행동을 보이는 활동공중으로 변모할 가능성이 있다 (김영욱, 2003).

이렇게 공중 상황이론은 공중 개념을 단수(public)가 아니라 복수(publics)로 보고 특정 상황에 대한 문제인식, 제약인식, 그리고 관여도 변수들을 조합하여 활동공중, 인지공중, 잠재공중, 비공중으로 분류한다. 활동공중은 문제인식과 관여도가 높고 제약인식이 낮으며 적극적 정보추구 행동을 나타내기 때문에 PR 커뮤니케이션 실무자가 가장 주목해야 할 공중이다(Grunig and Hunt, 1984). 인지공중은 실제로는 이슈에 관련되거나 영향을 받을 수 있는 공중으로 문제인식이 높은 상황에서 관여도가 낮거나 제약인식이 높아 정보행위가 비교적 비활성화된 상태에 머문다. 하지만 문제와 관련한 개인적·사회적 환경 변화에 따라 언제든지 활동공중으로 변할 수 있다. 잠재공중은 문제인식이나 관여도 중 어느 하나가 낮은 상태에서 제약인식이 높은 공중을 의미한다. 마지막으로 비공중은 세 가지 변수에 대한 인식이 거의 없어서 이와 관련된 어떤 커뮤니케이션 행동도 나타나지 않은 집단을 의미한다.

3. 공중 세분화이론의 확장과 진화

1) 공중 상황이론의 검증과 확장

전술한 바와 같이 공중 상황이론은 PR 커뮤니케이션의 대상자를 커뮤니케이션 행동 변수에 따라 유형화하였다. 조직체에 의해 영향을 받거나(having consequence on publics) 조직체에 영향을 미칠 수 있는(having consequence on an organization) 커뮤니케이션 행동 변수를 기준으로 공중을 분류한 공중 상황이론은 다양한 쟁점에 대해 문제인식, 제약인식, 관여도 변수의 유효성을 검증해왔다. 이론의 검증은 문제인식이 높을수록 적극적인 정보추구와 처리행동을 나타내고 제약인식이 높을수록 반대의 결과가 나타나며, 관여도가 높을수록 커뮤니케이션 행동 수준도 높아진다는 결과를 확인하는 데 있다(김인숙, 1997; Grunig and Hunt, 1984). 즉 검증의 요체는 쟁점과 관련한 사람들 중에서 문제인식 수준이 높고, 관여도가 높으나 제약인식은 낮은 공중일수록 고관여 문제직면적(Hihg-Involvement, Problem-Facing: HIPF) 커뮤니케이션 행동 가능성이 높다는 것을 밝히는 데 있다.

실제 공중 상황이론은 다양한 연구에서 검증되어왔다(노형신 외, 2013; 차동필 2002; 2006; Grunig, 1983; Hamilton, 1992; Hearit 1999; Major 1993a; 1993b; 1998). 예를 들면 신호창과 홍주현(2000)은 국민연금제도문제와 관련한 공중을 커뮤니케이션 행동 변수와 독립 변수 간의 연관성을 통해 분류한 바 있다. 권중록(2000)도 가야문화 유적지 관련 사안에 대해 경북지역 주민을 공중 상황이론을 통해 분류하여 문제직면적 공중의 커뮤니케이션 행동을 확인하였다. 이 외에도 성희롱 쟁점을 중심으로 사람들의 커뮤니케이션 행동을 살핀 공중 분류 연구가 있으며(김인숙, 2001), 낙동강 수질 오염문제에 대해 부산지역의 대학생 375명을 세분화한 연구(김인숙, 1997), 공중 세분화이론을 온라인 상황에 적용하여 혼전동거 쟁점 관련 공중을 세분화한 연구(한정호·박노일·정진호, 2007), 미국산 쇠고기 수입반대 쟁점 관련 공중의 커뮤니케이션 행동 차이를 공중 상황이론으로 살핀 연구(김인숙, 2008) 등이 있다.

공중 상황이론은 이론의 설명력을 높이는 과정에서 자연스럽게 변수가 추가되고 확장되었다. 확장연구는 이론의 독립 변수를 추가하거나 조절 변수를 찾는 연구(윤희중·차희원, 1997; 1998; Aldoory, 2001; Moghan, Daniel and Sriramesh, 2005; Grunig and Childers, 1988), 또는 기존 다른 커뮤니케이션 연구 결과를 새롭게 연계하는 시도가 있었다(배미경, 2003; Lundy, 2005; Sha and Lundy, 2005). 예를 들면 건강정보를 받아들이는 미국 중장년 여성 집단의 경우 자기정체성이나 일상생활 변수 등이 관여도를 조절한다는 결과를 밝힌 연구(Aldoory, 2001), 후천성 면역 결핍증(Acquired Immune Deficiency Syndrome: AIDS) 관련 공중 세분화에서 쟁점에 대한 인지적인 폭과 깊이(breadth and depth) 등을 독립 변수로 추가하여 공중의 커뮤니케이션 행동 간의 인과성을 확장한 연구 (Grunig and Childers, 1988), 그리고 쟁점 상황에서 공중이 지각하는 제약인식의 차이는 동양의 문화적 속성인 권위에 대한 수용, 타인에 대한 관용, 혹은 숙명적 삶의 자세 등에 영향을 받는다는 연구(Moghan Daniel and Sriramesh, 2005) 등이 있다.

공중 상황이론의 종속 변수인 커뮤니케이션 행동 이외에 다른 측정 항목을 반영하거나 수정한 연구도 활발히 진행되었다. 윤희중과 차희원(1997; 1998)은 기본적인 공중 상황이론 변수와 커뮤니케이션 행동의 인과관계를 검증하는 데서 한 발 더 나아가 커뮤니케이션 행동 변수가 구체적인 미디어 채널 선택에 영향을 미치고 있음을 확인하였다. 이들은 커뮤니케이션 행동의 양태에 따라 적극적인 정보추구 집단은 일반적인 방송매체를 통한 수동적인 정보처리보다 잡지 등 전문적인 정보 채널을 선호하고 있음을 밝혀냈다. 알두리와 샤 (Aldoory and Sha, 2007)는 공중의 커뮤니케이션 행동 변수를 적극적인 정보추구와 수동적인 정보처리 행위 특성으로 살피는 동시에 인터넷 이용자들의 정보공유 확산 과정을 반영하여 이론 수정을 시도하였다. 이외 공중 상황이론의 커뮤니케이션 행동을 정교화 가능성 모형(Elaboration Likelihood Model: ELM)과 통합하여 살핀 샤와 룬디(Sha and Lundy, 2005) 등의 연구도 있다. 이론 창시자인 그루닉도 공중 상황이론을 검증하면서 종속 변수를 메시지 파지(message retention), 태도나 행동 변수(문제 상황에 대한 탄원서 제출, 보이콧 행위나 집회 참여 등)를 추가하여 살핌으로써 고관여 문제직면적인 활동공중을 식별할 수 있다고 제안한 바 있기 때문에(Grunig and Hunt, 1984) 공중 상황이론 변수의 추가와 확장은 예측된 결과이기도 하다.

2) 공중 상황이론의 문제점

선행 연구자들은 공중 상황이론의 커뮤니케이션 행동을 예측하는 독립 변수를 추가하거나 모형을 수정하는 과정에서 이론 자체의 문제점을 지적해왔다

(김정남·박노일·김수정, 2014; Kim, Downie and Stefano, 2005; Park and Jeong, 2011). 선행 연구가 누적적으로 지적한 공중 상황이론의 문제점을 정리하면 ① 상황적인 존재로서 공중을 분류하는 관점에 대한 비판, ② 공중 상황이론 변수들 간의 중첩성, ③ 온라인 생태계에서 제약인식 변수의 낮은 설명력, 그리고 ④ 쟁점 상황 발생 때마다 사람들의 인식을 측정하여 공중을 세분화하는 비용과 실무적 효용성에 대한 문제로 정리할 수 있다.

먼저, 공중 상황이론이 전제한 '상황적인 존재'로서 공중 개념에 대한 비판을 살펴보면, 공중을 어떤 쟁점과 관련하여 뭉쳐진 상황적 관점(situational perspective)의 존재로만 보는 것이 적절한가에 대한 문제가 제기되었다. 공중은 개인과 집단이 문제해결을 위해 서로 상호 작용하거나 이야기하는 발화과정(homo narrans perspective)으로도 개념화할 수 있다는 것이다(Vasquez and Taylor, 2001). 공중을 상황적인 존재로만 정의하면 사람들의 심리적인 동기(motivation), 상호 연대 과정에서 특정 발화자의 역할과 영향력을 설명하지 못한다고 비판한다. 또한 공중 상황이론은 PR 활동이 고관여적이며 문제직면적인 활동공중만 초점을 맞춰 집중하는 것이 적절한 것인가에 대한 비판도 함께 등장했다(Vujnovic, 2004). 조직체가 폭넓게 소통하고 대화해야 할 일반 공중을 무대 뒤로 내몰고, 공중 상황이론으로 분류한 특정 활동공중만을 전략적으로 소통하는 것이 사회적 책임을 다하거나 도덕적인가에 대한 문제 제기이다(Kruckeberg and Vujnovic, 2010). 공중 상황이론이 고관여적이며 문제 직면적인 활동공중에만 집중한 나머지 비활동공중(inactive publics)의 중요성을 간과한다는 할라한(Hallahan, 2000)의 지적과도 같은 맥락이다. 문제인식이 낮고 저관여적인 이해관계자나 비공중 상태의 사람들 혹은 다른 유형의 공중도 조직체의 PR 커뮤니케이션 활동의 중요한 대상이어야 한다는 주장이다.

두 번째는 공중 상황이론의 문제인식과 관여도 변수 간의 중첩성이다. 다수의 선행 연구가 공중 상황이론을 검증하면서 문제인식과 관여도 변수 간의 정적인 상관관계를 빈번히 보고하였다(Atwood and Major, 1991; Grunig, 1983; Grunig and Childers, 1988; Kim, Downie and Stefano, 2005). 공중 상황이론은 문제인식을 특정 쟁점에 대해 얼마나 자주 생각하는지(중요성과 빈도)로 측정하였고, 관여도는 특정 쟁점이 본인과 얼마나 관련되어 있다고 생각하는지(관련성)로 측정하였기 때문에 두 변수의 상관관계가 높게 나타날 수밖에 없다(박노일, 2011). 마케팅과 광고심리학 연구에서도 관여도를 개인적인 연관성과 중요성을 하위 척도로 구성하고 있기 때문에(Krugman, 1965; Petty and Cacioppo, 1984) 논리적으로도 어떤 문제의 심각성을 인식하는 것과 관련성을 지각하는 것은 상호 배타적이지 않다. 공중 상황이론을 검증한 일부 선행 연구들은 관여도나 문제인식 변수 중 어느 한 변수가 지배적인 설명력을 갖는다고 보고하고 있다. 실제 차동필(2002; 2006)은 관여도와 문제인식 변수의 영향이 중첩적이거나 관여도 변수의 설명력이 지배적임을 확인하였으며, 김인숙(1997)도 낙동강 수질 오염문제와 관련한 공중 분류에서 문제인식 변수 외에 관여도의 커뮤니케이션 행동 예측력을 통계적으로 확인할 수 없었다. 이렇듯 공중 상황이론의 문제인식과 관여도 변수는 다중공선성(multicollinearity) 문제를 지적받아왔다(Kim, Downie and Stefano, 2005).

세 번째는 온라인 커뮤니케이션 상황에서 제약인식 변수의 설명력이 무력화된다는 것이다. 인터넷이 보편화되어 사람들은 이전과 달리 쉽고 빠르게 또 왕성하게 커뮤니케이션 활성화가 가능하다(Coombs, 2015). 공중 상황이론 등장 초기와 달리 온라인 매체이용 증가로 사람들은 이제 이전과 다른 수준의 미디어이용의 자기효능감을 갖게 되었고 다양한 형태의 활동가집단(activist groups) 출현을 촉진하였다(박노일, 2011; Aldoory and Sha, 2007). 공중 상황이론은 제약인식을 쟁점에 대해서 아무것도 할 수 없다고 느끼는 정도로 측정하고 있지만(Grunig and Hunt, 1984), 다수의 선행 연구는 쟁점사안별로 제약인식 변수의 영향력이 검증되지 않거나 특히 온라인 상황에서 설명력이 미비하다는 결과를 보고하였다(김인숙, 1997; 배미경, 2003; Hearit, 1999; Paine and Lark, 2005). 일부 연구자는 온라인상의 익명적인 커뮤니케이션 상황이 쟁점과 관련한 제약인식을 낮추는 동시에 빠르게 사람들의 쟁점 관여도를 증폭시킴을 밝혀냈다(한정호·박노일·정진호, 2007). 인텔사(Intel)의 펜티엄칩(Pentium chip) 문제를 인터넷 뉴스그룹(newsgroups)에 적용하여 공중을 분석한 헤릿(Hearit, 1999)의 연구에서도 유사한 결과가 나타났다. 인터넷 미디어 기술의 속성이 공중을 쉽게 활성화시키는 동시에 제약인식 변수의 영향력을 감소시킨다는 것이다. 따라서 온라인 공간의 쟁점 활성화 과정에서 사람들의 제약인식은 줄고 관여도와 문제인식이 늘어나 활동공중의 비율이 빠르게 증가할 수 있음을 제시한다.

마지막으로 공중 상황이론이 갖는 실무적 유용성 문제이다. 인터넷 중심의 급속한 매체환경 변화를 고려하여 공중의 커뮤니케이션 행동을 측정하는 공중 세분화 모형을 수정해야 한다는 주장이다(박노일, 2011; 천명기·김정남, 2016; Aldoory and Sha, 2007). 소셜미디어를 통해서 누구나 미디어 주체가 될 수 있는 시대가 되었기 때문에 능동적이고 적극적인 온라인 커뮤니케이션 행위자나 영향력자를 식별하는 이론모형 개발이 중요한 시점이 되었다(천명기·김정남, 2016; Park and Jeong, 2011). 박노일(2011)은 특정 쟁점과 관련하여 블로고스피어(Blogosphere)에서 활동하는 블로그 운영자들을 세분화하는 연구에서 공중 상황이론을 통한 공중 분류 모형의 적합도 문제를 제기하면서 온라인 상황에 맞는 이론의 수정을 제안하였다. 배미경(2003)도 온라인 공간에서 활동하는 공중을 세분화하는 데는 기존의 공중 상황이론 이외에 새로운 요인을 살피거나 대안 모형을 개발할 필요가 있음을 제안하였다. 특히 PR 실무적으로 인터넷 공간에 빠르게 진화하고 변동하는 커뮤니케이터 집단과 이들의 커뮤니케이션 특성을 파악하기 위해서는 기존의 공중 상황이론 변수를 동원하여 측정하기에는 제한점이 많다는 것이다(Park and Jeong, 2011).

3) 관점의 확장과 진화: 상황 - 초상황적 접근과 문제해결 상황이론

공중 상황이론의 검증 과정에서 등장한 '공중' 개념에 대한 비판과 더불어 이론의 모형 자체에 대한 수정이 필요했다. 공중 상황이론이 상황적 차원(situational approach)에서만 공중 분류를 할 경우 실무적용 가능성을 제한한다는 지적을 받아왔다(Hong, et al., 2012). 특정 쟁점 상황이 아닌 평상시에 조직체가 PR 캠페인을 진행하고자 할 때는 초상황적인 차원(cross-situational approach) 에서 이해관계자와 인구사회학적 속성을 기준으로 공중을 분류할 수도 있어야 한다(Kim and Grunig, 2011). 쟁점진행 모형(Issues Processes Model)이 제시한 것 처럼 사람들이 어떠한 쟁점에 대한 지식, 관심, 동기를 가지고 비활동 상태에 서 각성, 인지, 활동공중으로 진화하기에 비공중 상태의 일반 공중도 중요한 PR 커뮤니케이션 대상이라는 것이다(Hallahan, 2001).

이러한 배경에서 공중 상황이론이 제외했던 초상황적인 변수들(예, 인구사회 학적 속성, 마케팅 차원의 관련 특성)도 함께 살피는 통합적 접근(cross-situational and situational approach)이 제안되었다(Kim, 2011; Kim, Ni and Sha, 2008). 김정 남과 동료들(Kim, Ni and Sha, 2008)은 공중 상황이론이 주목한 활동공중 이외에 잠재적으로 조직체의 미션에 영향을 미칠 수 있는 비활동공중을 식별할 수 있 도록 공중 분류 모형을 확장하였다. 이들 연구자들은 공중 세분화 단계를 이해 관계자 단계(stakeholder stage), 공중 단계(public stage), 쟁점위기 단계(issue/ crisis stage)로 분류함으로써 상황적인 차원뿐만 아니라 초상황적인 차원에서 도 공중(이해관계자)을 유형화하여 평상시의 조직체가 PR 문제를 주도적으로 해결(organization-initiated PR problem)할 수 있는 토대를 제공하였다(Kim, Ni, and Sha, 2008). 공중 상황이론이 주목한 활동공중 이외에 비활동공중도 잠재적 으로 조직체의 미션에 영향을 주고받을 수 있기 때문에 초상황적 관점의 공중 세분화 방법론을 제안한 것이다. 이들 연구자는 공중 세분화 단계를 이해관계 자 단계(stakeholder stage), 공중 단계(public stage), 쟁점위기 단계(issue/ crisis stage)로 분류하였다(Kim, Ni and Sha, 2008).

구체적으로 쟁점 상황뿐만 아니라 문제가 발생하지 않은 일반 상황에서 조 직체와 관련한 이해관계자 관계, 지역 연관성, 공중 관계성, 영향력 속성(con- sequences, linkages, interconnectedness, proximity, relationship)을 기준으로 공중 을 분류하는 초상황적 접근법(cross-situational segmentation approach)을 제시하 였다. 이 접근법은 공중 출현의 쟁점 상황(public stage)에서 기존의 공중 상황 이론의 문제인식, 관여도, 제약인식(준거기준) 변수를 토대로 공중을 세분화할 수 있으며, 위기 쟁점 상황에서는 쟁점 관련 실제적인 영향력과 파워, 자원, 문제속성(issues, consequences, resources, power, problems)을 토대로 공중을 분류할 수 있다. 따라서 상황(situational)과 초상황(cross-situational) 차원을 모두 아우르는 통합적인 공중 세분화 접근법은 쟁점 상황뿐만 아니라 평소 조직체 주도의 PR 캠페인 실행에 필요한 공중 분류의 이론적인 기초를 제공하였다.

공중 상황이론의 대안 모형을 개발하려는 학술적인 연구도 활발하게 진행되었다(Kim and Grunig, 2011; Kim, Grunig and Ni, 2010; Park and Jeong, 2011). 김정남과 동료들(Kim, Ni and Sha, 2008)은 특정 상황에서만 공중을 분류하는 세분화법(within-a-problem/issue typology segmentation) 이외에 다양한 쟁점 상황에서도 적용 가능한 공중 세분화법(across-problems/issues typology)을 제안하였다. 이들 연구자들은 복수의 쟁점 상황을 고려하여 모든 쟁점에 대해서 활동적인 올이슈공중(all-issue publics), 쟁점 상황에 무관심한 냉담공중(apathetic publics), 특정한 쟁점에만 특히 활동적인 단일이슈공중(single-issue publics), 미디어가 집중적으로 보도하여 대부분 사람들에게 영향을 끼치는 상황에서 활동적인 핫이슈공중(hot-issue publics)으로 구분하였다. 이러한 공중 분류 틀은 기존의 단일 공중 분류 방식에서 탈피하여 현실에서 동시 다발적으로 발생하는 쟁점 상황을 고려한 공중 세분화를 시도했다는 데 의미가 있다. 박노일과 정지연(Park and Jeong, 2011)도 온라인 상황에 맞춰 기존의 공중 상황이론을 수정한 모형을 제시하였다. 모바일 기술과 소셜미디어가 보편화된 매체환경에서 온라인 공중의 커뮤니케이션 행동을 이해하고 예측하기 위해서는 공중 상황이론이 살피는 정보추구와 정보처리 행위에 대한 수정이 불가피하다고 보았다. 이들 연구자는 블로고스피어 공간에서 활동하는 블로거 운영자를 분류하기 위해 공중 상황이론의 문제인식과 관여도 변수를 쟁점관여도로 묶고, 쟁점 관련 제약인식을 자기 효능감 변수로 수정하였다. 또한 커뮤니케이션 행동을 블로거들의 저널리즘적인 커뮤니케이션 행동(journalistic communication behavior) 변수로 살핌으로써 공중 상황이론의 수정을 시도하였다.

공중 세분화 모형 개발과 관련하여 최근에 주목받는 이론은 문제해결 상황

그림 06-1 • 문제해결 상황이론의 체계

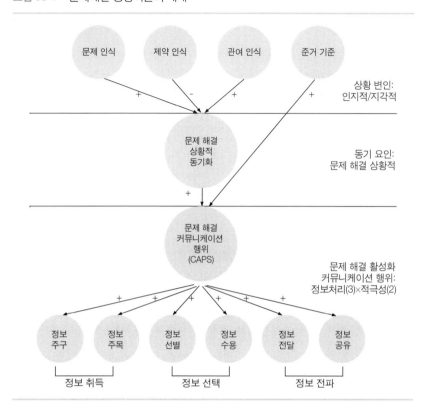

이론(Situational Theory of Problem Solving)이다(김정남·박노일·김수정, 2014; Kim and Grunig, 2011). 문제해결 상황이론은 공중 상황이론을 포괄하면서 공중은 문제해결을 위해 커뮤니케이션(communicative actions in problem solving)하는 행위자로서 목적 지향적이며 상황촉발적(situation-specific)인 주체로 간주한다. 문제해결 상황이론은 문제해결 맥락(problem-solving situation)에 존재하는 사회적 행위자인 공중을 분류하기 위해 인간의 상황적응적인 기제(situation-adaptive and coping mechanism)인 커뮤니케이션 행위를 세분화하여 살피고 있다(Kim, Grunig and Ni, 2010).

그림 06-1과 같이 문제해결 상황이론은 기존의 공중 상황이론에서 적용한

정보추구와 처리행위 이외에 구체적인 정보선택, 정보생산, 정보공유, 정보전달 커뮤니케이션 행위를 주목한다. 문제해결 상황이론은 사람들의 커뮤니케이션 행동을 의사결정수단을 위한 정보추구와 처리로 바라보는 공중 상황이론과 달리 문제해결 과정 자체에서 출현한다고 본다. 이러한 관점에서 보면 사람들의 문제해결을 위한 커뮤니케이션 행동 양식을 입체적으로 살필 수 있기 때문에 공중을 더 면밀하게 분류할 수 있다는 관점이다. 이렇게 문제해결 상황이론은 인간의 정보추구 행위를 중심으로 공중을 분류한 공중 상황이론 접근법과 달리 쟁점 관련 정보를 취득하고, 선별하며, 재확산하는 사회적 문제해결 행위자인 공중을 세밀하게 이해하는 틀을 제공한다(김정남·박노일·김수정, 2014).

구체적인 문제해결 상황이론의 모형을 살펴보면 독립 변수, 매개 변수, 종속 변수를 연계한 구조를 갖고 있다. 독립 변수는 공중 상황이론의 문제인식, 관여도, 제약인식을 도입하였으며, 이 외 준거기준(referent criterion)을 추가하였다. 준거기준은 사람들이 어떤 문제를 해결하는 데 필요한 경험이나 배경지식, 그리고 쟁점 상황에서 즉시적으로 형성된 주관적 판단체계를 개념화한 것이다. 또한 매개 변수인 상황적 동기화(situational motivation for problem solving)는 기존의 공중 상황이론이 누락했던 상황특수적인 심리현상이나 예비상태(the extent of problem situation-specific epistemic readiness)를 반영하였다(Vasquez and Taylor, 2001). 전체적으로 문제해결 상황이론은 문제인식, 관여도, 제약인식, 준거기준 변수가 인간의 문제해결적인 커뮤니케이션 행위를 예측한다는 인과적 프레임을 갖고 있으며, 독립 변수와 종속 변수 사이의 매개 변수로 문제해결을 위한 상황적 동기화수준을 반영하여 입체화하였다.

최종적으로 문제해결 상황이론은 문제해결을 위한 커뮤니케이션 행위(communicative action in problem solving)를 종속 변수로 반영하여 공중을 세분화하였다. 문제해결을 위한 커뮤니케이션 행위를 정보행동(정보취득·정보선택·정보전파)(3)과 적극·소극성(2) 속성을 조합하여 여섯 가지 유형의 커뮤니케이션 공중으로 세분화하였다. 정보취득은 적극적인 정보추구(information seeking)와 소극적인 정보주목(information attending) 행위로 구분하였다. 정보

그림 06-2 • 문제해결을 위한 상황적 커뮤니케이션 행위 단계

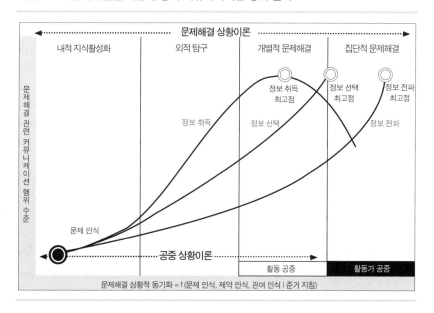

선택(information selection)은 적절한 관련성(judged relevance)을 기준으로 문제해결을 위해 정보를 취사선택하는 행위로 상정하였으며, 이를 다시 적극적인 상태인 정보선별(information forefending)과 소극적인 상태인 정보수용(information permitting)으로 세분하였다. 정보전파(information transmission)는 문제해결 과정에서 정보의 확산이 능동적으로 진행되면 정보전달(information forwarding), 소극적으로 정보가 전파되면 정보공유(information sharing)의 형태로 세분화하였다.

그림 06-2과 같이 기존의 공중 상황이론의 핵심 변수를 포괄한 문제해결 상황이론은 문제해결을 위한 커뮤니케이션 행위에 적극성과 소극성(proactive vs. reactive)을 추가하여 공중활성화를 하나의 과정프레임으로 체계화하였다. 문제해결 상황이론의 여섯 가지 커뮤니케이션 행위들은 단계적으로 문제해결의 상황적 동기화가 높아진 상태에서 촉진된다. 문제해결 과정에서 공중의 활성화 프로세스는 쟁점 상황 초기의 문제 관련 지식활성화(knowledge activation)

단계를 시작으로 외부에서 쟁점과 관련한 지식정보를 선택적으로 찾아보는 외적 탐구(knowledge action) 단계의 커뮤니케이션 행위가 촉진된다. 이때 정보취득 수준이 최고조에 이르면 어떤 행동을 수행함으로써 실제적인 문제해결에 영향을 미치는 단계(individual effectuating)로 진입한다. 나아가 문제해결을 위한 정보선택 행위 수준이 최고조로 높아지면 쟁점 관련 사람들과 협력하는 집단적 문제해결(collective effectuating) 단계로 진입한다. 이 단계에서는 사회적 연대형식의 정보전파와 공유행위가 나타나기 때문에 소위 활동가집단(activist groups)의 커뮤니케이션 행동양식을 발견할 수 있다. 문제해결 상황이론은 문제해결을 위한 커뮤니케이션 행위 변수로 공중의 활성화 단계를 입체적으로 조명해주었다. 다시 말해 공중 상황이론의 틀에서 식별하는 활동공중뿐만 아니라 세부적인 공중의 활성화과정을 다차원적인 커뮤니케이션 행위(문제해결을 위한 내적 지적활성화, 외적탐구, 개별적 문제해결, 집단적 문제해결) 수준에 따라 유형화함으로써 공중 세분화 연구의 발전에 기여하였다.

4. 공중 세분화이론의 응용과 전망

상황적인 커뮤니케이션 행위자로 공중을 주목한 공중 세분화 연구는 PR학의 독창적인 정체성을 제공하였다(김정남·박노일·김수정, 2014). PR 커뮤니케이션 대상자를 고정된 상수의 특성을 갖는 인구사회학적 속성이나 수동적인 메시지 수용자로 분류한 방식에서 벗어나 역동적이고 실제적인 공중의 커뮤니케이션 행동을 이해하고 이들에게 적절한 커뮤니케이션 전략을 구사할 수 있는 실무적인 지침을 제공하였다(Grunig, 1989; Grunig and Repper, 1992). 공중을 고정불변의 속성을 가진 집단이 아니라 쟁점 상황에 따라 등장하는 상황적인 존재로 개념화한 이론적 전환은 다양한 후속 연구를 촉진하였다(Kim and Grunig, 2011). 실제 공중 세분화 연구는 공중을 커뮤니케이션 메시지 생산자, 매개자, 전파자라는 사회적 행위자로 간주함으로써 다양한 커뮤니케이션학의 세부영역과 민주적 사회참여 연구를 촉진하였다(Kim and Grunig, 2011; Kim, Grunig and Ni, 2010; Park and Jeong, 2011; Park et al., 2011; Park, Jeong and Han, 2008).

또한 공중 세분화의 이론적 논의 과정에서 도출한 상황적 - 초상황적 관점의 공중 분류는 조직체 주도의 PR(Organization-initiate PR problem) 상황을 고려한 통합적이고 실용적인 공중 세분화 접근 틀을 제공하였다(천명기·김정남, 2016). PR 실무는 쟁점 상황이 아닌 평상시에도 PR 활동에 영향을 받을 수 있는 사람들을 적절히 분류하는 토대가 필요했다. 상황적 - 초상황적 공중 세분화 접근법은 사람들의 커뮤니케이션 행위결과에 대한 평가 중심의 공중 세분화(evaluative research approach)뿐만 아니라 형성적 조사(formative research) 차원에서 사전에 공중을 분류할 수 있는 틀을 제공한 것이다. 즉 초상황적 공중 세분화 접근은 인구사회학적 속성, 마케팅 관련 변수, 이해관계자 유형, 조직체와 공중 간의 관계성(organization-public relationship) 변수 등을 공중 세분화 모형 체계 속으로 끌어안음으로써 다양한 조직체 주도의 PR 문제를 해결하는 데 유용한 이론이다(김정남·박노일·김수정, 2014). 이러한 통합적인 공중 분류법은 조직체의 사전·대응적인 전략커뮤니케이션 실행 필요한 실효적인 지침을 제공하였다(Kim and Ni, 2013).

최근 조직체의 PR 활동은 소셜미디어 유력자집단(social media influentials)이나 정보의 허브(hub) 역할을 하는 공중을 식별하는 데 중점을 두고 있다(Dutta, 2015; Porter et al., 2007; Trammell and Keshelashvili, 2005). 소셜미디어 환경에서는 사람들이 분산되어 있으나 연결된 사회적 행위주체로서 잠재적으로 모두 미디어채널과 같다(Park and Jeong, 2011). 온라인 공간에서 1인 미디어이자 정보생산과 소비 주체인 공중은 수동적인 정보수용자가 아니라 쟁점 상황에서 관련 정보를 검색하고 선택적으로 조합하여 재생산하며 전파하는 커뮤니케이터의 강한 속성을 가진다. 그러나 모든 소셜미디어 이용자가 쟁점 관련 핵심 공중이나 영향력자 집단은 아니다. 구조적으로 온라인 플랫폼은 소수가 다수 추종자를 이끌고 있는 불평등한 멱함수 분포(power law distribution)를 가지기 때문이다(Barabasi, 2002). 따라서 PR 커뮤니케이션 실무는 쟁점 상황에서 특정 유력자 공중을 실시간적으로 식별하는 작업이 매우 중요해졌다.

앞으로 온라인 공간에서 유력자 공중을 정확히 식별하고 적절한 PR 커뮤니케이션 전략을 신속하게 구사하기 위해서는 빅데이터 기반의 사회연결망분석(Social Network Analysis)에 대한 의존도가 심화할 것이다(김정남·박노일·김수정, 2014). 우리 사회는 이미 온라인에 존재하지 않으면 존재하지 않는 시대에 진입하였다(Safko and Brake, 2009). 이제 조직체는 중간의 매스미디어를 거치지 않고 직접 온라인 공간의 다양한 1인 미디어 공중들과 상호 호혜적 관계를 형성·유지·발전시킴으로써 궁극적으로 조직체 경영의 자율성(autonomy)을 담보할 수 있다(박노일, 2011). 실제 현대 PR은 조직체의 경영활동에 직·간접적으로 영향을 미치는 온라인 여론주도자나 유력자 집단을 식별하는 데 관심이 많다(Park and Jeong, 2011). 온라인 커뮤니케이터들이 특정 이슈를 두고 다양한 조직체와 서로 영향을 주고받는 상호의존의 관계에 있으며, 때로는 사소한 이벤트가 사회 전체적으로 지탄받는 쟁점 상황으로 빠르게 변질할 수 있는 매체환경이기 때문이다(Coombs, 2015). 따라서 앞으로 공중 세분화 연구는 온라인 사회연결망 속에서 누가 여론주도자(opinion leader)이며 이들이 생산하거나 매개하여 전파하는 메시지의 프레임을 신속하게 파악하고 이에 조응하는 커뮤니케이션 전략을 집행할 뿐만 아니라 실시간적으로 효과를 측정하는 작업이 필요하게 되었다.

이러한 기술적인 변화에도 공중 세분화이론은 수집된 기계적이고 물리적인 빅데이터 자료에 사회학적 인사이트를 제공하는 도관 역할을 할 것이다(김정남·박노일·김수정, 2014). 쟁점 상황의 증폭과 소멸 과정에서 각각의 커뮤니케이터들이 어떠한 상황인식과 심리적 동인으로 어떻게 문제해결적 커뮤니케이션 행동에 나서는지를 인문사회학적인 이론 틀 속에서 풍부하게 해석해주기 때문이다. 따라서 앞으로 PR학 차원에서 공중 세분화 연구를 활성화하기 위해서는 쟁점 상황 관련 핵심 온라인 지도자(Key Opinion Leader: KOL)를 식별할 수 있는 이론적·기술적 방법론을 조합하는 노력이 필요할 것이다. 온라인 커뮤니케이터인 공중을 식별하기 위해서는 사회연결망 구성원 내에서 끊임없이 변화하는 개개인의 사회구조(sociometric)와 이들의 연결망이 만들어내는 대용량의 미디어콘텐츠를 실시간적으로 분석하는 데이터과학기술(data science technique)에 의존적일 수밖에 없다. 특히 인공지능(Aritificial Intelligence: AI) 기술이 일상화되어가는 요즘의 커뮤니케이션 환경을 고려했을 때 사회과학적 인사이트를 제공하는 이론 개념의 공중 세분화 모형이 어떻게 새로운 데이터 분석 기술을 수용하여 발전할 수 있는지는 후속 세대의 과제로 남아 있다.

참고문헌

권중록. 2000. 「상황이론을 적용한 목표 공중 분석에 관한 연구」. 《홍보학연구》, 4권 1호, 5~40.
김영욱. 2003. 『PR 커뮤니케이션』. 서울: 이화여자대학교 출판부.
김인숙. 1997. 「환경문제에 대한 공중의 커뮤니케이션 행위: 상황적 이론」. 《언론과사회》, 15권, 85~109.
_____. 2001. 「공중의 커뮤니케이션 행동에 영향을 미치는 상황적 변인들에 대한 연구-성희롱 문제에 대하여」. 《홍보학연구》, 5권 1호, 62~84.
_____. 2008. 「상황 지각과 공중의 유형에 따른 커뮤니케이션 행동과 이슈관련 행동에 관한 연구」. 《언론과학연구》, 8권 3호, 201~232.
김정남·박노일·김수정. 2014. 「공중 상황이론의 수정과 진화: 문제해결 상황이론을 중심으로」. 《홍보학연구》, 18권 1호, 330~366.
노형신·신호창·조재형·노영우. 2013. 상황이론을 바탕으로 살펴본 교육정책에 대한 공중 간 인식차이. 《한국언론학보》, 57권 5호, 5~33.
박노일. 2009. 「블로거 공중(Blogger Public) 세분화 모델 연구: 상황이론의 블로고스피어 적용을 중심으로」. 연세대학교 박사학위논문.
_____. 2011. 「상황이론의 블로거 공중 세분화 적용 연구」. 《홍보학연구》, 14권 3호, 69~105.
박노일·오현정·정지연. 2017. 「PR 구성 체계 연구」. 《한국언론학보》, 61권 3호, 283~310.
배미경. 2003. 「온라인 공중: 개념, 특성, 공중 세분화에 관한 논의」. 《홍보학연구》, 7권 2호, 213~245.
신경아. 2012. 「공중의 커뮤니케이션 행위에 대한 동기 접근 모델: 문제해결 상황이론을 중심으로」. 한양대학교 박사학위논문.
신호창·홍주현. 2000. 「정책에 대한 지식 및 오해와 태도와의 관계를 바탕으로 살펴본 공중 세분화 캠페인 전략의 필요성에 관한 연구: 국민연금제도에 대한 개인의 정보처리 능력을 중심으로」. 《한국심리학회지: 소비자, 광고》, 1권 2호, 169~185.

윤희중·차희원. 1997. 「위기상황에서의 공중 관여도, 정보추구행동 및 매체선택행동에 관한 연구」. 《홍보학연구》, 1권, 187~209.

_____. 1998. 「서베이 중심의 2차적 공중의 관여도와 정보행동 및 매체선택 행동에 관한 연구」. 《홍보학연구》, 2권, 2~31.

차동필. 2002. 「Grunig과 Hallahan의 공중 분류 모델 비교 연구」. 《홍보학연구》, 6권 2호, 96~127.

_____. 2006. 『쟁점과 공중: PR전략 수립 지침서』. 경기: 한국학술정보.

천명기·김정남. 2016. 「적극적 공중에 대한 이해와 공중 세분화 방법에 대한 연구」. 《홍보학연구》, 120권 3호, 113~138.

한정호·박노일·정진호. 2007. 「온라인과 오프라인 커뮤니케이션 상황이 공중 세분화 변인에 미치는 영향에 관한 연구」. 《언론과학연구》, 7권 1호, 319~350.

Aldoory, L. 2001. "Making health connections meaningful for women: Factors that influence involvement." *Journal of Public Relations Research*, *13*(2), 163~185.

Aldoory, L, and Sha, B. L. 2007. "The situational theory of publics: Practical applications, methodological challenges, and theoretical horizons." In E. L. Toth (ed.). *The Future of Excellence in Public Relations and Communication Management: Challenges for the Next Generation* (pp. 339-355). Mahwah, NJ: Erlbaum.

Atwood, L. E, and Major, A. M. 1991. "Applying situational communication theory to an international political problem: Two studies." *Journalism Quarterly*, *68*(1/2), 200~210.

Barabasi, A.-L. 2002. *Linked: The new science of networks*. Cambridge, MA: Perseus Pub.

Blumer, H. 1966. "The mass, the public, and public opinion." In B. Berelson and M. Janowitz (eds.). *Reader in public opinion and communication* (2nd ed, pp. 43~50). NY: Free Press.

Coombs, W. T. 2015. *Ongoing crisis communication: Planning, managing, and responding* (4th ed.). Los Angeles, CA: Sage.

Cutlip, S. M, Center, A. H, and Broom, G. M. 2006. *Effective Public Relations*. Saddle River, NJ: Prentice-Hall, INC

Dewey, J. 1991. *The Public and Its Problems*. NY: Swallow Press/Ohio University Press Books.

Dutta, A. K. 2015, June. *Identifying Key Opinion Leaders Using Social Network Analysis*. cognizant 20-20 insights, 1~11.

Eder, L. 2010. *What motivates students to become active: Appling the situational theory of publics to the student protests in Leipzig*. Unpublished master thesis. Universität Leipzig.

Grunig, J. E., & Repper, F. C. 1992. "Strategic management, publics, and issues." in Grunig,

J. E., Dozier, D. M., Ehling, W. P., Grunig, L.A., Repper, F.C., White, J. (Eds). *Excellence in Public Relations and Communication Management*(pp. 117~157). Hillsdale, NJ: Lawrence Erlbaum.

Grunig, L. A., Grunig, J. E., & Dozier, D. M. 2002. *Excellent public relations and effective organizations: A study of communication management in three countries.* Mahwah, NJ: Lawrence Erlbaum.

Hallahan, K. 2000. Inactive Publics: The Forgotten Publics In Public Relations. *Public Relations Review, 26*(4), 499~515.

Hallahan. K. 2001. "The Dynamics of Issues Activation and Response: An Issues Processes Model." *Journal of Public Relations Research, 13*(1), 27~59.

Hamilton, P. K. 1992. "Grunig's situational theory: A replication, application, and extension." *Journal of Public Relations Research, 4*, 123~150.

Hearit, K. M. 1999. "Newsgroups, activist publics and corporate apologia: The case of Intel and its pentium chip." *Public Relations Review, 25*(3), 291~308.

Hong, H, Park, H, Lee, Y, and Park, J. 2012. "Public Segmentation and Government-Public Relationship Building: A Cluster Analysis of Publics in the United States and 19 European Countries." *Journal of Public Relations Research, 24*(1), 37~68.

Kim, D. 2007. "Identifying Opinion Leaders by Using Social Network Analysis: A Synthesis of Opinion Leadership Data Collection Methods and Instruments." (Electronic Thesis or Dissertation). Retrieved from https://etd.ohiolink.edu/

Kim, J. N. 2006. "Communicant activeness, cognitive entrepreneurship, and a situational theory of problem solving." Unpublished doctoral dissertation, University of Maryland, College Park.

Kim, J. N, and Grunig, J. E. 2011. "Problem-solving and communicative action: A situational theory of problem solving." *Journal of Communication, 61*(1), 120~149.

Kim, J.-N, and Ni, L. 2013. "Integrating formative and evaluative research in two types of public relations problems: A review of research programs within the strategic management approach." *Journal of Public Relations Research,* 25, 1~29.

Kim, J. N, Downie, M, and Stefano, H. 2005. "Resolving Multicollinearity in Situational Theory of Publics: Conceptual Explication of Problem Recognition." *Proceedings of the 8th International Public Relation Research Conference*, Miami, FL.

Kim, J. N, Grunig, J. E, and Ni, L. 2010. "Reconceptualizing the communicative action of publics: Acquisition, selection, and transmission of information in problematic situations." *International Journal of Strategic Communication, 4*(2), 126~154.

Kim, J. N, Ni, L, and Sha, B. 2008. "Breaking down the Stakeholder Environment: Explicating Approaches to the Segmentation of Publics for Public Relations Research." *Journalism & Mass Communication Quarterly, 85*(4). 751~768.

Kotler, P, and Andreasen, A. R. 1987. *Strategic marketing for nonprofit organizations* (3rd ed). Englewood Cliffs, NJ: Prentice-Hall.

Kruckeberg, D, and Vujnovic, M. 2010. The death of the concept of publics (plural) in 21st century public relations. *International Journal of Strategic Communication*, *4*(2), 117~125.

Krugman, H. E. 1965. The Impact of Television Advertising: Learning Without Involvement. *The Public Opinion Quarterly*, *29*(3), 349-356.

Grunig, J. E. 1966. The role of information in economic decision making. *Journalism Monographs*, *3*, 1~51.

_____. 1978. Defining publics in public relations: The case of a suburban hospital. *Journalism Quarterly*, *55*, 109~118.

_____. 1983. "Communication Behaviors and Attitudes of Environmental Publics: Two Studies." *Journalism Monographs*, *81*, 9~16.

_____. 1997. "A situational theory of publics: Conceptual history, recent challenges and new research." In D. Moss, T. MacManus, and D. Verčič (eds.). *Public relations research: An international perspective* (pp. 3-46). London, U. K.: International Thompson Business Press.

Grunig, J. E, and Childers, L. 1988. "Reconstruction of a situational theory of communication: Internal and external concepts as identifiers of publics for AIDS." Paper presented at the meeting of the communication theory and methodology division, Association for Education in journalism and mass communication, Portland, OR.

Grunig, J, and Hunt, T. 1984. *Managing public relations*. New York: Holt, Rinehart and Winston.

Lunn, T. 1986. "Segmentation and constructing markets." In Worcester, R, Downham, J. (eds.). *Consumer Market Research Handbook* (3rd ed, pp. 387-423). New York, NY: McGraw-Hill.

Major, A. M. 1993a. "Environmental concern and situational communication theory: Implications for communicating with environmental publics." *Journal of Public Relations Research*, *5*, 251~268.

_____. 1993b. "A test of situational communication theory: Public response to the 1990 Browning earthquake prediction." *International Journal of Mass Emergencies and Disasters*, *11*, 337~349.

_____. 1998. "The utility of situational theory of publics for assessing public response to a disaster prediction." *Public Relations Review*, *24*(4), 489~508.

Moffitt, M. A. 1994. "Collapsing and integrating concepts of 'public' and 'image' into a new theory." *Public Relations Review*, *20*(2), 159~170.

Moghan, S, Daniel, L. K, and Sriramesh, K. 2005. "The Situational Theory of Publics in a Different Cultural Setting: The Case of Singapore." *Proceedings of the 8th*

International Public Relation Research Conference, Miami, FL.

Lundy, L. K. 2005. "Identifying and Prioritizing Key Publics for Coastal Conservation Communication Efforts in Louisiana." *Proceedings of the 8th International Public Relation Research Conference*, Miami, FL.

Paine, K. D, and Lark, A. 2005. "How to measure blogs and other consumer generated media and what to do with the data once you have it." *Proceedings of the 8th International Public Relation Research Conference*, Miami, FL.

Park, N, and Jeong, J. Y. 2011. "Finding publics within the blogosphere: the blogger public segmentation model." *Asian Journal of Communication*, *41*(4), 389~408.

Park, N, Bentley, C, Lee, J, and Jeong, J. 2011. "Bloggers' Demographics, Blogging Activities, and Identity Disclosure." *Asian Communication Research*, 12, 5~22.

Park, N, Jeong, J, and Han, J. 2008. "Who Are the Power Bloggers as Potential Target Public in PR?: Public Issue Involvement-Production of Messages Model." *Proceedings of the 11th International Public Relation Research Conference*, Miami, FL.

Petty, R. E, and Cacioppo, J. T. 1984. "The effects of involvement on responses to argument quantity and quality: Central and peripheral routes to persuasion." *Journal of personality and Social Psychology*, *46*, 69~81.

Porter, L, Trammell, K. D, Chung, D, and Kim, E. 2007. "Blog power: examining the effects of practitioner blog use on power in public relations." *Public Relations Review*, 33(1), 92~95.

Safko, L, and D. K. Brake. 2009. *The Social Media Bible*. New Jersey: John Wiley & Sons, Inc.

Self, C. C. 2010. "Hegel, Habermas, and community: The public in the new media era." *International Journal of Strategic Communication*, *4*(2), 78~92.

Sha, B. L, and Lundy, L. K. 2005. "The Power of Theoretical Integration: Merging the Situational Theory of Publics with the Elaboration Likelihood Model." *Proceedings of the 8th International Public Relation Research Conference*, Miami, FL.

Trammell, K. D, and Keshelashvili, A. 2005. "Examining the New Influencers: A Self-Presentation Study of A-List Blogs." *Journalism and Mass Communication Quarterly*, 82(4), 968~982.

Vasquez, G, and Taylor, M. 2001. "Research perspectives on 'the public'". In R. L. Heath (ed.) *Handbook of Public Relations* (pp. 127-138). Thousand Oaks: Sage.

Vujnovic, M. 2004. *The public relations practitioner as ombudsman: A reconstructed model*. Unpublished master's thesis, University of Northern Iowa, Cedar Falls.

07

디지털 미디어 이론
소비자의 가상경험과 현존감

이두황 · 서영남

1. 들어가며

가상현실(Virtual Reality: VR)과 증강현실(Augmented Reality: AR) 등 첨단 미디어 기술이 발달함에 따라 이미 대다수의 기술 사용자들은 인간이 그간 경험해온 익숙한 실제 공간의 현실과는 다른 가상 공간이나 실제 공간에 가상 객체들이 존재하는 혼합 공간의 현실에서 물리적 대상뿐만 아니라 여러 사회적인 대상들과 이전까지 경험하지 못한 새로운 형태의 상호 작용(interactions)을 경험하고 있다.

주목해야 할 점은, 이러한 새로운 미디어 경험이 거의 모든 경우 인지적 '착각(illusion)'에 의존하고 있다는 것이다. 가령, 머리에 착용하는 디스플레이 장치인 HMD(Head-Mounted Display)를 쓰고 우주를 경험하고 있는 기술 사용자는 자신이 실제로는 백화점에 설치된 VR 기기를 이용하고 있을 뿐이라는 사실을 너무도 잘 알고 있지만, 그럼에도 마음속 일각에서는 마치 실제로 우주 공간 안에 '들어온' 또는 '전송된' 느낌을 받는다. 학술적 차원에서 이런 착각은 미디어(내러티브) 속으로의 '전송감(transportation)'(Green and Brock, 2000 참조) 또는 '몰입(immersion)' 등 여러 개념으로 정의되어왔지만, 그중에서도 가장 주목할 만한 개념은 바로 '현존감(presence)'이라 할 것이다.

일반적으로 현존감이란 미디어가 만들어내는 가상의 공간, 물체, 인물 같은 대상 등에 대해 사용자가 주관적으로 실제처럼 느끼는 심리적 상태를 일컫는다. 제4차 산업혁명이라는 말이 유행이 될 만큼 여러 혁신적 변화를 겪고 있는 오늘날, 비단 현존감 이론이 태동한 전통적인 인간과 컴퓨터의 상호 작용(Human-Computer Interaction: HCI) 분야뿐 아니라 거의 모든 커뮤니케이션 학문 영역에서 점점 더 중요한 화두(話頭)로 자리 잡는 추세이다. 이는 광고·PR학 영역에서도 예외가 아닌데, 최근 각광 받고 있는 인터랙티브 광고·PR 캠페인 등의 사례를 고려하면 소비자가 얼마나 '자신이 광고·PR 캠페인이 제공하는 가상의 객체나 환경을 실제로 체험하고 있다고 느끼게' 만들 것인가가 소비자 설득이라는 궁극적 목표에 상당한 영향력을 미칠 것임은 자명한 사실이라 하겠다.

이러한 맥락을 토대로 이 장에서는 '현존감' 개념을 둘러싼 여러 이론적 논의를 소개하고자 한다. 비록 이론적 측면에서 현존감에 대한 논의가 다소 파편화된 측면이 없지 않지만, 먼저 현존감 개념의 기원과 다양한 정의들, 그리고 세부 차원에 대한 논의들을 간략히 검토해 정리할 것이다. 다음으로는 현존감을 적용한 광고·PR 분야의 국내외 연구들을 소개하고 그 함의를 고찰하고자 한다. 현존감 이론은 이제 전통적 커뮤니케이션학 분야뿐만 아니라 광고·PR 분야에서도 적극적으로 활용되고 있다. 그러나 여전히 광고·PR 분야의 현존감 연구는 상대적으로 적은 편이며, 현존감의 초기 개념으로 주로 제품이나 서비스 혹은 캠페인의 장인 공간(space)으로의 이동을 은유적으로 강조하는 원격현존감(telepresence)에 머물러 있는 것 같은 느낌을 주는 것도 사실이다. 이러한 한계는 VR, AR, 그리고 앞으로 등장할 다른 몰입형(形) 혼합 현실(Mixed Reality: MR) 기술들이 더 빈번하고 더 적극적으로 미래 광고 및 홍보 캠페인을 활용될 것을 감안하면 마땅히 언급된 현존감 개념의 적용 범위의 한계를 극복되어야 할 필요가 있다. 이에 따라 이 장은 향후 VR와 AR 기반 광고·PR 캠페인

플랫폼의 성공적인 활용을 위해 광고·PR학의 연구자들과 전문가들이 사용자의 현존감과 더불어 플로(flow)와 행동유도성(affordance)과 같은 개념들도 함께 적용해야 하는 당위성과 가능성에 대해서도 논의를 확장하고자 한다.

2. 현존감: 개념의 출발과 정의

현존감 개념은 민스키(Minsky, 1980)가 최초로 제안한 '원격 현존감(tele-presence)'에서 그 기원을 찾을 수 있다. 구체적으로 해당 개념은 기술 사용자가 원격 조종 기술을 이용하면서 제어 시스템으로부터의 피드백을 통해 물리적으로 멀리 떨어진 장소에서 벌어진 일들을 마치 자신이 직접 보고 느끼고, 나아가 거기에 진짜 존재하는 것처럼 느끼는 의식 상태를 지칭하는데, 추후 이는 다시 TV나 영화, 혹은 컴퓨터와 같은 "(미디어) 기술에 의해 창조된 공간으로 전송되는 느낌"(Lee, 2004a: 29) 정도로 그 의미가 확장되었다.

비록 원격 현존감이 현존감 이론의 기초를 닦았다는 중요한 의의가 있지만, 개념 자체는 전화나 원격 화상 회의(video conference) 등 초기 미디어 기술 맥락에서 창안되었기 때문에 사용자의 현존(現存), 그러니까 사용자가 현재 어떤 특정한 매개된 '공간'을 점유하는 심리적 상태에만 주로 주목한다는 한계가 있다. 따라서 이후의 연구들(예: Sheridan, 1992; Steuer, 1992)은 원격 현존감에서 원격을 뺀 현존감 개념을 주로 언급하게 되는데, 이는 훨씬 더 다양해지고 복잡한 기술 개발 사례들과 그로 인해 나타나는 현재와 미래의 매개 현실의 양태(樣態)를 누락하지 않고 모두 포괄하기 위한 시도라고 볼 수 있다. 이와 관련하여, 스튜어(Steuer, 1992: 75)는 현존감을 '어떤 환경에 대한 자연스러운 지각(natural perception)'으로, 원격 현존감은 '어떤 환경에 대한 매개된 지각(mediated perception)'으로 각기 구분하기도 하였다.

사실 VR와는 달리 AR라는 증강현실 기술은 사용자에게 상호 작용할 타인이나 물리적 대상을 자신의 현실 공간으로 데리고 올 기회를 제공할 수 있다. 이런 기술적 측면에서 보면 나라는 사용자의 존재는 꼭 '거기에 갈(being there)' 필요가 없이 '여기에 있을(being here)' 수도 있기 때문이다. 이처럼 VR, AR 혹은 MR로 상징되는 현재 및 미래의 매개 기술들은 마치 인간의 원초적 면 대 면(face-to-face: F2F) 커뮤니케이션을 보다 창의적으로 재현하는 쪽으로 진화하고 있는데, 이를 감안하면 원격 현존감 개념 자체의 적용 가능성에 많은 난점이 있다는 것은 부정하기 힘들다. 단적으로, 과거 온라인 게임에 접속한 게임 플레이어들은 시스템에 대한 몰입 정도에 따라 자신이 게임 세계에 '빨려 들어가는' 느낌을 받았을지 모른다. 그러나 현재의 VR 게임 사용자들은 그런 과정 없이 바로 자신 앞으로 게임 세계가 소환되는 것이 상례이다. 특히, 이런 상황에서는 '여기가 아닌 어디론가 가서 존재하는' 느낌을 의미하는 원격 현존감 개념보다는 좀 더 폭넓게 적용될 수 있는 개념인 현존감이 부득이하게 요청된다는 것이다.

그렇다면 과연 현존감이란 무엇인가? 현존감 개념은 최근 십수 년간 가장 많이 논의되어온 주제이며 다양한 학술적 관심을 받아왔지만, 아쉽게도 정작 개념 자체는 어느 정도는 여전히 파편화된 상태, 즉 용어의 비통일성 및 유사 개념의 난립에 머물러 있다(Lee, 2004a). 예를 들어, 스튜어(Steuer, 1992: 76)는 현존감을 "물질적 공간보다는 매개된 공간에 사용자가 존재한다고 느끼는 정도"로 정의하였고, 위트머와 싱어(Witmer and Singer, 1998: 225)는 이를 "사용자가 물리적 공간에 있음에도, 다른 어떤 공간이나 장소에 존재한다고 느끼는 주관적 경험"으로 정의한 바 있다. 이러한 유(類)의 현존감 정의들은 앞서 언급한 전송감을 제외한다면, 기존 원격 현존감의 개념에서 크게 벗어나지 않는다고 평가할 수 있겠다.

그러나 대부분의 문헌은 공통적으로 TV나 영화와 같은 미디어 기술이 사용자의 시각과 청각과 같은 감각기관에 직접적으로 영향을 주어 미디어가 재현하고 구현하는 내용을 사용자가 실제처럼 가상 경험하는 심리적 현상으로 정의한다. 가령, 롬바드와 디턴(Lombard and Ditton, 1997)은 현존감을 미디어가 제공하는 내용이 "매개되어 있지 않다고 느끼는 지각적 환상(the perceptual illusion of nonmediation)"으로 정의하였고, 김태용(2003: 113)은 매체 사용자가 "매체가 제공하는 가상 세계의 사물과 사건을 현실의 것으로 받아들여 그에 대해 직접적인 심리적 신체적 반응을 보이는 현상"으로 정의하였다. 이러한 정의들은 사용자가 인식적으로 현존감 경험 자체를 가능케 하는 미디어의 기술적 요소가 마치 존재하지 않는 것처럼 착각하여 그 매개된 내용의 현실을 실제 현실로 받아들인다는, 인간의 감각 또는 지각적인 상태에 기반을 둔 정의로, 현상적 요소(예: 기술이 재현한 공간, 대상 등)에 보다 많은 부분을 할애한 다른 정의들과 상당히 차별되는 특성이 있다.

한편, 일련의 학자들은 현존감을 비단 실제 환경 외에도 VR 등 매개 현실 또는 꿈 등 완전한 상상 속에서도 사람들이 느낄 수 있는 감각으로 보다 넓고 포괄적인 의미를 지니는 것으로 정의했는데, 비오카(Biocca, 1997)가 현존감을 "물리적 공간에 존재하든 그렇지 않든, 그곳이 있다고 느끼는 환상"으로 정의한 것이 그 대표적 예이다. 이와 유사하게 리(Lee, 2004a)도 비슷한 관점에서 현존감을 정의했는데, 구체적으로는 현존감을 "(사용자) 경험의 가상성이 인식되지 못하는 심리적 상태"로 정의하였다(2004a: 32). 이는 전술한 정의들과는 달리, 현존감을 기술 사용자의 내적(內的)이고 주관적 인식에 초점을 맞추면서도 기술이 재현한 자극을 지각하는 심리적인 경험이 가상적이라기보다는 실제적일 수 있다는 것을 보다 더욱 강조했다는 차이가 있다. 또한 그는 기존 정의들이 '환상(illusion)'이나 '비논리적(illogical)' 같은, 마치 현존감이 무언가 불완전하고 잘못된 예외적 현상이라는 무의식적으로 제시하는데, 그의 정의는 개념적 뉘앙스를 제거함으로써 현존감이 인간 본연의 자연스러운 심리 현상임을 강조했다는 특장점이 있다고 하겠다. 결국 리(Lee, 2004a)는 현존감을 특정 기술 사례에 함몰된 것이 아니라 사용자 '경험'을 언급함으로써 기술이 전혀 개입하지 않은 경우의 현존감의 존재도 긍정하고 이를 개념 속에 포괄했다는 것이다. 즉, 해당 정의는 현존감은 반드시 최신 기술이 매개하는 사용자 경험 속에서만 느껴지는 것이 아니고, 꿈이나 소설 읽기 등 기술적 매개가 없는 일상적 상황 속에서도 얼마든지 느낄 수 있는 보편화된 심리 상태임을 지칭한다.

그러나 이러한 시도는 현존감의 발생을 비단 감각의 집중을 요구하는 전자 미디어 기술의 예에만 한정하지 않고, 기술의 개입 없는 상태에서도 나타날 수 있는, 혹은 느낄 수 있는 인식이라고 파악한다는 점에서 그 적용의 폭이 다른 정의들에 훨씬 더 넓다는 장점이 있을 수 있지만, 그 적용 범위가 책을 비롯한 전통 미디어 경험까지 너무 확대되어 마치 단 하나의 만병통치약(cure-all)처럼 사용자의 미디어 몰입 경험을 설명하려는 단점도 있다. 이와 관련하여 슈베르트와 쿠르지우스(Schubert and Curisus, 2002)는 '책의 문제(book problem)'를 제기하면서 직접적으로 감각기관을 자극하지 않고 문자를 이용해 사건을 묘사하는 책과 같은 비감각적인 미디어에도 현존감 경험을 적용하는 것에는 개념적 혼란을 불러일으킬 수 있다고 주장했다.

3. 현존감 개념의 세부 차원과 기제

1) 현존감의 하부 차원

현존감에 대한 파편화된 정의들만큼이나, 그 세부 차원의 규정 역시 학자에 따라 다양하게 이뤄져 왔다. 그러나 현재 많은 학자들은 현존감의 유형을 사용자가 상호 작용하고 경험하는 대상에 따라 구분하고 있는 듯하다. 즉, 사용자 자신이 가상으로 재현된 자신을 실제인 자신으로 여기면 자아(self) 현존감, 가상의 사회적 존재를 실제처럼 여기면 사회적(social) 현존감, 가상의 사물을 실제의 사물처럼 여기면 물리적(physical) 현존감, 가상의 공간을 실제 공간으로 여기면 공간적(spatial) 현존감으로 현존감을 구분하는 것이다. 예를 들어, 리(Lee, 2004a)는 현존감의 세부 차원을 기술 사용자가 겪는 가상 경험의 영역들에 따라 ① 물리적, ② 사회적, ③ 자아 현존감의 셋으로 개념화하였다. 먼저 물리적 경험 영역이란 현실 속 특정 대상이 기술에 의해 매개되거나 경험된 물리 대상이 기술에 의해 인공적으로 창조될 때 가상 경험으로 전이되는 경우를 말한다. 이러한 가상 경험은 현실에서의 대상은 물리적으로 다양한 감각 단서의 주관적 인식을 통해 형성되지만, 가상 세계에서의 대상은 일반적으로 기술에 의한 시각이나 청각적 자극에 의해 경험되기 때문에, 결과적으로는 인간의 주관적 정보처리에 따라 모든 감각 단서의 전 방위적 제공 없이도 물리적 가상 경험이 가능하다는 전제를 그 배경에 깔고 있다.

다음으로 사회적 가상 경험 영역은 매체를 통해 타인을 경험하거나 경험하는 사회적 행위자가 인공적으로 창조될 때 가상 경험으로 전이되는 경우를 일컫는데, 엄밀히 말해 이러한 사회적 경험 역시 전술한 물리적 경험에 어느 정도는 포괄된다고도 볼 수 있으나, 사회적 상호 작용 대상을 인식하고 반응하는 인간의 인식적 시스템은 일반 사물의 경우와는 근본적으로 궤를 달리하는 특별한 기제(mechanism)이기 때문에 별도로 분리하여 정의할 필요가 있다. 이에 따라 사회적 현존감은 기술 사용자가 시뮬레이트된 사회적 행위자(인간 사용자 혹은 인공적 존재)의 인공성을 감지하지 못했을 때 발생한다고 개념화된다. 흥미로운 점은 이러한 리(Lee, 2004a)의 사회적 현존감에 대한 정의는 단순히 '누군가와 같이 있는 느낌'으로 이해되는 공존 현존감(co-presence)(Durlach and Slater, 2000 등 참조)과 엄밀히 구분되는데, 공존 현존감이 고프먼(Goffman, 1963)의 '상대와 같이 점유하는 공간' 개념에 기반을 두고 사용자가 상대뿐만 아니라 상대가 사용자를 지각하고 있다는 상호 지각(mutual awareness)을 요구하는 반면, 사회적 현존감은 단지 상호 작용 상대의 인공성만 인식하지 못하기만 하면 발생하기 때문에 전자가 설명하기 어려운 일방향적(one-way) 커뮤니케이션의 사례(예: 편지) 역시 무리 없이 포괄한다는 장점이 있다고 하겠다.

마지막으로 자아 현존감은 기술에 의해 현실에서의 자아 경험이 매개될 때(Biocca, 1997 참조)나 경험된 자아가 기술에 의해 인공적으로 구성될 때, 그리고 사용자가 시뮬레이트 된 자아(alter-selves)의 인공성을 인식하지 못할 때 발생한다고 정의된다. 특기할 점은 이 재현된 자아는 반드시 현실 속 자아의 전체를 그대로 모사(模寫)할 필요는 없으며 인공적으로 구성된 자아의 한 부분만으로도 발동된다는 것이다. 가령, 1인칭 슈팅 게임에서 사용자의 얼굴이나 몸 전체가 전부 시뮬레이트되지 않더라도 자신의 것으로 인식되는 신체 일부(예: 총을 잡은 손)가 효과적으로 재현된다면 자아 현존감의 생성은 가능하다. 이는 앞서의 두 현존감 개념처럼 자아 현존감 역시도 심리적으로 가정된 개념이기 때문인데, 이론적으로는 실제 감각 단서들의 제공을 현존감의 필수 요소로 보느냐 그렇지 않느냐에 따라 현존감 이론의 포용 범위가 매우 달라질 수 있다는 점을 감안한 정의로 이해해 볼 수 있을 것이다.

비록 앞서 설명한 리(Lee, 2004a)의 세 가지 현존감 하부 차원이 많은 현존감 연구에서 그대로 원용되고 상대적으로 일반적인 것으로 받아들여지고 있지만, 전혀 다른 방식의 정의들이 없는 것은 아니다. 특히 사회적 현존감의 경우, 그 개념적 모호성에 힘입어 복잡다기한 방식으로 정의되는 난맥상을 보이고 있지만, 그 특성에 따라 어느 정도는 구분이 가능하다. 먼저 쇼트와 동료들(Short, Williams and Christie, 1976)은 사회적 현존감을 '커뮤니케이션 매체의 특징'으로 정의하는데, 이에 따르면 ① 개별 매체의 사회적 현존감은 서로 차이가 있으며, ② 매체 이용자들은 사회적 현존감의 차이에 따라 상호 작용의 방식과 상대방과의 관계가 달라진다는 결론이 도출된다. 실제로 이 정의를 따른 후속 연구들(Short et al., 1976; 황하성, 2007 등 참조)은 사회적 현존감 정도는 면 대 면 접촉, 비디오와 오디오, 문자 순으로 높게 나타나며, 사회적 현존감의 정도가 클수록 그 매체는 더 사회적이고, 개인적이며, 감성적인 특성을 지닌다고 주장한 바 있다. 한편, 두 번째 유형의 정의는 소위 '공간에 대한 공동의 인식'으로서의 사회적 현존감을 정의하는 것이다. 즉, 사회적 현존감은 어떤 공간 속에서 누군가와 함께 있는 '공존(co-presence)'의 느낌이며(Mason, 1994), 따라서 매체의 특질이 아닌 매체 이용자의 심리적 경험으로 보는 것이 옳다고 주장하는 것이 요지이다. 마지막으로 세 번째 유형의 정의는 이전 개념에서 한 발 더 나아가 상대방과의 상호 작용에 중점을 두는 특징을 지닌다. 다시 말해, 단지 다른 사람이 존재한다고 인식하는 것으로는 충분치 않고, 그 함께 있는 상대방이 나의 행동에 어떤 반응을 보이거나 나의 존재를 상호 인식할 때 사회적 현존감이 생성된다는 것이 이 유형의 정의가 지니는 가장 큰 특징이다. 이러한 상호 작용은 소위 '가상적으로 함께 하는 느낌을 줌으로써(Durlach and Slater, 2000), 단지 '상대가 거기 있느냐의 여부'와는 확실히 차별화된다고 주장된다(황하성, 2007: 537).

2) 현존감의 발생 원인과 기제(mechanism)

그렇다면 기술 사용자가 느끼는 현존감은 무엇 때문에 발생하는가? 리(Lee, 2004b)에 따르면, 선행 연구들은 현존감의 기제를 대략 두 가지로 설명하고 있다. 먼저 슬레이터와 우소(Slater and Usoh, 1993) 등 일군(一群)의 학자들은 소위 '불신의 중지(suspension of disbelief)' 가설을 설파하였는데, 그 핵심은 기술 사용자가 매체가 제공하는 어떤 '즐거움'을 더 많이 즐기기 위해 자발적으로 또 의식적으로 매개된 미디어 경험의 인공성을 '잊으려는' 시도를 한다는 것이다. 쉽게 말해, 아주 재미있는 소설을 읽는 독자가 책의 스토리나 등장하는 인물의 행동이 완전한 허구임을 알면서도 일부러 그 사실을 떠올리거나 하지 않는 것처럼, 더 큰 몰입과 그에 수반되는 더 큰 즐거움을 위해서 특정 매체가 어떤 식으로든 시뮬레이트한 공간과 사물, 그리고 그 안에 구현된 사회적 존재들이 진짜가 아니라는 사실을 의도적으로 외면하거나 무시하는 경향이 있고, 이것이 바로 현존감의 원천이 된다는 것이다(Hayes-Roth et al., 1999 등 참조). 그러나 여러 학자들은 미디어의 내용이 허구라는 사실을 의식적으로 혹은 무의식적이라도 억제하면 할수록, 사용자들은 더욱 내용이 허구라는 생각에 사로잡혀 내용을 실제처럼 인식하는 것이 어려울 수 있다는 점에서 불신의 중지가 현존감 경험이라는 심리적 과정의 원인으로 단정할 수 없다고 지적한다(Buselle and Bilandzi, 2008; Lee, 2004b; Slater and Rounder, 2002).

현존감의 작동 기제에 대한 두 번째 설명은 인간 마음의 진화를 가정하는 진화심리학(evolutionary psychology)과 깊은 연관을 맺는다. 리(Lee, 2004b)는 소위 '인간 정신의 모듈(module)'(Segal, 1996 등 참조)과 '통속 물리학/심리학'(Baillargeon, Kotovsky and Needham, 1995 등 참조) 등 다양한 진화론적 관점을 들어 현존감 기제를 설명하였는데, 그 대략적 내용은 다음과 같다. 첫째, 인간의 정신은 범용(汎用)적으로 적용되는 단일 시스템이 아니라 기능적으로 분화(分化)된 정보처리 모듈의 집합이다. 즉 사람의 뇌는 여러 임무를 번갈아 처리하는 시스템이 아니라, 예컨대 공간을 지각하는 모듈, 논리적 추론을 담당하는 모듈, 언어 구사를 담당하는 모듈 등 다수의 하부 체계가 모인 집합체이며, 각 하부 시스템은 물론 다른 시스템들과의 긴밀한 연관도 갖지만 기본적으로는 자신이 담당하는 임무를 전담 처리하는 특성을 지니고 있다는 것이다. 둘째, 이 모듈들 중에는 엄밀한 증거를 기반으로 한 객관적 인과(因果)의 계산이 아니라 반대되는 증거가 없는 한 입수되는 외부 정보를 직관적 추론만으로 그대로 받아들이는 특성을 지닌 모듈들이 있고, 앞서 언급한 통속 물리학 또는 통속 심리학이 바로 이에 해당한다. 이는 기본적으로 인간의 생존이 걸린 문제에서 모든 외부 정보를 일일이 세심하게 처리해서 선별적으로 받아들이기보다는 수용하는 것을 전제로 대충이라도 빠르게 추론하는 것이 훨씬 더 중요하고 유용하기 때문이다(Mantovani, 1995 등 참조). 셋째, 이런 방식으로 진화해온 인간 정신/심리의 특성은 다시 VR나 AR를 필두로 한 최신 미디어 기술에도 그대로 유효하게 작용하는데, 분명 내가 보는 공간, 사물, 상호 작용 대상이 현실의 그것이 아님을 인식하고 있음에도, 내 안의 어떤 특정한 정보처리 모듈들 - 가령, 통속 물리학/심리학 모듈 - 은 여전히 그 가상의 공간, 사물, 대상을 과거의 방식 그대로 처리하고 있기 때문에 자연스럽게 인식적 착각이 일어나게 되고, 바로 이것이 현존감이 발생하는 원리라는 것이다.

　요약하면, 현존감은 기본적으로 인간의 인식 능력이 현실 속에서 볼 수 있고, 경험할 수 있는 대상과 커뮤니케이션 종류에 한정되어 진화해왔기 때문이라는 것인데, 이는 다시 소위 '사회적 행위자로서의 컴퓨터(Computers-As-Social-Actors: CASA)' 패러다임(Reeves and Nass, 1996 등 참조)과 그 맥을 같이한다. 즉, CASA 패러다임이 주장하는, 기술 사용자들이 인간이 아닌 가상 혹은 인공적 존재들을(예: 인공지능, 아바타 등)을 마치 '인간처럼' 대하는 일(Nass and Moon, 2000; Reeves and Nass, 1996 등 참조)이 일어나는 이유는 인간의 인식이 오직 인간만을 대상으로 진화해왔기 때문이며, 마찬가지로 인간의 인식 체계는 여전히 내가 존재하는 '실제 공간'에서 '실제로 존재하는 대상'과 이야기하고 상호 작용하는 경우만을 본능적으로 상정하고 있기 때문에 VR나 AR가 구현하는 가상의 공간과 상호 작용 대상(들), 그리고 그들과의 상호 작용 경험을 인식하는 방법에서도 이러한 원칙이 여전히 적용되기 때문에 마치 그 가상의 공간과 대상이 실제로 존재하는 것처럼 느끼게 된다는 것이다. 쉽게 말해, 기술의 발전은 이미 인간이 과거 한 번도 경험하지 못했던 새로운 상호 작용과 커뮤니케이션을 창조하는 데 성공했지만, 인간 인식의 발전은 아직 여기에 맞춰 충분히 진화하지 못했기 때문에, 현존감으로 불리는 인식적 착각이 자연스럽게 일어나게 된다는 것이다.

4. 광고PR 분야에서의 현존감 개념의 적용과 연구: 국내외 문헌을 중심으로

앞서도 언급한 것처럼 현존감 이론이 서서히 국내외 광고·PR학 분야에서도 주요한 이론 중 하나로 다뤄지면서 이를 적용한 실증 연구들이 다수 발표되었다. 한 연구(문영숙·이병관·임혜빈, 2017)는 1988년부터 2015년까지 국내 광고 전문 학술지에 발표된 논문들을 분석했는데, 그 결과 2000년 이후 발표된 논문들이 가장 많이 차용한 뉴미디어 관련 이론이 바로 현존감 이론(4개)인 것으로 확인되어(2017: 97) 현존감 이론이 플로나 상호 작용성 이론과 더불어 현재 국내 광고·PR학 분야에서 가장 유력한 이론적 설명 틀임을 어느 정도 짐작하게 했다.

완벽하지는 않지만 현재 광고·PR 분야에서 현존감 이론을 차용한 연구들을 대략 구분하면 다음과 같다. 우선 첫 번째 연구 경향은 광고 형식 요인의 현존감에 대한 영향에 관한 연구들인데, 광고가 제시되는 새로운 미디어 기기의 기술적이고 형식적 특징에 따른 수용자들의 현존감 경험 정도를 분석하는 특징이 있다. 가령 리, 도허티와 비오카(Li, Daugherty and Biocca, 2002)는 2D로 구현된 제품 광고보다 평면이지만 3D로 구현된 제품 광고가 제품에 대한 지식뿐만 아니라 브랜드에 대한 태도와 구매 의도에 긍정적인 설득 효과를 보이고, 나아가 여기에서 원격 현존감이 중요한 매개 변수 역할을 한다는 것을 실험을 통해 밝혀냈다. 또한 임, 시크릴로와 드럼라이트(Yim, Cicchirillo and Drumwright, 2012)는 피험자의 현존감이 평면 3D보다 양안(兩眼)식 입체(stereoscopic) 3D에 노출되었을 때 더 크게 나타나고, 그 차이로 인해 입체 3D 광고를 더 즐거워하고 인지된 제품 지식이 증가한다는 것을 밝혔다. 국내에서도 정원기·조재수·김충현(2013)은 3D 입체영상 광고의 현존감 효과를 살펴보았는데, 2D 영상 광고에 비해 3D 입체영상 광고에서 수용자들이 더 높은 현존감을 경험하며 3D 입체 영상 광고에 의해 야기된 현존감이 광고와 브랜드 태도에 긍정적인 영향을 미침을 발견하였다. 흥미롭게도 최영균(2003)이 청각이 제공되지 않은 단일 감각 2D나 3D 환경보다 청각과 함께 제공되는 다감각 3D 환경에서 피험자의 현 가장 높아지고 소비자의 태도가 더욱 호의적으로 나타내는 것을 박혔다.

사실 이러한 연구들은 스튜어(Steuer, 1992)가 제기한 (원격) 현존감의 결정 요인들에 대한 개념화와 비슷한 관점에서 수행되어온 것으로 볼 수 있다. 구체적으로, 스튜어(Steuer, 1992)는 현존감이 '상호 작용성'과 감각적 정보의 '생생함'에 의해 결정되고 전자는 다시 ① '속도(speed)' ─ 매개된 환경에서 사용자가 미디어 형태(form)이나 내용(content)을 조작할 때 걸리는 시간, ② '범위(range)' ─ 사용자가 내용을 조작하는 방식의 수, ③ '매핑(mapping)' ─ 사용자가 내용을 조작하는 방식이 실제 환경에서 조작하는 방식과 유사한 정도, 이 세 가지 요소에 의해, 후자는 ① '넓이(breadth)' ─ 미디어가 제공할 수 있는 감각 단서(예: 시각, 청각, 촉각, 후각, 미각 등)의 수와 ② '깊이(depth)' ─ 미디어가 재현한 정보의 질(예: 화질, 음질 등) 또는 감각적 해상도(fidelity)의 두 요인에 의해 결정된다고 파악하였다. 이는 롬바드와 디턴(Lombard and Ditton, 1997)이 그랬던 것처럼 현존감을 기계적 관점(mechanical perspective)에서 파악하는 시각이라 볼 수 있는데, 이에 따르면 현존감이란 일련의 미디어 특성(media characteristics)에서 발원하는 어떤 (가상의) 인식/감각이 되며, 따라서 미디어의 형태 요인을 상황에 맞춰 조정함으로써 더 높은 수준의 현존감 경험을 제공할 수 있다는 결론이 도출된다.

뉴미디어를 이용한 다양한 광고 맥락 측면에서 보면, 여러 연구들이 3D를 이용한 광고 외에도 인터랙티브 광고, 증강현실 광고, 3D 입체 영상 광고, SNS 게임 광고 등 새로운 형태의 광고 미디어 형태의 현존감에 대한 영향을 조사함과 동시에 그 현존감이 어떻게 광고 및 브랜드에 대한 태도와 행동 의도 전반에 걸쳐 효과를 발생시킴을 검증해왔다. 특히, 수용자들이 광고에 직접 참여하고 통제하며 즉각적인 상호 작용을 일으키는 인터랙티브 광고의 맥락에서 현존감 효과가 가장 활발히 연구되어왔다. 예를 들면, 코일과 토르슨(Coyle and Thorson, 2001)은 마케팅 웹사이트가 제공하는 상호 작용성과 생생함을 각각 클릭할 수 링크의 수와 사운드와 애니메이션를 혼합하여 조작함으로 이 피험자가 그 웹사이트 안에서 강한 원격 현존감을 경험한 것을 실험을 통해 보여주었다. 흥미롭게도 생생함은 그 사이트에 더 긍정적인 태도와 그 태도의 지속성에 영향을 주었지만, 상호 작용성은 태도에 아무런 영향을 끼치지 않는 것을 발견했다. 이와 유사하게 클라인(Kleine, 2003)은 소비자가 컴퓨터가 매개된 환경에서 제품에 대한 가상경험을 할 때 그 환경의 상호 작용성과 생생함이라는 결정 요인이 원격 현존감 경험에 대한 역할을 실험을 통해 검증했다. 그러나 그녀는 코일과 토르슨(Coyle and Thorson, 2001)과는 달리 원격 현존감의 설득 효과를 컴퓨터 환경에 대한 태도가 아닌 광고한 제품에 대한 신념과 태도에 주목했다. 구체적으로 해당 연구는 상호 작용성과 생생함을 사용자의 통제(user's control)와 미디어의 풍부성(media richness)로 조작한 실험에서, 피험자가 간단한 제품 정보의 획득 순서를 통제함으로도 높은 원격 현존감을 경험했고, 그 원격 현존감이 피험자의 인지적 반응인 광고 제품의 속성에 대한 신념 강도(belief strength)과 광고 제품에 대한 태도 강도(attitude strength)에 영향을 주는 것을 확인했다.

국내에서도 인터랙티브 광고와 현존감에 대한 많은 연구가 있다. 예를 들면,

마정미(2002)가 인터랙티브 광고 영상 시청 상황에서 수용자가 광고 속 정보를 통제 가능한지의 여부가 수용자의 원격 현존감 경험에 어떤 영향을 주고, 현존감 경험이 광고에 대한 기억, 광고 태도, 브랜드 태도, 구매 의도와 같은 설득에 어떠한 영향을 미치는지를 조사하였다. 그 결과 정보통제가 가능한 집단이 불가능한 집단에 비해 더 높은 수준의 광고영상세계로의 원격 현존감 경험을 한 것으로 발견되었다. 흥미롭게도 그 원격 현존감이 광고에 대한 기억과 브랜드 태도에는 유의미한 영향을 주지는 않았지만, 광고 태도와 구매 의도에 긍정적인 영향을 미치는 것으로 밝혀졌다. 이와 비슷하게, 권승경·장대련·장동련 (2016)도 인터랙티브 광고에서 수용자가 느낀 현존감이 즐거움이라는 효과를 낳고, 이 즐거움이 다시 브랜드 관계 품질과 브랜드 태도에 긍정적인 영향을 미친다는 연구 결과를 보고하였다. 구체적으로 그들은 실험을 통해 능동적 참여가 가능한 정보 통제감이 높은 조건에서의 피험자들이 동영상을 보다가 자유롭게 화면을 멈추고 관련 제품의 정보를 얻을 수 있고 SNS를 공유할 수 있도록 조작을 하여 이러한 기능이 제외된 정보 통제감 조건에서의 피험자들 보다 더욱 광고영상세계에 대한 원격 현존감을 더욱 크게 경험한다는 것을 발견했다.

인터랙티브 광고 외에도 최근에 나타난 광고 플랫폼인 증강현실과 SNS 게임과 같은 여러 광고 형식에서 현존감의 효과가 검증되어왔다. 가령, 허옥과 정동훈(2011)은 AR 기술을 활용한 광고의 효과를 검증하기 위해 동일한 내용을 담은 인쇄 광고와 AR 광고를 비교하였는데, 인쇄 광고에 노출된 집단보다 AR 광고에 노출된 집단이 더 큰 현존감을 느꼈다고 보고하였다. 특히 AR 광고를 경험할 때 수용자가 지각하는 미디어 풍요성이 수용자의 현존감 경험에 긍정적인 영향을 미치는 것으로 밝혀졌다. 이승연과 조창환(2011) 또한 인터랙티브 광고에 대한 참여 유형(예: 지각된 통제성, 지각된 반응성, 지각된 개인화, 지각된 실재감) 중 하나를 지각된 (원격) 현존감으로 규정하고, 사용자가 AR 광고에 대하여 지각된 원격 현존감을 크게 느낄수록 AR 광고에 대한 태도, 광고 내 상호작용에 대한 참여 의도, 광고를 다른 사람들에게 알리고자 하는 구전 의도가 모두 높아진다고 보고하였다. 한편, 그리고로비치와 콘스탄틴(Grigorovici and Constantin, 2004)은 3D 게임 환경에서 현존감 경험이 소비자에게 브랜드 기억과 회상, 그리고 선호도를 높이는 것으로 나타났다. 넬슨, 야로스와 금(Nelson, Yaros and Keum, 2006)은 비디오 게임 맥락에서 현존감을 크게 느꼈던 게임 사용자들은 게임 도중에 노출된 브랜드에 대한 긍정적인 선호도를 보이는 것을 보고했다. 전종우(2017)는 SNS 게임을 이용하면서 발현된 현존감이 게임에 집행된 광고에 대한 회피를 감소시키는 긍정적인 효과를 발생시킨다는 것을 설문조사하여 보고하였다.

흥미롭게도 최신 기술이 적용된 광고가 아니라 일반적인 영상 광고에서도 현존감 이론이 적용되는 것을 탐색한 연구들도 있다. 예를 들어, 김과 비오카 (Kim and Biocca, 1997)는 제품 정보전달에 중점을 둔 TV 인포머셜(informercial) 광고를 연구하면서 피험자의 현존감이 높을수록 더 긍정적인 브랜드 선호를 보여주는 것을 밝혔다. 국내에서도 최근 전지혜·이주희·문장호(2018)가 광고 영상의 시점에 따라서도 수용자들의 현존감 경험에 차이가 있을 것이라고 보고 비슷한 연구를 수행하였는데, 그 결과 일반적으로 1인칭 시점 광고가 3인칭 시점 광고에 비해 더 높은 수준의 현존감을 불러일으키는 것으로 확인되었다. 구체적으로 모델과 배경 사이의 관계를 지각하는 '전체적 사고 유형'의 수용자들보다 광고의 배경, 맥락, 모델을 분리하여 속성 중심으로 보는 '분석적 사고 유형'의 수용자들이 1인칭 시점 광고에서서 더 큰 현존감을 느끼는 것으로 밝혀졌다.

결국 이러한 실증 연구들의 결과는 상호 작용성이나 생생함과 같은 매개된 환경의 형태적 요인(예: 3D로 구현된 이미지나 영상 광고, 인터랙티브 광고, AR 광고, SNS 게임 광고 등)에 의해 소비자에게 감각적 경험인 현존감을 더 크게 제공하고 광고한 제품이나 브랜드에 대하여 직접적인 경험과 유사한 가상 경험을 일으켜 태도나 구매 의도 등 소비자가 인지적·감성적·행위적인 평가를 할 수 있다는 설득 효과를 제시했다는 것을 의미한다.

광고의 설득 맥락에서 현존감의 역할에 대한 두 번째 연구 경향은 새로운 형식의 광고에 노출될 때 사용자의 이용 동기를 포함한 개인적인 특성이 현존감 경험에 미치는 영향을 분석했다. 예를 들어, 전종우와 천용석(2011)은 국내 대학생들을 대상으로 3D 영상물 시청 동기를 탐색하고, 그중에서 3D 크리에이티브 광고 시청 시 현존감 경험에 영향을 미치는 동기에는 어떠한 것들이 있는지를 조사하였다. 그 결과 오락 및 감각적 만족 동기, 동반자 역할 동기, 현실 도피 동기가 3D 크리에이티브 광고 시청 시 현존감 경험에 영향을 미치는 것으로 보고하였다. 비슷한 접근 방법으로 전종우(2017)는 수용자의 감정 민감도와 자기표현성이 SNS 게임 이용 시 현존감 경험에 미치는 영향을 검증하였다. 그 결과, 수용자의 감정적인 상황에 민감하게 반응하는 정도와 자신을 SNS상에서 드러내고자 하는 욕구가 클수록 더 큰 현존감을 느낀다는 것을 발견하였다.

5. 선행 연구의 한계와 향후 연구 제언

비록 현존감이 최첨단의 가상, 증강 혹은 혼합 현실 기술의 발전과 함께 대인 커뮤니케이션, 정치 커뮤니케이션, 그리고 광고 및 홍보 커뮤니케이션 등 언론학과 커뮤니케이션학의 거의 모든 분야에서 그 효용을 인정받고 널리 활용되고 있기는 하지만 해당 개념이 완전무결한 설명을 제공하는 것은 아니다. 가령, 현존감은 엄밀한 의미에서 미디어가 제시하는 시각, 청각, 촉각, 후각, 혹은 미각 등의 감각의 가상 경험에 몰입함으로써 나타나는 심리적 현상이기 때문에, 그 효과로 인한 '최종 결과물'이라기보다는 그 최종 결과에 영향을 미치는 매개 혹은 조절 변수로 취급되는 것이 상례이다(Chung, Han and Koo, 2015; Kim and Song, 2016 외 다양한 실증 연구 참조). 다시 말해, 현존감은 기술 사용자가 특정 미디어를 이용하면서 얻을 수 있는 어떤 궁극적 효용(예: 즐거움 등) 자체가 아니라 그 효용에 다다르는 과정에서 중요한 심리적 역할을 하는 일종의 징검다리에 가까운 역할을 한다는 것이다. 이러한 현존감의 특성 때문에 새로운 미디어 기술이 가져오는 변화나 효과를 제대로 설명하기 위해서는 다른 기술 현상에 관련한 개념이나 이론 틀들 역시 적극적으로 수용되고 병용(倂用)될 필요가 있다는 결론이 도출된다.

이미 앞서 살펴봤듯이, 현존감이란 사용자들이 가상의 공간, 객체, 인물 등을 실제 대상처럼 인식하고 취급하는 주관적 경향으로 이해될 수 있다. 그런데 사용자들의 입장에서, 현존감이란 단지 그들이 느끼는 실재감(實在感)일 뿐, 그들이 미디어를 통해 추구하거나 미디어 경험을 통해 얻게 되는 특별한 결과는 아니다. 단적으로 말하면, 새로 나온 VR 게임을 이용하는 사용자가 HMD를 통해 보게 되는 시뮬레이트 된 공간, 객체, 인물들을 '현실적인 것처럼' 느낀다고 해서 반드시 그 사실적인 가상의 경험을 즐거워하거나 추후 다시 사용해야겠다고 결심한다는 보장은 없다. 만약 사용자가 느낀 VR 게임 내용이 실제 사실처럼 감각적으로 느꼈을 뿐 아니라 자신의 게임플레이 행위에 더 몰입했고 행위 자체를 더욱 즐거워했다면, 나중에 또 그 게임을 하고 싶다고 느낄 '확률'이 더욱 높아지지 않을까? 이처럼 만약 어떤 연구자가 이 VR 게임의 사용자 경험에 대해 이론적으로 완벽히 설명하고자 한다면 당연히 감각적인 몰입감을 강조하는 현존감 외의 사용자의 행위적 몰입감과 그 결과인 즐거움을 다루는 다른 이론 틀 또한 필요하게 된다는 결론이 나올 수 있다. 쉽게 말해, 어떤 VR 인터랙티브 광고가 아주 사실적이라고 하더라도, 그 광고를 본 소비자가 최종적으로 광고에 나온 상품을 구매하기 위해서는 광고가 흥미롭고 재미있어야 하는 것 외에도, 제품의 가격이나 가격 대비 효용 등 실용적 속성은 물론, 해당 광고를 본 소비자가 광고 속 VR 환경에서 겪는 경험 — 예를 들어, 가상 객체를 손으로 움직인다든가 — 에 매우 몰입하고 다시 그 과정에서 큰 즐거움을 얻는 등 다양하게 많은 부분에서 긍정적 평가를 얻어야 할 필요가 있다는 것이다. 즉, 이 사례에서 가상현실이나 증강현실 기술이 구현하는 인터랙티브 광고가 주는 현존감은 구매 결정을 위해 반드시 필요한 유일 조건이 아니라, 최대한 그 필요성을 인정한다 해도 필요한 조건들 중 하나일 뿐이라는 것이며, 따라서 이 광고의 광고 효과(advertising effectiveness)를 올바로 파악하기 위해서는 다른 설명이 필요하다는 것이다.

현존감 이론의 또 하나의 단점 혹은 한계는 개념이 규정하는 차원이 바로 인간, 기술 사용자의 감각 경험에 대한 주관적 인식(perception)에 한정된다는 것이다. 전술했듯, 현존감은 미디어 이용자가 느끼는 인식적 오해 또는 착각으로 일반적으로 정의되는데, 이는 다시 현존감은 사람들이 '(의식적으로) 인식할 수 있는' 어떤 것이라는 숨은 뜻을 담는 개념이라는 의미도 어느 정도 포함하고 있다. 그런데 주목할 만한 사실은, 사용자가 '인식하지 못하는' 수준의 몰입과 착각도 분명히 존재하며 일상에서도 이러한 현상은 쉽게 경험하거나 목격할 수 있다는 것이다. 예컨대, 우리는 주변에서 쉽게 게임이 깊게 빠진 사람들은 종종 현실에서의 시간이나 공간의 개념을 잠시 잊고, 자신도 알지 못하는 상태에서 게임에 몰입하며, 이때 매우 큰 즐거움을 느끼는 것을 볼 수 있다.

칙센트미하일리와 동료들(Csikszentlmihalyi, 1990; Csikszentmihalyi and Csikszentmihalyi, 1975 등 참조)은 이러한 종류의 행위적 몰입에 따른 즐거운 경험들을 '플로(flow)' 경험으로 명명했다. 다시 말해, 그 핵심은 사람들이 마치 불교의 선승(禪僧) 등이 명상에 완전히 몰입하는 것처럼, 사람들이 미디어를 통해 겪는 경험이 소위 '최적의 상태(optimal experience)'에 도달하면 자기 자신마저 잊을 정도의 완전한 몰입에 빠지고, 그 과정에서 매우 큰 즐거움을 얻게 된다는 것이다. 흥미롭게도 이러한 플로 개념의 가장 큰 특징은 어떠한 외적 보상도 없이 엄청난 에너지를 쏟아 붓는 그 행위 자체가 내적 보상이 되어 즐거움을 경험한다고 주장하는 것이다(Csikszentmihalyi, Abuhamdeh and Nakamura, 2005 등 참조).

사실 최신의 VR와 AR 기술을 사용한 광고 및 홍보 캠페인과 그 영향력을 평가할 때를 잠시 가정해보면 플로 이론의 적용 가능성 및 활용 가치는 상당히 크다고 볼 수 있다. 여러 연구들도 긍정적인 플로 경험이 인터넷 환경에서의 탐색적 행위(Hoffman and Novak, 1996)와 소비자의 제품이나 서비스의 정보 추구나 구매 행위(Novak, Hoffman and Young, 2000; Novak, Hoffman and Duhachek, 2003)와 관련이 있음을 보고했다. 이는 기본적으로 현존감이 소비자가 느끼는

— 반대로 말하면 마케터가 의도한 — 어떤 인지적(cognitive)·정서적·행동적 결과와 반드시 연결되지 않을 수는 있지만, 소비자가 기술을 사용하면서 느끼는 플로 경험은 특별히 소비자의 외적인 보상과 상관없이 자신의 행위에 대한 내적인 보상인 순수한 즐거움이라는 느낌과 반드시 연결되어 있어서 위 각각의 구체적 결과물들과 더욱 긴밀한 관계를 가질 수 있기 때문이다(Trevino and Webster, 1992).

예컨대, 만약 어떤 최신 AR 캠페인을 통해 소비자가 실제 공간을 배경으로 광고 제품이나 브랜드와 같은 가상 객체들을 직접 조작하면서 플로를 경험하는 데 성공했다면, 그 캠페인의 정서적 목표(예: 긍정적인 광고/브랜드에 대한 태도)는 자연스럽게 따라오기 쉽다. 이는 플로 개념 자체에 이미 (광고) 경험에 행위적으로 몰입해서 참여하면 따라오는, 그 행위에 대한 '즐거움'이 내포되어 있기 때문이다. 그러나 만약 위 사례에서 제시한 광고가 감각적인 측면에서 소비자들로부터 일정 수준 이상의 현존감을 자아냈다 하더라도 이미 서술한 것처럼 그 현존감이 반드시 긍정적인 광고 태도나 구매 의도로 연결된다고 확언할 수는 없다. 물론 앞서 살펴본 국내외 연구들이 그럴 가능성이 높다는 사실을 다방면적으로 제시하고 있기는 하지만, 동시에 이 연구들은 대부분 '현존감 = 즐거움(또는 다른 결과물)'이라는 방정식 등식이나 '현존감 → 즐거움(또는 다른 결과물)'의 인과관계를 논리적이 아닌 직관적으로 은연중 주장하고 있다는 사실을 감안할 필요가 있다. 오히려 플로 이론에 의하면, 소비자가 VR나 AR에서의 자신 행위에 대한 몰입 경험과 그에 따른 즐거움이 그 기술이 소비자에게 제공하거나 재현한 상호 작용성과 생생함이란 특성을 더욱 크게 지각하게 만들어 감각적 몰입에 해당되는 현존감 경험 확률을 더 크게 만드는 것을 논리적으로 제시할 수 있다. 결국, 플로 이론을 현존감과 병용하는 것이나 플로 경험에 따른 현존감이라는 심리적 과정에 대한 논리적 추론은 현존감이 포괄하지 못하는 설득 관련 효과의 여러 부분을 논리적으로 설명할 수 있다는 점에서 중요하다 할 수 있다.

그렇다면 전문가들은 VR와 AR 플랫폼 기반 광고나 마케팅 커뮤니케이션의 과정과 결과를 변화시키기 위해 사용자의 플로 경험을 일으키는 기술의 어떤 속성을 주목해야 하는가? 여기에서 주목할 만한 개념이 바로 '행동유도성(affordance)'이다. 깁슨(Gibson, 1977)에 따르면 행동유도성은 어떤 환경에서 시각적인 자극이 제시되는 '행위 가능성(action possibilities)'을 의미한다. 예를 들어, 당신이 어떤 방에 들어가자 의자와 공이 있다고 하자. 그러면 당신은 그 환경 안에 있는 의자와 공의 질(quality)이 아닌 행동유도성을 즉시 지각하기 때문에, 흔들의자에 앉아서 공을 들고 만지고 있을 행동을 할 확률이 크다. 결국 환경과 사물의 지각이 과거 기억과 판단이라는 정보처리 과정을 거치지 않고 행동을 바로 유도한다는 것이다. 물론 어떤 맥락적 특성 때문에 당신이 흔들의자 위에 올라가서 공을 바닥에 떨어트리지 않으려고 계속 올려 차려는 행동을 유도할 가능성을 완전히 배제할 순 없다.

후에 노먼(Norman, 1988)은 그의 저서 『디자인과 인간 심리(The Design of Everyday Things)』에서 이 개념을 인간과 컴퓨터의 상호 작용(HCI) 영역으로 확장시키고, 행동유도성을 어떤 컴퓨터 시스템이 작동될 수 있는 방식을 사용자가 지각할 수 있는 그 시스템의 특성으로 바라보고 '지각된 행동유도성(perceived affordance)'이란 용어를 사용하였다. 구체적으로 그는 지각된 행동유도성을 사용자가 대상과 상호 작용하는 방식을 관찰하고 추론할 수 있는 그 대상의 특질로 정의했다. 흥미롭게도 그는 사용자가 대상의 행동유도성을 지각할 때, 그 대상과의 사회적 관계나 경험으로부터 그 특질을 추론하는 심리적 경향성에 주목했다. 예컨대, 사용자가 자신의 모바일 핸드폰 디스플레이를 통해 자신과 AR 기술의 의사소통 공간이자 접촉면인 인터페이스 위의 가상 객체로 구현된 어떤 감각적 단서들(예: 문자, 사진, 음향, 촉각 등)을 지각한다고 가정하자. 일반적으로 사용자는 인터페이스를 보면서 그 시스템이 어떤 행동을 유도하는지를 직관적으로 지각할 수 있다. 마치 우리가 타인과의 대인 간 커뮤니케이션에서 타인 얼굴 표정(interface)의 비언어 단서만으로 우리의 어떤 행위(예: 안아주기, 달래주기, 함께 웃어주기, 손 흔들어주기 등)를 유도하는지를 알아차릴 수 있는 것과 비슷하다. 이처럼 AR 시스템은 맥락(context)에 맞는 단서들을 가상 객체로 제시함으로써 사용자들이 직관적으로 명료한 단서의 의미를 바로 지각할 수 있게 하고, 그에 적절한 커뮤니케이션 행위에 적극적으로 참여하고 몰입할 수 있게 된다.

이런 측면에서 시스템의 인터페이스는, 단지 사용자의 시스템 이용을 더욱 쉽고 유용하게 만들기 위해 더 큰 스크린을 만들거나, 더 좋은 음질을 제공하고, 사용하기 편리한 입력장치를 만드는 것이 전부가 아니다. 인터페이스의 목적은 사용자의 생각, 정서, 의도를 감지해서 특정 행동을 유도하도록 지능적으로 설계하는 것이어야 한다. 만약 사용자가 맥락에 적절하지 않게 행동하도록 단서들이 설계된다면, 사용자는 그 시스템을 사용하면서 길을 잃고 이후 더는 이를 사용하지 않을 것이 자명하다. 이렇듯 VR와 AR 기반의 인터랙티브 플랫폼 기술의 주요 기능은 사용자가 시스템이 요구하는 과업의 수준에 맞는 행위를 조작하고 수행해서 행위적인 측면이나 정서적인 측면에서 최적의 경험(optimal experience)을 얻도록 그 인터페이스를 설계해야 한다는 것을 의미한다.

사실 이런 사용자 중심(user-centered) 관점은 플로 경험을 극대화하도록 사용자의 행위를 적절히 유도할 수 있는 기술의 여러 기술적 속성들을 파악해서 맥락에 맞게 사용자가 최적의 경험을 하도록 그 기술의 속성들을 구현하는 것이 매우 중요하다. 예를 들면, 가상현실 쇼핑몰 플랫폼에서 여성 사용자가 옷을 구매하기 위해 다른 친구 사용자와 함께 여러 상점을 들르고 구매하고 싶은 제품을 탐색한다고 가정하자. 기술적으로 보면, 사용자와 친구는 HMD를 장착하고 그 가상 쇼핑몰의 여러 상점을 함께 탐색하고 있을 것이고, 마이크와 스테레오 헤드폰으로 각각의 상점에서 흘러나오는 음악을 들으며 서로 대화를 하고, 여러 상점에서 가상 객체인 여러 옷을 실제로 만지는 듯한 느낌이 드는 촉감을 느끼게 하는 장갑을 끼고 있을 것이다. 이러한 시각, 청각, 촉각으로 이루어진 사용자 인터페이스(user interface: UI)로 인해 사용자들은 쇼핑몰의 여러 상점과 옷을 선택하여 살펴보고 서로 대화하고 구매를 결정할 수 있다. 물론 이런 인터페이스를 통하여 사용자들이 이런 행위를 유도하도록 인터페이스를 설계해야 하지만, 사용자들이 수행 목표를 위한 선택 행위들을 잘 통제하여 수행하는 느낌(sense of control)을 느끼게 하고 자신이 그 행위의 주체임(sense of agency)을 알도록 설계하는 것이 더 중요하다. 이는 인터페이스 설계자가 사용자에게 적절한 행동유도성을 제공하는 인터페이스를 설계해서 사용자가 자신의 행위에 더 몰두하고 즐거움을 느끼는 심리적인 상태인 플로 경험을 하도록 도와주어야 한다는 것을 의미한다. 결국 행위 기반의 최적의 몰입 경험은 그 시스템이 제공하는 내용(content) 혹은 제품(product)과 관련한 사용자의 지식과 태도 그리고 행위에 긍정적인 영향을 끼칠 것이다. 사실 모든 컴퓨터 기반 시스템은 그 내용, 제품, 서비스를 이용하는 사용자에게 최적의 경험을 제공하는 것이 기본 목적이다. 이런 측면에서, 플로 경험은 사용자가 인터페이스의 시스템, 제품, 서비스와 상호 작용하면서 느끼는 전체적인 느낌과 경험(user experience: UX)의 측면에서 파악될 수 있고, 행동유도성을 경험으로 파악하려는 노먼(Norman, 1988)의 관점과 일맥상통한다.

결론적으로 현존감 이론은 광고홍보학을 포함한 커뮤니케이션 학문의 전 분야에서 현재 활발히 활용되고 있고, 여러 가지 측면에서 중요한 의의를 갖지만, 적어도 이론적 차원에서는 기본적으로 가상현실과 증강현실을 비롯한 최근 부상하는 지능형 미디어 플랫폼에서 소비자의 가상경험에 따른 감각적 몰입의 효과와 관련된 모든 현상을 전적으로 설명하기는 어려운 위치라는 점을 유념할 필요가 있다. 다시 말하면, 이는 첨단 미디어 기술을 활용한 광고 및 홍보 캠페인의 효과 혹은 그에 대한 수용자 반응을 묘사, 설명, 예측, 통제하는 데 현존감 이외의 다른 적절한 개념들을 함께 고려할 필요가 있다는 것이다. 따라서 위에서 소개한 플로나 행동유도성과 같은 개념을 포함한 다른 여러 미디어 기술 관련 심리 이론 틀을 적극적으로 적용하고 활용해야 할 것이다.

참고문헌

권승경·장대련·장동련. 2016. 「트랜스미디어의 프레즌스 경험에 따른 브랜드 관계품질, 브랜드 태도, 구전 의도의 구조적 관계: 정보통제감의 조절효과를 중심으로」. 《광고학연구》, 27권 2호, 55~85.

김태용. 2003. 「텔레프레즌스 경험 확률에 영향을 미치는 수용자 특성에 관한 연구」. 《한국방송학보》, 17권 2호, 111~142.

마정미. 2002. 「정보통제와 텔레프레즌스를 중심으로 본 인터랙티브 광고의 효과과정에 관한 연구」. 《광고학연구》, 13권 4호, 155~182.

문영숙·이병관·임혜빈. 2017. 「광고 연구의 이론 적용과 동향」. 《한국광고홍보학보》, 19권 2호, 85~134.

이승연·조창환. 2011. 「인터랙티브 광고의 참여유형이 광고효과에 미치는 영향: 인터랙티브 영상광고에 대한 지각된 상호작용성을 중심으로」. 《한국광고홍보학보》, 13권 4호, 95~124.

전종우. 2017. 「감정 민감도와 자아 표현이 SNS 게임의 프레즌스 경험과 광고 회피에 미치는 영향」. 《광고연구》, 113호, 45~67.

전종우·천용석. 2011. 「3D 콘텐츠의 이용동기와 3D 크리에이티브 광고 효과와의 관계: 프레즌스, 소비자 태도, 구매의도를 중심으로」. 《광고연구》, 91호, 96~122.

전지혜·이주희·문장호. 2018. 「1인칭 시점 광고가 소비자 반응에 미치는 영향: 소비자 사고 유형의 조절 효과와 실재감의 매개 효과를 중심으로」. 《한국광고홍보학보》, 20권 2호, 5~36.

정원기·조재수·김충현. 2013. 「3D 입체영상 광고의 제품유형별 광고효과: 2D 영상 광고와의 비교를 중심으로」. 《광고연구》, 99호, 5~37.

최영균. 2003. 「웹사이트에서 3D 상호작용과 제품정보의 다감각성이 광고효과에 미치는 영향」. 《광고연구》, 61호, 127~154.

허옥·정동훈. 2011. 「증강현실 광고의 프레즌스 매개효과가 광고 태도, 브랜드 태도 그리고 구매 의도에 미치는 영향」. 《광고연구》, 90호, 71~98.

황하성. 2007. 「사회적 현존감(Social Presence) 측정도구 개발에 관한 탐색적 연구: 인스턴트 메신저의 이용 사례를 중심으로」. 《언론과학연구》, 7권 2호, 529~561.

Baillargeon, R, Kotovsky, L, and Needham, A. 1995. "The acquisition of physical knowledge in infancy." In G. Lewis, D. Premack, and D. Sperber (eds.). *Casual understandings in cognition and culture* (pp. 79~116). Oxford, UK: Oxford University Press.

Biocca, F. 1997. "The cyborg's dilemma: Progressive embodiment in virtual environments." *Journal of Computer-Mediated Communication, 3*(2). Available on: https://academic.oup.com/jcmc/article/3/2/JCMC324/4080399.

Buselle, R, and Bilandzic, H. 2008. "Fictionality and perceived realism in experiencing stories: A model of narrative comprehension and engagement." *Communication Theory*, 18(2), 255~280.

Chung, N, Han, H, and Koo, C. 2015. "Adoption of travel information in user-generated content on social media: the moderating effect of social presence." *Behaviour & Information Technology*, 34(9), 902~919.

Coyle, J. R, and Thorson, E. 2001. "The effects of progressive levels of interactivity and vividness in web marketing sites." *Journal of Advertising*, 30(3), 65~77.

Csikszentlmihalyi, M. 1990. *Flow: The Psychology of Optimal Experience*. NY: Harper & Row.

Csikszentmihalyi, M, Abuhamdeh, S, and Nakamura, J. 2005. "Flow." In A. J. Elliot and C. S. Dweck (eds.) *Handbook of Competence and Motivation* (pp. 598~608). NY: Guilford.

Csikszentmihalyi, M, and Csikszentmihalyi, I. 1975. *Beyond boredom and anxiety*. San Francisco, CA: Jossey-Bass.

Durlach, N, and Slater, M. 2000. "Presence in shared virtual environments and virtual togetherness." *Presence: Teleoperators & Virtual Environments*, 9(2), 214~217.

Gibson, J. J. 1977. "The Theory of Affordances." In R. Shaw and J. Bransford (eds.). *Perceiving, Acting, and Knowing: Toward an Ecological Psychology* (pp. 67~82). Hillsdale, NJ: Erlbaum.

Goffman, E. 1963. *Stigma: Notes on a spoiled identity*. Jenkins, JH & Carpenter.

Green, M. C, and Brock, T. C. 2000. "The role of transportation in the persuasiveness of public narratives." *Journal of Personality & Social Psychology*, 79(5), 701~721.

Grigorovici, D. M, and Constantin, C. D. 2004. "Experiencing interactive advertising beyond rich media: Impacts of ad type and presence on brand effectiveness in 3D gaming immersive virtual environments." *Journal of Interactive Advertising*, 5(1), 22~36.

Hayes-Roth, B, Johnson, V, Van Gent, R, and Wescourt, K. 1999. Staffing the web with interactive characters. *Communications of the ACM*, 42(3), 103~105.

Hoffman, D. L, and Novak, T. P. 1996. "Marketing in hypermedia computer-mediated environments: Conceptual foundations." *Journal of Marketing*, 60, 50~68.

Kim, T, and Biocca, F. 1997. "Telepresence via television: Two dimensions of telepresence may have different connections to memory and persuasion." *Journal of Computer-Mediated Communication*, 3(2), JCMC325, https://doi.org/10.1111/j.1083-6101.1997.tb00073.x.

Kim, J, and Song, H. 2016. "Celebrity's self-disclosure on Twitter and parasocial relationships: A mediating role of social presence." *Computers in Human Behavior*, 62, 570~577.

Klein, L. 2003. "Creating virtual product experiences: the role of telepresence." *Journal of Interactive Marketing*, *17*(1), 41~55.

Lee, K. M. 2004a. "Presence, explicated." *Communication Theory*, *14*(1), 27~50.

Lee, K. M. 2004b. "Why presence occurs: Evolutionary psychology, media equation, and presence." *Presence: Teleoperators & Virtual Environments*, *13*(4), 494~505.

Li, H, Daugherty, T, and Biocca, F. 2002. "Impact of 3-D advertising on product knowledge, brand attitude, and purchase intention: The mediating role of presence." *Journal of Advertising*, *31*(3), 43~57.

Lombard, M, and Ditton, T. 1997. "At the heart of it all: The concept of presence." *Journal of Computer-Mediated Communication*, *3*(2). Available on: https://onlinelibrary. wiley.com/doi/abs/10.1111/j.1083-6101.1997.tb00072.x.

Mantovani, C. 1995. "Virtual reality as a communication environment: Consensual hallucination, fiction, and possible selves." *Human Relations*, *48*(6), 669~683.

Mason, R. 1994. *Using communications media in open and flexible learning*. London, UK: Kogan Page.

Minsky, M. 1980, June. "Telepresence." *Omni*, *2*, 45~51.

Nass, C, and Moon, Y. 2000. "Machines and mindlessness: Social responses to computers." *Journal of Social Issues*, *56*(1), 81~103.

Nelson, M. R, Yaros, R. A, and Keum, H. 2006. "Examining the influence of telepresence on spectator and player processing of real and fictitious brands in a computer game." *Journal of Advertising*, *35*(4), 87~99.

Norman, D. A. 1988. *The Design of Everyday Things*. NY: Doubleday.

Novak, T. P, Hoffman, D. L, and Duhachek, A. 2003. "The Influence of goal-directed and experiential activities on online flow experiences." *Journal of Consumer Psychology*, *13*(1), 3~16.

Novak, T. P, Hoffman, D. L, and Young, Yiu-Fai. 2000. "Measuring the customer experience in online environments: A structural modeling approach." *Marketing Science*, *19*(1): 22~42.

Reeves, B, and Nass, C. I. 1996. *The media equation: How people treat computers, television, and new media like real people and places*. Stanford, CA: CSLI Publications.

Schubert, T. W., & Crusius, J. (2002). Five theses on the book problem. Presence in books, film, and VR. In F. R. Gouveia & F. Biocca (Eds.), *Proceedings of the fifth international workshop on Presence* (pp. 53-59). Porto, Portugal Pessoa.

Segal, G. 1996. "The modularity of theory of mind." In P. Carruthers and P. Smith (eds.). *Theories of Theories of Mind* (pp. 141~157). Cambridge, UK: Cambridge University Press.

Sheridan, T. B. 1992. "Musings on telepresence and virtual presence." *Presence:*

Teleoperators & Virtual Environments, 1(1), 120~126.

Short, J, Williams, E, and Christie, B. 1976. *The social psychology of telecommunications.* London, UK: John Wiley & Sons.

Slater, M, and Usoh, M. 1993. "Representations systems, perceptual position, and presence in immersive virtual environments." *Presence: Teleoperators & Virtual Environments, 2*(3), 221~233.

Slater, M, and Rouner, D. 2002. "Entertainment-education and elaboration likelihood: Understanding the processing of narrative persuasion." *Communication Theory, 12*(2), 173~191.

Steuer, J. 1992. "Defining virtual reality: Dimensions determining telepresence." *Journal of Communication, 42*(4), 73~93.

Trevino, L. K, and Webster, J. 1992. "Flow in computer-mediated communication: Electronic mail and voice mail evaluation and impacts." *Communication Research, 19*(5), 539~573.

Witmer, B. G, and Singer, M. J. 1998. "Measuring presence in virtual environments: A presence questionnaire." *Presence, 7*(3), 225~240.

Yim, M. Y. C, Cicchirillo, V. J, and Drumwright, M. E. 2012. "The impact of stereoscopic three-dimensional (3-D) advertising." *Journal of Advertising, 41*(2), 113~128.

소비자 임파워먼트와 설득 지식 모형

김미경

1. 들어가며

디지털 기술의 발달과 함께 커뮤니케이션 환경이 빠르게 변화하고 있다. 전통 미디어를 활용한 커뮤니케이션의 효과가 쇠퇴한 반면, 디지털 미디어의 영향력은 점차 확대되는 추세이다. 또한 수용자의 정보 접근성이 증가하면서, 수용자는 수동적 설득의 대상이 아닌 능동적 주체로서 설득과정에 개입하고 있다. 설득 기법에 대해 영리해진 오늘날의 수용자는 설득의도가 분명히 드러나는 설득 시도는 회피하는 경향을 보인다. 또한 설득 기법에 영리해진 수용자에 맞서 설득자들은 새롭고 은밀한(subtle) 설득 기법을 이용하여 설득 시도를 한다. 이렇게 설득이란 게임은 인간의 삶에서 지속적으로 발생한다. 그렇다면 설득자와 대상 간의 설득게임을 설명할 수 있는 이론이 있을까?

1994년, 메리안 프리스타드(Marian Friestad)와 피터 라이트(Peter Wright)는 저명 저널인 《소비자 연구(Journal of Consumer Research)》에서 설득 지식 모형(Persuasion Knowledge Model)을 소개하였다. 기존 설득 관련 이론이나 모형들이 설득자의 입장에서 발전된 것이라면, 설득 지식 모형은 설득자(agent)뿐 아니라 설득의 대상(target)에 초점을 맞추어 설득 대상의 설득에 대한 지식, 생각, 감정 등이 설득과정에서 미치는 영향을 설명하는 종합적 모형이다. 프리스타드와 라이트(Friestad and Wright, 1994)가 설득 지식 모형을 제안한 지 20여 년이 지난 오늘날, 설득 지식 모형은 마케팅, 광고, PR, 커뮤니케이션 등 인간이 직면할 수 있는 다양한 설득 상황에 폭넓게 활용되고 있다.

그러나 수많은 실증연구가 설득 지식 모형을 적용하고 있음에도 설득 지식 모형에 대한 이론적 검토는 부족한 실정이다. 10여 년 전에 국외에서 캠벨과 커마니(Campbell and Kirmani, 2008), 국내에서 김정현(2006)이 소비자 행동 영역에 설득 지식을 적용하는 것에 대한 이론적 검토를 행한 바 있다. 최근에는 넬슨과 함(Nelson and Ham, 2012), 함 외(Ham, Nelson and Das, 2015), 남경태 (2014)가 설득 지식 모형을 둘러싼 쟁점들에 대해 논의한 바 있다. 설득 지식 모형이 하나의 이론적 틀(frame)로써 인간의 삶 속에 존재하는 다양한 설득상황에 지속적으로 적용될 것을 생각할 때 설득 지식 모형에 대한 이론적 검토는 더욱 활발히 진행되어야 한다. 이 장에서는 설득 지식 모형의 기본 가정과 구조 등을 소개하고, 설득 지식 모형을 적용한 실증연구들을 검토해보고자 한다. 이러한 과정을 통해 선행 연구의 한계점을 살펴보고 향후 연구의 방향성을 제안하고자 한다.

2. 이론의 정의와 기원

설득 지식이라는 개념은 1985년 피터 라이트(Peter Wright)가 연례 소비자 학회(ACR) 연설에서 마케터가 소비자를 설득하기 위해 사용하는 전술에 대한 신념인 'Schemer schema'라는 개념을 언급하면서 학계에 소개되었다(Wright, 1986). 그로부터 몇 년 후, 프리스타드와 라이트(Friestad and Wright, 1994)는 설득의 주체인 마케터보다 설득의 대상인 '소비자'에 초점을 맞추는 것이 중요하다는 기치하에 소비자가 지닌 설득에 대한 지식이 타인의 설득 시도를 파악,

이해, 대응하는 데 영향을 미친다는 생각을 설득 지식 모형으로 발전시켰다.

설득 지식 모형은 크게 설득의 주체인 에이전트(agent), 설득의 대상인 타깃(target), 설득 에피소드(persuasion episode)의 세 가지 요소로 구성되어 있다(그림 08-1 참조). 에이전트는 기업, 공공기관, 정부 등 설득 시도를 실천하는 행위의 주체를 의미한다. 여기서 주의할 점은 설득 지식 모형에서의 에이전트는 객관적으로 설득 시도를 기획·실행하는 사람이나 단체가 아니라 설득 대상인 타깃의 관점에서 설득 시도를 책임지고 있다고 인식하는 사람이나 단체를 의미한다는 점이다(Friestad and Wright, 1994). 한편, 타깃은 설득 주체인 에이전트가 설득시키고자 하는 대상자를 의미하는데, 소비자·직원·주주·공중 등이 이에 해당한다고 할 수 있다. 설득의 주체인 에이전트는 설득 시도(persuasion attempt)를 통해 타깃을 설득하고자 하며, 설득 에피소드에 노출된 타깃은 그에 대응하기 위한 행동(persuasion coping behavior)을 한다. 설득 지식 모형에 따르면 사람들은 일상생활 속에서 에이전트가 되기도 하고 타깃이 되기도 하며 설득이라는 게임에서 원하는 것을 얻고자 한다.

설득 시도와 설득 대처행동을 하는 과정에서 에이전트와 타깃은 각각 보유하고 있는 주제 지식(topic knowledge), 에이전트/타깃 지식(agent/target knowledge), 설득 지식(persuasion knowledge)을 활용한다. 세 유형의 지식 중 선행 연구들이 주요하게 다룬 지식은 설득 지식이다. 프리스타드와 라이트(Friestad and Wright, 1994: 6)는 설득 지식을 여섯 가지의 신념들이 상호 작용하며 생성되는 복합적 신념체계로 보고 있는데, 구체적으로 ① 설득에 영향을 미치는 심리적 사건들에 대한 신념들, ② 그러한 사건들의 인과관계에 관한 신념들, ③ 해당 사건의 중요성에 대한 신념들, ④ 사람들이 본인의 심리적 반응을 통제할 수 있는 정도에 대한 신념들, ⑤ 설득이 발생하는 과정에 대한 신념들, ⑥ 특정 설득 전술(tactics)의 효과나 적절성에 대한 신념들이 해당된다. 이러한 특징을 볼 때 설득 지식이란 설득과 관련된 모든 종류의 지식을 의미한다고 할 수 있다(남경태, 2014).

에이전트 지식은 에이전트인 세일즈맨, 기업, 또는 브랜드에 대한 포괄적 또

그림 08-1 • 설득 지식 모형

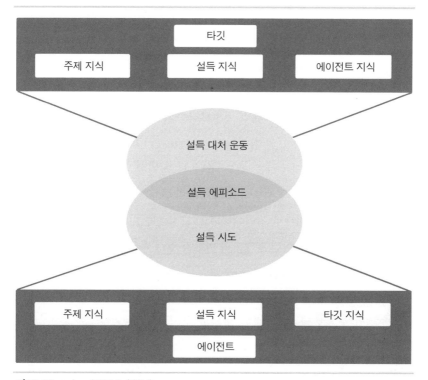

자료: Friestad and Wright(1994).

는 구체적인 지식들이라 할 수 있는데, "설득을 시도하는 에이전트의 특성, 능력, 목적 등에 대한 신념(beliefs about the traits, competencies, and goals of the persuasion agent)"으로 정의된다(Friestad and Wright, 1994: 3).

마지막으로 주제 지식은 "소비자의 설득 시도와 관련된 주제와 내용에 대한 지식(the consumer's knowledge about the topic, or content, of the persuasion attempt)"으로 정의된다(Friestad and Wright, 1994: 3). 설득과 관련된 주제는 제품, 서비스, 대의명분, 이슈 등 범주가 다양할 수 있다.

세 가지 유형의 지식은 서로 상호 작용을 하며 소비자가 설득 시도에 대응할 수 있도록 돕는다. 여기서 설득 시도란 "타깃이 인지하는 에이전트의 전략적 행동(a target's perception of an agent's strategic behavior)"으로 정의되는데 (Friestad and Wright, 1994: 2), 에이전트의 전략적 행동에는 직접적으로 관찰할 수 있는 외부 설득 자극뿐 아니라 에이전트의 동기, 의도에 대한 타깃의 추론 (inferences)이나 설득의 결과에 대한 지각 등의 내부 과정도 포함된다(Friestad and Wright, 1994). 타깃이 설득 시도에 노출되었을 때, 타깃의 설득 지식은 설득 시도를 "인지, 분석, 이해, 평가, 저장하며 적절하고 효과적인 대응방안을 선택"하는 데 중요한 역할을 한다(Friestad and Wright, 1994: 3). 그러나 모든 설득 시도에 대해 타깃이 대응하는 것은 아니다. 타깃은 의미의 변화(change of meaning)가 발생하는 설득 시도에 대해서만 반응하게 된다. 즉, 에이전트의 특정 시도가 설득을 목적으로 고안되었다고 인지하는 순간이 해당 시도에 대한 의미의 변화 순간이고, 이러한 의미의 변화가 발생하면 타깃은 해당 시도에 대해 기존과 다르게 반응하려는 모습을 보이게 된다. 동일한 설득 시도라 할지라도 타깃이 설득의도를 파악하지 못해 의미의 변화가 발생하지 않는다면, 타깃은 해당 설득 시도에 대한 대응 행동을 보이지 않는다(Friestad and Wright, 1994). 다시 말해, 설득 지식 모형에서는 타깃의 설득 지식이 객관적으로 맞느냐 틀리느냐가 중요한 것이 아니라 그들의 신념이 대응방식에 영향을 주는지 아닌지가 중요하다는 것이다.

개인적 수준에서 설득 지식은 친구·가족·동료·지인 등과의 커뮤니케이션을 통한 직접 경험뿐 아니라, 설득 주체에 대한 관찰 또는 미디어에서 나타나는 광고 메시지 등을 통한 간접 경험을 통해 일평생을 걸쳐 형성 및 발전된다. 또한 설득 지식은 개인적 수준에서만 발전되는 것이 아니라 시대적·역사적인 영향을 받기도 한다(Friestad and Wright, 1994).

3. 이론의 확장 과정과 기제

기존의 설득 관련 이론이나 모형들이 설득의 주체인 에이전트 중심으로 '효과'에 초점을 맞추고 있다면, 설득 지식 모형은 능동적 행위자로서의 타깃의 관점을 중시한 모형이다. 설득 지식 모형은 에이전트와 타깃의 설득 관련 지식(설득 지식, 에이전트/타깃 지식, 주제 지식)이 설득과 관련된 사건(persuasion episode)을 이해하고 반응하는 데 미치는 영향을 총체적으로 설명하는 포괄적 모형이라 할 수 있다. 포괄적 모형이라는 특성에서 볼 수 있듯이 다양한 설득 현상을 설명할 수 있다는 장점이 있으나, 모형이 정교하지 않고 방만하다는 단점 또한 있다. 여기서는 설득 지식에 대한 개념화와 측정의 관점에서 설득 지식 모형에 대해 논의해보고자 한다.

1) 개념화 관점에서 본 설득 지식 모형

설득 지식 모형에는 세 가지 유형의 지식(설득 지식, 에이전트/타깃 지식, 주제 지식)이 있지만, 대부분의 선행 연구들은 설득 지식에 초점을 맞추어 연구를 진행하였다. 그러나 선행 연구들에서 나타나는 설득 지식에 대한 개념화를 살펴보면 표준화된 하나의 정의가 존재하기보다 연구에 따라 상이한 접근법을 사용하는 것으로 보인다. 이는 설득 지식 모형을 제시한 프리스타드와 라이트(Friestad and Wright, 1994)의 논문에서 설득 지식의 정의를 명확히 규정하기보다 설득 지식을 복합적 신념체계로 묘사하면서 생긴 문제일 수 있다. 기존 연구들에서 제시되는 설득 지식에 대한 개념화는 크게 개인적 특성으로서의 설득 지식(dispositional persuasion knowledge)과 상황적으로 활성화된 설득 지식(situational persuasion knowledge)으로 구분할 수 있다(남경태, 2014; Campbell and Kirmani, 2008; Ham, Nelson and Das, 2015).

개인적 특성으로서의 설득 지식은 개인이 다양한 설득 시도에 대한 경험을 통해 일생에 걸쳐 형성되는 지식이라고 정의할 수 있다(Ham, Nelson and Das, 2015). 함 외(Ham, Nelson and Das, 2015)는 설득 지식 모형이 소개된 1994년부터 2014년까지 영문으로 발간된 학술 논문 89개의 분석을 통해 개인적 특성으로서의 설득 지식이 ① 광고에서 특정 전술을 사용할 때 달성하고자 하는 효과에 관한 신념인 설득 전술에 대한 지식(Boush, Friestad and Rose, 1994), ② 보통 사람들(lay people)의 설득 관련 상식(Friestad and Wright, 1995), ③ 광고에 대해 불신하는 경향인 광고 회의감(skepticism toward advertising)(Obermiller and Spangenberg, 1998), ④ 개인의 자신감(self-confidence)의 일종으로 설득 전술 관련 지식에 대한 자신감(Bearden, Hardesty and Rose, 2001), ⑤ 가격 전술에 대한 설득 지식(pricing tactic persuasion knowledge)(Hardesty, Bearden and Carson, 2007)의 다섯 유형으로 분류된다고 밝힌 바 있다. 개인적 특성으로서의 설득 지식은 개인이 보유한 어느 정도 일관된 경향 또는 지식이라는 공통점은 있으나 범위, 특성 등에서 차이가 있다. 예를 들면 보통 사람들이 지닌 설득 관련 상식은 광범위한 설득 맥락에 적용될 수 있는 개념이지만 가격 전술에 대한 설득 지식은 특정 영역(domain-specific knowledge)에 한정하여 적용될 수 있는 개념이다. 또한 광고 회의감이 부정적인 특성과 관련되는 반면 자신감은 긍정적인 특성이라 할 수 있다. 개인적 특성으로서의 설득 지식과 유사한 개념으로 남경태(2014)는 객관적 설득 지식(objective persuasion knowledge)이라는 개념을 언급하였는데, 이는 해당 사회의 구성원들이 습득하고 이용하는 보편적인 설득 지식이라고 정의된 바 있다.

한편 상황적으로 활성화된 설득 지식은 특정 설득 사건에 의해 활성화된 설득 지식으로 정의할 수 있다(남경태, 2014; Ham, Nelson and Das, 2015). 캠벨과 커마니(Campbell and Kirmani, 2000)는 설득 지식 활성화의 선행조건(antecedents)으로 인지 능력(cognitive capacity)과 동기 접근성(accessibility of motives)을 제시한 바 있는데, 연구자들에 따르면 개인의 인지 능력과 동기 접근성이 충분히 높아야만 설득 지식이 활성화된다고 주장하였다. 설득 지식과 관련된 문헌들을 분석한 함 외(Ham, Nelson and Das, 2015)와 설득 지식 모형을 이론적으로 검토한 캠벨과 커마니(Campbell and Kirmani, 2008)에 따르면 상황적으로 활성화된 설득 지식은 주로 설득의도 인지(recognition of persuasion intent), 동기 추론(inferences of ulterior motive), 설득 시도의 적절함에 대한 지각(perceptions of persuasion and appropriateness) 등과 연관되어 개념화가 이루어졌다. 특히 에이전트의 동기와 관련하여 캠벨(Campbell, 1995)은 '소비자가 설득자의 행동 또는 방식이 부적절, 불공정, 기만적이라고 추론하는 정도'인 조작적 의도에 대한 추론(inferences of manipulative intent)이라는 개념을 제시한 바 있다. 활성화된 설득 지식은 개념화도 중요하지만 측정 방식이 중요하므로 측정 부분에서 다시 언급하고자 한다.

2) 측정 수준에서 본 설득 지식 모형

설득 지식 개념이 포괄적이고 광범위하여 표준화된 개념화가 쉽지 않듯이 설득 지식을 왜곡 없이 측정하는 것 또한 쉽지 않은 작업이다. 특히 새로운 설득 기법이나 전술이 등장할 때마다 설득 지식도 발전하기 때문에 일관된 측정 문항을 개발하기 어려운 면이 있다. 개념화에서 제시한 바와 마찬가지로 측정 부분 또한 개인적 특성으로서의 설득 지식과 상황적으로 활성화된 설득 지식으로 나누어 제시해보고자 한다.

먼저, 개인적 특성으로서의 설득 지식은 개념화에서 언급한 바와 같이 ① 설득 전술에 대한 지식(Boush, Friestad and Rose, 1994), ② 보통 사람들의 설득 관련 상식(Friestad and Wright, 1995), ③ 광고 회의감(Obermiller and Spangenberg, 1998), ④ 전술 관련 지식에 대한 자신감(Bearden, Hardesty and Rose, 2001), ⑤ 가격 전술에 대한 설득 지식(Hardesty, Bearden and Carlson, 2007)의 다섯 가지로 분류할 수 있다(Ham, Nelson and Das, 2015).[1] 여러 측정 방식 중에서 보통 사람들의 설득 지식은 다른 선행 연구들에서 사용된 바가 없고, 광고 회의감은 설득 지식 자체를 측정한다기보다는 설득 지식의 일면을 측정하는 것이며, 가격 전술에 대한 설득 지식은 특정 영역에 한정적인 면이 있어 개인적 특성으로서의 설득 지식을 측정할 때는 비어든 외(Bearden, Hardesty and Rose, 2001)의 측정

---

1 국외 논문의 설득 지식 측정에 대한 논의를 자세히 알고 싶다면 함 외(Ham, Nelson and Das, 2015)를 참조할 것.

문항이 자주 활용된다(Ham, Nelson and Das, 2015). 비어든 외(Bearden, Hardesty and Rose, 2001)의 문항은 다음 여섯 개의 문항으로 구성되어 있다: "나는 너무 좋아서 의심스러운 제안을 알아차릴 수 있다(I know when an offer is too good to be true)", "나는 조건이 붙은 제안을 구분할 수 있다(I can tell when an offer has strings attached)", "나는 세일즈맨의 기술들을 이해하는 데 어려움이 없다(I have no trouble understanding bargaining tactics used by salespeople)", "나는 마케터가 물건을 사도록 강요하는 때를 알고 있다(I know when a marketer is pressuring me to buy)", "나는 물건을 사게 하는 판매수법을 알고 있다(I can see through sales gimmicks used to get consumer to buy)", "나는 광고에서 사실과 환상을 구분할 수 있다(I can separate fact from fantasy in advertising)".

상황적으로 활성화된 설득 지식은 어떤 맥락에서 적용되어 측정되었느냐에 따라 다양한 접근법이 나올 수 있으나 주된 측정 문항은 ① 조작적 의도에 대한 추론(Campbell, 1995), ② 설득의도 인지, ③ 설득 시도의 효과나 적절함에 대한 인지, ④ 반응 전략으로 구분할 수 있다(Ham, Nelson and Das, 2015). 이 중에서 캠벨(Campbell, 1995)의 조작적 의도에 대한 추론을 측정하는 문항이 특정 전술에 대해 활성화된 설득 지식을 측정하는 연구에서 폭넓게 적용되고 있다(Ham, Nelson and Das, 2015). 국외 논문들이 에이전트 지식이나 주제 지식보다 설득 지식에 초점을 맞춘 반면, 국내에서는 에이전트 지식, 주제 지식, 설득 지식 모두를 측정한 김윤애와 박현순(2008)의 측정 방법을 많이 적용하고 있다(남경태, 2014). 김윤애와 박현순(2008)은 에이전트 지식을 측정하기 위해 에이전트 지식을 "메시지 제작자의 제품에 대한 편향된 태도에 대한 수용자의 인지 여부"와 "메시지 제작자의 제품에 대한 전문성에 대한 수용자의 인지 여부"로 조작화하였다. 주제 지식의 경우 "메시지에 등장하는 제품군의 성능, 가격, 브랜드, 품질에 대한 수용자의 평상시 인지도", "메시지에 등장하는 제품의 특징, 제품에 사용된 기술, 제품 사용법, 제품 기능에 대한 수용자의 이해도", "메시지에 등장하는 제품군에 대한 평상시 수용자가 인식하는 중요도"를 기준으로 문항을 개발하였다. 마지막으로 설득 지식은 "메시지의 설득의도 인지로 인한 제품의 가격, 활용성, 기능적 특징에 대한 수용자의 방어적 태도의 형성 여부", "메시지 내용의 인위성, 조작성, 허구성, 추상성 정도에 대한 수용자의 인지 여부", "메시지의 설득의도로 인해 메시지 주제에 관한 정보, 기능, 필요성, 구매에 대한 수용자의 방어적 태도 여부"를 바탕으로 문항을 구성하였다. 많은 국내 연구들이 김윤애와 박현순(2008)의 문항을 적용하고 있는데, 해당 문항 구성을 위해 참조한 선행 연구들의 측정 문항과 김윤애와 박현순(2008)의 문항 간 연결성이 명확하지 않다는 문제가 제기된 바 있어 적용 시 신중할 필요가 있다(남경태, 2014).

요약하면 설득 지식이라는 개념은 표준화된 정의를 내리기 힘든 포괄적 개념으로서, 연구자에 따라 개념적 정의가 달라질 수 있다. 그러나 선행 연구들의 개념화를 살펴보면 크게 개인적 특성으로서의 설득 지식과 상황적으로 활성화된 설득 지식으로 구분할 수 있다. 두 종류의 설득 지식은 그 성격이 다르므로 설득 지식 모형을 활용하여 연구를 수행하는 연구자들은 본인의 연구에 개인적 특성으로서의 설득 지식이 적합한지 활성화된 설득 지식이 적합한지 판단한 후 측정 단계에서 혼동 또는 호환하여 사용하는 경우를 주의해야 할 필요가 있다.

4. 광고PR 분야에서의 적용과 연구

설득 지식 모형은 지난 20여 년 동안 마케팅, 광고, PR, 커뮤니케이션 등 다양한 분야에서 활용되어왔다. 설득 지식 모형을 적용한 기존 연구들은 에이전트보다는 타깃에, 그리고 타깃의 에이전트 지식이나 주제 지식보다는 설득 지식에 초점을 맞추고 있다. 이 장에서는 설득 지식을 활용한 실증 연구들(empirical research)[2]을 설득 지식의 역할과 특별한 타깃인 어린이의 설득 지식

---

2   문헌은 구글 스칼라(scholar.google.co.kr)에서 '설득 지식'이라는 키워드 검색을 통해 추출하였다.

으로 나누어 정리해보고자 한다.

1) 설득 지식의 역할

설득 지식 모형을 토대로 한 연구들에서 설득 지식은 독립 변수, 조절 변수, 매개 변수, 종속 변수 등 다양한 역할로 활용되고 있었다.

(1) 독립 변수로서의 설득 지식

설득 지식은 다양한 맥락에서 독립 변수로 활용되고 있었는데, 연구에 따라 개인적 특성으로서의 설득 지식을 적용하는 경우도 있고, 활성화된(activated or primed) 설득 지식을 적용하는 경우도 있었다.

먼저, 개인적 특성으로서의 설득 지식은 광고(이명천·이형동·김정현, 2012), PR(박현순·이종혁, 2009), 비밀 마케팅(covert marketing) 맥락 — 네이티브 광고 (Lee, Kim and Ham, 2016), 온라인 행동 광고(Ham and Nelson, 2016) 등의 영역에

표 08-1 ● 개인적 특성으로서의 설득 지식을 독립 변수로 활용한 연구

연구자	영역	연구 결과
Lee, Kim and Ham (2016)	네이티브 광고	소비자의 광고 회의감과 설득 지식이 네이티브 광고에 대한 태도와 공유 의도에 부정적 영향을 미친다는 사실을 발견하였다.
이명천 외 (2012)	광고	브랜드 제휴 광고에서 희소성 메시지의 효과를 검토하면서 주제/에이전 트/설득 지식을 살펴보았다. 연구 결과, 브랜드 제휴에 대한 주제 지식과 설득 지식은 광고효과(광고태도, 브랜드태도, 구매의도)에 유의미한 영 향을 미쳤는데, 지식이 높은 집단이 낮은 집단보다 브랜드 제휴에 대해 부정적 평가를 하는 것으로 나타났다. 또한 메시지 희소성과의 상호 작 용을 살펴본 결과, 메시지 희소성이 있는 경우 주제 지식이나 설득 지식 이 높은 집단이 낮은 집단보다 광고효과를 부정적으로 평가하였다.
박현순· 이종혁 (2009)	PR	주제 지식, 에이전트 지식, 설득 지식이 PR전략의 설득효과(기업에 대 한 인지, 태도 및 피소비자 행동)에 미치는 영향에 대해 연구하였다. 연 구 결과, 에이전트 지식이 모든 설득 효과에 유의미한 영향을 미치는 주 요변수임을 밝혀냈다. 주제 지식은 영역에 따라 기업에 대한 인지와 태 도 또는 피소비자행동에 영향을 미쳤고, 설득 지식은 기업에 대한 태도 에 영향을 미치는 것으로 나타났다.

서 독립 변수로 적용되고 있었다. 예를 들어, 함과 넬슨(Ham and Nelson, 2016)은 설득 지식을 객관적 설득 지식(objective persuasion knowledge)과 주관적 설득 지식(subjective persuasion knowledge)으로 구분하여 설득 지식이 제3자 효과(third-person perception)와 온라인 행동 광고에 대한 수용자 대처행동에 미치는 영향을 살펴보았다. 연구 결과, 주관적 설득 지식이 수용자의 온라인 행동 광고가 가져오는 이득이나 위험에 대한 인식에 영향을 미쳤고, 인식의 결과에 따라 제3자 효과가 발생했다. 그 외 연구에 대해서는 표 08-1에 정리하였다.

표 08-2 • 활성화된 설득 지식을 독립 변수로 활용한 연구

연구자	영역	연구 결과
Wei, Fisher and Main (2008)	네이티브 광고	네이티브 광고 게재 주체 및 미디어의 신뢰도와 설득 지식의 활성화가 수용자 반응(광고. 기업, 미디어에 대한 평가)에 미치는 영향을 살펴보았다. 연구 결과, 설득 지식이 비활성화된 집단은 신뢰도가 낮은 매체에 신뢰도가 높은 기업이 광고를 게재했을 때 설득의도를 인지했지만, 설득 지식이 활성화된 집단은 신뢰도가 높은 매체에 신뢰도 낮은 기업이 광고를 게재한 경우를 제외한 모든 경우에서 설득의도를 인지했다.
Yoo (2009)	온라인 검색 광고	설득 지식의 활성화(활성화/비활성화)와 검색 과업(복잡/단순)이 온라인 검색광고(keyword search ads)의 클릭에 미치는 영향을 연구하였다. 연구 결과, 설득 지식이 활성화된 경우 수용자는 검색광고를 클릭하지 않았지만, 검색 과업이 복잡한 경우 설득 지식이 활성화되었더라도 검색 광고 클릭률이 높아지는 것으로 나타났다.
Eisend (2015)	광고	소비자의 설득 지식이 제3자 효과를 강화시키고 결과적으로 제품에 대한 추천 의도를 감소시키는 것으로 나타났다. 이때 정부 규제에 대한 믿음이 조절 변수로 작용하는데, 정부 규제가 약하다고 생각할수록 설득 지식이 제3자 효과에 미치는 영향력이 증가했다.
송학림·이승조 (2015)	간접 광고	설득 지식의 활성화(활성화/비활성화)와 방송 프로그램의 정서적 맥락(긍정적/부정적)이 PPL 효과(기억 및 태도)에 미치는 영향을 알아보았다. TV 시트콤에 배치된 PPL의 효과를 살펴 본 결과, 설득 지식이 활성화된 집단은 그렇지 않은 집단에 비해 PPL 제품에 대해 덜 우호적인 태도를 보였으며, 방송 프로그램에서 유발된 정서가 긍정적인 경우 부정적인 경우보다 PPL 제품에 대한 기억률이 높았다. 마지막으로 PPL 태도에 대해 설득 지식 활성화와 정서적 맥락 간의 상호 작용 효과가 도출되었는데, 부정적 맥락일 때 설득 지식이 활성화된 집단이 비활성화된 집단에 비해 PPL에 대한 부정적 태도를 보였다. 그러나 긍정적 정서 맥락에서는 두 집단 간 차이가 나타나지 않았다.

활성화된 설득 지식을 독립 변수로 적용한 연구들은 주로 비밀 마케팅(covert marketing)과 광고 맥락에서 이루어졌다. 예를 들면, 스폰서된 콘텐츠상에서 설득 지식의 활성화(활성화/비활성화)와 브랜드 친숙도(친숙/비친숙)가 브랜드 평가에 미치는 영향을 살펴본 웨이 외(Wei, Fisher and Main, 2008)는 설득 지식의 활성화가 스폰서된 콘텐츠를 사용한 브랜드에 부정적 영향을 미치지만, 브랜드 친숙도에 따라 부정적 영향이 감소될 수 있음을 밝혀냈다. 구체적으로, 친숙하지 않은 브랜드에 대해서는 활성화된 설득 지식이 브랜드 평가에 부정적 영향을 미치지만 친숙한 브랜드에 대해서는 부정적 평가를 하지 않는 것으로 나타났다. 표 08-2에서 활성화된 설득 지식을 독립 변수로 활용한 연구들을 정리하였다.

(2) 조절 변수로서의 설득 지식

설득 지식은 다양한 영역에서 특정 요인이 설득에 미치는 영향을 조절하는 변수로서 적용되었다. 이 장에서는 설득 지식이 조절 변수로 활용되는 맥락을 크게 광고, 비밀 마케팅, 판촉으로 나누어 살펴보고자 한다.

먼저, 광고 영역에서 설득 지식을 조절 변수로 활용하고 있는 연구로 알루알리아와 번트런트(Ahluwalia and Burnkrant, 2004), 하디스티 외(Hardesty, Carlson and Bearden, 2002), 김하림과 조창환(2014), 문재학(2014), 심성욱과 김운한(2013)의 연구를 들 수 있다. 예를 들어, 문재학(2014)은 정치광고에서 정치 후보자의 장점과 단점을 모두 언급한 양면 메시지가 장점만 언급하는 일면 메시지보다 설득 효과(메시지 신뢰도 및 수용도)가 높다는 사실을 밝혀냈다. 이러한 양면 메시지의 영향력은 설득 지식이 높은 집단에서 더욱 크게 나타났다.

비밀마케팅 맥락에서는 김충현과 권영진(2011), 정해원과 심성욱(2017), 황과 정(Hwang and Jeong, 2016)의 연구를 들 수 있다. 예를 들어, 블로그 마케팅 맥락에서 스폰서십 공개 유형(비공개/단순 공개/솔직한 의견 공개), 메시지 측면성(일면/양면)과 소비자 광고 회의감(고/저)이 스폰서된 블로그 메시지에 미치는 영향을 본 황과 정(Hwang and Jeong, 2016)은 스폰서십 공개가 비공개 대비

정보원 신뢰도와 메시지에 대한 태도를 감소시키지만, 공개 방식에 따라 스폰서십의 부정적 효과가 감소될 수 있음을 밝혀냈다. 연구자들은 스폰서십 공개 시 '솔직한 의견(honest opinions)'이라고 표현하는 것이 단순한 스폰서십 공개보다 부정적 효과를 감소시킨다는 것을 발견하였는데, 이러한 결과는 특히 광고 회의감이 높은 소비자에게 나타났다.

마지막으로 판촉 영역에서는 특정 전술의 효과에 초점을 맞추어 설득 지식을 적용하고 있었다. 예를 들어, 시와 존슨(Xie and Johnson, 2015)은 프로모션 비교 문구를 만들 때 '기준점 제외' 전략이 제3자 효과에 미치는 영향을 보기 위해 설득 지식을 조절 변수로 적용하였다. 연구 결과, 설득 지식이 높을수록 기준점 제외 문구가 본인보다 타인에게 영향을 줄 것이라고 인식하는 경향이 높았다. 표 08-3에서 설득 지식을 조절 변수로 활용한 연구들을 정리하였다.

표 08-3 • 설득 지식을 조절 변수로 활용한 연구

연구자	영역	연구 결과
Ahluwalia and Burnkrant (2004)	광고	광고에서 단순 정보제시 방법보다 비유 및 은유 등을 활용한 수사적 질문(rhetorical questions)이 소비자의 설득 지식을 활성화시킨다는 사실을 밝혀냈다. 이때 광고를 집행한 주체인 브랜드에 대한 기존 평가가 조절 변수로 영향을 미치게 되는데, 소비자들은 브랜드에 대한 기존 평가가 긍정적이었으면 수사적 표현을 사용한 광고에 대한 평가도 긍정적인 반면, 기존 평가가 부정적이었으면 수사적 표현을 사용한 광고에 대해서도 부정적 평가를 하였다.
Hardesty, Carlson and Bearden (2002)	광고	광고 회의감이 높은 소비자는 친숙성이 높은 브랜드에 대해서는 낮은 가격보다 높은 가격의 제품에 대해 긍정적 반응을 보였다. 그러나 광고 회의감이 낮은 소비자는 브랜드 친숙도의 정도와 상관없이 가격이 높은 제품에 대해 긍정적 반응을 보였다.
김하림·조창환 (2014)	광고	이 연구에서 설득 지식은 노골적 설득의도(고/저)로 조작되어 사용되었는데, 메시지의 노골적 설득의도가 높은 경우에는 정보원의 사회적 거리감이 광고효과에 미치는 영향이 없는 반면, 설득의도가 낮은 경우에는 사회적 거리감이 먼 경우보다 가까운 경우에 긍정적인 광고효과가 나타났다.
심성욱·김운한 (2013)	광고	부정적 이미지를 지닌 기업(담배 및 주류 기업)이 공익 광고를 집행할 때 소비자의 기업에 대한 사전 이미지나 흡연 및 음주 태도에 따라 광고효과가 달라지는지 살펴보았다. 연구 결과, 기업이미지가 낮은 경우에는

		설득 지식이 낮은 소비자들이 광고를 긍정적으로 평가하였으나, 기업이 미지가 높은 경우에는 설득 지식이 높은 소비자들이 광고를 긍정적으로 평가하였다. 또한 흡연/음주 행동에 부정적인 경우 설득 지식이 낮은 소비자들이 광고를 긍정적으로 평가했으나, 흡연/음주 행동에 긍정적인 경우 설득 지식이 높은 소비자들이 광고를 긍정적으로 평가했다.
김충현· 권영진 (2011)	간접 광고	TV 드라마에서 나타나는 PPL 배치형태(현저성/모호성)와 프로그램과 PPL 제품의 적합성(고/저)의 차이가 브랜드의 태도변화에 미치는 영향에 대해 연구하였다. 연구 결과, 제품배치 형태에 있어 모호성 배치가 현저한 배치보다 브랜드에 대해 우호적 태도를 이끌었으며, 프로그램과 광고의 적합성이 높을수록 브랜드 태도가 높은 것으로 나타났다. 그러나 소비자가 PPL의 설득의도를 활성화하는 메시지에 노출되는 경우 앞서 발견한 긍정적 효과가 감소되었다.
정해원· 심성욱 (2017)	네이 티브 광고	동영상 네이티브 광고의 소구방식(정보형/흥미형)과 관여도(고/저)가 광고효과(광고 태도, 브랜드 태도, 구매 의도)에 미치는 영향에 설득 지식이 조절적 역할을 하는지 연구하였다. 연구 결과, 광고 소구 방식과 설득 지식 간의 유의미한 상호 작용이 나타났는데, 설득 지식이 낮은 집단은 저관여인 경우 흥미형 광고보다 정보형에 긍정적 광고 태도를 보인 반면, 설득 지식이 높은 집단은 고관여인 경우 흥미형보다 정보형에 대해, 저관여인 경우 정보형보다 흥미형에 대해 긍정적 광고 태도를 보였다.
윤성욱· 유명길· 서미옥 (2011)	리테일	판매원의 언어적 메시지 유형(일면/양면)에 따른 판매원에 대한 태도와 메시지 수용 의도에 대한 연구에서 설득 지식의 조절적 역할을 연구하였다. 연구 결과, 설득 지식이 낮은 집단은 메시지의 유형에 영향을 받지 않았으나, 설득 지식이 높은 집단은 양면 메시지를 사용하는 판매원의 메시지를 수용하고자 하는 의도가 높았다.
전종우· 김연주 (2016)	판촉	대학 행사 협찬의 적합도와 참여가 협찬사에 대한 태도와 행동 의도에 미치는 영향을 검토하면서 조절 변수로 설득 지식을 적용하였다. 연구 결과, 설득 지식이 낮은 집단에서는 적합도의 영향이 없었지만, 설득 지식이 높은 집단에서는 협찬 적합도가 높은 경우 구매 의도가 높아졌다.
최지은· 박종철 (2013)	판촉	판매촉진유형(가격인하적/가치부가적)이 소비자의 반응에 미치는 영향을 연구하는 과정에서 설득 지식의 조절적 역할을 보았다. 설득 지식은 가치부가적 판촉의 경우 영향을 미쳤는데, 설득 지식이 낮은 소비자들은 제품세트 제시보다 무료사은품 제시에 대해 높은 구매 의도를 보였으나, 설득 지식이 높은 소비자들에게는 제시형태 간 차이가 없었다.

(3) 매개 변수로서의 설득 지식

특정 전술에 노출된 수용자들이 어떤 과정을 거쳐 반응을 보이게 되는지에 관심을 가진 연구들은 설득 지식을 매개 변수로 활용하고 있었다. 설득 지식을 매개 변수로 적용한 연구들은 대부분 활성화된 설득 지식이 수용자의 심리적 방어기제를 자극해 설득효과가 감소된다는 사실을 발견했다. 따라서, 대부분의 연구들이 설득 지식 활성화에 초점을 맞추고 있는데, 설득 지식 활성화는 크게 ① 설득의도 인지와 ② 설득의 동기 추론(inferences of motives)으로 나누어진다.

먼저, 설득의도 인지가 독립 변수와 종속 변수에 대한 매개 역할을 한다는 접근법을 가진 연구들은 어떤 요인이 설득 지식의 활성화 즉 설득의도 인지에 영향을 미치는지에 주목하고 있다. 스폰서된 콘텐츠 연구를 다수 진행한 보어만 외(Boerman, van Reijmersdal and Neijens, 2012; Boerman and Kruikemeier, 2016; Boerman, Willesmsen, and Van Der Aa, 2017)는 스폰서십 공개 여부(공개/비공개)에 따라 설득 지식의 활성화 정도(i.e., 광고 인지)가 달라지고, 활성화된 설득 지식은 결과적으로 메시지의 설득 효과를 감소시킨다는 것을 발견했다. 예를 들어, 페이스북 광고에서 스폰서십 공개 여부(공개/비공개)와 정보원 유형(유명인/브랜드)이 구전의도에 미치는 영향을 본 연구에서 스폰서십 공개는 소비자의 광고에 대한 인지, 즉 설득 지식을 활성화시키는데, 설득 지식 활성화는 브랜드가 작성한 메시지보다 유명인이 작성한 메시지에 의해 증가하는 경향을 보였다. 또한 활성화된 설득 지식은 소비자의 구전의도를 감소시키는 것으로 나타났다(Boerman, Willesmsen, and Van Der Aa, 2017).

매개 변수로서의 설득 지식 활성화는 동기에 대한 추론으로 접근할 수도 있다. 예를 들면, 캠벨과 커마니(Campbell and Kirmani, 2000)는 대인판매상황에서 개인의 인지능력과 이면 동기에 대한 접근성이 설득 지식 활성화에 영향을 미친다는 사실을 밝히며, 설득동기에 대한 접근성이 높은 경우에는 인지능력이 높든 낮든 설득 지식이 활성화되었으나 설득동기에 대한 접근성이 낮은 경우에는 인지능력이 높은 타깃이 설득 지식을 덜 사용한다는 사실을 발견했다. 설득 지식을 매개 변수로 활용한 연구들은 표 08-4에서 정리하였다.

표 08-4 • 설득 지식을 매개 변수로 활용한 연구

연구자	영역	종류	연구 결과
Kirmani and Zhu (2007)	광고	광고 인지 & 동기 추론	설득의도의 정도가 다른 광고메시지에 대한 평가가 소비자의 조절 초점(regulatory focus)에 따라 달라지는지 연구하였다. 연구 결과, 광고에 나타나는 설득의도가 중간 정도일 때 예방초점(prevention focus)의 소비자가 향상초점(promotion focus)의 소비자보다 설득 지식을 더욱 활성화(광고에 대한 회의)시켰고, 활성화된 설득 지식의 영향으로 브랜드에 대해 부정적 평가를 하는 것으로 나타났다.
Tutaj and van Reijmersdal (2012)	광고	설득 의도 인지 & 동기 추론	광고 유형(네이티브 광고/배너광고)이 광고 가치(advertising value)에 미치는 영향에 대한 연구에서, 네이티브 광고가 배너광고보다 정보적이고 흥미로우며 덜 성가시게 인식된다는 사실을 발견했다. 또한 수용자들은 네이티브 광고보다 배너광고가 설득의도가 높다고 평가했으며 그에 따라 배너광고에 회의감을 나타냈다. 이러한 수용자의 광고 회의감은 광고 가치와 부정적 상관관계가 있음이 나타났다.
An, Jin and Park (2014)	애드버 게임	광고 인지	초등학교 3학년을 대상으로 광고 인지능력에 대한 교육 효과를 알아보는 연구에서 어린이들은 교육이 없는 경우 애드버게임을 광고의 일종이라고 인식하지 못했으나, 교육을 받은 경우 광고 이해도가 증가하였다. 이 때 광고 인지가 광고 인지능력과 광고에 대한 회의감 사이를 매개하고 있었다.
van Reijmersdal et al. (2015)	애드버 게임	광고 인지	애드버게임에서 광고 포함 공개여부(공개/비공개)와 기분(긍정/부정)이 설득 지식 활성화와 광고 효과에 미치는 영향을 연구하였다. 연구 결과, 수용자들의 기분이 긍정적인 경우에만 광고 공개가 설득 지식을 활성화시키고 광고효과(게임 및 브랜드 태도)에 부정적 영향을 미치는 것으로 나타났다.
Kim and Song (2018)	스폰서 된 콘텐츠	동기 추론	트위터 메시지의 스폰서십 여부(있음/없음)와 메시지 특성(경험적/판촉적)이 메시지 효과(브랜드 태도, 클릭 의도)에 미치는 영향을 살펴보는 연구에서, 스폰서된 메시지의 경우 판촉적 메시지가 경험적 메시지에 비해 설득의도를 덜 활성화시키고, 결과적으로 클릭 의도를 높인다는 사실을 밝혀냈다.
van Reijmersdal et al. (2016)	스폰서 된 콘텐츠	설득 의도 인지	블로그에서 스폰서십 공개가 수용자의 설득 지식을 활성화시키고, 활성화된 설득 지식(광고 인지)은 설득에 대처하기 위한 인지적·감정적 저항(cognitive and affective resistance)을 불러 일으켜, 결과적으로 브랜드 태도와 구매 의도를 감소시킨다는 사실을 발견했다.
Wojdynski and Evans (2016)	네이 티브 광고	광고 인지	스폰서십 공개 정보의 위치(위, 중간, 아래)와 스폰서십 공개 시 사용하는 용어(광고, 스폰서드 콘텐츠, 브랜드 보이스, 스폰서에 의해 제시됨)가 판매 및 설득의도(selling and persuasive intent), 뉴스 신뢰도, 뉴스의 질에 대한 인식, 기업에 대한 태도, 기사 공유 의도에 미치

			는 영향을 본 연구에서, '광고' 또는 '스폰서드'라는 용어가 기사 중간이나 아래에 위치했을 때 광고 인지(advertising recognition)를 높여 판매/설득의도 및 메시지 효과를 감소시킨다는 것을 발견했다.
구윤희·윤영민 (2015)	CSR	동기추론	사회공헌활동(CSR)의 진정성, 즉 기업의 실제동기와 표현동기의 일치 여부가 기업 태도에 미치는 영향을 연구하면서 설득 지식의 활성화가 매개 변수의 역할을 하는지 검토하였다. 연구 결과, 진정성은 기업태도에 영향을 주지 않았으나 활성화된 설득 지식은 기업 태도에 부정적 영향을 미쳤다.
서옥순·채명수 (2016)	애드버게임	동기추론	브랜드 현저성(고/저)과 게임 - 브랜드 일치성이 브랜드 기억과 태도에 미치는 영향을 살펴본 연구에서, 현저성과 일치성 모두 설득지식을 통하여 브랜드 태도에 영향을 미친다는 사실을 발견했다.
염정윤·정세훈 (2014)	PR	동기추론	기업 PR 맥락에서 메시지 측면성(일면/양면)과 정보원 유형(제3자/기업)에 따른 설득 효과 차이를 살펴본 연구에서, 제3자(교수)가 전달하는 메시지가 기업이 전달하는 메시지에 비해 설득 효과가 높았는데, 정보원 유형에 따른 설득효과는 설득 지식에 의해 매개됨이 발견되었다. 또한 메시지 측면성과 정보원 유형 간의 상호 작용 효과가 발견되었는데, 제3자 발신의 메시지의 경우 양면 메시지가 일면 메시지보다 설득 효과가 높았지만, 기업 발신의 메시지의 경우 일면 메시지가 양면 메시지보다 효과가 높았다. 이때에도 설득 지식의 활성화(설득의도에 대한 추론)가 정보원 유형과 메시지 측면성이 설득 효과에 미치는 영향을 매개하고 있음이 나타났다.
이경렬 (2018)	네이티브광고	설득의도인지	SNS 동영상형 네이티브 광고에서 광고와 정보 구분의 모호성이 설득 지식 활성화와 광고 태도에 미치는 영향을 살펴보았다. 연구 결과, 수용자들이 동영상형 네이티브 광고에 대해 광고와 정보의 구분이 모호하다고 인식할수록 그들의 설득 지식 활성화 수준이 낮았고, 결과적으로 광고 태도에 큰 영향을 미치지 않았다. 그러나 광고라고 인식할수록 설득 지식이 활성화되며 수용자의 동영상형 네이티브 광고에 대한 태도도 낮아지는 것으로 나타났다.

(4) 종속 변수로서의 설득 지식

설득 지식을 종속 변수로 활용하고 있는 연구들 또한 다양한 영역에서 수행되었는데, 예를 들어 광고 맥락에서 아기르 - 로드리게스(Aguirre-Rodriguez, 2013)는 음식 광고 내 희소성 메시지 유형(수요 측면/공급 측면)과 메시지 구체성(구체적/추상적)이 설득효과에 미치는 영향을 살펴보았다. 연구 결과, 공급 측면

표 08-5 • 설득 지식을 종속 변수로 활용한 연구

연구자	영역	연구 결과
Sarmin, Notrarantonio, and Quigley (2015)	광고	잡지 광고에서 나타나는 정보전달 유형(사설/애드버토리얼/광고)에 따른 광고효과(정보원 신뢰도, 설득의도, 구매의도)를 살펴본 결과, 사설(editorials)이 애드버토리얼이나 광고에 비해 높은 신뢰도와 구매의도를 이끌어낸다는 사실을 밝혀냈다. 또한 소비자들은 애드버토리얼과 광고에 나타나는 설득의도는 명확히 인지하고 있었으나, 사설에 나타나는 설득의도는 인지하지 못하는 것으로 나타났다.
서상희·윤각(2010)	광고	광고 동기접근성(기업PR광고/제품정보중심광고/한정세일광고)이 설득 지식 활성화 및 광고효과(광고 태도, 브랜드 태도, 구매 의도)에 미치는 영향을 연구하였는데, 이때 브랜드 인지도(고/저)와 제품관여도(고/저)가 동기접근성의 영향을 조절하는지 살펴보았다. 연구 결과, 고관여제품의 경우 기업PR광고가 제품정보광고에 비해 설득 지식수준은 낮았으며 한정세일광고에 비해 우호적 광고효과를 이끌었으나, 저관여제품의 경우 제품정보광고가 한정세일광고에 비해 설득 지식수준이 낮고 구매의도를 높이는 것으로 나타났다.
손상희(2016)	CSR	CSR 주체(기업/비영리/협업유형)와 미디어 유형(신문/페이스북)이 설득 지식과 신뢰도에 미치는 영향을 살펴본 연구에서 비영리조직이 전달하는 메시지가 기업이나 협업을 통한 메시지 전달보다 설득 지식을 덜 활성화시키는 것으로 나타났다.
조영신·정세훈(2013)	CSR	사회공헌활동의 주체 유형(기업/비영리)과 정보원 유형(조직/개인)의 설득효과를 살펴본 결과, 사회공헌활동의 주체가 비영리조직일때 설득의도가 낮게 나타났으며, 이타적 의도를 가지고 있다고 귀인되었다.

의 희소 메시지가 수요 측면의 희소 메시지보다 설득 지식을 덜 활성화시켰는데, 특히 공급 측면의 희소성 메시지가 추상적일수록 소비자의 설득 지식은 활성화되지 않았다. 그 외 연구들에 대해서는 표 08-5에서 정리하였다.

마지막으로 설득 지식의 역할을 한정짓기 어려운 경우도 있었는데, 설득 지식의 매개효과 분석(Mediation analysis)을 실시하지 않았으나 활성화된 설득 지식이 설득효과에 부정적 영향을 미친다는 사실을 발견한 연구들(김윤애·박현순, 2008; 신영웅·조창환, 2014; 조수영, 2011; 조수영·김선정, 2011)이나 설득 지식과 다른 요인 간 상관관계를 분석한 연구(두진희·김정현, 2012)가 그 예이다.

2) 어린이와 설득 지식

설득 지식 모형을 적용한 선행 연구들이 주요하게 관심을 가지는 대상은 어린이들이다. 개인의 설득 지식은 일생 동안 개발되지만, 10세 전후로 발전하는 경향이 있다는 점을 감안할 때(Rozendaal, Buijzen and Valkenburg, 2011) 광고에 대한 인지적 이해가 미약한 어린이 대상의 설득 지식에 대한 연구는 의미가 있다.

어린이를 대상으로 설득 지식을 적용한 연구들은 ① 설득 지식의 개발 또는 발전(Boush, Friestad and Rose, 1994; Nelson, 2016; Nelson, et al., 2017; Rozendaal, Buijzen and Valkenburg, 2011), ② 게임 맥락에서 어린이의 설득 지식(안순태, 2011; An, Jin and Park, 2014; Panic, Cauberghe and De Pelsmacker, 2013; Vanwesenbeek, Walrave and Ponnet, 2017; Waiguny, Nelson and Terlutter, 2014)에 초점을 맞추고 있다.

먼저, 설득 지식의 개발과 관련한 연구로 넬슨(Nelson, 2016)은 8~9세 어린이들을 대상으로 광고 인지능력(advertising literacy) 배양 프로그램의 효과를 살펴보았다. 필드 실험을 통해 연구자들은 8~9세 어린이들은 기본적으로 광고의 설득의도를 파악하기 어려워하지만 교육 프로그램을 통해 메시지 제작자, 판매 의도, 설득 전략 등에 대한 지식이 증가했다는 사실을 발견했다.

애드버게임(advergame)과 관련한 연구들은 게임 중 어린이들이 설득 지식을 어떻게 활용하는지(Vanwesenbeek, Walrave and Ponnet, 2017; Waiguny, Nelson and Terlutter, 2014) 혹은 무엇이 설득 지식을 활성화시키는지(Panic, Cauberghe and De Pelsmacker, 2013; van Reijmersdal et al., 2015) 등에 관심을 가졌다. 반웨센빅 외(Vanwesenbeek, Walrave and Ponnet, 2017)는 10세에서 12세 사이의 어린이들을 대상으로 애드버게임 전후의 브랜드 태도 변화와 구매 의도를 살펴보기 위해 제품 관여도, 브랜드에 대한 기존 태도, 설득 지식, 게임에 대한 태도 등의 역할에 대해 연구하였다. 연구 결과, 어린이들의 게임에 대한 태도와 기존 브랜드에 대한 태도 등이 태도 변화에 중요한 역할을 한다는 사실을 발견했

표 08-6 ● 어린이의 설득 지식 관련 연구

연구자	영역	연구 결과
Boush, Friestad and Rose(1994)	설득 지식 개발	청소년들의 TV 광고에 대한 회의감과 광고 전술에 대한 지식이 나이가 들어감과 함께 향상되는 것을 발견하였다
Nelson, et al.(2017)	설득 지식 개발	어린이의 사회화에 중요한 요인(미디어, 가족)이 설득 지식 개발에 미치는 영향을 살펴본 연구에서 과거에 비해 가정에서 상업적 미디어에 노출되는 양은 감소하였지만, 미묘한(subtle) 설득전략에 여전히 노출되고 있으며, 어린이의 설득 지식 개발에 부모뿐 아니라 조부모의 역할이 크다는 것을 발견하였다.
Rozendaal, Buijzen and Valkenburg (2011)	설득 지식 개발	어린이와 성인을 대상으로 광고에서 사용하는 전술에 대한 이해도에 대한 조사를 한 결과, 어린이들은 10세 전후에 설득 전술에 대한 이해가 비약적으로 발전한다는 사실을 발견했다.
안순태 (2011)	게임	초등학교 2~3학년을 대상으로 애드버게임의 설득의도에 대한 교육프로그램이 어린이들의 설득의도 이해, 행동의도에 미치는 영향을 살펴본 연구에서 어린이들이 게임의 설득의도 파악이 저조하였고 교육 프로그램의 효과가 크지 않다는 사실을 발견했다.
An, Jin and Park(2014)	게임	초등학교 3학년을 대상으로 광고 인지능력에 대한 교육 효과를 알아보는 연구에서 어린이들은 교육이 없는 경우 애드버게임을 광고의 일종이라고 인식하지 못했으나, 교육을 받은 경우 광고 이해도가 증가하였다.
Waiguny, Nelson and Terlutter (2014)	게임	7~10세 사이의 어린이를 대상으로 애드버게임에 나타나는 상업적 메시지를 인지하는 정도가 프레즌스(presence)에 따라 달라지는지 알아본 결과, 어린이들은 게임 도중에 프레즌스를 경험할수록 게임에 녹아 있는 상업적 메시지를 인식하지 못하는 것으로 나타났다.

다. 기존 게임에 대한 태도가 부정적인 경우, 애드버게임 이후 브랜드에 대한 태도도 부정적으로 변화했지만, 기존 브랜드에 대한 태도가 긍정적이었다면 애드버게임 이후 해당 브랜드에 대한 태도가 더욱 우호적으로 변화했다. 그러나 설득 지식이 높을수록 태도 변화가 크지 않을 것이라는 예상과 달리 설득 지식의 정도에 따른 차이점은 발견되지 않았다.

한편, 어린이들의 설득 지식이 활성화되는 조건에 관심을 둔 패닉 외(Panic, Cauberghe and De Pelsmacker, 2013)는 7~10세의 어린이를 대상으로 광고 유형(애드버게임/TV 광고)이 설득효과에 미치는 영향을 연구하였다. 연구 결과, 어린이들은 TV 광고보다 애드버게임을 더 선호했으나 애드버게임 내에 녹아 있는 설득의도를 제대로 인지하지 못하는 것으로 나타났다. 또한 게임 진행 전 광고에 대한 정보를 주었음에도 게임을 하는 동안 그들의 설득 지식이 활성화되지 않았다. 그 외 연구들에 대해서는 표 08-6에 정리하였다.

5. 선행 연구의 한계와 향후 연구 제언

설득 지식 모형은 광고, PR, 커뮤니케이션 등 다양한 분야에서 설득 관련 현상을 설명하는 유용한 이론적 틀로 적용되고 있다. 그러나 모형의 발전을 위해 해결해야 할 문제점들이 있다. 가장 큰 문제점으로 개념화와 측정에서 오는 혼란을 들 수 있다. 각 실증연구들이 다양한 맥락에서 설득 지식이라는 이름으로 각기 다른 접근 방식의 개념화와 측정을 적용하고 있는 것이다. 이 문제는 기존에 설득 지식 모형에 대해 이론적으로 정리한 연구자들도 언급한 바 있는데 (남경태, 2014; Nelson and Ham, 2012), 실증연구마다 각기 개념화 및 조작화가 달라서 설득 지식이 자칫 좁은 의미로 한정될 여지가 있다. 이러한 개념화와 측정의 혼란은 설득 지식의 다차원적(Multidimensional) 특성에서 기인하는 바가 크다. 프리스타드와 라이트(Friestad and Wright, 1994)는 설득 지식이 '설득에 대한 전반적 지식'이며 여러 신념들이 상호 작용하며 생성되는 복합적인 개념이라고 말한 바 있다. 이러한 설득 지식의 개념을 자세히 살펴보면 설득 지식이라는 개념에는 인지적·감정적인 면뿐만 아니라 행동에 대한 신호(cue)까지 포함된다는 점을 알 수 있다. 이렇게 설득 지식이라는 개념 자체가 다차원적이다 보니 연구자마다 설득 지식을 정의할 때 하나의 일관된 정의를 사용하는 것이 아니라 각자의 방식으로 설득 지식을 정의하거나 기존 선행 연구에서 사용된 설득 지식을 그대로 사용하는 경우가 발생할 수 있다.

또한 개념화의 애매모호함은 조작화 단계에서 가시화되는데, 각 연구마다 측정의 초점이 다르거나, 한 연구에서 설득 지식의 다양한 측면이 동시에 측정되는 등의 현상이 발생하고 있다. 먼저, 연구에 따라 측정의 초점이 다를 수 있는데, 어떤 연구는 인지적인 면에, 다른 연구는 감정적인 면에 초점을 맞추어 측정을 하고 있었다. 예를 들면, 개인적 특성으로서의 설득 지식 측정 시 자주 사용되는 비어든 외(Bearden, Hardesty and Rose, 2001)의 측정방식은 '인지', 즉 인식적(cognitive) 차원에 초점을 맞추는 반면, 보어만 외(Boerman, van Reijmersdal and Neijens, 2012)는 태도적 설득 지식(attitudinal persuasion knowledge)이라는 개념을 제시하며 메시지에 대한 신뢰 정도를 측정하고 있다. 국내 논문에서 많이 활용되는 김윤애와 박현순(2008)의 논문에서는 수용자의 방어적 태도 형성 여부, 메시지 조작성 등에 대한 인지 여부 등을 측정하고 있어 인지적 차원과 태도/감정적 차원이 모두 포함됨을 알 수 있다.

또한, 설득 지식 모형의 다차원성으로 인해 한 연구에서 복수의 측정방식을 적용하여 설득 지식을 측정하기도 한다. 예를 들면, 투타이와 판레이머르스달(Tutaj and van Reijmersdal, 2012)은 설득 지식을 광고 인지, 설득 및 판매 의도 이해, 광고 회의감의 세 가지로 측정했다. 유사하게 히버트 외(Hibbert et al., 2007)도 설득 지식 측정을 위해 광고에 대한 신뢰, 광고 회의감, 조작 의도에 대한 추론을 활용하였다. 김윤애와 박현순(2008)도 수용자의 방어적 태도 형성 여부, 메시지 조작성 인지 여부로 측정하고 있다. 이렇게 하나의 개념을 다양한 구성 개념으로 측정하는 것 자체가 문제는 아니지만 설득 지식의 경우 구성개념 간 관계가 모호한 면이 있어 문제가 될 수 있다. 예를 들어, 활성화된 설득 지식 측정 시 빈번히 활용되는 설득의도 인지의 경우, 설득 지식의 다른 구성개념들의 선행요인으로 작용할 수 있다. 프리스타드와 라이트(Friestad and Wright, 1994)는 설득 지식이 작동하려면 의미의 변화가 발생해야 한다고 말한 바 있는데, 의미의 변화는 설득의도 인지로부터 시작되므로 설득의도 인지가 설득 지식의 다른 구성개념들인 동기 추론, 방어적 태도 형성, 설득 시도의 적절성에 대한 인식 등에 선행하는 것으로 보인다. 실제로 우딘스키와 에번스(Wojdynski and Evans, 2016)는 광고 인지가 매개 변수로서 종속 변수 중 하나인 설득 및 판매 의도에 긍정적 영향을 미친다는 사실을 밝히기도 했다. 우진스키(Wojdynski,

2016)는 다른 연구에서 광고 인지가 개념적 설득 지식에 영향을 미치고, 개념적 설득 지식이 기만성 인지에 영향을 미쳐 궁극적으로 태도나 행동의도에 영향을 미친다는 사실을 밝힌 바 있다. 유사하게 보어만 외(Boerman, van Reijmersdal and Neijens, 2012; Boerman, Willemsen and Van Der Aa, 2017)의 연구들에서도 광고 인지가 태도적 설득 지식에 영향을 미친다는 사실이 밝혀졌다. 그뿐만 아니라, 개인적 특성으로서의 설득 지식이 설득의도 인지에 영향을 줄 수 있기 때문에 여러 구성 개념을 설득 지식 측정에 동시에 적용하는 경우 주의가 요구된다. 예를 들면, 광고 회의감이 높은 수용자가 회의감이 낮은 수용자보다 설득 의도를 쉽게 파악할 수 있다. 인과관계뿐만 아니라 한 연구에서 설득 지식이 독립 변수와 조절 변수로 동시에 쓰이는 경우도 있는데, 웨이와 동료들(Wei, Fisher and Main, 2008)의 연구에서 사전에 조작된 설득 지식은 독립 변수로, 활성화된 설득 지식의 부정적 효과를 감소시키는 적절성에 대한 인식은 조절 변수로 적용된 바 있다.

물론 설득 지식 모형 자체가 포괄적 모형이라 개별 연구에서 설득 지식 모형의 구성요소를 모두 포함하기 어렵기 때문에 개별 연구 차원의 문제라고 볼 수는 없다. 그러나 일정한 합의 없이 개별 설득 지식의 개념과 측정 방식이 반복적으로 적용된다면 모형의 일부를 전체로 판단할 위험이 있다(남경태, 2014; Campbell and Kirmani, 2008). 설득 지식 모형을 활용하는 연구자들은 동일 영역에서 진행된 선행 연구에서 사용한 개념화와 측정을 재사용하기 전에 선행 연구가 자신의 연구와 같은 의미로 설득 지식을 적용하고 있는지 확인할 필요가 있다. 향후 설득 지식 모형의 올바른 적용을 위해 설득 지식의 다차원적인 측면에 대한 고찰(기존에 어떤 차원들이 제시되었는지)과 각 차원의 개념화 및 측정이 어떻게 이루어지고 있는지 검토해보는 연구가 필요하다. 설득 지식 개념에 대한 근본적인 고찰과 분석은 설득 지식을 구성하는 요소를 보다 면밀히 파악하고, 요소 간 관계를 파악하는 데 좋은 자료가 될 것으로 보인다.

또 다른 이슈는 설득 지식 모형에 세 가지 유형의 지식(에이전트 지식, 주제 지식, 설득 지식)이 포함되어 있지만, 앞서 언급한 바와 같이 선행 연구들은 주로 설득 지식에 초점을 맞추고 있어 에이전트 지식이나 주제 지식에 대한 연구는 부족한 실정이라는 점이다. 에이전트 지식과 관련하여 히버트 외(Hibbert et al., 2007), 주제 지식과 관련하여 케처스키와 김(Kachersky and Kim, 2011)의 연구, 그리고 국내연구들(김윤애·박현순, 2008; 박현순·이종혁, 2009; 조수영·김선정, 2011 등)이 세 가지 유형의 설득 지식을 모두 포함하여 연구하고 있으나, 설득 지식만을 다루는 연구에 비해 연구가 부족하다. 설득 지식 모형의 정교화와 연구 결과 축적을 위해 향후 연구는 설득 지식뿐 아니라 에이전트 지식이나 주제 지식이 설득과정에서 미치는 영향에 대해서도 주목할 필요가 있다.

마지막으로, 설득 지식의 형성과 발전에 대한 연구가 필요해 보인다. 대부분의 실증연구들이 특정 시점에서 특정 타깃에 초점을 두고 수행되고 있다. 설득 지식이 한번 형성되면 고정되는 것이 아니라 일생 동안 새로운 설득 기법의 학습을 통해 발전해가는 특성이 있다는 점을 생각할 때, 나이에 따른 설득 지식의 습득(Boush et al., 1994; Rozendaal et al., 2011)이나 종단적 연구(longitudinal study)를 통해 설득 지식의 발전과정을 살펴보는 연구가 필요하다. 또한 설득 기법이나 설득 지식 습득의 통로 등이 문화에 따라 다를 수 있음을 생각할 때 문화에 따른 설득 지식의 차이를 살펴보는 연구도 의미가 있을 것이다.

설득 지식 모형은 다양한 설득 현상에 적용할 수 있는 이론적 틀로서 수많은 연구들에 적용되었으며, 인간의 삶에 설득 현상이 존재하는 한 향후에도 지속적으로 적용될 것으로 보인다. 이 장에서 검토했듯이 수많은 실증 연구로 인해 설득 지식의 역할, 적용되는 맥락, 타깃 등에 대한 지식이 축적되고 있지만 설득 지식 모형은 여전히 정교화가 필요하다. 향후 설득 지식 모형을 적용하는 연구자들이 설득 지식 모형이 내포하는 문제점들을 보완하는 연구를 수행하는 데 이 장이 도움이 되길 기대한다.

참고문헌

구윤희·윤영민. 2015. 「CSR 진정성 효과연구: CSR에 대한 기업의 실제 동기와 표현 동기 일치 여부를 중심으로」. 《홍보학연구》, 19(4), 27~54.

김윤애·박현순. 2008. 「메시지 제시 형태(광고, 퍼블리시티, 블로그)에 따른 설득효과 차이: 설득지식모델을 적용하여」. 《한국언론학보》, 52(5), 130~159.

김정현. 2006. 「설득 지식 모델의 소비자 행동 연구에의 적용을 위한 이론적 검토」. 《홍보학연구》, 10(2), 61~88.

김충현·권영진. 2011. 「PPL 관련 정보 노출이 소비자의 브랜드 태도에 미치는 영향: 소비자 설득지식의 점화를 중심으로」. 《홍보학연구》, 15(1), 61~88.

김하림·조창환. 2014. 「정보원의 사회적 거리감에 따른 기업 페이스북 페이지에서의 광고효과: 메시지의 노골적 설득의도, 규범적 대인민감성, 정보적 대인민감성의 조절 효과를 중심으로」. 《광고학연구》, 25(5), 7~42.

남경태. 2014. 「무엇이 설득 지식인가? 설득 지식 모델의 과거와 현재 그리고 미래」. 《광고연구》, 102, 35~71쪽.

두진희·김정현. 2012. 「페이스북 광고 유형에 따른 효과 연구: 설득지식모델과 기술 수용 모델을 중심으로」. 《광고홍보학보》, 14(2), 300~330쪽.

문재학. 2014. 「정치광고의 메시지 유형이 설득효과에 미치는 영향: 설득지식의 조절효과」. 《한국콘텐츠학회논문지》, 14(5), 380~389쪽.

박현순·이종혁, 2009. 「식품영양정보 제공을 위한 PR전략의 소비자 설득효과: 설득지식모델의 적용」. 《한국언론학보》, 53(3), 241~266쪽.

서상희·윤각. 2010. 「광고메시지에 숨겨진 상업적 의도에 대한 접근성이 설득의도 추론 및 광고효과에 미치는 영향: 설득지식모델을 중심으로」. 《광고학연구》, 21(1), 163~177쪽.

서옥순·채명수. 2015. 「애드버게임(광고게임)의 브랜드 효과에 관한 연구: 설득지식의 매개효과를 중심으로」. 《광고학연구》, 27(6), 75~96쪽.

손상희. 2016. 「기업의 사회적 책임(CSR) 활동 유형의 설득효과 비교 연구: 설득지식모델을 적용하여」. 《광고홍보학보》, 18(1), 33~75쪽.

신영웅·조창환. 2014. 「페이스북 정보원의 전문성과 사회적 거리감에 따른 광고효과연구: 설득지식모델을 적용하여」. 《광고학연구》, 25(1), 343~366쪽.

심성욱·김운한 (2013). 「담배와 주류회사의 공익적 기업이미지 광고 효과 과정에서 설득지식의역할에 관한 연구」. 《광고연구》, 98, 220~255쪽.

송학림·이승조. 2015. 「설득지식과 방송 프로그램의 정서적 맥락이 PPL의 효과에 미치는 영향」. 《한국방송학보》, 29(1), 93~116쪽.

안순태. 2011. 「광고게임(Advergame)의 설득의도에 대한 어린이의 이해와 광고게임에 관한 교육 프로그램의 효과」. 《광고학연구》, 22(3), 29~50쪽.

염정윤·정세훈. 2014. 「메시지 측면성에 따른 정보원의 설득 효과 연구: 설득의도의 매개과정을 중심으로」. 《홍보학연구》, 18(3), 334~363쪽.

윤성욱·유명길·서미옥. 2011. 「판매원 언어적 메시지의 측면성 효과: 설득지식과 쇼핑목적의 조절효과를 중심으로」. 《소비자학연구》, 22(3), 297~316쪽.

이경렬. 2018. 「SNS 동영상형 네이티브광고에 대한 광고 혹은 정보 구분의 모호성이 설득효과에 미치는 영향에 관한 연구: 설득지식 활성화 수준의 매개효과를 중심으로」. 《커뮤니케이션학 연구》, 26(2), 117~138쪽.

이명천·이형동·김정현. 2012. 「소비자 지식체계와 희소성 메시지가 브랜드 제휴 광고 효과에 미치는 영향」. 《광고연구》, 94, 39~69쪽.

전종우·김연주. 2016. 「대학 이벤트 협찬의 적합도와 참여가 소비자 태도와 행동 의도에 미치는 영향: 설득지식의 조절 효과를 중심으로」. 《홍보학연구》, 20(4), 25~43쪽.

정해원·심성욱. 2017. 「광고소구, 관여도, 설득지식에 따른 동영상 네이티브 광고 효과」. 《광고PR실학연구》, 10(4), 222~254쪽.

조수영. 2011. 「인터넷 건강 정보의 정보원 유형과 상업 링크 유무, 질병의 심각성에 따른 설득효과 차이: 설득지식모델의 적용」. 《한국언론학보》, 55(3), 123~152쪽.

조수영·김선정. 2011. 「기업 이미지, 제품 특성과 CSR 유형의 일치/불일치에 따른 수용자 설득효과: 설득지식모델의 적용」. 《광고홍보학보》, 13(3), 509~538쪽.

조영신·정세훈. 2013. 「소셜미디어를 이용한 사회공헌활동PR에서 활동 주체와 전달 정보원에 따른 설득효과 연구: 설득지식모형을 중심으로」. 《광고홍보학보》, 15(4), 38~72쪽.

최지은·박종철. 2013. 「판촉의 종류와 제시형태가 소비자 반응에 미치는 영향: 소비자의 인지욕구와 설득지식의 조절역할을 중심으로」. 《한국심리학회지: 소비자·광고》, 14(3), 385~408쪽.

Aguirre-Rodriguez, A. 2013. "The effect of consumer persuasion knowledge on scarcity appeal persuasiveness." *Journal of Advertising*, Vol. 42, No. 4, pp. 371~379.

Ahluwalia, R. and Burnkrant, R. 2004. "Answering questions about questions: A persuasion knowledge perspective for understanding the effects of rhetorical questions." *Journal of Consumer Research*, Vol. 31, No. 1, pp. 26~42.

An, S, Jin, H S, and Park, E. H. 2014. "Children's advertising literacy for advergames: Perception of the game as advertising." *Journal of Advertising*, Vol. 43, No. 1, pp. 63~72.

Bearden, W. O, Hardesty, D. M, and Rose, R. L. 2001. "Consumer self-confidence: Refinements in conceptualization and measurement." *Journal of Consumer Research*, Vol. 28, No. 1, pp. 121~134.

Boerman, B. C, van Reijmersdal, E. A. and Neijens, P. C. 2012. "Sponsorship disclosure: Effects of duration on persuasion knowledge and brand responses." *Journal of Communication*, Vol. 62, No. 6, pp. 1047~1064.

Boerman, B. C. and Kruikemeier, S. 2016. "Consumer responses to promoted tweets sent by brands and political parties." *Computers in Human Behavior*, Vol. 65, pp. 285~294.

Boerman, B. C, Willemsen, L. M, and Van Der Aa, E. P. 2017. "This is sponsored: Effects of sponsorship disclosure on persuasion knowledge and electronic word of mouth in the context of Facebook." *Journal of Interactive Marketing*, Vol. 38, No. 2, pp. 82~92.

Boush, D. M, Friestad, M, and Rose, G. M. 1994. "Adolescent skepticism toward TV advertising and knowledge of advertiser tactics." *Journal of Consumer Research*, Vol. 21, No. 1, pp. 165~175.

Campbell, M. C. 1995. "When attention-getting advertising tactics elicit consumer inferences of manipulative intent: The importance of balancing benefits and investments." *Journal of Consumer Psychology*, Vol. 4, No. 3, pp. 225~254.

Campbell, M. C. and Kirmani, A. 2000. "Consumers' use of persuasion knowledge: The effects of accessibility and cognitive capacity on perceptions of an influence of agent." *Journal of Consumer Research*, Vol. 27, No. 1, pp. 69~83.

_____. 2008. "I know what you're doing and why you're doing it: The use of persuasion knowledge model in consumer research." in C. Haughtvedt, P. Herr, and F. Kardes (eds.). *The handbook of consumer psychology*(pp. 549~573), New York: Psychology Press.

Eisend, M. 2015. "Persuasion knowledge and third-person perceptions in advertising: The moderating effect of regulatory competence." *International Journal of Advertising*, Vol. 34, No. 1, pp. 54~69.

Friestad, M. and Wright, P. 1994. "The persuasion knowledge model: How people cope with persuasion attempts." *Journal of Consumer Research*, Vol. 21, No. 1, pp. 1~31.

_____. 1995. "Persuasion knowledge: Lay people's and researchers' beliefs about the psychology of advertising." *Journal of Consumer Research*, Vol. 22, No. 1, pp. 62~74.

Ham, C, Nelson, R, and Das, S. 2015. "How to measure persuasion knowledge." *International Journal of Advertising*, Vol. 34, No. 1, pp. 17~53.

_____. 2016. "The role of persuasion knowledge, assessment of benefit and harm, and third-person perception in coping with online behavioral advertising." *Computers in Human Behavior*, Vol. 62, pp. 689~702.

Hardesty, D. M, Carlson, J. P, and Bearden, W. 2002. "Brand familarity and invoice price effects on consumer evaluations: The moderating role of skepticism toward advertising." *Journal of Advertising*, Vol. 31, No. 2, pp. 1~15.

Hardesty, D. M, Bearden, W, and Carlson, J. P. 2007. "Persuasion knowledge and consumer reactions to pricing tactics." *Journal of Retailing*, Vol. 83, No. 2, pp. 199~210.

Hibbert, S, Smith, A, Davies, A, and Ireland, F. 2007. "Guilt appeals: Persuasion knowledge and charitable giving." *Psychology & Marketing*, Vol. 24, Vol. 8, pp. 723~742.

Hwang, Y. and Jeong, S. 2016. "This is a sponsored blog post, but all opinions are my own:

The effects of sponsorship disclosure on responses to sponsored blog posts." *Computers in Human Behavior*, Vol. 62, pp. 528~535.

Kachersky, L. and Kim, H. "When consumers cope with price-persuasion knowledge: The role of topic knowledge." *Journal of Marketing Management*, Vol. 27, No. 1-2, pp. 28~40.

Kim, M. and Song, D. 2018. "When-brand related UGC induces effectiveness on social media: The role of content sponsorship and content type." *International Journal of Advertising*, Vol. 38, No. 1, pp. 105~124.

Kirmani, A, and Zhu, R. 2007. Vigilant against manipulation: The effect of regulatory focus on the use of persuasion knowledge. *Journal of Marketing Research,* Vol. 44, No. 4, pp. 688~701.

Lee, J, Kim, S, and Ham, C. 2016. "A double-edged sword? Predicting consumers' attitudes toward and sharing intention of native advertising on social media." *American Behavioral Scientist*, Vol. 60, No. 12, pp. 1425~1441.

Nelson, M. R. 2016. "Developing persuasion knowledge by teaching advertising literacy in primary school." *Journal of Advertising*, Vol. 45, No. 2, pp. 169~182.

Nelson, M. R. and Ham, C. 2012. "The reflective game: How target and agent persuasion knowledge influence advertising persuasion." in S. Rodgers and E. Thorson(eds.). *Advertising Research.* New York: Routledge.

Nelson, M. R, Atkinson, L, Rademacher, M. A, and Ahn, R. 2017. "How media and family build children's persuasion knowledge." *Journal of Current Issues & Research in Advertising*, Vol. 38, No. 2, pp. 165~183.

Obermiller, C. and Spangenberg, E. R. 1998. "Development of a scale to measure consumer skepticism toward advertising." *Journal of Consumer Psychology*, Vol. 7, No. 2, pp. 159~186.

Panic, K, Cauberghe, V, and De Pelsmacker, P. 2013. "Comparing TV ads and advergames targeting children: The impact of persuasion knowledge on behavioral responses." Journal of Advertising, Vol. 42, No. 203, pp. 264~273.

Rozendaal, E, Buijzen, M, and Valkenburg, P. 2011. "Children's understanding of advertisers' persuasive tactics." *International Journal of Advertising*, Vol. 30, No. 2, pp. 329~350.

Sharmin, A, Notrarantonio, E. M. and Quigley, C. J. 2015. "Consumer perceptions of credibility and selling intent among advertisement, advertorials, and editorials: A persuasion knowledge model approach." *Journal of Promotion management*, Vol. 21, No. 6, pp. 703~720.

Tutaj, K. and van Reijmersdal, E. A. 2012. "Effects of online advertising format and persuasion knowledge on audience reactions." *Journal of Marketing Communications*, Vol. 18, No. 1, pp. 5~18.

van Reijmersdal, E. A, Lammers, N, Rozendaal, E, and Buijzen, M. 2015. "Disclosing the persuasive nature of advergames: Moderation effects of mood on brand responses via persuasion knowledge." *International Journal of Advertising*, Vol. 34, No. 1, pp. 70~84.

van Reijmersdal, E. A, Fransen, M. L, van Noort, G, Opree. S. J, Vandeberg, L, Reusch, S, van Lieshout, F, and Boerman, S. C. 2016. "Effects of disclosing sponsored content in blogs: How the use of resistance strategies mediates effects on persuasion." *American Behavioral Scientist*, Vol. 60, No. 12, pp. 1458~1474.

Vanwesenbeek, I, Walrave, M, and Ponnet, K. 2017. "Children and advergames: The role of product involvement, prior brand attitude, persuasion knowledge and game attitude in purchase intentions and changing attitudes." *International Journal of Advertising*, Vol. 36, No. 4, pp. 520~541.

Waiguny, M, Nelson, M. R, and Terlutter, R. 2014. "The relationship of persuasion knowledge, identification of commercial intent and persuasion outcomes in advergames-the role of media context and presence." *Journal of Consumer Policy*, Vol. 37, No. 2, pp. 257~277.

Wei, M, Fisher, E, and Main, K. J. 2008. "An examination of the effects of activating persuasion knowledge on consumer response to brands engaging in covert marketing." *Journal of Public Policy and Marketing*, Vol. 27, No. 1, pp. 34~44.

Wojdynski, B. W. 2016. "The deceptiveness of sponsored news articles: How readers recognize and perceive native advertising." *American Behavioral Scientist*, Vol. 60, No. 12, pp. 1475~1491.

Wojdynski, B. W. and Evans, N. J. 2016. "Going native: Effects of disclosure position and language on the recognition and evaluation of online native advertising." *Journal of Advertising*, Vol. 45, No. 2, pp. 157~168.

Wright, P. 1986. "Schemer schema: Consumers' intuitive theories about marketers' influence tactics." in L. Lutz(ed.). *Advances in Consumer Research*, (Vol. 13, pp. 1~3). Provo, UT: Association for Consumer Research.

Wu, M, Huang, Y, Li, R, Botree, D. S, Yang, F, Xiao, A, and Wang, R. 2016. "A tale of two sources in native advertising: Examining the effects of source credibility and priming on content, organizations, and media evaluations." *American Behavioral Scientist*, Vol. 60, No. 12, pp. 1492~1509.

Xie, G. and Johnson, J. M. 2015. "Examining the third-person effect of baseline omission in numerical comparison: The role of consumer persuasion knowledge." *Psychology & Marketing*, Vol. 32, No. 4, pp. 438~449.

Yoo, C. Y. 2009. "The effect of persuasion knowledge of keyword search ads: Moderating role of search task and perceived fairness." *Journalism and Mass Communication Quarterly*, Vol. 86, No. 2, pp. 401~413.

휴리스틱과 넛지 커뮤니케이션

백혜진

1. 들어가며

광고PR 커뮤니케이션은 사회과학 분야로 인간에 대한 깊은 이해를 기본으로 한다. 전통적인 심리학에서 인간은 이성적이고 합리적이며 충분한 분석 끝에 의사결정을 한다고 보았다. 그러나 시장에서 정가 1만 원인데 할인가 7000원이라고 적힌 가격표를 보고 싸다고 느껴서 계획에 없던 제품을 구매한 적은 없는가? 신제품이 1등 회사 제품이니 '괜찮겠지' 하고 별 생각 없이 구매한 적은 없는가? 처음 만난 사람을 '호감형이군' 하며 좋게 평가하거나 출신 지역이나 학교만 보고 판단한 적은 없는가? 그런 경험이 있는 소비자는 정말 합리적인가?

트버스키와 카너먼(Tversky and Kahneman, 1974)은 불확실한 상황에서 사람들은 제한된 정보를 바탕으로 직관적인 판단을 통해 의사결정을 한다고 주장하였다. 이른바 '휴리스틱과 편향(Heuristics and Biases)' 연구 패러다임이다. 휴리스틱은 복잡한 의사 결정 상황에 대처하기 위해 사람들이 무의식적으로 접근하는 정신적인 지름길이다(Kahneman, Slovic and Tversky, 1982). 이 연구 패러다임은 전통 심리학의 인간상으로는 설명하지 못하는 사람들의 행동과 의사 결정을 설명하며, 심리학 분야를 넘어 경제학·법학·의학·소비자학·정치학 등 다양한 학문분야로 빠르게 전파되었다(Gilovich, Griffin and Kahneman, 2002).

특히 휴리스틱은 인간의 심리를 이해하고 경제적인 의사 결정에 적용하는 행동경제학의 이론적 기반이 된다. 행동경제학에서는 휴리스틱을 통한 판단은 효율적이지만, 부정확한 판단과 비이성적인 경제 선택을 한다는 점을 주목한다. 따라서 이러한 심리를 이용하여 '선택과 행동을 유도하는 부드러운 개입'을 함으로써 올바른 방향으로 유도할 수 있는 전략이 모색되었다. '팔꿈치로 슬쩍 쿡 찌르다', '은근슬쩍 밀어당기다'라는 뜻의 '넛지(Nudge)'가 그것이다(Thaler and Sunstein, 2008). 휴리스틱을 포함한 행동경제학의 이론적 개념들은 광고PR 커뮤니케이션 분야에서도 종종 적용되어왔으나, 그러한 개념들을 체계적으로 검토하려는 노력이나 행동 변화에 효과적인 '넛지' 커뮤니케이션 전략에 대한 논의는 최근에 와서야 이루어졌다(강준만, 2016; 마정미, 2016; 이완수·김찬석·박종률, 2016).

이 장에서는 광고PR 커뮤니케이션에서 효과이론의 저변을 확대하고 행동경제학과 넛지 커뮤니케이션의 기반이 되는 휴리스틱 개념과 발전의 역사를 소개한다. 특히 핵심적인 네 가지 휴리스틱, 대표성 휴리스틱, 가용성 휴리스틱, 정박과 조정 휴리스틱, 감정 휴리스틱을 설명한다. 마지막으로 이 네 가지 휴리스틱이 적용된 인접 학문분야의 국내외 연구를 소개하는 한편, 이러한 휴리스틱을 심리적 기제로 한 행동경제학의 원리를 광고PR 커뮤니케이션에서는 어떻게 학문적·실무적으로 적용할 수 있는지를 논의하고자 한다.

2. 휴리스틱: 개념의 정의와 발전의 역사

휴리스틱의 어원은 고대 그리스어 'heuriskein'과 라틴어의 'heuristicus'로 '찾아내다(find out)', '발견하다(discover)'라는 뜻이다(윤선길, 2015). 국내에서는 간편법, 간편추론법, 추단법, 어림법, 어림셈, 어림짐작, 주먹구구법, 편의법, 쉬운 발견법, 지름길 등 다양하게 번역되었다.[1] 휴리스틱은 불충분한 시간이나 정보로 인하여 합리적인 판단을 할 수 없거나, 체계적이고 합리적인 판단이 불필요한 상황에서 빠르게 사용할 수 있는 간단한 경험법칙(rule of thumb)이자 어림법이다(한국심리학회, 2014).

이러한 어림법이자 정신적 지름길인 휴리스틱은 경제학자인 허버트 사이먼(Simon, 1955; Gilovich, Griffin and Kahneman, 2002에서 재인용)에 의해 처음 주목받았다. 그는 전통 경제학적 시각에서 보는 인간이 이성적이고 정보처리 능력이 뛰어나고 기대 효용을 '최대한' 활용하는 합리적 존재였다면, 실제 사람들은 주어진 자원(시간, 비용, 정보 등)과 인지 능력이 제한되어 주어진 상황에서 '만족스러운' 결정을 한다고 주장했다. 사이먼은 이러한 만족스러운 결정에 활용하는 방법을 휴리스틱이라고 보았으며, 후에 행동경제학의 심리적 기제가 되었다.

사이먼의 인간에 대한 통찰은 트버스키와 카너먼의 '휴리스틱과 편향' 연구 패러다임으로 체계화된다. 이 연구 패러다임은 1969년 미국 심리학회에서 84명의 설문 연구를 발표한 것에서 시작되었으며(Kahneman and Frederick, 2002), 이후 일련의 실증 연구를 통해 대표성(Kahneman and Tversky, 1972), 가용성(Tversky and Kahneman, 1973), 정박과 조정(Tversky and Kahneman, 1974) 등 여러 휴리스틱 개념으로 발전되었다. 이어서 1982년에 『불확실한 상황에서의 판단: 휴리스틱과 편향(Judgement under Uncertainty: Heurstics and Biases)』이라는 책으로 집대성되었고(Kahneman, Slovic and Tversky, 1982), 2002년에는 『휴리스틱과 편향: 직관적 판단의 심리학(Heuristics and Biases: The Psychology of Intuitive Judgment)』이라는 책으로 업데이트 및 확장되었다(Gilovich, Griffin and Kahneman, 2002).

---

1 이러한 번역어들은 통일되지 않았을 뿐더러 번역어마다 휴리스틱의 일부 특성만 강조하고, 한자어 번역어의 경우 그 의미가 더욱 어려워 이 장에서는 원음 그대로 '휴리스틱'이라고 표현하기로 한다.

길로비치와 동료들(Gilovich, Griffin and Kahneman, 2002)은 휴리스틱이 논리적인 추론의 과정을 거치지 않는다고 해서 결코 '비합리적'인 것은 아니라고 주장한다. 합리성이란 단순히 분석적인 사고뿐 아니라 경험적 사고도 포함해야 하기 때문이다(Damasio, 1994). 휴리스틱은 빠르고 직관적인 해결 방법을 찾더라도 상황에 가장 적합하면서 기억해낼 수 있는 방법을 찾기 때문에 꽤 정교하다. 또한 휴리스틱은 지나치게 복잡하거나 과도한 정보 때문에 예외적으로 반응하는 방편이라기보다는 가능성, 빈도, 예측 등 단순한 질문에 대해서도 우세하게 나타나는 직관적 반응이다.

휴리스틱과 편향 연구 패러다임은 긍정적인 면과 부정적인 면을 모두 가지고 있다. 긍정적인 면은 사람들이 현실에서 중요하고 어려운 판단을 하는 과정을 밝혔다는 점이다. 내년의 우리나라 성장률이 얼마일지 예측하고, 비슷한 종류의 신제품이 여러 회사에서 동시에 나왔을 때 그 제품들을 어떤 기준으로 평가할지 등 휴리스틱은 판단을 요구하는 다양한 문제에 대한 해결책을 제공하는 꽤 효율적인 정신적 지름길이다. 부정적인 측면은 이 정신적 지름길이 쓸 만하다고 해서 늘 정확하고 완벽하지 않다는 점이다. 따라서 휴리스틱이 판단과 선택의 상황에서 과업의 복잡함을 덜고자 사용하는 지름길이라면 이로 인해 올바른 판단 및 선택에서 벗어나는 정도를 편향(bias)이라고 칭하였다(Kahneman, Slovic and Tversky, 1982). 그렇다면 편향과 오류가 언제 왜 어떤 조건에서 생기는지, 구체적으로 어떠한 편향이 일어나는지를 탐구하는 것은 매우 흥미로운 연구문제이다.

휴리스틱과 편향이 자동적(automatic)인지 의도적(deliberate)인지에 대해서도 논란이 있다. 휴리스틱은 종종 사람들이 '의도적으로' 판단해야 할 과제를 단순화하기 위해 사용하는 전략으로 알려져 있다. 사회 인지 분야에서 잘 알려진 '인지적 구두쇠(cognitive miser)'(Fiske and Taylor, 1991)라는 비유는 사람들이 게으르고 무관심하기 때문에 이러한 휴리스틱을 활용하고 편향을 야기한다고 전제한다. 그러나 이러한 전제는 사람들의 편향을 감소시키기 위해 인센티브를 주더라도 그러한 편향은 고쳐지지 않는다는 점에서 정확하지 않다(Gilovich,

Griffin and Kahneman, 2002). 그보다는 '인지적 효율성'이라는 표현이 더 적절한 것 같다.

사람들이 휴리스틱을 통해 늘 직관적 판단만 하는 것은 아니다. 평상시에는 큰 노력없이 빠르게 떠오르는 생각으로 판단하지만, 인지적 노력이 더 필요한 상황에서는 보다 분석적인 사고체계로 전환한다(Kahneman, 2003). 이는 곧 이중적 사고체계를 의미하는데, 카너먼은 이것을 사고체계(system) 1과 2로 명명하였다(Kahneman, 2003; 2011). 이 두 가지 사고체계는 "자동적 대 반성적 사고체계"(Thaler and Sunstein, 2008), "경험적/직관적 대 분석적/이성적 사고체계"(Epstein, 1994), "휴리스틱 대 체계적 정보처리"(Chaiken, 1980) 등 학자들마다 다른 용어로 정의되었지만, 그 핵심적인 의미는 크게 다르지 않다. 즉 사고체계 1을 통한 생각은 직관적이고 빠르며, 동시적이고, 자동적이며, 노력을 들이지 않고, 연상에 따라 사고하는 경향이 있으며 감정적이다. 반면 사고체계 2에 따른 사고는 논리적으로 추론하기에 느리며, 연속적이고 통제가 가능하며, 많은 노력을 들이고, 규칙에 지배되고, 유연하며, 중립적이다. 평상시에는 사고체계 1을 통해 사고하되, 이러한 사고체계 1을 통한 사고는 편향과 오류를 야기할 수 있기에 사고체계 2는 그것을 감지하거나 수정하는 역할을 한다(Kahneman and Frederick, 2002).[2]

다음에 나오는 3절에서는 주요 휴리스틱 네 가지의 개념 정의 및 이론적 발전, 학문적 적용과 실무적 함의에 대해 소개하고자 한다. 대표성, 가용성, 정박과 조정 휴리스틱과 인지 심리학에서 간과하고 있는 감정의 역할을 강조하면서 나중에 제시된 감정 휴리스틱 네 가지이다.

---

2   이 두 가지 사고체계에 대해 더 깊이 이해하기 위해서는 카너먼의 *Thinking Fast and Slow*(Kahneman, 2011)를 참고하고, 이중 정보처리 모형에 대해서는 이 책의 05장을 참고하기 바란다.

3. 네 가지 휴리스틱 개념의 이해

1) 대표성(Representativeness) 휴리스틱

대표성 휴리스틱은 어떤 대상을 판단하는 데에서 그 대상을 구성하는 특성 중 '대표'되는 한두 가지로 그 사람 혹은 사물 전체를 판단하는 방편이다. 보통 정신적인 원형(mental prototype)을 사용하기에 원형 휴리스틱이라고도 한다 (Kahneman, 2003). 예를 들어 스티브라는 사람이 있다. 이 사람에 대한 특성을 "매우 수줍고 내성적인 성격이고 사람들에 대한 관심이 별로 없고 현실 감각이 떨어진다. 깔끔한 성격이며 소소한 것에 대한 애정이 많다"고 묘사한 뒤에, 스티브의 직업이 농부, 판매원, 도서관 사서, 비행기 조종사, 내과 의사 중에서 무엇인지 판단하도록 했다면? 만약 사람들이 확률의 법칙에 따라 충분한 계산 끝에 답을 했다면, '농부'라고 대답했어야 옳다. 현실에서는 주어진 다섯 가지 직업 중에서 농부가 가장 많기 때문이다. 그러나 많은 응답자들은 스티브의 특성에 대해 주어진 정보를 바탕으로 어떤 직업에 대한 원형(prototype 혹은 stereotype)을 떠올린 후 직관적으로 도서관 사서라고 답했다(Tversky and Kahneman, 1974).

이렇게 대상의 몇 가지 특성만으로 그 대상을 판단하는 경우 편향이나 오류가 생길 수 있다. 첫째, 확률을 판단하는 데에서 결과의 사전 확률, 혹은 기저율 빈도(base-rate frequency)에 둔감하게 된다. 위에 나온 스티브의 사례도 여기에 해당한다. 잘 알려진 또 다른 예로 '린다의 문제'가 있다: 린다는 31살이고 독신이며 대담하고 영리하다. 학생 때 그녀는 철학을 전공했는데, 차별과 사회 정의에 관심이 깊었고 반핵 시위에도 참여했었다. 린다의 직업은 다음 중 어느 것일 확률이 높은가? ① 은행원, ② 은행원이면서 페미니스트. 실제로는 두 가지 다른 속성이 결합되어 나타날 확률이 훨씬 적은데도 더 많은 연구 참여자들이 ②번이라고 답했다. 린다의 성격과 학생 때의 특성에 무게를 두어 답한 것이다. 이러한 현상을 결합 오류(conjunction fallacy)라고 한다(Tversky and

Kahneman, 1983).

둘째, 우연에 대해 오해를 하게 되어 미래에 나타날 확률이 어떤 특정한 양상으로 나타날 것이라고 믿게 된다. 도박꾼이 계속해서 나쁜 패를 갖게 되면 다음에는 꼭 좋은 패가 나올 거라고 믿는 도박꾼의 오류(gambler's fallacy)가 대표적인 사례이다.

셋째, 대표되는 몇 가지 정보로 미래를 예측함으로써 타당성(validity)이 떨어지는 경우인데, 주로 중복되거나 관련된 정보에 무게를 두고 미래를 예측하는 경우이다. 예를 들어 1학년 때 B 학점을 반복적으로 받은 대학생이 A나 C 등 다양한 학점을 받은 학생보다 더 졸업 성적이 좋을 거라고 예측하는 오류이다.

넷째, 평균으로 되돌아가려는 경향을 뜻하는 회귀(regression)를 오해하고 그로 인해 인과관계를 잘못 해석하는 경향이다. 예를 들어 비행 조종사 훈련에서 한 훈련생이 부드럽게 착륙한 후 사관에게 칭찬을 받고 그다음 착륙은 매우 험하게 했다고 치자. 또 다른 훈련생은 반대로 험하게 착륙한 후 사관에게 호되게 야단을 맞고 다음 착륙은 부드럽게 했다고 치자. 이 결과로 칭찬은 역효과를 내고 훈육이 효과가 좋다는 결론을 내었다면 이것은 인과관계를 잘못 오해한 것일 수 있다. 회귀 경향에 따르면 한번 잘못하면 그다음에는 잘하는 경향이, 한번 잘하면 그다음에는 잘못하여 결국 평균으로 돌아가는 경향이 있기 때문이다. 이러한 편향과 오류 외에도 표본 수에 둔감해져 어떤 사건의 확률이나 가능성을 판단해야 할 때 표본 크기를 고려하지 않게 되거나, 구체적인 내용이나 관련성, 정확도에 관계없이 그 정보가 우호적인지 아닌지 정도의 정보만 가지고 미래를 예측함으로써 예측가능성에 둔감해지는 오류 등은 대표성 휴리스틱으로 인한 편향의 예들이다(Tversky and Kahneman, 1974).

대표성 휴리스틱의 대표성은 주어진 대상의 일부 특성이 그 대상 전체를 얼마나 대표하는지 혹은 그 대상을 포함한 범주(category)와 유사한지에 따라 판단된다. 즉 사람들은 어떤 대상이 특정 집단에 속하는 지를 평가하는 데에서 그 대상의 속성(attributes)을 특정 집단(모집단)의 속성과 비교하여 유사성이 있다면 그 집단에 속하는 것으로 판단한다는 것이다(유홍식, 2008). 한 예로 기업들이 주력 제품에 이어 저가인 파생 제품을 출시하면서 이러한 파생 제품이 주력 제품의 속성과 유사하게 인식하도록 비슷한 브랜드를 사용하는 것(예: 삼성 휴대폰의 주력 모델은 갤럭시 S, 저가 모델은 갤럭시 A, J)은 대표성 휴리스틱을 겨냥한 것이다. '후광 효과'의 심리적 기제와도 유사한 면이 있다.

2) 가용성(Availability) 휴리스틱

가용성 휴리스틱은 이용가능성 휴리스틱이라고도 하는데, 대상에 대해 빠르고 쉽게 머릿속에 떠오르거나 간단하게 입수할 수 있는 정보를 바탕으로 판단하고 선택하는 방편이다. 기억에서 떠오르기 '쉬운' 정보를 가지고 판단하고 의사 결정하는 방법이라는 점에서 가용성 휴리스틱은 기존의 인지적 수월성(cognitive fluency) 개념과 유사하다(마정미, 2016; Reggev, Hassin and Maril, 2012). 인지적 수월성은 어떤 정보를 처리하거나 사고를 통한 판단과 의사 결정과 같은 정신적 과제를 수행하는 것이 얼마나 쉬운지에 대한 주관적인 경험을 말한다(Reggev, Hassin and Maril, 2012). 어떤 단서를 생각하기가 더 수월하다면, 판단에 더 자주 활용할 것이다. 반면 생각을 필요로 하는 과제에서 수월성을 떨어뜨리면 판단과 사고의 질도 떨어진다.

머릿속에 떠올리기 쉽다는 것은 기억 속에 있는 특정 정보가 상대적으로 쉽게 활성화되는 것이라는 점에서 가용성 휴리스틱은 접근성(accessibility)과도 관련이 있다(유홍식, 2008). 따라서 어떠한 대상이 반복적으로 노출되거나 그 대상에 대한 정보가 친숙하거나 최근의 것이라면 기억에 떠올리기 쉽다. 이 경우 가용성 휴리스틱으로 인해 그 사건이 발생할 빈도나 가능성을 높게 평가하고 선호하는 편향된 판단이 일어날 수 있다(마정미, 2016).

예를 들어 남자와 여자 이름을 여러 개 듣고 성의 비율을 기억해내는 연구에서 실제 성비에 관계없이 유명인의 이름이 더 많이 들어간 리스트를 들은 집단은 그 유명인을 바탕으로 비율을 추측하는 경향이 있었다(Tversky and Kahneman, 1974). 즉 남자 유명인이 많이 들어간 리스트를 받은 집단은 리스트에 남자가 더 많다고 응답했다. 이것은 친숙한 것을 더 잘 기억해내는 가용성 휴리스틱의 탓이다. 정보를 찾아내는 경우에도 오류가 생긴다. 예를 들어 영어 스펠링 'R'가 ① 처음에 나오는 단어와 ② 세 번째 나오는 단어 중 어떤 것이 더 많을까라는 질문에 많은 사람들이 ① 처음에 나오는 단어라고 답했지만, 정답은 ②이다. 이는 R가 처음에 나오는 단어를 떠올리기가 더 쉽기 때문에 생기는 오류이다.

가용성 휴리스틱의 설명 기제는 기억에서 꺼내기 쉽다는 회상의 용이성(ease)이지만 실증 연구에서는 회상의 양(amount)과 혼동된 면이 있다. 예를 들어, 위에서 제시했던 스펠링 'R' 회상 연구에서 응답자들은 'R'가 처음에 들어가는 단어를 상기하는 것이 쉬워서 그것을 선택하였을 수도 있지만, 'R'가 처음에 들어가는 단어를 세 번째 들어가는 단어보다 '더 많이' 떠올렸기 때문일 수도 있다. 대부분 가용성 휴리스틱을 실험한 연구에서는 이렇듯 기억의 용이성(ease)과 기억한 내용의 양(amount)을 구분하지 못했다는 점을 지적하며, 가용성 휴리스틱의 기제를 더 분명히 밝히고자 하는 연구들도 있었다(Schwartz et al., 1991; Wänke, Schwarz and Bless, 1995).

또한 가용성 휴리스틱은 대표성 휴리스틱과 종종 혼동되는 경우를 지적하고, 해석 수준 이론(Construal-level theory)을 적용하여 두 개념을 분리하여 검증하려는 시도도 있었다(Braga, Ferreira and Sherman, 2015). 해석 수준 이론은 사람들이 어떤 사건을 추상적으로 (심리적 혹은 지리적 거리가 먼 경우 등 높은 수준의 해석), 혹은 구체적으로(심리적 혹은 지리적 거리가 가까운 경우 등 낮은 수준의 해석) 생각하는지에 따라 그에 대한 해석도 다르게 한다고 설명한다. 이를 두 가지 휴리스틱에 적용해보면 높은 수준의 해석은 추상적인 묘사와의 유사성을 증가시켜 대표성 휴리스틱 의존도를 높이고, 낮은 수준의 해석은 머리에 쉽게 떠오를 수 있도록(기억의 용이성) 특성의 구체성과 생생함을 증가시켜 가용성 휴리스틱 의존도를 높인다는 것이다. 이렇듯 휴리스틱 연구는 다른 이론들을 적용하여 왜 어떤 상황에서 어떤 휴리스틱에 의존하는지를 탐구하거나, 그 기제에 대해 더 분명하게 설명하거나, 사람들의 판단과 행동을 설명하는 데 적용하는 연구 등 다양한 차원으로 확장되었다.

3) 정박과 조정(Anchoring-and-adjustment) 휴리스틱

정박과 조정 휴리스틱은 배가 어느 지점에 닻(anchor)을 내리면 그 이상 움직이지 못하듯이, 인간의 사고가 처음에 제시된 이미지나 수치에 고정되어 그에 맞춰 조정하여 판단하는 방법이다(Tversky and Kahneman, 1974).[3] 정박 효과는 관계없는 수치를 부여받아 그 수치를 바탕으로 불충분하게 조정되어 나타나는 결과이기에 종종 오류를 낳는다(Furnham and Boo, 2011).

예를 들어 UN 회원국에 속하는 아프리카 국가가 몇이나 되는지 추정하도록 한 연구에서 집단 1에게는 숫자 10을, 집단 2에게는 숫자 65를 초기 값으로 주고 추정치를 물어본 결과, 집단 1의 평균은 25, 집단 2의 평균은 45였다(Tversky and Kahneman, 1974). 주어진 기준치에 '정박'하여 그 수치를 근거로 '조정'했기 때문이다. 트버스키와 카너먼(Tversky and Kahneman, 1974)의 또 다른 실험에서는 두 집단의 연구 참여자들에게 숫자의 순서만 바꾸어 각각 $8 \times 7 \times 6 \times 5 \times 4 \times 3 \times 2 \times 1$과 $1 \times 2 \times 3 \times 4 \times 5 \times 6 \times 7 \times 8$의 값이 얼마인지를 묻고 즉시 답하도록 했다. 계산할 시간이 없는 상황에서 첫 번째 집단이 응답한 수치의 평균값이 2,250이었던 반면, 두 번째 집단이 응답한 수치의 평균값은 512였다. 정답은 40,320이다. 이 결과는 첫 기준이 높게 설정된 경우 높은 기준의 조정이 이루어졌고, 첫 기준이 낮게 설정된 경우 낮은 기준의 조정이 이루어져 결국 두 집단의 평균값이 다르게 나타났음을 보여준다.

체계적인 문헌 연구에 따르면 정박 효과는 다양한 연구 분야에서 매우 견고한 것으로 나타났지만, 그 경계 조건은 분명하지 않다(Furnham and Boo, 2011). 특히 '불충분한 조정' 때문이라는 정박 효과의 기제에 대해서는 학자들의 의견이 분분하다. 점점 더 힘을 얻고 있는 정박 효과의 기제는 '선택적 접근가능성(selective accessibility)'으로 제시된 기준점과 일관된 정보가 더 쉽게 활성화되

---

3   우리나라에서는 닻 내리기(주소현·윤민재, 2014), 정박(강준만, 2016; 하영원·김경미, 2011), 준거점(이세영·박현순, 2009), 기준점(마정미, 2016) 등으로 번역된 바 있다.

어 나타난 결과라는 주장이다(Mussweiler and Strack, 1999). 이에 에플리와 길로비치(Epley and Gilovich, 2001; 2006)는 자신이 결정한 기준점인지 타인에 의해 주어진 기준점인지, 기준점의 '근원(source)'에 따라 정박 효과의 기제가 달라진다는 것을 입증하였다. 즉 자신이 결정한 기준점인 경우 이미 그 기준점이 정확하지 않다는 것을 알기에 기준점과 일관된 정보를 기억해내야 할 동기가 없으므로 불충분한 조정이 정박 효과의 기제가 된다. 그러나 타인에 의해 주어진 기준점인 경우 그 기준점이 정확할 거라고 추측하기에 이와 일관된 정보에 접근하고자 하는 확증 가설 혹은 선택적 접근가능성이 더 일리가 있다는 것이다.

이 외에도 태도 변화 과정으로서 정박 효과를 설명하는 시각도 있었다(Wegener et al., 2001). 이 시각에서는 불충분한 조정이나 선택적 접근 가능성이 정박 효과의 기제라면 기준점과 일관된 지식이 활성화되기에 기준점이 극단적으로 주어질수록 더 큰 정박의 결과가 나타나야 하는데 늘 그렇지는 않다는 점을 주목하였다. 그보다는 기준점이 그럴듯한지 아닌지(plausibility)에 따라 기준치가 너무 극단적일 경우 사람들은 그 가치의 타당성을 의심하여 반박하거나 무시하게 되므로 태도 변화가 일어남으로써 기준점과 일관된 판단을 하지 않게 되고, 이에 따라 정박 효과가 크지 않을 수도 있다는 것이다. 따라서 정박 효과는 태도 변화 이론의 예측방향과 같이 '역U자'로 나타난다는 주장이다.

이렇듯 정박 휴리스틱의 심리적 기제에 대한 논란 때문에 많은 연구들이 '정박과 조정 휴리스틱'이라는 용어보다는 '정박 휴리스틱' 혹은 '정박 효과'라는 용어를 더 선호하는 듯하다. 이 밖에도 정박 효과는 개인의 지식/경험, 전문성, 기분(mood), 동기, 개인 특성, 인지 능력 등 개인 성향의 영향을 받기도 하지만, 영향력은 미비한 것으로 나타났다(Furnam and Boo, 2011).

4) 감정 휴리스틱(Affect heuristic)

감정 휴리스틱은 트버스키와 카너먼이 처음 제안했던 '휴리스틱과 편향' 프로그램에는 포함되지 않았다. 의사 결정이나 심리학 분야에서 인지(cognition)

를 강조하는 전통 때문에 감정은 간과되었기 때문일 수 있다. 트버스키와 카너먼이 자극에 대한 첫 반응을 지각(percepts)으로 간주했다면 자욘스(Zajonc, 1980)는 감정이 첫 번째 반응이라고 주장했다. 모든 지각에는 감정이 포함된다는 것이다. 집을 그냥 '집'이라고 지각하기보다는 '멋진 집, 못생긴 집, 편안한 집' 등으로 지각하듯이 말이다. 여기서 감정은 '좋고' '나쁜' 것에 대한 평가이며 의식적이든 무의식적이든 무언가를 '느끼는 상태'로 정의된다(Slovic et al., 2007). 또한 다마시오(Damasio, 1994)는 신체표시 가설(somatic marker hypothesis)을 제안하여, 사고는 이미지로 기억되고, 그러한 이미지는 긍정 혹은 부정의 감정과 연결되어 의사 결정의 정확성이나 효율성에 영향을 준다고 하였다. 엡스타인(Epstein, 1994) 역시 감정이 경험적 사고체계에서 자동적이고 빠르게 반응하여 행동에 영향을 준다고 하였다.

슬로빅과 동료들(Slovic et al., 2002; 2007)은 감정이 판단, 의사 결정, 행동에 미치는 영향에 대한 기존 학자들의 주장을 이론화하여, 이러한 감정이 비용 대비 효율이나 경제성 등 복잡하고 분석적인 평가 대신 빠르게 사용할 수 있는 판단의 지름길 역할을 하기에 휴리스틱의 자격이 충분하다고 주장했다. 기억에 저장된 이미지는 긍정 혹은 부정의 감정으로 표시되어 있으며, 이들이 판단과 의사 결정에 영향을 준다는 것이다. 사람들의 마음속에 있는 어떤 대상들은 다양한 감정으로 표시되어 있고 판단 과정에서 사람들은 이러한 감정의 웅덩이(affect pool)에 의존한다(Finucane et al., 2000). 기억하기 쉽거나 기억하고 있는 것과 유사한 단서가 가용성이나 대표성 휴리스틱으로 활성화되어 불확실한 상황에서 판단하고 예측하는 데 활용되듯이 말이다.

실제로 연구 참여자들이 웃는 얼굴, 찌푸린 얼굴, 중립적인 얼굴 등에 빠르게 노출된 후 어떤 대상에 대한 선호도를 묻는 질문에서 웃는 얼굴에 노출된 연구 참여자들의 선호도가 더 높았다(Winkielman, Zajonc and Schwarz, 1997). 웃는 사람들은 웃지 않는 사람들보다 더 신뢰가 느껴지고, 선하고, 정직하고, 진정성이 있고, 존경스럽다고 판단되기도 했다(LaFrance and Hecht, 1995). 이러한 연구들은 감정이 의식적이든 무의식적이든 선호도나 평가에 긍정적인 영향을 미쳤음을 보여준다.

감정 휴리스틱을 검증한 연구는 몇 가지로 나뉜다. 첫째, 긍정/부정의 감정과 어떤 대상이나 행동에 대한 지각된 위험의 득실과의 관계에 주목한 연구로 긍정적 감정이 높으면 위험에 대한 이득이 높고, 부정적 감정이 높으면 위험이 가져올 손실을 더 생각하는 경향이 있다(Slovic et al., 2002). 둘째, 평가성(evaluability) 연구로, 어떤 대상의 속성이 감정적으로 평가되면 다른 중요한 속성보다 더 무게 있게 활용되어 판단과 의사결정에 영향을 미친다(Hsee, 1996). 셋째, "적은 것이 나은 효과(less is better effect)" 연구로, 작은 컵에 넘치게 담은 아이스크림이 큰 컵에 부족하게 담긴 아이스크림보다 실제 양은 적더라도 선호되는 경향이 있다(Hsee, 1998). 이 밖에도 원자력과 같은 기술에 대한 지지 혹은 반대 정도(Peters and Slovic, 1996), 청소년들이 흡연이나 운동과 같은 건강 위험 행동이나 개선 행동에 참여하겠다는 의사 결정(Benthin et al., 1995), 수입 식품 위험 인식(유명순·주영기, 2013) 등 여러 위험을 평가하는 맥락에서 감정 휴리스틱이 적용되었다.

위험을 평가하는 데에서 감정 휴리스틱은 뢰벤슈타인 외(Loewenstein et al., 2001)가 개발한 "감정으로서의 위험 가설(risk-as-feelings hypothesis)"과 유사한 면이 있다. 감정으로서의 위험 가설은 위험을 평가하는 상황에서 걱정, 두려움, 공포 등의 감정이 위험을 인식하고 그에 따라 행동하는 데 인지적인 평가보다 더 큰 영향을 줄 수 있다고 예측한다. 특히 위험의 결과를 더 생생한 이미지로 상상할수록 감정의 역할은 더 커지며, 결과가 감정적이고 생생할수록 확률의 변동에는 더 둔감해진다. 예를 들어 어떤 질병이 "1만 명당 1286명을 죽이는"것으로 묘사되었을 때, 그보다 높은 확률인 "24.14%가 치명적"이라고 묘사되었을 때보다 사람들은 그 질병이 더 위험하다고 인식하는 것으로 나타났다(Yamagishi, 1997). 이것은 메시지가 1000명 이상의 죽은 시체를 상상할 수 있게 함으로써 확률로 묘사하는 것보다 더 생생한 이미지와 감정을 판단에 사용할 수 있기 때문이다. 또한 감정 체계는 사망자 수가 0과 1의 차이를 크게 느끼면서도 500명과 600명 사이의 차이에는 덜 민감하게 만드는 편향도 야기하는

표 09-1 • 네 가지 주요 휴리스틱의 이해

	대표성(representa-tiveness) 휴리스틱	가용성(Availability) 휴리스틱	정박과 조정(Anchoring-and-adjustment) 휴리스틱	감정(Affect) 휴리스틱
정의	대상에 속하는 임의의 특성이 그 대상의 특성을 대표한다고 간주해 판단하는 방법	기억하기 쉽거나 간단하게 입수할 수 있는 정보를 가지고 판단하는 방법	어떠한 기준치를 먼저 받았느냐에 따라 다르게 조정하여 판단하는 방법	긍정 혹은 부정의 감정에 무게를 두고 판단하는 방법
기제	대상과 주어진 정보 (범주)와의 유사성, 전형(prototype)	기억된 정보에 대한 접근 용이성, 생생함, 인지적 수월성	불충분한 조정, 선택적 접근가능성, 태도 변화 과정	신체표시 가설, 생생함
편향 및 연관 개념	기준율 오류, 도박꾼의 오류, 결합 오류, 회귀 및 인과관계 오해	최신정보 편향, 사후 확신 편향, 친숙성 편향, 현저성 편향	확증 편향	감정으로서의 위험 가설, 평가성 가설, '적은 것이 낫다' 효과, 정신물리학의 마비
개념의 적용	주력 브랜드, 고정관념, 원조, 후광 효과	최초 상기, 미디어 뉴스의 이슈 현저성	비교 광고, 정보 제시 형식	위험 인식, 정보 제시 형식(이미지 사용)

데, 이를 '정신물리학의 마비'라고도 한다(Slovic et al., 2002).

표 09-1에서는 네 가지 주요 휴리스틱의 개념 및 심리적 기제, 연관 개념과 적용사례를 요약하였다.

4. 네 가지 휴리스틱의 적용: 광고PR 커뮤니케이션 국내외 문헌 연구

휴리스틱 연구는 여러 학문 분야에서 진행되었다. '휴리스틱'이란 단어를 키워드로 논문을 검색해보면 사회과학 분야에서만 봐도 해외 논문 1만 2502개가 검색된다. 국내 논문의 경우 사회과학 분야에서 204개, 광고, PR/언론 등 커뮤니케이션 분야만 25개 정도가 검색된다. 그러나 이 25개의 논문 중 대다수는 휴리스틱을 이중 정보처리 모형(휴리스틱 체계 모형)의 일부로 설명하였고, 앞에서 검토한 네 가지 휴리스틱을 조작화하여 검증한 논문은 드물었다. 여기에서는 커뮤니케이션에 함의를 주는 학문 분야에서 네 가지 휴리스틱을 심도 있게 논의하거나 검증한 문헌을 중심으로 검토하였고, 표 09-2에 본문에서 검토하지 못한 논문을 포함하여 휴리스틱의 활용 방법과 연구 주제를 요약하였다.

1) 대표성 휴리스틱

대표성 휴리스틱의 경우 경품이나 콘테스트 등 효과적인 프로모션 게임을 개발하는 데에서 하나의 심리 기제로 제안한 개념 연구(Ward and Hill, 1991), 대표성의 기제가 되는 속성 유사성이 제품 선택에 미치는 영향 연구(석관호, 2008), 뉴스 헤드라인의 기능과 역할의 이론적 배경으로 설명한 연구(최영·박창신·고민경, 2010), 메시지에서 묘사된 질병의 대표성이 위험 평가 및 반응에 미치는 영향 연구(Menon, Block, and Ramanathan, 2002) 정도가 있었다. 이 중 메논 외(Menon, Block and Ramanathan, 2002)의 연구는 대표성 휴리스틱을 메시지로 조작했다는 점에서 주목할 만하다. 이 연구에서는 질병 관련 메시지에 포함된 정보의 유형과 개수를 대표성 휴리스틱의 단서로 전제하고, 메시지에 담긴 질병 정보가 자신이 생각하는 원형(prototype)과 유사하다고 생각할수록 그 질병이 일어날 가능성을 더 높게 판단할 것이라고 예측하였다. 미국의 대학생을 대상으로 C형 간염 맥락에서 위험 행동의 유형(칫솔/물병 공유 등 빈도가 높은 위험 행동 대 문신/피어싱 등 빈도가 낮은 위험행동)과 제시된 위험 행동 정보의 수를 조작한 실험 연구 결과, 예측대로 빈도가 높은 유형의 위험 행동의 수를 많이 제시할수록 자신도 C형 간염에 걸릴 가능성이 높다고 판단하고 메시지 효과(태도, 주목, 학습 및 예방 행동 의도)도 높은 것으로 나타났다.

2) 가용성 휴리스틱

가용성 휴리스틱의 경우 할인 제시 방식에 따른 가용성 및 가치 지각의 차이(김정애·김재휘, 2010), 시보광고의 효과(박승배, 2011), 처방전 광고 노출과 우울증 빈도 판단(An, 2008), 제품 실패 가능성에 대한 판단(Folks, 1988) 등의 연구가 있었다.

폴크스(Folkes, 1988)는 보통 제품 속성과 연관된 상표명과 달리 상표명이 제품 속성과 무관하고 의미 없는 단어의 조합일 때(특이성, distinctiveness) 피험자들은 제품 실패 가능성을 더 높이 평가하였다. 여러 번 정보가 반복해서 주어지는 경우 처음 주어진 정보에 더 주목하였고, 제품과 관련하여 실패 경우를 더 쉽게 떠올리면(회상 용이성) 실패 가능성을, 성공의 경우를 더 쉽게 떠올리면 성공의 가능성을 더 높게 판단하였다.

가용성 휴리스틱을 종속 변수로 한 연구도 있었다. 동일한 금액의 할인을 어떻게 제시하는지에 따라 가용성 및 가치 지각이 달라지는지를 검증하는 실험 연구에서는 가용성을 회상의 양(크기) 및 기억의 신속성과 용이성으로 측정하였는데, 할인 금액을 '%'로 표현하는 것보다 '원'으로 표현하는 경우 가용성을 더 크게 지각하였으며, 할인 금액을 통해 예상되는 효용에 대해 가용성이 클수록 가치지각도 높아지는 것으로 나타났다(김정애·김재휘, 2010).

그 밖의 연구에서 가용성 휴리스틱은 가설을 입증하는 심리적 기제로 활용되었다. 예를 들어 박승배(2011)는 시보 광고가 짧은 시간에 여러 가지 정보를 제공하기 때문에 정보과부하가 발생하고, 이러한 상황에서는 친숙한 자극을 바탕으로 가용성 휴리스틱으로 판단하기에 일반 광고에 비해 광고회상, 광고 태도, 상표 호감도 등이 더 낮을 것이라고 예측한 가설을 실험 연구를 통해 입증하였다. 어떠한 주제를 현저하게 만들고 쉽게 기억하게 만들어 가용성 휴리스틱을 활성화하는 데에서 언론과 커뮤니케이션의 역할을 주목한 연구도 있었다(최진식·김종범, 2013; An, 2008). 예를 들어 광고는 사람들이 광고된 제품을 보고 그 제품 혹은 제품과 관련된 이슈의 빈도를 판단할 때 기억 속에서 빠르게 사용하도록 하는 휴리스틱 단서가 될 수 있다. 이러한 가용성 휴리스틱의 기제를 바탕으로 하여 미국 중부의 일반인 300명을 대상으로 시행한 전화 설문 연구에서, 항우울증 처방전 광고를 많이 보았다고 회상할수록 우울증의 빈도도 높을 것이라고 판단하는 것으로 나타났다(An, 2008).

3) 정박 휴리스틱

정박 휴리스틱의 경우 묶음 제품 평가(강윤희·김재휘, 2012; Yadav, 1994), 신용카드 지불(Stewert, 2009), 판매 혹은 구매 가격 판단 및 금액 선택(하영원·김경미, 2011; Jung, Perfecto and Nelson, 2016), 기부(Smith and Berger, 1996), 경매 등 소비자 행동 및 마케팅 연구가 많았다. 이 중에서 정 외(Jung, Perfecto and Nelson, 2016)는 2만 1997명을 대상으로 총 16개의 현장 연구와 3174명을 대상으로 4개의 실험 연구를 진행했고 이를 통해 광범위하고도 정교하게 정박 휴리스틱을 검증하였다. 소비자들이 다양한 제품에 대해 지불할 용의가 있는 금액 ("pay what you want": PWYW)을 결정하는 데에서 정박 휴리스틱의 역할을 검증한 결과, 예측대로 기준치가 높은 금액일 때 소비자들의 PWYW 액수도 높았지만 조건 간 기준 가격의 차이가 정박 효과에 미치는 영향은 일관되지 않았다. 결과적으로 20개의 연구 중 17개에서 정박 효과는 나타나지 않았다. 저자들은 기존의 실험 연구들이 가상의 상황에서 기준치를 임의로 설정하고 현실에 무의미한 결과를 예측하게 하는 경우 정박 효과가 견고하게 나타나지만, 현실에서는 결과가 더 복잡하다는 것을 입증하였다.

가설의 경계조건을 규명하는 연구들도 있었다. 국내 마케팅 및 소비자학 연구(하영원·김경미, 2011)에서는 비관련제품 가격을 기준으로 하여 표적 제품에 대한 지불 용의 가격을 선택하는 데 기준점의 크기, 소비자들의 구매 목적(실용적 대 쾌락적), 자기 규제적 자원 고갈(피로), 시간 지연 등의 조건에 따라 정박 효과가 크기가 달라졌다.

광고PR 커뮤니케이션 분야에서 정박 휴리스틱 연구는 더 드물다. 예외적으로 이세영과 박현순(2009)은 실험 연구를 통해 식품의 방사선 조사 확대에 대한 의사 결정에서 정박 휴리스틱의 효과(준거점 설정 효과)를 검토하였다. 메시지 노출 전 준거점 설정 효과를 유도한 처치 집단에는 식품 의약품으로 각종 질병에 의한 사망을 예방할 수 있다는 정보를 제시하였다. 연구 결과 처치 집단은 통제 집단에 비해 방사선 조사 식품 확대에 대한 동의 정도가 높게 나타났다.

4) 감정 휴리스틱

감정 휴리스틱은 원자력 발전소에 대한 위험/편익지각과 수용성(김서용·김근식, 2007), 수입 식품 위험 인식과 평가(유명순·주영기, 2013), 위험제시 형식에 따른 위험 인식과 평가(Keller, Siegrist and Gutscher, 2006), 혁신 제품의 위험성 판단(King and Slovic, 2014) 등 주로 감정과 위험 인식 및 평가와의 관련성을 검증하는 연구에 적용되었다.

킹과 슬로빅(King and Slovic, 2014)은 미국 대학생을 대상으로 혁신적인 제품의 위험 판단 과정에서 감정 휴리스틱의 역할을 실험으로 검증했다. 시간 제약, 암기 과제, 집중 방해 등을 통해 기억 작동 체계를 과부하시키면 감정 휴리스틱과 같은 더 효율적인 정보처리에 의존한다는 점에 착안하여, 휴리스틱 조건의 응답자들에게는 11자리 숫자를 암기하게 하였고, 인지 조건의 응답자들은 각 제품의 혁신성에 대한 득실을 작성하도록 하였다. 연구 결과 예측한 대로 인지 조건에 비해 휴리스틱 조건의 응답자들 사이에서 감정적 반응은 제품 혁신성에 대한 위험과 더 큰 부정적 관계가 있었다.

일본산 수입식품에 대한 위험 인식과 구매 의사에 대한 국내의 설문 연구(유명순·주영기, 2013)에서는 감정 형상화 기법을 활용하여 '일본산 수입 수산물'하면 떠오르는 단어, 이미지, 기억, 생각, 느낌 등을 구체적으로 명시하게 한 후 이를 부정과 긍정의 정도로 측정하였다. 연구 결과, 수입식품에 대한 감정이 부정적일수록 위험 인식은 높은 반면, 긍정적인 감정일수록 구매의사가 높았다. 또한 미디어에 많이 노출될수록 위험 인식은 높았고 구매의사는 낮은 것으로 나타났다.

감정을 측정하는 방법에 대해서는 논란이 있는 가운데, 김서용과 김근식(2007)은 원전 수용성에 대한 감정 휴리스틱 효과를 검증하는 연구에서 경험적 감정을 반영한 느낌 용어(feeling word)를 통해 감정을 측정하였다(예: 한수원 직원들은 '이방인'이다/자존심이 강하다/친숙하다/헌신한다). 연구 결과 경험적 감정은 위험 및 편익 지각은 물론 원전 수용도에도 유의미한 영향을 미쳤다.

표 09-2 ● 광고PR 커뮤니케이션 및 근접 학문에서 휴리스틱을 적용한 연구

저자 (연도)	휴리스틱 유형	연구 주제	대상/연구 방법	휴리스틱 사용방법	측정 방법
Menon et al. (2002)	대표성	건강 위험 메시지 평가 (C형 간염)	미국 대학생/ 실험	독립 변수	메시지 유형(빈도 고저)과 정보의 수 조작
석관호 (2008)	대표성	제품 선택	소비자/설문 연구	독립 변수(속성 유사성으로 개념화, 제품 친숙도의 조절역할)	측정하지 않고 연구자가 속성 유사성이 다른 시나리오 제시(이산 선택 모형)
Folkes (1988)	가용성	제품 실패 가능성 평가	대학생/실험, 현장실험, 설문	독립 변수	특이성(조작)과 회상 용이성(측정)
An (2008)	가용성	항우울증 처방전 광고와 질병 빈도 평가	미국 일반인/ 전화 설문	심리적 기제	광고 노출 정도가 높을수록 가용성 휴리스틱이 활성화된 것으로 추청
김정애·김재휘 (2010)	가용성	가격 할인 제시 방식의 가치 평가	대학생/실험	종속 변수	회상의 양(크기), 기억의 신속성, 용이성으로 측정
박승배 (2011)	가용성	시보광고의 효과	(대상 정보 없음)/실험	심리적 기제	측정하지 않고 배경 이론으로 설명
Yadav (1994)	정박	묶음 제품 평가	미국 대학생/ 실험	독립 변수	기준점 맥락(묶인 제품의 품질) 조작
Jung et al.(2016)	정박	다양한 제품의 지불 용의 가격 결정	일반인 + 대학생/실험+ 현장연구,	독립 변수	기준점 간격 차이, 유형, 정확성 조작을 통한 가설 및 경계조건 검증
Paek et al. (2011)	정박	음식 광고의 영양 주장(nutrient claim) 메시지 효과	미국 대학생/ 실험	심리적 기제	비교 제품 제시 여부로 영양 주장 메시지 조작 (가용성을 측정한 것은 아님)
이세영·박현순 (2009)	정박	식품의 방사선 조사 확대에 대한 의사 결정	대학생/실험	독립 변수	메시지 노출 전 준거점 설정 효과 유도 여부로 조작
하영원·김경미 (2011)	정박	지불 용의 가격 결정	대학생/실험	독립/조절 변수	정박 효과의 경계조건 (기준점 수준, 구매 목적, 자기 규제적 자원 고갈, 시간지연) 검증
King and Slovic (2014)	감정	혁신적인 제품의 위험 판단	미국 대학생/ 실험	독립 변수	휴리스틱 조건 조작(기억 작동 체계 과부하), 제품에 대한 감정적 평가는 종속 변수

유명순·주영기 (2013)	감정	수입식품 위험 인식 및 구매 의사	전국 일반인/설문	독립 변수	감정 형상화 기법을 통한 감정 측정
김서용·김근식 (2007)	감정	원자력 발전소에 대한 위험 및 편익 지각	원전지역 주민/대인면접설문	독립 변수	경험 감정을 느낌 용어 (feeling word)로 측정
Keller, Siegrist, and Gutscher (2006)	감정, 가용성	위험제시 형식에 따른 위험 평가	스위스 대학생 + 성인/실험 +설문	독립 변수	가용성은 심리적 기제로만 설명 감정은 자연 재해, 사전 경험으로 측정(연구 2), 이미지로 조작(연구 3)
최진식·김종범 (2013)	가용성, 대표성	원자력 발전소에 대한 위험 인식	고리 원전 지역 주민/설문	독립 변수 (조절 변수)	대표성 = 편익시설로 인식하는 정도; 가용성 = 후쿠시마 원전 사고에 관한 언론 노출 빈도와 각인 정도로 측정
황용철 (2016)	가용성, 대표성, 정박	와인 선택과 구매 의도	와인 매장 고객/설문	매개/종속 변수	각각의 휴리스틱의 개념을 바탕으로 조작 정의하여 측정

5) 여러 가지 휴리스틱의 동시 검증

위에서 논의한 네 가지 휴리스틱은 모두 불확실한 상황에서 최소한의 자원으로 효율적인 판단을 하는 지름길이라는 점에서 그 개념이나 심리적 기제가 연결되거나 겹치는 부분이 있다. 따라서 여러 휴리스틱을 동시에 논의하고 검증하려는 시도도 있었다(최진식·김종범, 2013; 황용철, 2016; Keller, Siegrist and Gutscher, 2006).

켈러 외(Keller, Siegrist and Gutscher, 2006)는 자연 재해 위험 지각이나 확률을 평가하는 데에서 감정 휴리스틱의 역할을 검토하였는데, 이미지 등으로 제시된 위험 정보나 재해 경험 등은 감정 휴리스틱을 활성화하고, 감정은 다시 위험에 대한 가용성을 증가시키기 때문에 이 두 가지 휴리스틱은 밀접하게 연결된 개념이라고 주장하였다. 최진식과 김종범(2013)은 원전에 대한 위험 인식 과정에서 휴리스틱이 인지 필터로 작용하여 정신적 표상을 형성함으로써 위험의 특성과 위험 인식을 조절한다고 가정하였다. 대표성 휴리스틱은 원전을 편익시설로 인식하는 정도로 조작 정의하였고, 가용성 휴리스틱은 후쿠시마 원전 사고에 관한 언론 노출 빈도와 각인 정도로 측정하였다. 연구 결과 대표성과 가용성 휴리스틱이 위험 인식에 미치는 주 효과는 없었으나, 대표성 휴리스틱은 위해의 정도 및 두려움과 상호 작용하여 위험 인식에 긍정적 효과를 미쳤다. 가용성 휴리스틱은 노출 빈도로 측정된 경우 두려움과 상호 작용하여 위험 인식에 부정적 효과를, 불확실성과 상호 작용하여 위험 인식에 긍정적 효과를 나타낸 반면 각인 정도로 측정된 경우는 정반대의 결과가 나타났다. 이 밖에 황용철(2016)은 브랜드 인식, 사회적 증거, 주관적 규범이 와인 구매 의도에 미치는 영향을 검증하였는데, 가용성, 대표성, 기준점과 조정 휴리스틱의 개념적 정의를 바탕으로 측정한 후 구매 의사와의 연관성을 검토하였다.

5. 선행 연구의 한계와 넛지 커뮤니케이션을 위한 제언

선행 연구를 검토한 결과를 종합해보면 다음과 같다.

첫째, '휴리스틱' 개념을 적용한 다수의 국내 논문 중 대부분은 설득이나 인지 과정을 설명하는 휴리스틱 체계 모형의 일부로 사용하거나 검증하고 있었다. 이 장에서 주목한 네 가지의 휴리스틱을 검증한 연구는 상대적으로 부족했다. 휴리스틱 개념을 적용하는 분야의 쏠림 현상도 눈에 띄었다. 예를 들어 정박 휴리스틱은 마케팅과 소비자학에서 주로 활용되고, 감정 휴리스틱은 위험 인식 등 위험 커뮤니케이션에서 집중적으로 다루어졌다. 가용성 휴리스틱은 비교적 다양한 측면으로 연구되었지만 수적으로 많지 않았다. 대표성 휴리스틱은 후광 효과나 주력 브랜드, 고정관념 등 여러 적용 가능성이 있음에도 실증 연구는 가장 부족한 것으로 나타났다.

둘째, 네 가지의 휴리스틱을 활용한 선행 연구마다 그 개념적·조작적 정의가 일관되지 않았으며, 개념이 혼동되기도 하였다. 예를 들어, 최진식과 김종범(2013)은 정박 휴리스틱이 어떤 위험 주제에 대해 과거에 경험한 사건을 연상할수록 위해의 확률을 과대평가하는 경향이고, 감정 휴리스틱은 해당 위험과 연상되는 과거 사건의 부정적 이미지가 강할수록 위험성을 높게 판단하는 경향이라는 점에서 대표성 위험 인식과 유사하기 때문에 대표성 휴리스틱에 포함된다고 주장하였다. 그러나 각 개념의 기원과 주요 심리 기제가 다르게 발전되어온 만큼(Tversky and Kahneman, 1974; Slovic et al., 2007), 이러한 주장은 근거가 약하다. 향후 연구에서는 각각의 휴리스틱을 개념적으로 분명하게 정의하는 한편, 측정 방법을 더 정교화하는 노력이 필요하다.

셋째, 이 장에서 소개한 네 가지 휴리스틱의 유사 개념들이 다수 소개되었다. 예를 들어 금융광고에 사용된 공시 정보 제시 형태와 금융소비자의 개인 특성 및 정보처리 성향이 소비자의 의사결정에 미치는 영향을 검증한 연구에서는 노력 휴리스틱(effort heuristic)(이태준, 2014)이나 심사숙고형 휴리스틱(thoughtfulness heuristic)(이태준·윤태웅, 2013)이 적용되었다. 브랜드가 중요한 제품 정보에 대해 빠르고 쉽게 회상할 수 있도록 한다는 점에서 브랜드 휴리스틱이라고 명명되기도 하였다(나운봉·Marshall·손영석, 2011; 홍민아·석관호, 2015). 또한 휴리스틱은 이론적 개념으로서뿐만 아니라 다른 이론의 심리적 기제로도 활용된다. 대표성과 가용성 휴리스틱을 심리적 기제로 하여 언론에서 사례 보도의 영향을 설명하는 예시이론(exemplification theory)이 그 좋은 사례이다(유홍식, 2008). 광고PR 커뮤니케이션 분야에서도 휴리스틱을 심리적 기제로 하는 이론을 독자적으로 개발하고 정교하게 개념화하는 노력이 필요하다.

마지막으로 휴리스틱 선행 연구는 휴리스틱이 야기하는 편향과 오류를 검증하거나 이를 보정할 수 있는 전략을 제시하는 방향의 연구가 중심이었다. 그러나 정신적 지름길을 활용하려는 인간의 심리가 보편적인 것이라면, 이러한 심리를 공익이나 더 현명한 선택을 유도하는 데 활용할 수 있는 방안을 고민하는 것이 더 전략적일 수 있다. 행동경제학의 '넛지'는 휴리스틱이라는 인간의 사고체계를 이해하고 활용한다면, 편향과 오류로 인한 잘못된 의사 결정이나 행동을 올바르게 유도하려는 전략에 활용될 수 있다(Thaler and Sunstein, 2008).

새로운 선택을 부담스러워하며 한번 내린 결정을 수정하기 위해 다시 고민해야 하는 것을 기피하는 사람들의 현상 유지 편향(status quo bias)을 역이용하여, 가입하려면 직접 선택해야 했던 연금제도(opt-in)를, 가입하지 않으려면 가입하지 않겠다는 서류를 제출해야 하는 방식(opt-out)으로 변경함으로써 연금제도 가입률을 대폭 증대한 것은 '넛지' 전략의 사례이다(Thaler and Sunstein, 2008). 정박 휴리스틱을 기부 맥락에서 넛지 전략으로 활용할 수도 있다. 즉 기부 금액을 큰 액수부터 요청하면 작은 액수로 요청하는 것보다 더 큰 금액을 기부받을 가능성이 커진다.

'넛지' 전략을 포함한 행동경제학의 이론적 기제는 더 효과적인 공공 커뮤니케이션 전략을 개발하고, 광고PR 커뮤니케이션 효과이론을 확장하는 데 활용할 수 있다(강준만, 2016; 이완수·김찬석·박종률, 2016; 마정미, 2016). 예를 들어 가용성 휴리스틱을 공공 문제 해결에 적용하여 사회적으로 외면받고 있는 이슈들을 집중적으로 언론에 홍보함으로써 현저하게 만들 수 있다(강준만, 2016). 건강 메시지를 재단하는 데에도 정박, 감정, 대표성 휴리스틱을 각각 활용할 수도 있다. 적절한 기준점을 제시함으로써 저평가된 위험 인식은 높이고, 지나치게 높은 위험 인식은 조정하거나(Senay and Kaphingst, 2009), 확률 대신 사람 수로 사망률을 더 생생하게 제시함으로써 감정 휴리스틱을 활성화하여 질병에 대한 위험 인식을 제고할 수도 있다. 사람들이 어떤 질병을 대표한다고 생각하는 속성의 원형을 건강 캠페인 메시지에 담아서 질병 예방 행동을 촉구할 수도 있다.

전략적이고 효과적인 '넛지' 커뮤니케이션을 위해 휴리스틱의 활용방안은 무궁무진하다. 다만 실증 연구를 통해 다양한 활용방안의 효과를 과학적으로 입증하고 이론화하는 작업이 선행되어야 할 것이다.

참고문헌

강윤희·김재휘. 2012. 「준거점 의존에 따른 묶음제품의 선호이행」. 《소비자학연구》, 23권(2호), 1~22쪽.

강준만. 2016. 「'넛지 커뮤니케이션'의 방법론적 유형 분류: 공익적 설득을 위한 넛지의 활용방안」. 《한국언론학보》, 60권(6호), 7~35쪽.

김서용·김근식. 2007. 「위험과 편익을 넘어서: 원자력 발전소 수용 가능성에 대한 경험적 감정의 휴리스틱 효과」. 《한국행정학보》, 41권(3호), 373~398쪽.

김정애·김재휘, 2010. 「할인제시 방식이 가용성과 가치지각에 미치는 영향」. 《한국심리학회지: 소비자·광고》, 11권(4호), 599~618쪽.

나운봉·Marshall. R·손영석. 2011. 「소비자 휴리스틱을 통한 인지적 발달 관점에서의 브랜드」. 《Asia Marketing Journal》, 13권(3호), 163~182쪽.

마정미. 2016. 「소비자는 합리적인 존재인가」. 《광고연구》, 111호, 101~131쪽.

박승배. 2011. 「광고표현에 있어 가용성 휴리스틱과 맥락효과가 시보광고 효과에 미치는 영향」. 《소비문화연구》, 14권, 75~94쪽.

석관호. 2008. 「속성 유사성이 제품선택에 미치는 영향에 관한 연구」. 《마케팅연구》, 23권(3호), 57~73쪽.

유명순·주영기. 2013. 「수입식품 위험인식 및 구매 의사 연구」. 《한국언론학보》, 57권(6호), 211~233쪽.

유홍식. 2008. 「뉴스보도 연구에서 예시이론의 적용」. 《커뮤니케이션 이론》, 4권(2호), 155~181쪽.

윤선길. 2015. 『휴리스틱과 설득』. 서울: 커뮤니케이션북스.

이세영·박현순. 2009. 「PR 메시지 유형, 준거점 설정, 지각된 위험이 의사 결정에 미치는 영향」. 《한국언론학보》, 53권(2호), 70~95쪽.

이완수·김찬석·박종률. 2016. 「'이콘'(Econ)과 '넛지'(Nudge)의 결합: 커뮤니케이션 효과연구에 있어 행동경제학 개념과 이론 적용의 타당성」. 《커뮤니케이션 이론》, 12권(2호), 129~164쪽.

이태준. 2014. 「금융광고에 사용된 공시정보의 제시형태와 금융소비자의 개인적 특성이 판단의 어림법에 미치는 영향: 노력 휴리스틱을 중심으로」. 《광고학연구》, 25권(1호), 7~26쪽.

이태준·윤태웅. 2013. 「광고공시정보의 제시형태와 잠재적 결과에 대한 정교화성향이 금융소비자의 의사결정에 미치는 영향에 관한 실험연구」. 《한국광고홍보학보》, 15권(3호), 33~62쪽.

주소현·윤민재. 2014. 「연금화 의사결정과 닻 내리기 효과」. 《소비자학연구》, 25권(5호), 147~166쪽.

최영·박창신·고민경. 2010. 「온라인 뉴스의 제목달기 분석: 네이버 뉴스캐스트의 헤드라인 특성을 중심으로」. 《커뮤니케이션학 연구》, 18권(1호), 115~140쪽.

최진식·김종범. 2013. 「원전사고 위험인식 영향요인에 관한 연구: 휴리스틱의 조절효과분석을 중심으로」. 《한국정책분석평가학회》, 23권(4호), 1~31쪽.

하영원·김경미. 2011. 「우연히 노출된 제품가격에 의한 정박 효과의 경계조건과 심리적 특성」. 《마케팅 연구》, 26권(봄), 47~71쪽.

한국심리학회. 『심리학용어사전』 http://www.koreanpsychology.or.kr/psychology/glossary.asp (검색일: 2018.8.1).

홍민아·석관호. 2015. 「알파뉴메릭(alpha-numeric) 브랜드의 왼쪽자리 효과」. 《한국심리학회지: 소비자·광고》, 16권(1호), 45~61쪽.

황용철. 2016. 「휴리스틱 유형과 영향요인, 행동의도와의 관계 연구」. 《인터넷전자상거래연구》, 16권(1호), 285~309쪽.

An, S. 2008. "Antidepressant direct-to-consumer advertising and social perception of the prevalence of depression: Application of the availability heuristic." *Health Communication,* Vol. 23, No. 6, pp. 499~505.

Benthin, A, Slovic, P, Moran, P, Severson, H, Mertz, C. K. and Gerrard, M. 1995. "Adolescent health-threatening and health-enhancing behaviors: A study of word association and imagery." *Journal of Adolescent Health*, Vol. 17, No. 3, pp. 143~152.

Bordalo, P, Gennaioli, N. and Shleifer, A. 2012. "Salience theory of choice under risk." *The Quarterly Journal of Economics*, Vol. 127, No. 3, pp. 1243~1285.

Braga, J. N, Ferreira, M. B. and Sherman, S. J. 2015. "The effects of construal level on heuristic reasoning: The case of representativeness and availability." *Decision*, Vol. 2, No. 3, pp. 216.

Chaiken, S. 1980. "Heuristic versus systematic information processing and the use of source versus message cues in persuasion." *Journal of Personality & Social Psychology*, Vol. 39, No. 5, pp. 752~766.

Damasio, A. 1994. *Descartes' error.* London: Picador.

Epley, N. and Gilovich, T. 2001. "Putting adjustment back in the anchoring and adjustment heuristic: Differential processing of self-generated and experimenter-provided anchors." *Psychological science*, Vol. 12, No. 5, pp. 391~396.

———. 2006. "The anchoring-and-adjustment heuristic: Why the adjustments are insufficient." *Psychological science*, Vol. 17, No. 4, pp. 311~318.

Epstein, S. 1994. "Integration of the cognitive and psychodynamic unconscious." *American Psychologist*, Vol. 49, pp. 709~724.

Finucane, M. L, Alhakami, A, Slovic, P. and Johnson, S. M. 2000. "The affect heuristic in judgments of risks and benefits." *Journal of Behavioral Decision Making*, Vol. 13, No. 1, pp. 1~17.

Fiske, S. T. and Taylor, S. E. 1991. *Social cognition.* New York: McGraw-Hill.

Folkes, V. 1988. "The availability of heuristic and perceived risk." *Journal of Consumer Research,* Vol. 15, pp. 13~23.

Furnham, A. and Boo, H. C. 2011. "A literature review of the anchoring effect." *The Journal of Socio-Economics,* Vol. 40, No. 1, pp. 35~42.

Gilovich, T, Griffin, D. and Kahneman, D(eds.). 2002. *Heuristics and biases: The psychology of intuitive judgment.* UK: Cambridge University Press.

Hsee, C. K. 1996. "The evaluability hypothesis: An explanation for preference reversals between joint and separate evaluations of alternatives." *Organizational Behavior and Human Decision Processes,* Vol. 67, pp. 242~257.

_____. 1998. "Less is better: When low-value options are valued more highly than high-value options." *Journal of Behavioral Decision Making,* Vol. 11, pp. 107~121.

Jung, M. H, Perfecto, H. and Nelson, L. D. 2016. "Anchoring in payment: Evaluating a judgmental heuristic in field experimental settings." *Journal of Marketing Research,* Vol. 53, No. 3, pp. 354~368.

Kahneman, D. 2003. "A perspective on judgment and choice: Mapping bounded rationality." *American Psychologist.* Vol. 58, pp. 697~720.

_____. 2011. *Thinking, fast and slow.* London: Penguin Books.

Kahneman, D. and Frederick, S. 2002. "Representativeness revisited: Attribute substitution in intuitive judgment." *Heuristics and biases: The psychology of intuitive judgment,* Vol. 49, pp. 81.

Kahneman, D, Slovic, P. and Tversky, A(eds.). 1982. *Judgment under uncertainty: Heuristics and biases.* UK: Cambridge University Press

Kahneman, D. and Tversky, A. 1972. "Subjective probability: A judgment of representativeness." In *The concept of probability in psychological experiments* (pp. 25~48). Dordrecht: Springer.

Keller, C, Siegrist, M. and Gutscher, H. 2006. "The role of the affect and availability heuristics in risk communication." *Risk Analysis,* Vol. 26, No. 3, pp. 631~639.

King, J. and Slovic, P. 2014. "The affect heuristic in early judgments of product innovations." *Journal of Consumer Behaviour,* Vol. 13, No. 6, pp. 411~428.

LaFrance, M, and Hecht, M. A. 1995. "Why smiles generate leniency." *Personality and Social Psychology Bulletin,* Vol. 21, No. 3, pp. 207~214.

Loewenstein, G. F, Weber, E. U, Hsee, C. K. and Welch, E. S. 2001. "Risk as feelings." *Psychological Bulletin,* Vol. 127, pp. 267~286.

Menon, G, Block, L. G. and Ramanathan, S. 2002. "We're at as much risk as we are led to believe: Effects of message cues on judgments of health risk." *Journal of Consumer Research,* Vol. 28, No. 4, pp. 533~549.

Mussweiler, T and Strack, F. 1999. "Hypothesis-consistent testing and semantic priming in the anchoring paradigm: A selective accessibility model." *Journal of Experimental*

Social Psychology, Vol. 35, pp. 136~164.

_____ . 2000. "The use of category and exemplar knowledge in the solution of anchoring tasks." *Journal of Personality and Social Psychology*, Vol. 78, No. 6, pp. 1038.

Paek, H.-J, Yoon, H, and Hove, T. 2011. "Not all nutrition claims are perceived equal: Anchoring effects and moderating mechanisms in food advertising". *Health Communication*, Vol. 26, pp. 159~170.

Peters, E. and Slovic, P. 1996. "The role of affect and worldviews as orienting dispositions in the perception and acceptance of nuclear power 1." *Journal of Applied Social Psychology*, Vol. 26, No. 16, pp. 1427~1453.

Reggev, N, Hassin, R. R. and Maril, A. 2012. "When two sources of fluency meet one cognitive mindset." *Cognition*, Vol. 124, No. 2, pp. 256~260.

Schwarz, N, H. Bless, F. Strack, G. Klumpp, H. Rittenauer-Schatka and A. Simons, 1991. Ease of retrieval as information: Another look at the availability heuristic. *Journal of Personality and Social Psychology*, Vol. 61, pp. 195~202.

Senay, I. and Kaphingst, K. A. 2009. "Anchoring-and-adjustment bias in communication of disease risk." *Medical Decision Making*, Vol. 29, No. 2, pp. 193~201.

Simon, H. 1955. "A behavioral model of rational choice." *The Quarterly Journal of Economics*, Vol. 69, pp. 99~118

Simonson, I and Drolet, A. 2004. "Anchoring effects on consumers' willingness-to-pay and willingness-to-accept." *Journal of consumer research*, Vol. 31, No. 3, pp. 681~690.

Slovic, P. 1987. "Perception of risk." *Science,* Vol. 23, Nol. 6, pp. 280~285.

_____ . 2000. *The perception of risk.* VA: Earthscan.

Slovic, P, Finucane, M, Peters, E. and MacGregor, D. G. 2002. "Rational actors or rational fools: Implications of the affect heuristic for behavioral economics." *The Journal of Socio-Economics*, Vol. 31, No. 4, pp. 329~342.

_____ . 2007. "The affect heuristic." *European journal of operational research*, Vol. 177, No. 3, pp. 1333~1352.

Smith, G. E. and Berger, P. D. 1996. "The impact of direct marketing appeals on charitable marketing effectiveness." *Journal of the Academy of Marketing Science*, Vol. 24, No. 3, pp. 219~231.

Stewart, N. 2009. "The cost of anchoring on credit-card minimum repayments." *Psychological Science*, Vol. 20, No. 1, pp. 39~41.

Thaler, R. H. and Sunstein, C. R. 2008. *Nudge: Improving decisions about health, wealth, and happiness.* New Haven: Yale University Press.

Tversky, A. and Kahneman, D. 1973. "Availability: A heuristic for judging frequency and probability." *Cognitive Psychology*, Vol. 5, No. 2, pp. 207~232.

_____ . 1974. "Judgment under uncertainty: Heuristics and biases." *Science*, Vol. 185, No. 4157, pp. 1124~1131.

_____. 1983. "Extensional versus intuitive reasoning: The conjunction fallacy in probability judgment." *Psychological Review*, Vol. 90, No. 4, pp. 293~315.

Ward, J. C. and Hill, R. P. 1991. "Designing effective promotional games: Opportunities and problems." *Journal of Advertising*, Vol. 20, No. 3, pp. 69~81.

Wänke, M, Schwarz, N. and Bless, H. 1995. "The availability heuristic revisited: Experienced ease of retrieval in mundane frequency estimates." *Acta Psychologica*, Vol. 89, No. 1, pp. 83~90.

Wegener, D. T, Petty, R. E, Detweiler-Bedell, B. T. and Jarvis, W. B. G. 2001. "Implications of attitude change theories for numerical anchoring: Anchor plausibility and the limits of anchor effectiveness." *Journal of Experimental Social Psychology*, Vol. 37, pp. 62~69.

Winkielman, P, Zajonc, R. B and Schwarz, N. 1997. "Subliminal affective priming resists attributional interventions." *Cognition and Emotion*, Vol. 11, No. 4, pp. 433~465.

Yadav, M. S. 1994. "How buyers evaluate product bundles: A model of anchoring and adjustment." *Journal of Consumer Research*, Vol. 21, No. 2, pp. 342~353.

Yamagishi, K. 1997. "When a 12.86% mortality is more dangerous than 24.14%: Implications for risk communication." *Applied Cognitive Psychology*, Vol. 11, pp. 495~506.

Zajonc, R. B. 1980. "Feeling and thinking: Preferences need no inferences." *American Psychologist*, Vol. 35, pp. 151~175.

제3부

광고·PR·커뮤니케이션과
인접 학문의 벽 허물기

공중과 기업의 사회적 책임

김수연

1. 들어가며

2018년 에델만 신뢰도 지표 조사(Edelman Trust Barometer) 대한민국 보고서에 따르면, 한국 공중(公衆)은 기업에 대해 기대하는 도덕적 지표 중 하나인 "장기적으로 사회적 문제에 대해 침묵하기보다 직면하는 기업이 성공하는 편이다"라는 문항에 70% 응답자가 동의하여 글로벌 수준(61%)보다 높은 기대치를 보였다(Edelman, 2018). 이러한 결과는 한국 공중이 기업의 사회적 책임(corporate social responsibility, 이하 CSR)에 대한 기대가 얼마나 큰지 잘 보여준다. 사회공헌과 CSR는 우리 사회에서 혼용되어 사용되지만 엄밀히 말해서 사회공헌활동은 자선적 책임의 구체적 활동이며(전국경제인연합회, 2014), CSR는 기업의 다양한 책임을 모두 포함하는 포괄적인 개념이다

전통적으로 기업의 사회적 책임이라는 개념은 경영학에서 시작되었으며 경영학에서 활발히 연구되고 있는데, 광고PR학에서 이 연구주제가 가지는 의미는 무엇일까? 정예림과 배지은(2014)은 2000년부터 2012년 2월까지 발표된 CSR 관련 국내 석·박사 학위논문을 내용 분석하여 국내 CSR 연구의 현황과 흐

름을 알아보았다. 총 528편의 학위논문 중 경제/경영학 논문이 251편(47.5%), 광고/PR학 논문이 66편(12.5%), 언론/신문방송학 논문이 29편(5.5%), 사회복지학 논문이 59편(11.2%)이었다. 따라서 양적으로 보면 경영학 논문이 약 50%, 광고/PR학과 언론/신문방송학을 합쳤을 때 약 20%에 해당하는 수준이었다.

지금으로부터 약 35년 전, PR학에서 조직 - 공중 관계성을 PR의 효율성을 측정하는 결과물로 봐야 한다고 최초로 주장했었던 퍼거슨(Ferguson, 1984)은 사회적 책임성(social responsibility)과 윤리(ethics)가 PR 이론의 왕성한 발전이 기대되는 분야라고 예측했었다. 그 당시 퍼거슨은 경영학자와 PR학자를 비교하며, "경영학자들은 조직이 사회적 책임을 다하면서도 가장 효율적이며 능률적으로 운영하는가에 관한 질문으로 시작할 것이다. 그러나 PR학자들은 '사회적 책임성'을 기본 전제로 하며, 그들의 질문은 "조직과 환경의 어떠한 측면들이 사회적으로 책임 있는 활동의 수행을 증가시킬 수 있을 것인가?"(1984: 15)라고 주장하며 PR학은 경영학에 비해 사회적 책임을 그 근본으로 본다고 강조했다. 그루닉과 헌트(Grunig and Hunt, 1984)도 사회적 책임은 조직이 PR 기능을 수행하는 원인이라고까지 주장하며 PR 개념과 사회적 책임의 개념을 동일시하기도 했다. 이러한 사회적 책임과 PR을 동일시하는 전통적인 PR학자들의 주장은 조직과 공중의 장기적이며 우호적 관계 형성을 위해서는 사회적 책임이라는 부분을 PR의 근본으로 고려할 수밖에 없다는 입장인 셈이다. 사회적으로 과거보다 사회적 책임에 최선을 다하는 기업에 공중의 관심이 높아지면서 광고도 사회적 책임과 높은 관련성을 가질 수밖에 없는 상황이다(Taylor, 2014). 이렇듯 긍정적 명성이 기업의 생존을 위해 더욱 중요해지며 기업의 적극적인 CSR 활동이 당연시되는 사회분위기 속에서 CSR에 대한 광고와 PR학의 높은 관심은 자연스럽다.

2. 이론(개념)의 정의와 기원

전통적으로 경영학에서 캐럴(Caroll, 1979)은 피라미드 모형을 통하여 CSR를 경제적, 법적, 윤리적, 자선적 책임의 네 가지로 구분된다고 보았다. 가장 하위의 경제적 책임은 소비자에게 좋은 제품을 적당한 가격에 공급하여 투자자에게 영리를 창출해야 하는 기업의 제1의 책임을 뜻하며, 그 상위의 법적 책임은 기업이 법과 규범을 지켜야 하는 의무를 뜻한다. 그다음 윤리적 책임은 사회적으로 바람직하고 도덕적이라고 기대되는 가치를 의미하며, 최상위의 자선적 책임은 사회 문제를 해결하고자 사회 환원을 기꺼이 하는 가장 적극적 개입을 뜻한다.

그러나 후에 슈와츠와 캐럴(Schwartz and Carroll, 2003)은 기존의 피라미드 모형의 계층에서 가장 상위의 자선적 책임이 가장 하위의 경제적 책임보다 중요하다는 잘못된 인상을 줄 수 있다는 한계를 인정했다. 이는 절대적으로 캐럴(Carroll, 1979; 1991)이 주장했던 바가 아닌데, 그 이유는 가장 하위에 해당하는 경제적 책임과 법적 책임이 가장 근본적인 책임이며 상위에 위치한 자선적 책임은 다른 책임들보다 그 중요성이 떨어진다고 주장했었기 때문이다. 또한 슈와츠와 캐럴(Schwartz and Carroll, 2003)은 피라미드 모형이 네 책임의 범위가 겹칠 수 있는 가능성을 설명하지 못하는 한계점 또한 인정하며, 자선적 책임을 제외한 3-도메인 모형(three-domain model of CSR)을 벤다이어그램을 활용하여 제시하였다. 그러나 최근까지도 많은 실증적 연구들(예를 들면 강소영, 2015; Bae and Kim, 2013)은 슈와츠와 캐럴(Schwartz and Carroll, 2003)의 3-도메인 모형보다는 캐럴(Caroll, 1991)의 피라미드 모형을 적용하여 연구를 진행하며 피라미드 모형에 대한 설명력을 높이고 있다.

3. 이론의 확장 과정과 기제

CSR 관련 연구들은 경영학 분야에서 활발히 진행되었으며, 기업의 사회적 책임이 기업윤리(business ethics) 관련 문헌에서 가장 우세하게 많이 쓰이는 용어라는 데 많은 학자들이 동의하고 있다(Carroll and Shabana, 2010; De Bakker, Groenewegen and Den Hond, 2005). 캐럴과 샤바나(Carroll and Shabana, 2010)는 CSR 용어가 다른 비슷한 용어들과 경쟁하며 겹치기도 하지만 여전히 가장 많이 쓰이며 이 분야를 대표하는 용어라고 주장했다. 그러나 이렇게 많이 쓰이는 만큼 경영학 내의 CSR에 대한 정의도 꽤 다양하다. 코틀러와 리(Kotler and Lee, 2005)는 "CSR는 자율적인 기업활동과 기업의 자원의 기여를 통해 지역사회의 복지를 증진시키는 헌신"(2005: 3)이라고 정의 내려 캐럴(Caroll, 1991)의 자선적 책임과 비슷하게 이해했으며, 폴(Pohl, 2006)은 "CSR는 특정 내용을 의미하는 것이 아니라 가치, 믿음, 태도, 원칙 등 기업의 조직 문화를 시행하는 도구"(2006: 54~55)라고 주장하며 조직문화적 관점에서 이해하기도 했다. 김선화와 이계원(2013)은 "CSR 활동은 장기적으로 거액이 소요되는 기업의 미래를 결정하는 중요한 투자"(2013: 2411)라고 정의내리며 투자의 의미에 초점을 맞추기도 했다.

다스러드(Dahlsrud, 2008)는 1980년부터 2003년까지 유럽과 북미 학자들이 정의 내린 27개 CSR 개념을 분석한 후, 공통적인 다섯 차원이 있다고 주장했으며, 이해관계자, 사회적, 경제적, 자발적의 네 차원이 나머지 환경적 차원보다 학계에서 더 많이 강조되었다고 결론내렸다. 이에 반해 라켓과 동료들(Lockett, Moon and Visser, 2006)은 1992년부터 2002년까지 경영 관련 저널을 분석하였는데, CSR 연구들 중 환경 관련 연구가 36%로 가장 많았고 그다음으로 윤리 관련 31%, 이해관계자 18%, 사회 관련 연구가 15%에 해당했다고 주장해서 다스러드(Dahlsrud, 2008)의 결과와는 차이를 보였다. 이처럼 CSR 관련 연구들은 그동안 양적으로 크게 팽창하고 활발히 진행되고 있는 가운데, CSR 개념을 하나의 의미로 단순화하거나 경영학 같은 한 분야만의 영역으로 한정하기에는 이미 폭넓게 영역이 확장되었다.

이러한 가운데 CSR 관련 연구를 경영학 분야의 연구인지 광고PR 분야의 연구인지를 명확히 구분하기 어렵기도 하다. 한 예로, 김선화와 이계원(2013)은 경영(회계)학 분야의 선행 연구들을 정리해서 CSR 관련 동기요인, 기업의 경제적 성과에 미치는 영향, 회계투명성과의 관계, 성과의 측정 및 공시 문제 등을 검토하였는데, 구체적 변수들을 살펴보면 CSR 관련 동기요인의 내부 역량에는 광고비가 포함되어 있었으며 환경요인에는 NGO의 영향, 고객의 영향, 지역사회의 영향 같은 변수들이 포함되어 있었다. 따라서 이 연구는 경영학 분야의 CSR 관련 선행 연구들을 분석했지만 광고와 PR와 직접적으로 관련성 높은 변수들도 주요하게 포함되어 있음이 쉽게 확인 가능했다. 또한 "안대천, 왕진, 전표훈(2018).『기업위기 상황에서 CSR 전략 유형에 따른 소비자의 진정성 인식에 관한 연구』(《무역연구》, 14(1): 585~602)는 논문 제목만 봤을 때는 PR학 연구로 보이기도 했지만 경영학과 교수진과 박사과정 학생이 저자이며, 무역학분야의 등재학술지로 (사)한국무역연구원의 저널인 《무역연구》에 실린 논문을 PR 분야의 논문으로 볼 수 있을지는 의문이다. 이에 아래 단락에서 광고와 PR의 연구인지가 불분명할 경우에는 광고PR 분야의 커뮤니케이션학 저널에 실린 논문을 기준으로 삼고 이에 관한 선행 연구들을 정리했다.

4. 광고PR 분야에서의 적용과 연구: 국내외 문헌을 중심으로

1) CSR 관련 국내외 광고PR 분야 연구 총체적 경향

국내외적으로 광고PR 분야에서 CSR 연구는 2006년 혹은 2007년경 이후로 양적으로 팽창했다(김지혜·김인희·조상미, 2010; 배지양·조수영, 2011; Lee, 2017). 김지혜 외(2010)는 2001년부터 2010년 4월까지 국내학진등재지와 등재후보지에 실린 CSR 관련 논문 67편을 분석했는데, 특히 2007년 이후로 관련 논문이

표10-1 ● CSR 관련 광고PR 연구 경향을 분석한 연구들 결과 정리

	배지양·조수영(2011)	Lee(2017)
연구 주제	CSR 관련 국내 광고PR 연구	CSR 관련 국제 PR 연구
대상 저널	《광고연구》, 《광고학연구》, 《한국광고홍보학보》, 《한국언론학보》, 《홍보학연구》, 《한국언론정보학보》	Public Relations Review, Journal of Public Relations Research, Journalism & Mass Communication Quarterly, Journal of Communication Management, Corporate Communications: An International Journal, International Journal of Strategic Communication, Public Relations Journal, Public Relations Inquiry, PRism, Asia Pacific Public Relations Journal, Journal of Business Ethics
분석기간	1997년~2010년 6월 30일	1980년~2015년
분석대상 전체 논문 수	총 58편	총 133편
활발한 연구주제	CSR 활동의 효과(70.7%), CSR 활동 관련 산업 현황(17.2%), CSR 캠페인(10.3%)	CSR 활동의 효과(24.1%), 특정 국가의 CSR 실무 묘사(20.3%), CSR 커뮤니케이션(18.8%), 개념적 논의(15.8%), PR의 역할(12.0%), 이해관계자들의 CSR에 대한 인식과 태도(14%)
적용 이론	귀인 이론(5.2%), 정교화 가능성 모형(5.2%), 기대가치 모형(1.7%), 설득 지식 모형(1.7%), 이해관계자 모형(1.7%), 수동적 학습이론(1.7%)	이해관계자 이론(15.8%), 정당성 이론(4.5%), 귀인 이론(3.0%), 조직제도론(3.0%)
연구방법	실험(39.7%, 23회), 설문(36.2%, 21회), 내용분석(15.5%, 9회), 사례연구(5.2%, 3회), 통합연구(3.4%, 2회)	내용분석(20.3%, 27회), 실험(16.5%, 22회), 설문(14.3%, 19회), 문헌고찰(13.5%, 18회), 케이스 스터디(n = 16, 12.0%), 인터뷰(7.5%, 10회), 통합연구(6.8%, 9회), 담화분석(3.8%, 5회), 개념분석(3.8%, 5회), 포커스 그룹(1.5%, 2회)

급증했다고 보고했으며, 2007년 이후로 사례연구 외에 내용분석 연구가 진행되기 시작했으며 CSR 관련 웹페이지 분석(김주란·황장선, 2008)과 광고분석(최은섭, 2008)과 같은 전략적 사회공헌의 개념이 새로운 연구주제로 등장했다고 파악했다. 배지양과 조수영(2011)은 CSR 관련 광고PR 분야의 국내 연구 동향을 파악하기 위하여 1997년부터 2010년 6월 30일까지 6개 국내 저널에 실린 총 58편의 CSR 논문을 내용 분석하였다. 연구 결과 특히 2005년에서 2006년

이후로 양적으로 크게 늘어났으며 저널 중에서는 특히 《광고연구》와 《광고학연구》가 가장 많은 연구를 게재했다고 보고했다. 이태호(Lee, 2017)는 1980년부터 2015년까지 11개 국제저널에 게재된 133편의 CSR 관련 PR 논문을 내용 분석하였는데, 전체 논문 중 50%가 2011년 이후로 게재되었으며 90% 이상의 논문이 2006년 이후로 게재되어 최근으로 올수록 더욱 PR학계에서 관심을 받는 주제임을 확인했다(주요 결과는 표 10-1 참조).

2) CSR 관련 국내외 광고 연구의 발전[1]

광고학 국제저널인 *Journal of Advertising*은 1995년과 2013년에 환경친화적 광고(green advertising)에 관한 특별호를 통해 광고의 사회적 책임과 그 역할을 강조했었다. 공익연계 광고(cause-related advertising)는 공익연계 마케팅(cause-related marketing: 이하 CRM) 광고와 CSR 광고로 구분되는데(Kim, Cheong and Lim, 2015), CRM 광고의 목적은 상품의 판매를 증진시켜서 이익을 창출하고자 하는 목적이 있는 반면 CSR 광고는 주요 공중들에게 조직이 사회적·환경적으로 책임 있는 활동을 진행하여 좋은 명성을 얻고자 하는 목적이 있다(Perks et al., 2013). 브뢴과 브리오니(Brønn and Vrioni, 2001)는 CRM을 CSR 내용을 광

---

1 CSR 관련 광고 연구와 PR 연구의 발전을 구분해서 정리하고자 했는데, 경우에 따라서는 광고 연구와 PR 연구의 경계가 불분명해서 둘을 정확히 구분하기 쉽지 않았다. 한 예로 조수영과 김선정(2011)은 기업의 이미지(중립/부정)와 CSR 프로그램 유형(기업의 사업 특성과 일치/불일치)에 따른 설득 지식 모형에 따른 설득효과를 실험을 통해 알아보았는데, 실험처치물로 인쇄광고물 형태를 이용하였는데 광고형식을 쓴 이유에 대해서 "현실에서 기업들이 자사의 CSR 활동을 광고형태로 제작하여 대중에 알리는 경우 또한 많기 때문에… (중략) 이론적 배경으로 설득 지식 모형을 적용할 때 광고형태로 제작하여 연구하는 것이 적합할 것이라고 판단되어"(2011: 520)라고 설명했다. 이 연구의 경우 광고라는 키워드가 연구의 핵심은 아니었지만 실제 실험처치물로 이용이 되었는데, 이 경우 이를 광고 연구라 할 수 있을지 아니면 기업의 평판을 다룬 PR 연구라 할 수 있는지는 분명치 않다. 따라서 (2) CSR 관련 국내외 광고 연구의 발전(271쪽), (3) CSR 관련 국내외 PR 연구의 발전(272쪽) 단락에서는 광고와 PR이라는 분명한 영역이 두드러지는 연구들을 중심으로 정리하였다.

고, 포장, 프로모션을 통해 커뮤니케이션하는 개념이라고 통합적으로 이해하기도 했다. CSR 광고는 일반적인 상품광고와 달리 "기업의 정책, 사회적 공헌이나 사회적인 유용성을 알림으로써 기업의 명성을 높이거나 기업에 대한 신뢰감을 가지도록 함으로써 기업에 대한 호의 내지는 호의적인 태도를 형성하려는 광고"(유재웅·진용주, 2011: 97)로 포괄적으로 이해할 수 있다. 안혜신(2011)은 사회책임 광고를 공익성 광고와 사회책임 활동 광고로 구분하여, 공익성 광고는 "기업의 정체나 이미지가 드러나지 않고 공공의 문제에 초점을 맞추고 건전하고 올바른 사회분위기를 조성하기 위한 광고"이며 사회책임 활동광고는 "기업 스스로가 참여하는 사회문제나 기업의 사회공헌 활동, 지역사회봉사, 사회책임경영 등을 소재로 한 광고"(2011: 276)로 정의내리며 CSR 광고를 CSR 활동과 직접적인 관련성이 높은 광고 내용으로 한정하기도 했다. 광고학분야에서 CSR 관련 광고는 CSR 광고(김성군·장청건, 2015; Mögele and Tropp, 2010; Taylor, 2014), 환경 친화적 광고(green/environmental advertising)(김재영·김창경, 2001; Leonidas et al., 2011: Taylor, 2015), 사회적 공익 광고(social cause advertising: Kim et al., 2015) 등 다양하게 표현되고 있다.

먼저 CSR와 관련한 광고 현황을 알 수 있는 TV광고(김성군·장청건. 2015; 안주아·황경아·윤석년, 2011)와 인쇄광고(최은섭, 2008; Segev, Fernandes and Hong, 2016)에 관한 기술적(descriptive) 연구들이 소수 진행되었다. 최은섭(2008)은 2002년부터 2007년까지 CSR 활동과 관련한 국내 인쇄매체 광고 총 959편을 내용 분석하였는데, 2002년에는 116편이었던 반면 2007년에는 197편으로 매년 광고의 수는 증가한 경향을 보였다. 업종별 빈도를 살펴보았을 때는 제조업(35.0%), 방송통신(14.1%), 농임광어업(11.2%), 금융보험(10.1%), 건설업(8.8%), 도소매판매업(7.5%), 운송숙박업(5.4%), 기타(4.4%), 교육예술스포츠(3.6%) 순이었으며, 사회적 책임 활동의 범주로는 경제적 책임(44.5%), 사회공헌(20.2%), 환경보호(13.8%), 소비자보호(11.4%), 인권보호(10.3%) 순으로 나타났다. 기업규모의 차에 따른 상위기업과 하위기업의 CSR 활동과 관련한 광고 내용의 차이를 살펴보았을 때는 상위기업과 하위기업 모두 경제적 책임 활동에 대한 비중이 높았지만 그다음 부분으로 상위기업은 사회공헌활동이 많았던 반면 하위기업은 환경보호활동, 사회공헌활동, 소비자보호 활동이 비교적 고른 양상을 나타내서 하위기업의 광고 내용이 상위기업보다 더 다양한 양상을 보인다고 결론내렸다. 그 외 SK텔레콤의 '사람을 향합니다'(부경희, 2006)와 '알파라이징'(한상필·최민욱, 2011), 현대자동차의 '기프트 카'(김상훈·안대천, 2011) 광고 캠페인을 소개하는 특정 사례연구도 소수 있다.

　CSR 광고의 광고모델(김나미·유승엽, 2017; 이세진·정진완·방혜진, 2011; 진용주·서구원, 2009)과 카피메시지(유성신·최용주, 2014; 최은섭, 2014)와 같은 광고 메시지 전략 혹은 크리에이티브 전략에 관한 설명적(explanatory) 연구들이 진행되었다. 한 예로, 김나미와 유승엽(2017)은 CSR 광고 주제(경제 vs. 환경 vs. 사회), 광고 모델 유형(전문가 vs. 유명인), 메시지 전략(정보적 vs. 감정적)을 활용한 인쇄광고에 대한 실험 참가자들의 광고 태도, 구매 의도, CSR 활동 참여 의도를 알아보았는데, 연구 결과 CSR 광고의 주제에 따른 광고효과 차이는 유의미하지 않았으나 CSR 광고의 모델유형과 메시지 전략에 따른 광고효과는 유의미했다. 특히, 경제와 환경 주제의 CSR 광고인 경우에는 전문가 모델이, 사회주제인 경우에는 유명인 모델의 광고효과가 더 높았으며 경제와 환경 주제의 CSR 광고인 경우에는 정보적 전략이, 사회주제인 경우에는 감정적 전략이 더 효과가 있는 것으로 나타나서 CSR 광고 제작의 실무적 시사점을 제공할 수 있었다.

　기업의 주요 공중인 소비자의 CSR 광고에 대한 태도(김요한, 2009; 유재웅·진용주, 2011; 윤각·서상희, 2003; 최윤슬·염동섭, 2018; Royne et al., 2012)에 관한 실증적 연구들은 활발히 진행되었다. 김요한(2009)은 사전 이미지 인식 정도(긍정적 vs. 부정적), CSR 활동 간 관련성(고 vs. 저), CSR 광고형태(기업광고 vs. 제품광고)에 따른 기업이미지를 살펴보았다. 연구 결과 부정적인 이미지의 기업은 기업광고 형태의 CSR 광고가 제품광고 형태의 CSR 광고보다 더욱 긍정적인 평가를 받았지만, 긍정적인 이미지의 기업은 CSR 활동과 관련성이 떨어질 때는 유의미한 차이점이 없어서 다른 결과를 나타냈다 최윤슬과 염동섭(2018)은 CSR 광고유형(공익연계 광고 vs. 사회적 책임 활동 광고), 기업 명성(고 vs. 저), 브랜드 - 공익 관련성(고 vs. 저)을 알아보았다. 실험 참가자들은 사회적 책임 활동 광고를 공익연계 광고보다 진정성, 사회통제성, 사회 기여성 면에서 더욱 긍정적으로 평가했으며 CSR 광고유형과 브랜드 - 공익 관련성은 사회 기여성에, 기업 명성과 브랜드 - 공익 관련성은 상호 통제성에 상호 작용 효과를 유의미하게 나타냈다. 이러한 소비자를 대상으로 한 실증적 연구들은 단순하게 CSR 광고와 비CSR 광고를 비교하는 수준을 넘어 CSR 광고유형까지도 다양하게 유형화해서 비교하며 연구자들과 실무자들에게 실무적·이론적 시사점을 시사했다.

광고학 분야의 자기성찰적 연구의 일환으로 광고주의 사회적 책임(김철호, 2011; 안주아, 2011)에 관한 연구도 적게나마 진행되었다. 안주아(2011)는 광주·전남지역의 광고와 PR 전문가 3인을 대상으로 인터뷰를 진행하였는데, 전문가들은 CSR 활동을 기업의 필수 활동으로 인식하였지만 CSR 커뮤니케이션에 대해서는 조심스러운 태도를 나타냈으며 광고주의 지속적이고 장기적인 관점을 CSR 커뮤니케이션의 핵심으로 강조했다.

최근에는 기업의 CSR 활동이나 CSR 광고에 공중들이 긍정적인 평가를 내리지만은 않는 현실을 반영하여 기업의 CSR 관련 광고 회의감(이태준·윤태웅··홍석민, 2012; do Paço and Reis, 2012; Matthes and Wonneberger, 2014)과 같은 부정적 변수에 관한 연구도 등장했다. 매스와 워니버거(Matthes and Wonneberger, 2014)는 환경을 중시하는 소비자 운동을 하는 그린 컨슈머(green consumer)들이 일반적인 소비자들보다 환경 친화적 광고의 정보 유용성을 더 중시한다고 주장했다. 그 외 한국 기업의 CSR 관련 광고에 대한 중국 소비자의 평가(윤성환, 2017)와 같은 글로벌 기업의 커뮤니케이션과 관련한 연구 주제도 새롭게 등장했다.

3) CSR 관련 국내외 PR 연구의 발전

CSR 관련 PR학 분야의 연구는 특히 2006년 이후 다양한 주제로 활발히 진행되고 있다(Lee, 2017). 김대욱 외(2017)는 CSR 프로그램, 스폰서십, 이벤트 PR, 기업정체성 PR, 문화예술 마케팅, 프로모션 PR, 인터넷/소셜미디어 PR을 PR 프로그램으로 보고, 조직 - 공중 관계성, 기업 이미지, 기업 명성(평판)을 PR효과로 파악하여 총 89편의 선행 연구들을 대상으로 메타분석을 실시하였다. 연구 결과 다양한 PR 프로그램 중 CSR 프로그램은 조직 - 공중 관계성에 가장 긍정적인 영향을 유의미하게 미쳤으며, 기업이미지에는 기업정체성 PR 프로그램 다음으로 두 번째로 긍정적인 영향을 미치고, 기업 명성에는 인터넷/소셜미디어 PR 프로그램 다음으로 두 번째로 긍정적인 영향을 미치는 것으로 나타났다. 따라서 다양한 기업 PR 프로그램들 중에 CSR 프로그램에 관한 연구는 양적으로도 가장 많았고 PR 효과 면에서도 매우 효과적인 프로그램으로 나타났다. 또한 CSR 프로그램을 하위 차원으로 분류했을 때 윤리적 책임활동 차원은 조직 - 공중 관계성에, 법적 책임활동 차원은 기업 이미지와 기업 명성에 가장 효과적인 PR 프로그램으로 나타나서 PR학에서 CSR의 큰 의미와 의의를 확인할 수 있었다.

기업의 CSR 활동이 기업 평판에 미치는 영향에 관한 실증적 연구들이 다양한 공중들을 대상으로 활발히 진행되었는데, 소비자의 기업에 대한 평가(김현철·최명일·김봉철, 2017; 이지은·유동호·전연희, 2012), 소속 임직원의 직무만족도(윤각·류지영, 2012), 구직자의 구직 의도(김효숙, 2008), PR 실무 구직자의 구직 의도(Kim and Park, 2011) 등 다양하다. 김수연과 박효정(Kim and Park, 2011)은 기업 역량(긍정적 vs. 부정적), CSR 이력(긍정적 vs. 부정적)인 상황에 대한 PR 전공 학부생들의 구직의도를 알아보아 PR 실무 구직자의 구직 의도와 CSR 관련성을 살펴보았으며, PR 전공 학부생들은 CSR를 중요한 기업의 윤리적 적합성 조건으로 인지하여 CSR 정보가 구직자들에게 유용한 명성 전략이 될 수 있음을 밝혔다. CSR를 통한 기업 명성 유지와 관련한 수많은 실증적 선행 연구들은 기업의 CSR 전략이 다양한 공중들에게 긍정적인 기업 명성에 효과적이 될 수 있다고 일관된 연구 결과를 발표하였으며 PR 분야의 다양한 변수를 활용하여 연구주제를 더욱 세분화하고 정밀화하고 있다.

전통적 PR 커뮤니케이션의 매체인 CSR 관련 신문기사에 관한 기술적 연구들(김효숙, 2009; 안주아·이지욱, 2008; Lee and Carroll, 2011)도 소수 진행되었다. 김효숙(2009)은 2000년 초반부터 2008년 말까지 국내 일간지에 기사화된 CSR 단어를 포함한 기사를 분석하였는데, 2000년에 비해 2008년에는 양적으로 기사 수가 크게 늘었으며 2000년에 긍정적이거나 중립적이었던 어조가 2008년에는 중립적이거나 부정적으로 나타났음을 확인했다. 또한 CSR 관련 보도자료를 주제로 CSR 퍼블리시티의 효과(유장헌·심경환·이호배, 2011; David, Kline and Dai, 2005)와 CSR 보도자료의 사진(배지양, 2008)과 관련한 실증적 연구들도 있었다. 배지양(2008)은 CSR 관련 보도자료(텍스트 기반 vs. 기부자 사진 첨부 vs. 수혜자 사진 첨부 vs. 기부자와 수혜자 사진 모두 첨부)의 네 가지 조건에 대한 효과를 비교했는데, 단기적으로는 사진을 담은 보도자료가 더욱 책임성 있는 기업으로 인식하는 데 효과가 있었지만 2주 후에 다시 비교했을 때 이러한 긍정적 효과가 줄어듦을 확인했다. 특히 수혜자 사진의 조건에서 가장 그 효과가 많이 줄어들어 수혜자 중심의 사진이 피험자들의 의심을 가장 크게 산다고 해석해 기업이 CSR 커뮤니케이션을 실행 시 주의를 기울여야 한다고 실무적 시사점을 강조했다.

특히 2010년경부터 CSR 온라인 커뮤니케이션에 관한 연구들이 매우 활발히 진행되었다. 우선 기술적 연구들에는 기업 홈페이지의 CSR 관련 내용 분석(Capriotti and Moreno, 2007), 기업의 페이스북 CSR 메시지 현황(김지예·황성욱, 2014; Kim, Kim and Sung, 2014; Lee, 2016; Fraustino and Connolly-Ahern, 2015), 기업의 페이스북 포스팅에 대한 소비자의 CSR 관련 반응(임지은·황장선, 2018; Fraustino and Connolly-Ahern, 2015), 트위터 CSR 메시지 현황(Colleoni, 2013; Etter, 2013; Lee, Oh and Kim, 2013), CSR 관련 온라인 기사에 대한 네티즌 댓글 분석(Cho and Hong, 2009) 등 매우 다양하다. 2010년 미국 포춘 100대 기업(Fortune 100) 중 49개 기업이 페이스북을 운영하고 있었는데, 전체 페이스북 메시지 중 89%의 메시지는 기업 역량과 관련한 내용이었으며, 9%의 메시지는 CSR 관련 내용, 약 3%는 기업 역량과 CSR 내용이 균형을 이루는 내용으로 CSR

관련 내용은 소량에 해당했다(Kim, Kim and Sung, 2014). 2015년 한국의 국내 100대 광고주(광고정보센터) 중 CSR 활동을 하는 기업은 76개 기업(기업 웹사이트 공지 기준)이었으며 이들 중 약 66%가 기업의 페이스북 팬페이지를 통해 CSR 활동을 커뮤니케이션을 하고 있어서, 페이스북을 통한 CSR 커뮤니케이션을 하는 기업이 절반 이상이었다(임지은·황장선, 2018).

그 외 CSR 온라인 커뮤니케이션과 관련한 설명적 연구에는 기업의 블로그 운영 시 CSR 관련 내용에 관한 커뮤니케이션 전략(이종혁·김수연, 2015; Rim and Song, 2013), 페이스북 메시지 전략(Lee and Chung, 2018), 소셜미디어 운영 시 기업의 댓글 전략(Rim and Song, 2016), 온라인 기사 네티즌 댓글의 영향력(배지양, 2009), CSR 커뮤니케이션 매체와 CSR 프로그램 유형(김수연·김인기·김유별, 2013) 등 다양했다. 배지양(2009)은 삼성이 2006년에 진행했던 재산헌납 방식의 CSR 활동에 대한 기사에 대한 댓글의 품질(고 vs. 저), 댓글의 방향성(긍정 vs. 부정)을 이용한 현장실험을 진행하였는데, 댓글의 품질은 댓글의 유용성과 구전 의도에 유의미하게 영향을 미쳤으며 댓글의 방향성은 기업에 대한 CSR 책임성 판단과 기업에 대한 공중의 태도 변화까지 유의미하게 영향을 미친다고 주장했다. 특히 댓글에 관한 연구들은 온라인 댓글의 유의미한 영향력을 확인하며 기업의 소셜미디어 운영 시 댓글 관리의 중요성을 시사했다.

또한 위기 커뮤니케이션 전략으로서의 CSR 활동의 효과에 관한 연구(김윤지·성민정, 2012; 배지양, 2010; Vanhamme and Grobben, 2008; Ham and Kim, 2017)도 진행되었으며 기업연상 개념을 적용해서 CSR 관련 위기 발생 시 이에 대한 위기 커뮤니케이션 전략(최윤정·김수연, 2017; Kim, Kim and Cameron, 2009; Sohn and Lariscy, 2014)에 관한 선행 연구들도 진행되었다. 함창대와 김지선(Ham and Kim, 2017)은 상황별 위기 커뮤니케이션 이론(situational crisis communication theory)과 설득 지식 모형을 적용하여 위기유형(우연한 사고 vs. 고의적 위기), CSR 동기(내재적 vs. 외향적), CSR 역사(오랜 기간 진행 vs. 짧게 진행)에 관한 실험을 진행했다. 연구 결과 CSR 역사는 CSR 동기와 상호 작용 효과를 가져서 CSR 역사가 짧은 경우 공중들은 CSR 동기가 사회에 도움을 주기 위한 내재적 동기라고 생각할 때 보여주기식 외재적 동기라고 생각할 때보다 더욱 긍정적인 구매 의도를 보였지만 CSR 역사가 긴 경우에는 이러한 차이가 없어서, 기업의 CSR를 활용한 위기 커뮤니케이션은 우연한 사고에 의한 위기와 CSR 역사가 짧은 경우에 유의미한 영향이 있다고 주장했다. CSR 관련 위기에 관한 연구로 최윤정과 김수연(2017)은 기업연상에 따른 위기유형(기업역량 관련 위기 vs. CSR 위기), 위기 커뮤니케이션 전략(변명 vs. 사과), 위기 이력(유 vs. 무)에 관한 실험을 진행했는데, 기업연상에 따른 위기유형은 공중의 기업 정당성 인식에만 유의미한 영향을 미쳤으며 기업역량과 관련한 위기보다 CSR 관련 위기가 발생한 경우 공중들은 더욱 부정적으로 인식한다고 주장했다. 따라서 이러한 실증적 연구들은 CSR 활동이 위기 커뮤니케이션으로서 긍정적인 효과를 지니기 위해서는 평상시의 지속적인 CSR 활동을 강조했으며 CSR 관련 위기가 발생한 경우 공중들은 더욱 민감할 수 있음을 시사했다.

PR와 CSR의 직접적 관련성을 밝히고자 PR학의 자기성찰적 연구의 일환으로 PR실무자들의 CSR 활동에 대한 인식(김수연·김영욱, 2013; Kim and Kim, 2010; Kim and Reber, 2008; 2009)과 사회공헌 담당자들의 PR 커뮤니케이션에 대한 인식(김수연·권지현, 2017), CSR 활동에 대한 사회공헌 담당자, 언론인, 소비자 간의 인식차(배지양·우정화·양승준, 2016)에 관한 선행 연구들도 있었다. 김수연과 김영욱(2013)은 국내 PR 실무자들의 인식을 알아보고 CSR를 위한 PR의 역할이 가장 적극적인 주요한 경영적 역할부터 기업이미지 제고를 위한 홍보 수단, 커뮤니케이션 역할의 소극적 역할과 아무런 관련성이 없다는 입장까지 매우 다양함을 밝혀냈다. 배지양·우정화·양승준(2016)은 CSR 활동의 이해관계자인 실무자, 언론인, 소비자들의 인식차를 상호지향성 모형을 적용하여 살펴보았는데, 소비자들은 상대적으로 기업의 이기적인 동기를 높게 인식했으나 이러한 소비자들의 인식을 실무자와 언론인 모두 정확하게 이해하지 못하는 것으로 나타났다고 주장했다. 따라서 이러한 연구들은 CSR를 진행하고 있는 실무자들의 인식을 통해서 PR의 역할과 CSR의 방향성을 제시했다는 데에 의미가 있다.

최근에는 CSR 커뮤니케이션에 대한 반감을 반영하여, 공중들의 진정성 인식과 관련한 CSR 연구들(구윤희·심재철, 2017; 구윤희·윤영민·이헌율, 2015; 김형석·김동성, 2015, 이미영·최현철, 2012)과 CSR 회의주의(Bae and Cameron, 2006; Rim and Kim, 2016)에 관한 연구도 많이 진행되고 있다. 구윤희와 심재철(2017)은 LG와 롯데라는 실제 국내 기업을 실험 처치물의 대상 기업으로 선정하여 CSR 지속성(고 vs. 저), 기업윤리평판(고 vs 저), CSR 투명성(고 vs. 저) 설계로 실험을 실시하였다. 연구 결과, 긍정적인 기업윤리평판과 CSR 지속성, CSR 투명성은 공중이 CSR 진정성을 느끼는 데 유의미한 역할을 하는 것으로 나타났다. 임혜준과 김소라(Rim and Kim, 2016)는 CSR 회의주의의 차원이 기업의 이타주의에 대한 의구심, CSR 메시지에 대한 불신감, CSR 정보성에 대한 의구심의 세 차원으로 구분됨을 밝히고, 이러한 CSR 회의주의가 CSR에 대한 공중의 부정적인 평가를 결정짓는다고 주장했다. 이렇듯 최근 PR학에서 진행된 CSR와 관련한 연구들은 기업의 CSR 진행이 단순하게 공중의 긍정적인 평가를 받는다는 가정을 넘어서, 공중의 회의주의를 최소화하고 진정성 인식을 높이는 CSR 진행과 CSR 커뮤니케이션에 대한 방향으로 나아가고 있다.

5. 선행 연구의 한계와 향후 연구 제언

1) 연구주제와 연구방법의 다양화 필요성

특히 2006년 혹은 2007년 이후로 CSR에 관한 다양한 광고PR학의 실증적 연구들이 국내에서 다양한 주제로 활발히 진행되었다. 그러나 CSR 관련 국내 광고PR 연구들의 경우 2010년경까지 연구주제는 CSR 활동 효과(70.7%)에 집중되어 있으며 연구방법론에서는 양적 연구방법(91.4%)에 절대적으로 치우쳐 있었는데(배지양·조수영, 2011), 이는 해외 CSR 관련 PR 연구들의 경우 양적 연구와 질적 연구가 거의 절반씩을 차지하는 경향(Lee, 2017)과는 대비되는 결과였다. 또한 심리학자인 김재휘와 강윤희(2017)는 광고PR학의 연구들이 소비자의 판단이나 행동과 같은 결과보다는 그 결과에 이르게 되는 과정에 보다 주목을 해야 함을 역설하면서 특히 CSR에 대한 소비자 반응 관련 광고PR 연구들이 "단순히 결과적인 측면에서의 효과를 증명하기에 앞서 왜 그러한 영향을 미쳤는지 사회적 환경에서의 개인의 인지적 반응에 초점을 맞춰 설명"(2017: 20)한다면 더 많은 실무에서의 함의점을 찾을 수 있을 것이라고 제언했다. 따라서 앞으로 CSR 관련 연구들이 질적 연구 방법을 포함한 보다 다양한 연구방법을 활용한다면, 단순한 결과의 나열을 벗어나, 보다 '왜'에 답할 수 있는 기회를 제공할 것이다.

한 예로 외버세더 외(Öberseder, Schlegelmilch and Gruber, 2011)는 22명의 소비자를 대상으로 심층 인터뷰를 실시하여 소비자들의 상품 구매 결정에 영향을 미치는 요인에는 CSR 관련 정보와 개인적 관심이라는 핵심적 요인 외에 소비자의 재정상황이라는 중심요인, 기업의 이미지, CSR 활동에 대한 신용, 아는 지인들의 영향력같은 부차적인 요인까지 다양하게 영향을 미침을 밝혔다. 이 연구는 일반소비자들을 대상으로 질적방법론을 이용하였기에 매우 현실적이며 정교한 변수를 찾아냈으며, 소비자들이 기업의 CSR 활동을 평가하며 그 기업의 상품을 구매하는 과정이 단순하지 않음을 밝혔다. 따라서 국내 광고PR학에서도 이와 같은 질적 연구 방법론을 활용한 CSR 관련 연구가 보다 많이 진행되어서 공중의 태도, 행동을 단순한 결과변수로 이해하기보다 그 행동에 이르는 과정 측면까지 설명할 수 있는 연구들이 보다 활성화되기를 기대한다.

2) 보다 정교한 실무적·현실적 연구 주제의 필요성

지금까지 많은 커뮤니케이션학 학자들(David, Kline and Dai, 2005; Jahdi and Acikdilli, 2009; Smith and Langford, 2009)은 CSR 활동을 진행한 후 이를 공중에게 알리고 보고하는 업무를 CSR 커뮤니케이션으로 한정하며 이해했었다. 따라서 과거 대부분의 CSR 관련 광고PR 연구들은 CSR 관련 내용을 커뮤니케이션하는 것을 기본 전제로 한 후, 광고를 어떻게 제작할지(예를 들면 김나미·유승엽, 2017), 보도자료를 어떻게 작성할지(예를 들면 배지양, 2008), 매체를 어떻게 활용할지(예를 들면 김수연·김인기·김유별, 2013) 등에 관한 CSR 커뮤니케이션과 관련한 실무적 시사점을 직접적으로 줄 수 있는 연구들이 많이 진행되었다.

그러나 최근 실제 기업의 CSR 담당자 중에는 CSR와 PR의 관련성을 부정하면서 CSR 내용을 외부로 알리는 일에 대해서 부정적인 입장을 취하며 CSR 활동의 진정성과 커뮤니케이션의 필요성에 대해서 진지하게 고민하고 있었다(김수연·권지현, 2017). 이러한 실무자들의 현실적인 고민은 CSR 활동과 광고와 PR라는 영역의 관련성을 부정하는 입장으로 더는 광고와 PR 분야에서의 CSR 관련 연구를 기대할 수 없게 한다고 볼 수도 있을 있지만, 한편으로는 커뮤니케이션 전략으로서 CSR 관련 내용을 커뮤니케이션하지 않거나 최소화하는 전략도 하나의 커뮤니케이션 전략(Ihlen, Bartlett and May, 2011)이 될 수 있다는 점을 명심한다면 보다 정교한 연구 디자인과 주제의 설정을 더욱 기대하게 한다. 이러한 현실을 반영하여 광고PR학에서는 CSR 커뮤니케이션에 대한 공중의 진정성 인식(예를 들면 구윤회·심재철, 2017)과 CSR 회의주의(예를 들면 Rim and Kim, 2016)에 관한 실증적 연구들이 진행되고 있기도 하다. 따라서 앞으로 광고PR학의 CSR 관련 연구들이 보다 정교화·고도화될 필요성이 있으며, CSR 커뮤니케이션을 당연히 전제로 하기보다는 적극적 CSR 커뮤니케이션이 필요한 때는 언제인지, 최소화의 CSR 커뮤니케이션이 필요한 때는 언제인지 등에 관한 논의가 필요할 수 있다.

참고문헌

강소영. 2015. 「기업의 공공 정체성이 사회적 활동(CSR)과 브랜드 신뢰에 미치는 영향에 관한 고찰」. 《광고학연구》, 26권(3호), 157~176쪽.
구윤회·심재철. 2017. 「CSR 진정성 인식의 매개 효과 연구: 기업 윤리 평판, CSR 지속성, CSR 투명성을 중심으로」. 《홍보학연구》, 21권(4호), 1~29쪽.

구윤희·윤영민·이헌율. 2015. 「CSR 진정성 효과 연구: CSR에 대한 기업의 실제 동기와 표현 동기 일치 여부를 중심으로」. 《홍보학연구》, 19권(4호), 27~54쪽.

김나미·유승엽. 2017. 「기업의 사회공헌 활동주제와 모델 유형 및 메시지 전략에 따른 CSR 광고효과」. 《한국심리학회지: 소비자·광고》, 18권(2호), 267~291쪽.

김대욱·손영곤·서동명·최명일. 2017. 「기업의 PR 프로그램은 얼마나 효과적인가?」. 《한국광고홍보학보》, 19권(2호), 220~265쪽.

김상훈·안대천. 2011. 「SNS를 활용한 효과적인 감성광고 전략: 현대자동차그룹 'Gift-Car' 기업PR 캠페인 사례연구」. 《광고학연구》, 22권(5호), 273~290쪽.

김선화·이계원. 2013. 「기업의 사회적 책임활동(CSR) 관련 연구들에 대한 검토 및 향후 연구 방향」. 《대한경영학회지》, 26권(9호), 2397~2425쪽.

김성군·장청건. 2015. 「기업의 CSR TV 광고 표현에 관한 연구」. 《디자인지식저널》, 33호, 265~273쪽.

김수연·권지현. 2017. 「국내 대기업 사회공헌 담당자들이 인식하는 사회공헌활동의 기대 효과와 PR의 역할에 대한 질적 고찰」. 《한국광고홍보학보》, 19권(3호), 38~67쪽.

김수연·김영욱. 2013. 「PR실무자들은 PR과 기업의 사회적 책임(CSR)을 어떻게 정의내릴까?: 우리나라 상황에 대한 탐색적 연구」. 《홍보학연구》, 17권(1호), 5~38쪽.

김수연·김인기·김유별. 2013. 「기업의 CSR커뮤니케이션 효과 분석 연구: 프로그램 유형(기업의 일방적 기부, 소비자 참여형)과 매체(신문기사, 소셜미디어)의 활용을 중심으로」. 《광고학연구》, 24권(6호), 167~190쪽.

김영욱. 2003. 『PR 커뮤니케이션: 체계, 수사, 비판 이론의 통합』. 서울: 이화여자대학교 출판부.

김요한. 2009. 「기업의 CSR 활동 광고와 기업의 관련성이 기업 이미지에 미치는 영향」. 《미디어 경제와 문화》, 7권(4호), 96~146쪽.

김윤지·성민정. 2012. 「CSR 적합성과 위기 발생 영역, 위기 대응 커뮤니케이션이 기업에 대한 태도에 미치는 영향」. 《광고학연구》, 23권(8호), 61~85쪽.

김재영·김창경. 2001. 「환경친화적 광고의 메시지강도와 환경관여도 및 기업유형에 따른 커뮤니케이션 효과」. 《광고학연구》, 12권(2호), 87~113쪽.

김재휘·강윤희. 2017. 「광고 및 홍보 연구에서 사회 인지 심리의 기여와 향후의 연구 방안」. 《한국광고홍보학보》, 19권(2호), 9~40쪽.

김주란·황장선. 2008. 「국내 기업의 사회공헌 활동(CSR: Corporate social responsibility) 전략 및 메시지 전략, 크리에이티브 전략 분석」. 《한국언론학보》, 53권(3호), 76~97쪽.

김지예·황성욱. 2014. 「한·미 기업 페이스북 CSR 포스팅에 나타난 메시지 전략 비교연구: 홀/홉스테드의 문화이론을 중심으로」. 《광고학연구》, 25권(2호), 29~51쪽.

김지혜·김인희·조상미. 2010. 「기업의 사회적 책임(CSR)에 관한 연구 경향 분석」. 《한국지역사회복지학》, 35호, 87~120쪽.

김철호. 2011. 「광고에 대한 윤리적 가치관, 광고에 대한 태도 및 광고주의 사회적 책임-실버산업을 중심으로」. 《윤리연구》, 82권(0호), 213~238쪽.

김현철·최명일·김봉철. 2017. 「CSR에 대한 지각된 적합성이 구전 의도에 미치는 영향」. 《광고연구》, 112호, 38~74쪽.

김형석·김동성. 2015. 「PR 영역에서의 커뮤니케이션 진정성 척도 및 비교 연구」. 《미디어와 공연예술 연구》, 10권(2호), 67~92쪽.

김효숙. 2008. 「기업 CSR 활동이 구직자의 구직 의도에 미치는 영향에 관한 연구」. 《한국광고홍보학보》, 10권(4호), 139~162쪽.

_____. 2009. 「국내 일간지에 쓰인 "기업의 사회책임(CSR)" 단어의 의미 분석」. 《광고학연구》, 20권(2호), 81~99쪽.

배지양. 2008. 「사진이 공중의 인식과 태도, 구매의사 결정에 미치는 영향: 기업의 사회공헌활동 홍보를 중심으로」. 《광고연구》, 81권, 131~158쪽.

_____. 2009. 「댓글의 품질 및 방향성이 영리기업의 사회공헌활동에 대한 공중의 책임성인식, 태도, 구매의도, 구전활동의도에 미치는 영향」. 《광고학연구》, 20권(5호), 7~37쪽.

_____. 2010. 「기업의 규모, 위기인식의 강도, CSR커뮤니케이션의 적극성이 공중의사회책임성 인식, 태도, 구매의도에 미치는 영향」. 《광고학연구》, 21권(2호), 53~80쪽.

배지양·우정화·양승준. 2016. 「기업 사회공헌 활동에 대한 CSR 실무자-언론인-소비자 간 인식 차이 연구: 상호 지향성 모델을 기반으로」. 《홍보학연구》, 20권(4호), 44~82쪽.

배지양·조수영. 2011. 「한국 사회공헌활동연구에 대한 내용분석: 1997년부터 2010년까지 주요 학술지 분석」. 《광고학연구》, 22권(6호), 127~159쪽.

부경희. 2006. 「기업의 사회적 공헌과 기업광고: SKT '사람을 향합니다' 캠페인을 중심으로」. 《광고학연구》, 17권(5호), 323~339쪽.

안대천·왕진·전표훈. 2018. 「기업위기 상황에서 CSR전략 유형에 따른 소비자의 진정성 인식에 관한 연구」. 《무역연구》, 14권(1호), 585~602쪽.

안주아. 2011. 「지역광고주의 사회적 책임과 윤리: 광주·전남 지역을 중심으로」. 《광고PR실학연구》, 4권(2호), 62~83쪽.

안주아·이지욱. 2008. 「기업의 사회공헌활동에 대한 언론보도 분석」. 《광고PR실학연구》, 1권(1호), 89~105쪽.

안주아·황경아·윤석년. 2011. 「TV광고에 나타난 사회공헌활동의 특징과 크리에이티브 분석: 국내 20대 기업을 중심으로」. 《커뮤니케이션학연구》, 19권(2호), 111~137쪽.

안혜신. 2011. 「기업의 사회책임광고 캠페인전략 연구」. 《디자인학연구》, 24권(3호), 271~283쪽.

유성신·최용주. 2014. 「기업의 사회적 책임(CSR)을 소재로 한 광고의 설득효과 연구」. 《한국광고홍보학보》, 16권(1호), 126~155쪽.

유장헌·심경환·이호배. 2011. 「CSR 관련 퍼블리시티가 기업이미지에 미치는 영향」. 《광고학연구》, 22권(1호), 197~216쪽.

유재웅·진용주. 2011. 「PR기업광고와 공공봉사광고 그리고 제품광고가 소비자 태도에 미치는 효과: 기업평판, 사회적 연결감, 구매의도를 중심으로」. 《브랜드디자인학연구》, 9권(3호), 95~106쪽.

윤각·류지영. 2012. 「CSR활동과 내부평판이 임직원들의 직무만족도에 미치는 영향: 내부 마케팅 실행요인을 중심으로」. 《광고학연구》, 23권(1호), 71~92쪽.

윤각·서상희. 2003. 「기업의 사회공헌활동과 기업광고가 기업이미지와 브랜드태도 형성에 미치는 영향력에 관한 연구」. 《광고연구》, 61권, 47~72쪽.

윤성환. 2017. 「재중 한국기업의 사회적 책임활동과 기업광고가 중국 소비자들의 한국제품 평가에 미치는 영향」. 《통상정보연구》, 19권(4호), 147~174쪽.

이미영·최현철. 2012. 「CSR 활동의 진정성이 기업태도에 미치는 영향에 관한 연구」. 《한국언론학보》, 56권(1호), 58~83쪽.

이세진·정진완·방혜진. 2011. 「기업의 사회공헌활동 유형에 따른 광고모델의 효과 연구」. 《광고연구》, 88호, 223~247쪽.

이종혁·김수연. 2015. 「기업 블로그 환경에서 공중 댓글의 방향성과 기업의 응답성에 따른 기업 평가 및 태도, 행동 의도의 차이 연구: 기업 능력과 기업의 사회적 책임 연상을 중심으로」. 《한국광고홍보학보》, 17권(4호), 5~40쪽.

이지은·유동호·전연희. 2012. 「CSR 활동의 적합성과 일관성이 소비자의 기업 평가에 미치는 영향: CSR 활동 지지를 중심으로」. 《광고학연구》, 23권(1호), 319~341쪽.

이태준·윤태웅·홍석민. 2012. 「기업의 사회적 책임공시 유형의 설득효과에 대한 실증적 연구」. 《광고연구》, 95호, 78~109쪽.

이현우. 2003. 「우리나라 PR 논문의 학문적 경향에 대한 비판적 고찰」. 《한국광고홍보학보》, 5권(1호), 165~191쪽.

임지은·황장선. 2018. 「SNS를 활용한 기업의 CSR 커뮤니케이션」. 《한국광고홍보학보》, 20권(1호), 87~125쪽.

전국경제인연합회. 2014. 『2014 기업, 기업재단 사회공헌백서』. 서울: 전국경제인 연합회.

정예림·배지은. 2014. 「국내 CSR 연구에 대한 내용분석」. 《사회과학연구》, 30권(1호), 43~68쪽.

조수영·김선정. 2011. 「기업 이미지, 제품 특성과 CSR 유형의 일치/불일치에 따른 수용자 설득효과」. 《한국광고홍보학보》, 13권(3호), 509~538쪽.

진용주·서구원. 2009. 「유명인 모델의 사회적 책임(CSR)활동이 소비자의 태도에 미치는 영향」. 《광고학연구》, 20권(4호), 107~120쪽.

최민욱. 2013. 「광고에서 CSR 관련 메시지의 효과에 관한 연구 : 브랜드 의식의 조절효과를 중심으로」. 《홍보학연구》, 17권(1호), 184~216쪽.

최윤슬·염동엽. 2018. 「기업의 사회적 책임 광고(CSR) 효과 연구: 광고유형, 기업 명성, 브랜드-공익 관련성을 중심으로」. 《광고PR실학연구》, 11권(2호), 149~179쪽.

최윤정·김수연. 2017. 「기업 연상에 따른 위기 유형, 대응 전략, 위기 이력이 공중의 위기 커뮤니케이션 및 기업 정당성 인식에 미치는 영향」. 《한국언론학보》, 61권(3호), 191~221쪽.

최은섭. 2008. 「기업광고에 나타난 기업의 사회적 책임 활동」. 《한국광고홍보학보》, 10권(4호), 76~105쪽.

_____. 2014. 「기업의 사회적 책임 광고 카피메시지의 관련성과 밀착성이 광고효과 에 미치는 영향」. 《광고PR실학연구》, 7권(3호), 115~133쪽.

한상필·최민욱. 2011. 「변화하는 환경에서 기업의 지속성장을 위한 기업 이미지 광고의 역할: SK텔레콤 알파라이징 광고캠페인」. 《광고학연구》, 22권(6호), 171~186쪽.

Bae, J, and Cameron, G. T. 2006. "Conditioning effect of prior reputation on perception of corporate giving." *Public Relations Review*, 32(2), 144~150.

Bae, J, and Kim, S. 2013. "The influence of cultural aspects on public perception of the importance of CSR activity and purchase intention in Korea." *Asian Journal of Communication*, 23(1), 68~85.

Brønn, P. S, and Vrioni, A. B. 2001. "Corporate social responsibility and cause-related marketing: An overview." *International Journal of Advertising*, 20(2), 207~222.

Capriotti, P, and Moreno, Á. 2007. "Corporate citizenship and public relations: The importance and interactivity of social responsibility issues on corporate websites." *Public Relations Review*, 33(1), 84~91.

Carroll, A. B. 1979. "A three-dimensional conceptual model of corporate performance." *Academy of Management Review*, 4(4), 497~505.

_____. 1991. "The pyramid of corporate social responsibility: Toward the moral management of organizational stakeholders." *Business Horizons*, 34(4), 39~48.

Carroll, A. B, and Shabana, K. M. 2010. "The business case for corporate social responsibility: A review of concepts, research and practice." *International Journal of Management Reviews*, 12(1), 85~105.

Cho, S, and Hong, Y. 2009. "Netizens' evaluations of corporate social responsibility: Content analysis of CSR news stories and online readers' comments." *Public Relations Review*, 35(2), 147~149.

Colleoni, E. 2013. "CSR communication strategies for organizational legitimacy in social media." *Corporate Communications: An International Journal*, 18(2), 228~248.

Dahlsrud, A. 2008. "How corporate social responsibility is defined: an analysis of 37 definitions." *Corporate Social Responsibility and Environmental Management*, 15(1), 1~13.

David, P, Kline, S, and Dai, Y. 2005. "Corporate social responsibility practices, corporate identity, and purchase intention: A dual-process model." *Journal of Public Relations Research*, 17(3), 291~313.

De Bakker, F. G. A, Groenewegen, P, and Den Hond, F. 2005. "A bibliometric analysis of 30 years of research and theory on corporate social responsibility and corporate social performance." *Business & Society*, 44(3), 283~317.

do Paço, A. F, and Reis, R. 2012. "Factors affecting skepticism toward green advertising." *Journal Of Advertising*, 41(4), 147~155.

Edelman. 2018. "2018 Edelman trust barometer."

Etter, M. 2013. "Reasons for low levels of interactivity: (Non-) interactive CSR communication in Twitter." *Public Relations Review*, 39(5), 606~608.

Ferguson, M. A. 1984. "Building theory in public relations: Inter organizational relationships." *Paper presented at the Association for Education in Journalism and*

Mass Communication. Gainesville, FL.

Fraustino, J. D, and Connolly-Ahern, C. 2015. "Corporate associations written on the wall: Publics' responses to fortune 500 ability and social responsibility Facebook posts." *Journal of Public Relations Research*, 27(5), 452~474.

Fraustino, J. D, and Connolly-Ahern, C. 2015. "Corporate associations written on the wall: Publics' responses to fortune 500 ability and social responsibility facebook posts." *Journal of Public Relations Research*, 27(5), 452~474.

Grunig, J. E. and Hunt, T. 1984. *Managing public relations*. New York: Hilt, Rinehart and Winston.

Ham, C. and Kim, J. 2017. "The role of CSR in crises: Integration of situational crisis communication theory and the persuasion knowledge model." *Journal of Business Ethics*, 1~20.

Ihlen, Ø, Bartlett, J, and May, S. 2011. Corporate social responsibility and communication. Ihlen, Ø, Bartlett, J, and May, S. (eds.). *The handbook of communication and corporate social responsibility* (pp. 3~22). UK: John Wiley & Sons.

Jahdi, K. and Acikdilli, G. 2009, "Marketing communications and corporate social responsibility (CSR): Marriage of convenience or shotgun wedding?" *Journal of Business Ethics*, 88(1), 103~113.

Kim, J, Kim, H. J, and Cameron, G. T. 2009. "Making nice may not matter: The interplay of crisis type, response type and crisis issue on perceived organizational responsibility." *Public Relations Review*, 35(1), 86~88.

Kim, K, Cheong, Y, and Lim, J. S. 2015. "Choosing the right message for the right cause in social cause advertising: type of social cause message, perceived company-cause fit and the persuasiveness of communication." *International Journal of Advertising*, 34(3), 473~494.

Kim, S, Kim, S.-Y, and Sung, K. 2014. "Fortune 100 companies' Facebook strategies: Corporate ability versus social responsibility." *Journal of Communication Management*, 18(4), 343~362.

Kim, S.-Y, and Park, H. 2011. "Corporate social responsibility as an organizational attractiveness for prospective public relations practitioners." *Journal of Business Ethics*, 103(4), 639~653.

Kim, S. Y, and Reber, B. H. 2008. "Public relations' place in corporate social responsibility: Practitioners define their role." *Public Relations Review*, 34(4), 337~342.

_____. 2009. "How public relations professionalism influences corporate social responsibility: A survey of practitioners." *Journalism & Mass Communication Quarterly*, 86(1), 157~174.

Kim, Y, and Kim, S.-Y. 2010. "The influence of cultural values on perceptions of corporate social responsibility: Application of the Hofstede's dimensions to Korean public relations practitioners." *Journal of Business Ethics*, 91(4), 485~500.

Kotler, P. and Lee, N. 2005. *Corporate social responsibility.* New Jersey: Wiley.

Lee, K, Oh, W.-Y, and Kim, N. 2013. "Social media for socially responsible firms: Analysis of Fortune 500's Twitter profiles and their CSR/CSIR ratings." *Journal of Business Ethics*, 118(4), 791~806.

Lee, S. Y. 2016. "How can companies succeed in forming CSR reputation?" *Corporate Communications: An International Journal*, 21(4), 435~449.

Lee, S. Y. and Carroll, C. 2011. "The emergence, variation, and evolution of CSR in the public sphere, 1980–2004: The exposure of firms to public debate." *Journal of Business Ethics*, 104(1), 115~131.

Lee, S. Y, and Chung, S. 2018. "Effects of emotional visuals and company–cause fit on memory of CSR information." *Public Relations Review*, 44(3), 353~362.

Lee, T. H. 2017. "The status of corporate social responsibility research in public relations: A content analysis of published articles in eleven scholarly journals from 1980 to 2015." *Public Relations Review*, 43(1), 211~218.

Leonidas C. Leonidou, Constantinos N. Leonidou, Dayananda Palihawadana, and Magnus Hultman. 2011. "Evaluating the green advertising practices of international firms: a trend analysis." *International Marketing Review*, 28(1), 6~33.

Lockett, A, Moon, J, and Visser, W. 2006. "Corporate social responsibility in management research: Focus, nature, salience and sources of influence." *Journal of Management Studies*, 43(1), 115~136.

Matthes, J, and Wonneberger, A. 2014. "The Skeptical Green Consumer Revisited: Testing the Relationship Between Green Consumerism and Skepticism Toward Advertising." *Journal Of Advertising*, 43(2), 115~127.

Mögele, B, and Tropp, J. 2010. "The emergence of CSR as an advertising topic: A longitudinal study of german CSR advertisements." *Journal of Marketing Communications*, 16(3), 163~181.

Perks, K. J, F. Farache, P. Shukla, and A. Berry. 2013. "Communicating responsibility practicing irresponsibility in CSR advertisements." *Journal of Business Research*, 66(10) 1881~1888.

Pohl, M, 2006. "Corporate Culture and CSR – How They Interrelate and Consequences for Successful Implementation," in J. Hennigfeld, M. Pohl and N. Tolhurst (eds.). *The ICCA Handbook on Corporate Social Responsibility*(John Wiley & Sons Ltd, West Sussex, UK), pp. 47~59.

Rim, H, and Kim, S. 2016. "Dimensions of corporate social responsibility (CSR) skepticism and their impacts on public evaluations toward CSR." *Journal of Public Relations Research*, 28(5-6), 248~267.

Rim, H. and Song, D. 2013. "The ability of corporate blog communication to enhance CSR effectiveness: The role of prior company reputation and blog responsiveness." *International Journal of Strategic Communication*, 7(3), 165~185.

_____. 2016. "How negative becomes less negative: Understanding the effects of comment valence and response sidedness in social media." *Journal of Communication*, 66(3), 475~495.

Royne, M. B, Martinez, J, Oakley, J, and Fox, A. K. 2012. "The effectiveness of benefit type and price endings in green advertising." *Journal Of Advertising*, 41(4), 85~102.

Schwartz, M. S. and Carroll, A. B. 2003. "Corporate social responsibility: A three-domain approach." *Business Ethics Quarterly*, 13(4), 503-530.

Segev, S, Fernandes, J, and Hong, C. 2016. "Is your product really green? A content analysis to reassess green advertising." *Journal Of Advertising*, 45(1), 85~93.

Smith, V. and Langford, P. 2009, "Evaluating the impact of corporate social responsibility programs on consumers." *Journal of Management & Organization*, 15(1), 97~109.

Sohn, Y. J, and Lariscy, R. W. 2014. "Understanding reputational crisis: Definition, properties, and consequences." *Journal of Public Relations Research*, 26(1), 23~43.

Taylor, C. R. 2014. "Corporate social responsibility and advertising." *International Journal of Advertising*, 33(1), 11~15.

_____. 2015. "A call for more research on 'green' or environmental advertising." *International Journal of Advertising*, 34(4), 573~575.

Vanhamme, J, and Grobben, B. 2008. "Too good to be true!. the effectiveness of CSR history in countering negative publicity." *Journal of Business Ethics*, 85(2), 273.

Öberseder, M, Schlegelmilch, B, and Gruber, V. 2011. "Why don't consumers care about CSR?: A qualitative study exploring the role of CSR in consumption decisions." *Journal of Business Ethics*, 104(4), 449~460.

11

위험과 위기 커뮤니케이션

김효정

1. 들어가며

위험 커뮤니케이션(risk communication)과 위기 커뮤니케이션(crisis communi-cation)은 둘 다 심각한 결과를 가져올 수 있는 부정적 사건에 대한 정보의 전달을 다룬다는 점에서 공통점을 가진다. 일련의 학자들은 위험 커뮤니케이션을 위기 커뮤니케이션에 선행하는 개념으로 보는 반면, 또 다른 학자들은 위기 커뮤니케이션을 위험 커뮤니케이션에 속하는 한 분야로 보기도 한다. 그러나 위험 커뮤니케이션과 위기 커뮤니케이션의 공통적 속성으로 인해서 두 용어를 혼용하거나 기계적으로 연결하고자 하는 이러한 시도는 종종 불가피한 혼란을 야기한다. 사실 두 연구는 서로 다른 학문 영역에서 고유한 목적과 초점을 가지고 발달되어왔다는 점에서, 각자 독립적인 분야로 보는 것이 더 타당할 것이다.

위험 커뮤니케이션과 위기 커뮤니케이션 간의 이러한 관계는 2절 「개념의 정의와 기원」에서 보다 자세히 설명하기로 한다. 2절 이후에는 위험 커뮤니케이션과 위기 커뮤니케이션을 분리하여, 각 분야에서 어떠한 이론과 모형들이 발전되어왔는지 국내외 관련 문헌과 함께 소개하고(3절), 기존 문헌의 한계와 향후 연구를 위한 제언(4절)을 제시한다.

2. 개념의 정의와 기원

1) 위험 커뮤니케이션(risk communication)

위험 커뮤니케이션은 개인 혹은 공동체에 위해(harms)를 가할 수 있는 위험에 대한 정보를 교환하는 과정을 지칭한다. 여기에서 '위험'이란 개인의 질병에서부터 자동차 사고, 미세먼지, 식중독, 전염병유행, 환경호르몬, 자연재해, 재정위기, 대형 사고와 같이, 우리가 사는 세상에 존재하는 수없이 많은 위험요소(hazard), 혹은 그런 부정적 사건이 발생할 위험가능성(risk)을 의미한다. 따라서 위험 커뮤니케이션이라는 분야는 건강보건, 안전, 과학기술, 환경 등 매우 광범위한 주제와 컨텍스트를 포함하는 연구 분야로 확장되어왔다.

위험 커뮤니케이션이라는 용어가 정확히 어떤 분야에서 시작되었는지는 학자마다 의견이 다르지만, 위험 커뮤니케이션 연구가 1980년대부터 본격적으로 진행되었다는 것에는 대부분의 학자들이 동의하고 있다. 1979년 미국 쓰리마일 아일랜드(Three Miles Island) 원전에서 일어난 사고에 이어 1980년 중반 미국 내 대규모 화학 사고들이 발생하면서, 미국의회와 정부기관들을 중심으로 위험 커뮤니케이션을 위한 법적·행정적 노력이 활발하게 일어났다(Palenchar, 2008). 구체적으로, 해당시설 근처에 사는 지역주민들의 알 권리를 보장하고, 비상 시 대응커뮤니케이션을 조직적으로 준비하기 위한 법률과 규정이 제정되었다. 한편, 일반인들에게 특정 위험에 대한 정보를 제공하기 위한 체계들이 이렇게 구축되면서, 전문가들과는 다른 방식으로 위험을 인식하는 일반인들의 심리적 기제에 대한 연구들이 시작되었다. 시카고대학 심리학과 교수였던 슬로빅(Slovic)과 함께, 피쇼프(Fischhoff), 리히텐슈타인(Lichtenstein), 카스퍼슨(Kasperson) 등이 초기 위험 커뮤니케이션의 대표적인 연구자들이다. 예를 들어 이들의 초기 연구(Fischhoff et al., 1978; Slovic, Fischhoff and Lichtenstein, 1980)는 여러 기술(자동차, 항공, 전기, 원자력, 대규모 건설 등)이나 물질(농약, 술, 항생제 등), 활동(흡연, 수술, 총기사용, 범죄, 테러 등)에 대해 전문가 및 일반인들에게 추정사망률이나 위험 정도 등을 판단하게 함으로써, 일반인들의 위험 인식이 개인의 배경 및 인지된 위험의 속성(익숙함, 자발성, 노출 정도 등)에 따라 주관적으로 결정됨을 실증했다. 개인들의 위험 인식을 계량화하고 위험 인식에 영향을 미치는 여러 요인들을 탐색한 이러한 초기 연구들은 향후 위험 커뮤니케이션 연구에 많은 영향을 끼쳤다. 피쇼프(Fischhoff, 1995)는 위험 커뮤니케이션 연구와 실무의 발달 과정을 다음의 7단계로 나누어 설명했다. ① 정확한 수치를 제시함, ② 수치의 의미를 공중에게 전달함, ③ 수치의 의미를 공중에게 설명함, ④ 기존에 알려진 유사한 위험들과 비교하여 설명함, ⑤ 위험의 편익과 비용을 비교하여 설명함, ⑥ 공중을 존중하며 대함, ⑦ 공중을 위험 커뮤니케이션의 정당한 파트너로 인정함, ⑧ 이상의 모든 것을 수행함(Sheppard, Janoske and Liu, 2012에서 재인용).

피쇼프의 이러한 설명은, 전문가 중심의 정보전달에서 공중의 위험 인식을 고려하여 소통하는 방식으로 진화해온 위험 커뮤니케이션의 발전 과정을 적절히 보여준다. 즉 사고가 일어날 확률과 예측되는 결과를 전문가가 객관적인 수치로 계산하여 일방적으로 전달하는 것이 초기 위험 커뮤니케이션의 방식이었다면, 이제는 사고 가능성에 대한 공중의 인지적 인식과 감정적 반응을 고려하여 위험 커뮤니케이션을 계획하는 양방향 소통 모형을 지향한다고 할 수 있다.

2) 비상위험 커뮤니케이션(emergency risk communication)

위험 커뮤니케이션과 위기 커뮤니케이션이 종종 합쳐지거나 혼용되는 이유는, 초기 위험 커뮤니케이션이 비상위험 대응분야에서 활발하게 연구되었기 때문이라고 할 수 있다. 앞서 기술되었듯이 초기 위험 커뮤니케이션 연구는, 1980년대에 들어 원자력발전소나 화학공장, 산업시설 등에서 발생 가능한 사고에 대한 준비와 대응 분야에서 시작되었다. 그렇기 때문에 종종 위기와 재난과 같은 비상사건 발생 시 공중과 어떻게 효과적으로 소통할 것인가 하는 문제에 초점을 맞추었다. '비상사건'의 범위가 자연재해, 전염병 유행, 테러 발생, 식중독 발생, 제품조작 사건 등 다양한 범위로 확대되면서, 위기 커뮤니케이션과 비상위험 커뮤니케이션이 함께 논의되거나 연구되기 시작했다. 즉, 이러한 관점에서의 '위기'란 갑작스러운 사건의 발생으로 인해 위험이 급속히 증폭된 모든 상황을 포함한다. 한편, 실무적 관점에서 효과적인 비상위험 커뮤니케이션을 위한 가이드라인을 제안한 모형들도 있는데, 대표적인 것이 IDEA 모형과 CERC 모형이다. 먼저, 셀노와 셀노(Sellnow and Sellnow, 2014)가 제안한 IDEA (Internalization, Distribution, Explanation, and Action) 모형은, 긴급위험상황에서 공중의 감정적, 인지적 반응과 행동을 이끌어내기 위한 네 가지 요소[내재화 (Internalization) - 설명(Explanation) - 행동(Action) - 배포(Distribution)]를 중심으로, 효과적인 메시지를 개발하기 위해 고려해야 하는 일련의 요인들을 정리하여 제안한다. 한편, CERC(Crisis and Emergency Risk Communication) 모형은, 긴급위험상황을 5단계[위험(risk) - 분출(eruption) - 처리(clean-up) - 회복(recovery) - 평가(evaluation)]로 나누어, 각 단계별 커뮤니케이션을 위한 가이드라인을 제시한다(Reynolds and Seeger, 2005). 특히 CERC 모형은 비상위험상황 대처 및 커뮤니케이션을 위한 통합적 프레임워크로서, 미국 질병통제예방센터(CDC) 등 기관 실무자들에 의해 활용되고 있다.

3) 위기 커뮤니케이션(crisis communication)

한편 이와는 별개로, 조직커뮤니케이션/PR 분야를 중심으로 하는 위기 커뮤니케이션 연구가 독립적으로 발달하였다. 쿰스(Coombs, 2015)는 산업재해나 허리케인과 같은 '재난(disaster)'과 '조직의 위기(organizational crisis)'를 극복하기 위한 노력 간에 공통부분이 존재하는 것은 사실이지만, 두 개념을 구분할 필요가 있다고 주장한다. '재난'이란 갑자기 발생하고, 체계의 일과(routine)에 심각한 지장을 초래하며 가치와 사회적 목표를 위태롭게 하는 사건(Quarantelli, 2005)으로, 다수의 정부 부처의 대응을 요구한다. 반면, 쿰스(Coombs, 2015)에 따르면, '위기'란 "어떤 예측할 수 없는 사건이 건강, 안전, 환경, 경제 이슈와 관련된 이해관계자들의 중요한 기대를 위협하며 조직의 성과에 심각한 영향을 미쳐 부정적인 결과를 초래할 수 있다는 지각을 하는 것"이다. 이러한 쿰스의 정의는, 위기 커뮤니케이션이 위험 커뮤니케이션에 비해서 보다 조직에 초점에 맞춘 개념임을 보여준다. 즉, 위기관리(crisis management)란 위기의 부정적인 결과를 막거나 줄임으로써 조직과 이해관계자들을 피해로부터 보호하는 것이며, 이러한 위기관리의 4단계[예방(prevention) - 대비(preparation) - 대응 및 회복(response and recovery) - 수정(revision)]에 걸쳐 수행되는 일련의 소통 과정을 통틀어 위기 커뮤니케이션이라고 보는 것이 적절하다(Coombs, 2015).

이러한 관점에서 보자면, 태풍이나 지진과 같은 재난 상황에 대해서는 − 위기 커뮤니케이션이라는 용어보다는 − 재난관리커뮤니케이션이나 비상위험 커뮤니케이션을 사용하는 것이 더 적절하다고 하겠다. 비상위험 커뮤니케이션 분야의 경우, 학술적 차원의 이론들이 발전되기보다는 주로 실무적 차원의 가이드라인을 체계화하는 모형들이 제안되었다. 앞서 소개된 CERC 모형(Reynolds and Seeger, 2005)이나 IDEA 모형(Sellnow and Sellnow, 2014) 등이 그 예이다. 이어지는 3절에서는, 일반적인 위험 커뮤니케이션 분야와, 조직에 초점을 둔 위기 커뮤니케이션 분야를 중심으로 대표 이론들과 관련 문헌을 소개하기로 한다.

3. 대표 이론들과 관련 문헌 고찰

1) 위험 커뮤니케이션 이론

(1) 감정 휴리스틱(affect heuristic)
앞서 논의했듯이 위험 커뮤니케이션 초기 연구는 개인의 위험 인식에 대한 심리적 구조 및 형성 기제를 탐색했다. 초기 연구자들 중 한 명인 슬로빅과 동료들은 위험 인식에 대한 초기연구를 확장하여 감정 휴리스틱이라는 개념을 제안했다(Slovic et al., 2004; Slovic and Peters, 2006). 이들에 따르면, 개인이 위험 관련 판단 혹은 결정을 내릴 때는 두 가지 접근법을 사용한다. 첫 번째는 경험적(experiential) 접근인데, 이는 개인이 과거의 경험이나 인상적인 잔상, 기억 등에서 비롯된 (긍정적 혹은 부정적) 감정적 단서들을 기반으로 위험 판단을 내리는 것이다. 두 번째는 분석적(analytical) 접근으로서, 개인이 객관적으로 분석한 위험정보를 기반으로 위험 판단을 내리는 것이다. 감정 휴리스틱 연구들에 따르면, 사람들이 위험과 관련된 판단을 내릴 때 분석적 접근보다는 경험적 접근을 더 많이 사용하는 경향이 있다(Slovic et al., 2004). 예를 들어, 테러리즘에 대해 논의할 경우 대다수의 미국인들은 2001년 9월 11일 세계무역센터가 테러당한 장면을 떠올릴 것이다. 테러리즘이 그들의 실제 삶에 영향을 끼칠 확률을 이성적으로 분석하기보다는 말이다(Sheppard, Janoske and Liu, 2012). 또한 슬로빅 외(Slovic et al., 2004)의 연구에 따르면, 유아 예방접종의 긍정적인 편익에 대한 정보를 받은 사람들이 예방접종의 위험을 더 낮게 판단하는 경향이 있었다. 역으로 예방접종의 위험성에 대한 정보를 받은 경우, 사람들은 예방접종의 편익을 낮게 판단하는 경향이 있었다.

위험에 대한 감정 휴리스틱 연구를 기반으로, 일련의 연구자들은 효과적인 위험 커뮤니케이션을 위한 실무적 함의들을 모색했다. 예를 들어, 사람들은 기억이 잘 나지 않는 위험보다는 기억이 잘 나는 위험에 대해 보다 잘 대비하는 경향이 있다(Siegrist and Gutscher, 2006). 켈러 외(Keller, Siegrist and Gutscher, 2006)는 자연재해에 대한 직접적인 경험이 적은 지역 주민들을 대상으로 재난 대비커뮤니케이션을 해야 할 경우, 부정적인 감정을 유발하는 것이 효과적이라고 주장했다. 또한 불확실한 사건의 가능성에 대해 논의할 때는 확률보다는 빈도(Gierenzer and Hoffrage, 1995)를 사용하고, 낮은 확률의 사건(테러 공격)의 경우에는 보다 빈번하게 일어나는 익숙한 사건(예: 자동차 사고)과 비교하여 설명하는 것이 효과적이다(Johnson, 2004, Sheppard, Janoske and Liu, 2012에서 재인용). 국내에서 감정 휴리스틱을 기반으로 한 위험 커뮤니케이션 연구는 매우 제한적이다. 이현주와 이영애(2007)는 개인들이 과학기술(원자력발전소, 체세포 복제기술, 나노기술)에 대한 전반적인 감정에 따라 해당 기술을 더 유익하거나 더 위험하게 지각한다는 것을 확인하였다. 이와 유사하게, 김서용과 김근식(2007)은 원전 주변지역 주민들이 가진 경험적 감정이 위험, 편익, 수용성에 유의미한 영향을 미치는 것을 밝혔다. 이처럼 기존의 국내 연구들은 제한적인 주제들에 대해 감정 휴리스틱과 위험 인식, 편익 판단의 관계를 주로 분석하였다, 향후 연구들은 보다 다양한 위험 대상들에 대한 공중들의 감정 휴리스틱을 분석하고, 이를 기반으로 실제 위험 커뮤니케이션과 메시지 개발을 위한 실무적 함의를 도출하는 데까지 확장될 필요가 있다.

(2) 병행과정 확장모형(extended parallel process model: EPPM)

감정 휴리스틱이 특정 위험에 대한 부정적 감정을 유발함으로써 공중의 위험 인식과 행동에 영향을 미칠 수 있다고 본다면, 병행과정 확장모형(EPPM)은 공포 소구 메시지가 실제로 성공하기 위해서는 두 가지 조건, ① 인지된 위협(perceived threats)과 ② 인지된 효능감(perceived efficacy)이 모두 충족되어야 한다고 주장한다(Witte, 1992). 여기에서 인지된 위협이란, 위험 이슈의 결과가 매우 심각하고(perceived severity), 수용자 자신이 실제로 그 위험에 취약하다고 (perceived susceptibility) 지각하는 것이다. 한편 인지된 효능감은, 메시지의 권고를 따랐을 때 실제 위협을 피할 수 있을 것이라 느끼는 메시지 효능감(message efficacy)과 메시지의 권고를 수용자 자신이 수행해낼 수 있으리라 믿는 자기 효능감(self efficacy)으로 구성된다(Witte, 1992). 예를 들어 피부암으로 인해 심하게 손상된 피부 사진을 보여주면서 자외선 차단제 사용을 권고하는 메시지가 주어졌을 때, 피부암에 대해 인지된 위협의 수준이 낮다면 수용자의 행동에는 별 변화가 없을 것이다(무반응: no response). 또한 피부암의 심각성과 자신의 취약성을 높게 느꼈다고 하더라도 자외선 차단제의 실제 효과나 수용자 자신의 능력에 대한 인식이 낮다면, 위협 자체를 통제하기보다는 메시지 처리 자체를 회피함으로써 자신의 공포감을 통제하려고 할 것이다(공포통제: fear control). 즉, 인지된 위협과 효능감의 수준이 둘 다 중간 정도거나 높을 경우에만, 수용자는 위험 정보를 적극적으로 처리하고 수용하며(위험통제: danger control) 위험예방행동에 대한 의도가 높아질 것이다.

EPPM은 AIDS/HIV, 유방암, 피부암, 심장 질환, 신종 플루, 흡연, 다이어트, 운동, 성병 예방, 수막염, 우울증 등 다양한 위험 분야에서 연구되어왔다. 또한 건강보건 분야를 넘어서 전자기장과 같은 불확실한 위험(McMahan, Witte and Meyer, 1998), 자연재해나 방사능폭탄 테러와 같은 비상위험 상황(Barnett et al., 2014), 기후변화(Hart and Feldman, 2014) 등 보다 넓은 범위로 확장되어 연구되고 있다. 국내에서는 일련의 연구자들이 주로 건강보건 분야에서 EPPM을 적용하여 건강 행동 의도에 미치는 요인들을 분석해왔다. 메르스(유성신·박현선·진범섭, 2016), 금연(전승우 외, 2016), 정신건강(박시은·최수정·정세훈, 2016), HIV 감염예방행동(전소연, 2015), 폭음예방(차동필, 2015) 등이 그 사례이다.

한편, EPPM을 주된 이론적 틀로 사용하지는 않았지만, 그 주요 변수인 공포와 효능감 간의 관계를 분석한 연구들도 다수 있다. 향후 국내 EPPM 연구는 건강보건 분야에서 더 나아가 다양한 위험 이슈로 확장될 필요가 있다. 한편, 2000년 발표된 메타분석(Witte and Allen, 2000) 결과, EPPM의 네 가지 주요 변수(심각성 인식, 취약성 인식, 메시지 효능감, 자기 효능감)가 각각 유의미한 설득력을 갖는 것으로 나타났지만, 인지된 위협과 인지된 효능감 사이의 상호 작용에 대한 결과는 유의미하지 않았다. 이는 보다 최근에 발표된 메타분석(de Hoog, Stroebe and de Wit, 2007)의 결과와도 유사하다. 그러므로 향후 EPPM 연구는 공포통제와 위험통제 간의 결정을 좌우하는 메커니즘에 대해 보다 정교히 접근할 필요가 있다. 또한 개인의 특성차이(차동필, 2005)나, 배경 지식의 수준, 신뢰 변수(유성신·박현선·진범섭, 2016), 공포 외의 감정적 반응(So, 2013) 등 주요한 조절 변수들을 탐색하여 추가, 분석한다면 모형의 설명력을 한층 더 강화할 수 있을 것이다.

(3) 위험 정보 탐색처리 모형(risk information seeking and processing model: RISP Model)

위험 커뮤니케이션의 주요 분야 중 하나는, 개인이 위험 관련 결정을 내림에 있어 위험 정보를 어떻게 추구하고 처리하는가에 대한 연구이다(McComas, 2006). 불확실한 잠재적 위험에 대해 위협을 느끼는 개인에게 관련 정보를 얻고 이해하는 것은 매우 중요하다. 그러므로 여러 학문분야에서, 개인이 위험 관련 정보에 접근하기 위해 어떠한 채널을 이용하는지, 그리고 이러한 정보 행동을 장려하거나 억제하는 요인들은 무엇인지를 탐색하는 연구들이 수행되었다(Wilson, 1997). 그중에서 가장 널리 알려진 모형은 그리핀, 던우디, 뉴워스(Griffin, Dunwoody and Neuwirth, 1999)가 제안한 위험 정보 탐색처리(RISP) 모형이다. RISP 모형은 개인의 위험 정보 탐색과 처리 과정에 영향을 미치는 다양한 사회적, 심리적, 커뮤니케이션 요인들을 체계화했다. 이 모형에 의하면, 공중의 정보 행동을 예측할 수 있는 중요 요인들로는 개인적 특징(관련 경험, 가치, 인지 욕구, 인구통계학적/사회문화적 요인 등), 정보불충분 인식, 위험 인식, 위험 인식에 의해 발생된 감정적 반응, 주관적 규범(다른 사람들이 나의 정보 수준에 대해 가지는 기대에 대한 인식), 위험 정보를 습득할 수 있는 커뮤니케이션 채널에 대한 인식 등이 있다(그림 11-1). 여기에서 정보불충분 인식(information insufficiency)이란, 어떤 위험에 대해서 적절히 대처하기 위해서 필요한 정보 양과, 현재 자

그림 11-1 • 위험 정보 탐색처리(RISP) 모형

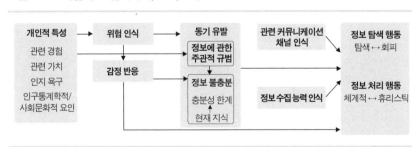

자료: Adapted from Griffin et al.(2012).

신이 실제 알고 있는 정보 양 간 차이를 가리킨다. 이러한 정보불충분 인식은 특정 위험 이슈에 대한 감정적 반응과 위험정보에 대한 주관적 규범(informational subjective norms: ISN)에 영향을 받는다.

RISP 모형에 의하면, 개인이 스스로 가진 정보가 불충분하다고 느낄 때, 적극적으로 정보를 추구하고 주어진 정보에 대해서 체계적으로 처리하는 경향이 있다. 반면에 자신이 가진 정보가 충분하다고 인식할 경우에는, 관련 위험정보를 회피하거나 주어진 정보에 대해서 휴리스틱한 경로를 사용하여 처리한다 (Kahlor et al., 2003). 즉, 개인의 정보불충분에 대한 인식이, 위험정보의 추구와 처리 방식을 결정하는 중요한 동인이라는 것이 이 모형의 핵심이다. 한편, 이러한 변수 간 관계를 조절하는 주요 요인으로 ① 관련 정보채널 인식(relevant channel belief: RCB)과 ② 정보수집능력 인식(perceived information gathering capacity: PIGC)이 있다. 즉, 내가 필요로 하는 정보를 특정 채널이 제공할 것이라는 믿음과, 필요한 정보를 수집하고 이해할 능력이 나에게 있는가 하는 믿음이, 나의 위험 정보 탐색 및 처리 방식에 영향을 미친다는 것이다.

RISP 모형은 홍수, 지구온난화, 산업재해위험, 건강위험, 암 임상실험, H1N1 예방접종, 기후변화 등 다양한 분야에서 검증되어왔다(Yang, Aloe Feeley, 2014). 모형에 포함된 변수들을 보자면, 감정 휴리스틱의 주요 요인들, EPPM의 효능감 요인, 계획된 행동이론(Theory of Planned Behavior)(Ajzen, 1991)의 주관적 규범 인식 등, 여러 이론의 주요 변수들이 통합되어 있음을 알 수 있다. 즉, RISP 모형은 공중이 위험에 대해 무엇을 인지하고 위험 정보에 관련해서 어떠한 행동을 취하는가를 설명·예측하는 통합 모형을 제공한다.

최근 양, 알로에와 필리(Yang, Aloe and Feeley, 2014)는 1999년 이후 RISP 모형을 다룬 총 97개의 논문 중에서 실제 모형을 검증한 15개의 연구 결과를 분석했으며, 그 결과 개인의 위험 정보 탐색 및 처리 과정을 이해하는 데 이 모형이 뛰어난 설명력을 가진다는 점을 실증했다. 특히 ① 특정 위험 이슈에 대한 현재 지식 수준과, ② 위험정보에 대한 주관적 규범이라는 두 변수가 가장 강력한 설명 변수임을 발견했다. RISP 모형을 종합적으로 검증한 국내 연구는 허서현과 김영욱(2015), 서미혜(2016)가 있다. 허서현과 김영욱(2015)은 다른 두 가지 위험 이슈(불산 유출과 태풍)에 대해, RISP 모형 변수의 인과성 차이를 검증 했다. 서미혜(2016)는 2015년 메르스 유행 당시 개인의 관련 위험 정보 탐색 및 처리에 영향을 미치는 요인들을 중심으로 RISP 모형의 타당성을 검증하였으 며, 나아가 SNS 사용량에 따른 조절효과도 확인하였다. 이처럼 RISP 모형을 검 증한 국내 연구는 최근부터 수행되기 시작했으며, 연구의 분야와 양은 아직 제 한적이라고 할 수 있다. 향후 연구는 다양한 분야, 특히 위험 관련 정보의 습득 이 특히 중요한 위험 분야(예: 산업재해 위험, 비상위험 대응)를 중심으로 RISP 모 형을 적용, 분석하고, 분석 결과를 기반으로 효과적인 위험 커뮤니케이션 개발 을 위한 실무적 함의를 도출할 필요가 있다. 또한 향후 연구는 공중이 습득한 정보를 다른 사람들에게 전달하고자 하는 동기적 요인을 분석할 필요가 있다. 위험정보의 전달 행위에 대한 연구는 인터넷과 SNS의 발달로 개인 간 정보공 유가 활발해진 요즘 더욱 중요한 함의를 가진다. 개인적으로 습득한 위험 관련 정보를 자발적으로 다른 사람들에게 전달하는 정보제공행동의 작동 기제를 검 증한다면, 이 모형의 이론적·실무적 함의를 한 단계 더 확장할 수 있을 것이다.

(4) 위험 커뮤니케이션 인식모형(mental models approach to risk communication: MMARC)

인식모형 연구자들은 어떤 개념에 대한 사람들의 인식이 개인의 경험과 외 부로부터 주어진 많은 정보의 복잡한 그물망과 같다고 설명한다(Jones et al., 2011). 이러한 '정보망', 즉 인식모형(mental model)은 항상 정확한 정보를 기반 으로 하는 것은 아니며, 개인의 가치와 경험, 때로는 왜곡된 가정과 불확실한 인식들이 뒤섞여 있을 수 있다(Hagemann and Scholderer, 2009). 위험 커뮤니케 이션에 대한 인식모형적 접근(MMARC)은 전문가들의 위험 인식과 일반인들의 위험 인식 간의 차이를 파악하고, 그것을 기반으로 효과적인 위험 커뮤니케이 션을 개발하여 공중의 위험 인식모형의 정확도를 높이고 위험판단을 개선하고 자 한다.

그림 11-2 ● 위험 커뮤니케이션 인식모형

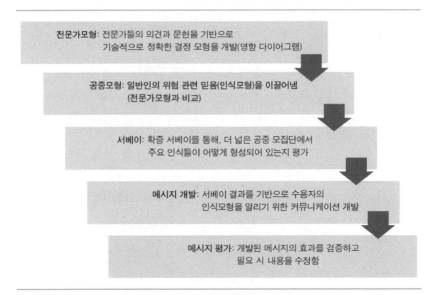

자료: Adapted from Morgan et al. (2002); Boase et al. (2017).

모건과 동료들(Morgan et al., 2002)은 구체적으로 다섯 단계를 제안했다. ① 특정 위험 이슈와 관련된 전문가들과 문헌을 참고하여 과학적이고 기술적인 전문가모형(expert model)을 정리, ② 인터뷰를 통해 일반인들의 인식모형(public model)을 도출한 후, 전문가모형과 비교, ③ 목표공중집단을 대상으로 확증 서베이를 실시함으로써 앞서 2단계에서 도출된 주요인식, 특히 왜곡된 인식들이 얼마나 퍼져 있는지 확인, ④ 서베이 결과를 기반으로, 공중의 인식모형을 개선하기 위한 메시지 초안 개발, ⑤ 개발한 메시지의 효과를 검증하고 수정(그림 11-2 참조). 1990년대에 개발된 MMARC는 건강(HIV, 성매개질환), 기술(유전자 변형작물(GMO), 에너지기술, 전자기장, 원자력에너지), 환경(홍수, 화재, 라돈, 일산화탄소) 등 다양한 분야에서 적용되어왔다(Boase et al., 2017). 국내에서 인식모형을 사용한 위험 커뮤니케이션 연구는 매우 제한적이다. 최근 김영욱 외(2016)가 인식모형을 기반으로 미세먼지 위험에 대한 전문가와 일반인 간의 인식차이를 분석했는데, 일반인들이 미세먼지에 대해 갖고 있는 인식모형이 파편화되고 피상적임을 확인했다. 한편, 보스트롬 외(Bostrom et al., 1994)는 MMARC가 이론적인 기반 위에서 발전했으며, MMARC의 실제 효과를 검증하는 실증 연구들이 계속 수행되어야 한다고 주장했다. 최근 보아스 외(Boase et al., 2017)는 MMARC를 이론적 틀로 사용한 100여 개의 문헌을 찾았다. 그중 12개의 연구가 실제 인식모형의 가이드라인을 사용하여 제작된 위험 메시지의 효과를 검증했는데, 통제 조건의 메시지와 비교했을 때 모두 수용자의 지식, 태도, 행동 의도 등의 결과 변수에서 효과를 발견하였다.

기존 문헌에서 보듯이, 위험 커뮤니케이션 인식모형은 전문가와 공중 간의 인식 차이를 분석하지만, 전문가의 지식을 전달함으로써 일반인을 교육시킨다는 일방적 커뮤니케이션을 강조하는 것은 아니다. 오히려 다양한 공중집단의 인식 수준을 명확히 이해함으로써 보다 효과적인 커뮤니케이션을 개발하는 것에 초점을 맞춘다. 즉 목표공중집단의 상황과 필요를 고려하여 그 집단에 가장 적합한 위험 메시지 내용과 형식 등을 설계할 것을 제안한다는 점에서, 쌍방향 이해와 소통을 통한 위험 커뮤니케이션을 강조하는 모형이라고 볼 수 있다.

(5) 위험의 사회적 확산 이론(social amplification of risk framework: SARF)

앞에 소개된 이론들이 주로 개인 차원에서의 위험 커뮤니케이션을 연구했다면, 위험의 사회적 확산 이론(SARF)은 보다 넓은 사회적 맥락에서, 위험 혹은 위험 인식이 어떻게 구성되고 확산되는지에 주목한다. 카스퍼슨과 동료들(Kasperson et al., 1988)에 의하면, 어떤 위험 사안에 대해서 사회 내 많은 개인들과, 조직, 기관, 공동체, 미디어 등이 상호 작용을 하면서 그 위험을 확산 혹은 감소시킨다. 이러한 과정은 ① 위험정보전달 메커니즘과 ② 사회의 반응 메커니즘의 두 단계로 구성된다. 먼저 어떤 위험에 대한 이슈가 떠오르면, 뉴스미디어나 다양한 조직과 기관, 시민단체, 개인들 간의 네트워크 등이 확산원(amplification stations)이 되면서, 여러 위험정보가 전달·해석·확산된다. 그리고 이렇게 확산된 정보에 대해 사람들이 반응하면서 관련 행동들을 하게 되고, 이러한 행동들 자체가 2차 반응을 다시 이끌어내는 물결효과(ripple effects)를 일으킨다(Kasperson et al., 1988). 예를 들어 2009년 미국에서 신종 플루(H1N1)가 유행하면서 뉴스 미디어의 반복적인 보도, 개인 네트워크와 인터넷을 통한 정보의 공유 등을 통해 사회적으로 위험 인식이 확산되었다. 그에 대한 사회의 1차적 반응(미디어 보도 증가, 진단검사 증가, 휴교 청원 등)은, 사람들이 더 큰 공포를 갖게 되는 2차, 3차 반응을 이끌어냈다. 위험의 사회적 확산은 종종 표식화(marking) 과정을 통해 낙인화(stigmatization)로 이어진다. 표식화란, 특정한 위험 속성에 대해 부정적 이미지를 만들고 다른 대상과 연결시켜 이름(예: 돼지독감)을 붙이는 것을 뜻하며(김영욱, 2014), 낙인(stigma)이란 특정 대상에 고착된 부정적 이미지를 뜻한다. 김영욱(2014)에 의하면, 후쿠시마 지역, 광우병, 화학물질, 원자력, 고압선 등이 위험의 사회 확산을 통해 낙인화되었다고 할 수 있다.

위험의 사회적 확산 이론(SARF)은 전문가들이 평가하는 객관적 위험 수준과는 다르게 사회 내에서 증폭 혹은 감소되는 주관적/사회적 위험의 형성 과정에 주목한다. SARF는 인지심리학적 접근(예: 개인의 감정 휴리스틱)이나 문화이론(예: 그리드-그룹 이론)(Douglas, 1985)[1] 등만으로는 위험 인식 형성 과정을 설명하기 어렵다고 주장한다(Kasperson et. al., 1988). 즉 개인의 심리적 구조, 다양한 사회원들(social agents)과의 상호 작용, 사회적 맥락, 정치, 경제, 문화적 영향 등 여러 요인이 복합적으로 위험 인식과 행동에 영향을 미친다는 것이다.

카스퍼슨 외(Kasperson et al., 2003)와 피존과 헨우드(Pidgeon and Henwood, 2010)에 따르면, SARF는 1988년 처음 제안된 이후로 다양한 분야(광우병과 식품

1　인류학자인 더글라스(Douglas)가 제안한 그리드-그룹 문화이론(grid-group cultural theory)에 의하면, 사회에는 두 가지 속성, 그리드(위계의 정도)와 그룹(집단성의 정도)에 따라 서열주의(hierarchy), 평등주의(egalitarianism), 개인주의(individualism), 운명주의(fatalism)의 네 가지 문화적 유형 혹은 관점이 형성된다. 그리고 개인이 이 중에서 어떤 문화적 유형에 속했느냐에 따라, 위험을 바라보는 인식이나 관련 행동이 달라진다(Douglas, 1985). 이 이론은 위험 인식에 대한 문화적 해석을 가능하게 했다는 점에서 의미가 있지만, 지나친 단순화와 정태적 관점으로 인해 비판받기도 한다(Lupton, 2013). 이론에 대한 자세한 설명은 Mamadouh(1999)를 참조.

안전, AIDS/HIV, Y2K, 원자력, 전자기장, 방사능, 폐기물 소각장, 유전자 변형식품 등) 의 위험 커뮤니케이션 연구에서 이론적 틀로 사용되었다. 그 외에도 지진이나 허리케인 등의 자연재해(Miles and Morse, 2007), 지구온난화(Shakeela and Becken, 2015)나 프래킹(fracking) 기술(Thomson, 2015)과 같은 다양한 환경 이슈로까지 확장되고 있다. 국내에서도 광우병(강윤재, 2011), 터널공사(정익재, 2010), 신종 플루(정지범·채종헌, 2010), 아스팔트 방사선(김영대·박관규, 2015), 메르스(김영대, 2015) 등의 위험 이슈에 대해 SARF의 주요 변수들을 중심으로 분석했다. 방법론적으로는 특정 사례를 중심으로 위험의 사회적 확산 과정을 살펴보는 사례연구와, 일반 시민을 대상으로 한 설문조사, 인터넷 댓글의 내용과 빈도를 분석한 내용분석연구 등이 다양하게 수행되고 있다. SARF가 다수의 변수들이 시간의 경과에 따라 상호 작용하는 과정을 다루고 있기 때문에, 모형 자체를 실증적으로 검증하는 데는 어려움이 있는 것이 사실이다. 그렇기 때문에 연구자들은 사례연구에 SARF를 개념적 분석틀로 사용하거나, SARF의 몇 주요 개념들만을 중심으로 상관관계를 검증하는 경향을 보여왔다. 앞으로 다양한 변수들 간의 관계가 실증적으로 더 분석되고, 특정 위험 이슈에 대해 여러 방법론을 사용하거나 종단적(longitudinal)으로 분석하는 후속 연구들이 쌓이면서, SARF의 이론적 설명력이 강화될 것이다. 또한, 위험이 사회 안에서 과도하게 확산 혹은 축소되면서 야기되는 불필요한 혼란을 막기 위해 구체적으로 어떻게 위험 커뮤니케이션 메시지를 개발할 것인가에 초점을 맞추는 후속 연구들도 요구된다.

2) 위기 커뮤니케이션 이론

앞서 논의되었듯이, 위기관리란 위기의 부정적인 결과를 막거나 줄임으로써 조직과 이해관계자들을 피해로부터 보호하기 위한 경영 활동이다(Coombs, 2015). 위기 커뮤니케이션이란, 이러한 위기관리의 4단계(예방, 대비, 대응 및 회복, 수정)에 걸쳐 수행되는 소통 과정이라고 할 수 있다(Coombs, 2015). 일련의 연구자들은, 위기 커뮤니케이션 실무적 차원에서 위기관리의 모든 단계를 다루는 모형을 개발하여 제시해왔다. 예를 들어, 미트로프의 위기관리 모형(Mitroff and Anagnos, 2001)이나 카메론과 동료들(Cameron et al., 2008)이 제시한 갈등관리주기(Conflict Management Life Cycle) 모형, 핑크(Fink, 1986)의 4단계 위기관리 모형, 스털지스(Sturges, 1994)의 위기 커뮤니케이션 모형(Model of Crisis Communication Content) 등이 있다. 한편, 위기 커뮤니케이션 이론과 연구의 상당부분은 위기상황이 실제 발생한 순간과 그 이후의 대응 및 회복 단계에 초점을 맞춰왔다. 1992년부터 2011년까지 위기 커뮤니케이션 연구들을 메타분석한 논문(Ha and Riffe, 2015)에 따르면, 위기 커뮤니케이션 연구에서 주로 사용되어온 이론들은 이미지 회복(image restoration), 프레이밍, 귀인 이론(attribution), 그리고 상황위기 커뮤니케이션 이론(Situational Crisis Communication Theory: SCCT)이었다. 이 장에서는 위기 커뮤니케이션의 대표적인 두 이론적 틀을 간략히 소개한다.

(1) 이미지 회복(image restoration)

위기가 발생한 경우, 조직의 피해를 최소화하고 이미지를 회복하기 위해 어떤 전략을 사용해야 하는지 많은 학자들이 연구해왔다. 최근 아렌트와 동료들(Arendt, LaFleche and Limperopulos, 2017)은 1986년부터 2016년까지 수행된 위기대응 전략 연구들을 분석하면서, ① 아폴로지아 수사학(Apologetic rhetoric), ② 베노이트(Benoit)의 이미지 회복 전략(Image Restoration Strategies), ③ 쿰스(Coombs)의 위기대응 전략(Crisis Response strategies) 등 세 분야를 설명했다.

먼저, 수사학에서 아폴로지아(Apologia)란 '사과'를 의미하기보다는 자기방어, 변론을 위한 언어의 총체적인 사용을 의미한다(Arendt, LaFleche and Limperopulos, 2017). 이러한 관점에서 웨어와 링쿠겔(Ware and Linkugel, 1973)은 아폴로지아 수사학에서 주로 사용되는 네 가지 전략을 제시했다. ① 부인(denial): 위기사건과 관련된 어떠한 관계나 의도가 없음을 주장함, ② 강화(bolstering): 조직에게 긍정적인 사실이나 관계를 강조함, ③ 차별화(differentiation): 특정 사실이나 관계를 현재 맥락에서 분리해냄, ④ 초월(transcendence): 특정 사실이나 관계에 쏠린 관심을 더 큰 추상적 맥락으로 돌리게 함.

1990년대에 들어 베노이트(Benoit, 1995)는 기존의 아폴로지아 연구와 드라마이론 등을 통합하여, 다음과 같은 다섯 가지 유형 아래 14개의 이미지 회복 전략 목록을 개발했다. ① 부인(denial): 단순 부인, 비난 전가, ② 책임회피(evading responsibility): 희생양 만들기, 불가항력, 단순 사고로 축소, 좋은 의도, ③ 심각성 축소(reducing offensiveness of event): 입지강화, 최소화, 차별화, 초월, 비난자 공격, 보상, ④ 개선행위(corrective action): 조직 개선, ⑤ 사과(apology): 사과.

한편, 쿰스(Coombs)도 베노이트의 연구를 보완하는 일련의 위기대응 전략 목록을 제시했는데, 이는 뒤에서 자세히 설명하기로 한다.

최근 메타분석(Arendt et al., 2017)에 따르면, 이러한 위기대응 전략들은 정치, 유명인, 미디어회사, 교육기관, 정부기관, 제품 오염 및 리콜, 식중독, 기름 유출사고 등 다양한 개인/조직 위기 분야에서 연구되어왔다(구체적인 문헌 목록은 Arendt et al, 2017 참조). 국내에서는 군(軍) GP 총기사고(나재훈·윤영민, 2008), 정치인의 황제골프 파문(박태열, 2006), 개인정보 유출 사건(김지윤·성민정, 2009), 경선 부정 사건(이수범·김성학·한성준, 2012), 제주해군기지 건설(남성주·황성욱, 2013) 등의 사례들을 중심으로 조직이 구사한 이미지 회복 전략을 분석한 연구들이 있다. 이상의 연구들이 주로 내용분석과 사례연구 방법론을 사용했다면, 실험을 통해 이미지 회복 전략의 효과를 실증하고자 한 연구들도 있다. 예를 들어, 김영욱(2006)은 황우석 사건을 사례로 하여, 내용분석한 대응 전략의 효과를 언론반응 분석과 실험연구를 통해 검증했고, 이철한(2007)은 국내 담배회사의 이미지 회복 전략을 분석하고, 그 효과를 사전 사후 실험을 통해 확인했다. 요약하자면, 이미지 회복 전략 문헌의 상당수가 이미 발생한 위기 사례에서 나타난 조직들의 대응 전략을 유형화하고 평가하는 연구들이었다고 할 수 있다. 한편, 쿰스는 위기 상황에 따라 적합한 대응 전략이 따로 있다는 가정하에 특정 위기 상황에 맞는 전략들을 체계화하고자 했다. 공중의 책임성 인식이라는 변수를 중심으로 여러 위기 변수와 대응 전략을 매치함으로써 앞으로 발생할 위기에 대해 효과적인 전략들을 미리 계획하고자 한 이론이 바로 상황위기 커뮤니케이션 이론이다.

(2) 상황위기 커뮤니케이션 이론(situational crisis communication theory: SCCT)

쿰스(Coombs, 2004; 2006)는 이미지 회복, 위기대응 전략 등 기존의 위기 커뮤니케이션 문헌과 귀인 이론(attribution theory)을 결합하여 상황위기 커뮤니케이션 이론(SCCT)을 제안했다. 귀인 이론에 따르면 사람들은 타인의 행동, 혹은 외부의 사건에 대해서 원인이 무엇인지 찾으려는 경향이 있다. 그리고 그 원인이 행동 주체에게 있는지 혹은 외부에 있는지에 따라 책임의 귀속 정도가 달라진다. 이러한 귀인 이론을 기반으로, SCCT는 조직 위기의 유형에 따라 공중이 인식하는 조직의 책임 정도가 달라진다고 주장한다. 예를 들어, 사건의 원인이 조직 외부에 있는 위기 유형(예: 자연재해, 기술적 오류로 인한 사고 등)에 비해서 조직 내부에 있는 위기 유형(예: 인적 오류에 의한 사고, 의도적 위반 등)의 경우 조직에게 더 높은 위기 책임을 지운다는 것이다(Coombs, 2015). 이러한 공중의 책임성 인식(attributed responsibility)은, 그 조직이 받을 평판위협(reputation threat)의 정도를 결정한다. 조직의 평판위협 정도를 결정하는 또 다른 요인으로는 위기 전력(crisis history)과 이전 평판(prior reputation)이 있다. 즉, 어떤 조직이 과거에도 유사한 위기를 겪었던 적이 있거나 이전부터 부정적인 평판을 가지고 있었다면, 공중은 현재 위기에 대해서 그 조직에게 더 큰 책임을 돌릴 것이며, 이는 조직의 평판에 더 큰 위협이 될 것이다.

요약하자면, ① 위기 유형, ② 위기 전력, ③ 이전 평판 등에 따라 현재 위기에 대해 공중이 가지는 조직의 책임성 인식과 평판위협의 정도가 달라질 것이며, 조직은 이러한 여러 요인들을 고려하여 적합한 위기대응 전략을 선택해야 한다. SCCT가 제안한 네 가지 전략군은 다음과 같다(Coombs, 2006). ① 부인(denial) 전략: 공격, 부인, 희생양 만들기, ② 축소(diminishment) 전략: 변명하기, 정당화, ③ 재건(rebuilding) 전략: 보상, 사과, ④ 입지강화(bolstering) 전략:

상기시키기, 환심 사기, 희생양 되기. SCCT는 특정 위기 상황에 가장 잘 맞는 전략들을 추천하고, 또 여러 전략들을 어떻게 조합하여 사용할 것인지 등의 지침을 제시한다.[2]

마와 찬(Ma and Zhan, 2016)은 2015년까지 수행된 24개의 SCCT 관련 연구를 대상으로 메타분석을 실시했다. 분석 결과, 위기 책임성 인식은 해당 조직의 평판과 높은 상관관계가 있었으며, SSCT가 제안한 대응 전략들 역시 조직의 평판과 유의미한 상관관계를 보였다. 다만, SCCT의 매칭 전략 효과는 제한적으로 나타났다. 예를 들어 예방가능 위기에 대해 재건전략을 사용하는 경우보다는, 사고 위기에 대해 축소전략을 쓰는 경우가 조직 평판 보호에 더 효과적인 것으로 나타났다. 또한, 실험 참가자들의 속성(학생 대 일반인), 위기 조작물(실제 대 허구) 등에 따라 상이한 결과들을 보였다(Ma and Zhan, 2016).

국내 문헌의 경우, 2004년부터 2015년까지의 위기 커뮤니케이션 논문을 메타분석한 이현우·손영곤(2016)에 의하면, SCCT가 제안한 변수들 간 관계를 통합적으로 검증한 연구들은 아직 제한적이다. SCCT를 주된 이론적 틀로 사용하지는 않지만, 책임성 인식이나 위기 전력, 대응 전략 등 주요 변수와 추가 변수의 효과를 부분적으로 분석한 연구들도 다수 있다.[3] 한편, 위기 유형에 따른 전략 매칭의 효과에 대한 결과는 일관적이지 않다. 예를 들어 조직책임이 높은 위기에서 재건 전략을 사용하고 조직책임이 낮을 때는 부인과 같은 방어 전략을 사용하는 매칭 효과를 발견한 연구들이 있는 반면, 다른 연구들은 위기 유형과 상관없이 수용도(accommodation)가 높은 재건 전략을 사용하는 것이 효과적임을 발견했다(진하령, 2017). 이는 우리나라 고유의 문화적 특성에서 기인한 것일 수도 있고, 마와 찬(Ma and Zhan, 2016)의 메타분석에서 나타났듯이 여러 다른 조절 변수들이 작동했기 때문일 수도 있다.

국내 외 문헌의 메타분석 결과에서도 나타났듯이, 2000년대 중반부터 이론

---

2   전략과 사용 지침에 대한 자세한 설명은 쿰스(Coombs, 2006)를 참조.

3   구체적인 문헌 목록은 이현우·손영곤(2016) 참조.

적 체계를 갖추기 시작한 SCCT는 아직 완성된 이론이라기보다는, 후속 연구들에 의해 계속해서 검증 및 확장되고 있는 중이라고 할 수 있다. 향후 연구들은 다양한 조직위기 맥락에서 SCCT가 제안한 변수들 간 관계와 매칭 효과를 통합적으로 검증할 필요가 있다. 또한 조직의 책임성 인식뿐 아니라, 보다 다양한 공중의 인지적(Claeys and Cauberghe, 2012), 감정적(Kim and Cameron, 2011) 반응을 고려한 전략들도 논의될 필요가 있다. 조직의 평판을 구성하는 여러 차원의 인식들을 반영한 측정방법(Ma and Zhan, 2016), 다양한 조직의 유형, 이해관계자들의 세분화 등 여러 요인들도 함께 분석한다면, SCCT의 이론적 타당성뿐아니라 위기 커뮤니케이션 실무 적용의 폭을 더 확장할 수 있을 것이다.

4. 선행 연구의 한계와 향후 연구 제언

위험과 위기 커뮤니케이션의 주요 이론들에 대한 선행 연구의 한계와 향후 연구를 3절에서 제시하였다. 4절에서는 위험과 위기 커뮤니케이션 분야 연구에 대한 개괄적인 평가와 향후 연구의 방향을 제안하기로 한다.

첫째, 지금까지 위험 커뮤니케이션 연구 주제는 대부분 ① 개인적 차원(예: 인지심리학적으로 분석하는 개인의 위험 인식), 혹은 ② 사회적 차원(예: 사회문화적 요인들이 위험 인식에 미치는 영향) 차원으로 나누어졌다. 물론 이 두 분야의 연구가 항상 정확히 분리되는 것은 아니다. 예를 들어 RISP 모형은 개인의 위험정보처리 과정과 사회적 요인들의 작용을 통합적으로 이해하고자 하는 시도라고 할 수 있다. 두 차원을 연결하여 통합적인 이해의 틀을 구축하고자 하는 이러한 시도들은 후속 연구를 통해 계속되어야 한다.

둘째, 기존의 위험/위기 커뮤니케이션 효과 연구들은 대부분 공중의 메시지 노출을 가정하고 메시지를 개발하고 그 효과를 검증했다. 위험 관련 메시지나 위기대응 전략을 잘 설계하는 것도 중요하지만, 이러한 메시지를 실제 어떤 채널을 통해 공중에게 전달할 것인지, 또 공중이 접하게 될 수많은 정보 가운데 어떤 정보가 선택되는지 등에 대한 후속 연구도 실무적 함의가 클 것이다(김효정, 2017).

셋째, 위험/위기 커뮤니케이션 연구와 실무에서 발생할 수 있는 윤리적 이슈에 대한 고려도 필요하다. 크로스(Cross, 1998)에 따르면, 위험의 과학적 분석은 가치중립적이어야 하지만 위험을 관리하거나 소통하려고 하는 행위는 불가피하게 가치 판단이 요구될 수밖에 없다. 유전자 변형작물(GMO) 표시제도를 둘러싼 논쟁도 그 한 예이다(Thompson, 2012). 또한 위험/위기 커뮤니케이션의 궁극적인 목적이, 공중의 '행동 변화'인지, 아니면 공중이 스스로 선택할 수 있도록 '정확한 정보만 제공'하는 것인지 하는 문제도, 사실은 공리주의 대 칸트주의로 대립되는 윤리적 선택일 수 있다(Thompson, 2012). 특히 위험 이슈가 정책 관련 쟁점이거나 새로운 기술 관련 이슈일 경우에는, 위험 커뮤니케이션의 역할과 목적에 대한 고민과 논의가 선행되어야 한다.

이와 관련해서, 넷째, 이제 위험 커뮤니케이션은 수용자들을 대상으로 한 효과적 메시지 개발 연구뿐만 아니라, 다수의 사회구성원들이 참여하는 공론장에서의 위험 커뮤니케이션에 주목해야 한다. 서로 다른 가치와 이해를 가진 사회구성원들이 위험쟁점에 대해서 논의하고 합의점을 찾아가는 과정은, 향후 위험 커뮤니케이션 연구의 주요 분야 중 하나가 될 것이다.

다섯째, 비상위험 커뮤니케이션을 위한 이론 중심의 연구도 더 필요하다(Paek et al., 2010). 단계적 접근으로 위기를 관리하려는 시도가 조직위기 분야에서는 활발히 연구되어온 것에 비해, 자연재해나 비상재난을 단계적으로 대비, 대응하기 위한 비상위험 커뮤니케이션 연구는 비교적 부족하다. 이는 특히 국내의 비상대응체계를 개선하는 데 꼭 필요한 연구가 될 것이다.

여섯째, 위기 커뮤니케이션의 대표적 이론으로 소개된 이미지 회복과 SCCT를 보면, 위기 상황 시 조직이 어떤 전략을 쓸 것인가에 초점을 맞추고 있다. 향후 위기 커뮤니케이션은 조직 중심적 전략 연구뿐만 아니라, 수용자 중심의 효과 연구도 함께 발전되어야 한다. 예를 들어, 사례연구에서 발견한 전략들의 효과를 서베이나 실험을 통해 확인하거나, 수용자에게서 비롯되는 다양한 조절 변수들의 효과를 탐색하는 연구들이 더 활발하게 수행될 필요가 있다. 또한 조직이 개발한 전략들이 실제 뉴스 미디어를 통해서는 어떻게 편집, 전달되는가도 흥미로운 연구 분야가 될 것이다.

마지막으로, '위험'이라는 개념의 특성상, 위험/위기 커뮤니케이션 연구는 매우 다양한 맥락과 주제를 포함할 수밖에 없다. 지난 30여 년간 다양한 학제의 연구자들이 수많은 위험/위기 현상들을 설명하고 개선하기 위해 다양한 이론적 틀을 차용하거나 개발해왔다. 향후 연구는, 다소 산발적으로 흩어져 있는 기존 연구의 결과들을 평가하고 연결함으로써 보다 통합적인 위험/위기 커뮤니케이션의 지식체계(body of knowledge)를 구축해나가야 할 것이다.

참고문헌

강윤재. 2011. 「광우병 위험과 촛불집회: 과학적인가 정치적인가?」 《경제와사회》, 89호, 269~297쪽.

김민지·김영욱. 2013. 「미디어, 관계성과 이미지회복 전략이 공중의 위기커뮤니케이션 수용에 미치는 영향」. 《한국언론정보학보》, 61호, 134~158쪽.

김서용·김근식. 2007. 「위험과 편익을 넘어서」. 《한국행정학보》, 41권 3호, 373~398쪽.

김영대. 2015. 「수정한 SARF를 적용한 위험의 사회적 증폭 메커니즘 분석- 중동호흡기증후군 사례를 중심으로」. 《한국위기관리논집》, 11권 10호, 63~89쪽.

김영대·박관규. 2015. 「위험의 사회적 증폭 요인: 수정된 SARF를 통한 아스팔트 방사선 사례 분석」. 《한국정책학회보》, 24권 1호, 225~261쪽.

김영욱. 2006. 「공격과 방어의 수사학」. 《한국언론학보》, 50권 4호, 5~32쪽.

_____. 2014. 『위험 커뮤니케이션』. 서울: 커뮤니케이션북스.

김영욱·이현승·이혜진·장유진. 2016. 「미세먼지 위험에 대한 전문가와 일반인의 인식차이와 커뮤니케이션 단서 탐색: 인간심리모델(Mental Models)을 중심으로 한 분석」. 《커뮤니케이션이론》, 12권 1호, 53~117쪽.

김지윤·성민정. 2009. 「언론보도에 반영된 조직의 위기관리 전략 분석」. 《언론과학연구》, 9권 3호, 37~69쪽.

김지혜·황상재·손동영. 2015. 「기업의 위기 이력이 공중의 책임 지각과 대응 메시지 평가에 미치는 영향」. 《한국광고홍보학보》, 17권 3호, 33~64쪽.

김효정. 2017. 「원자력 발전에 대한 수용자의 기존 태도와 정치적 성향이 원자력 에너지 기사 선택에 미치는 영향: 선택적 노출 이론을 중심으로」. 《홍보학연구》, 21권 4호, 56~78쪽.

나재훈·윤영민. 2008. 「軍의 이미지 회복 전략과 언론보도 연구: 'GP 총기 사고'를 중심으로」. 《한국언론학보》, 52권 5호, 160~185쪽.

남성주·황성욱. 2013. 「웹페이지와 트위터 메시지에 나타난 이미지 회복 전략 비교연구」. 《방송과 커뮤니케이션》, 14권 2호, 5~40쪽.

박시은·최수정·정세훈. 2016. 「정신 건강 관련 캠페인의 설득 효과」. 《헬스커뮤니케이션연구》, 15권, 125~169쪽.

박태열. 2006. 「정치인들의 이미지 회복 전략에 대한 수사학적 접근: 이해찬 국무총리의 황제 골프 파문을 중심으로」. 《한국광고홍보학보》, 8권 4호, 267~301쪽.

서미혜. 2016. 「메르스 관련 위험정보 탐색과 처리가 메르스 예방행동에 미치는 영향」. 《한국언론정보학보》, 78호, 116~140쪽.

유성신·박현선·진범섭. 2016. 「병행과정 확장 모델을 적용한 메르스 예방 행동 의도에 관한 연구」. 《한국광고홍보학보》, 18권 2호, 237~273쪽.

이수범·김성학·한성준. 2012. 「정당의 위기관리 커뮤니케이션 전략과 언론 보도 프레임에 대한 연구」. 《현대정치연구》, 5권 2호, 75~107쪽.

이철한. 2007. 「담배회사의 이미지 회복 전략 분석과 효과측정 연구」. 《한국광고홍보학보》, 9권 4호, 135~161쪽.

이현우·손영곤. 2016. 「국내 위기관리 커뮤니케이션 연구에 대한 메타분석」. 《홍보학연구》, 20권 3호, 139~172쪽.

이현주·이영애. 2007. 「과학기술의 위험 및 이득 지각에서 감정추단」. 《인지과학》, 18권 3호, 305~324쪽.

정익재. 2010. 「인터넷 환경에서 사회 이슈 증폭 현상의 정책적 의미: 천성산 원효터널공사 사례 분석」. 《한국정책학회보》, 19권 4호, 327~353쪽.

정지범·채종헌. 2010. 『위험의 정치화 과정과 효과적 대응 전략 마련』. 서울: 한국행정연구원.

전소연. 2015. 「주사바늘 자상에 의한 의료종사자의 혈액매개 HIV 감염 예방 행동에 미치는 영향 ―EPPM 모델을 기반으로」. 《대한보건연구(구 대한보건협회학술지)》, 41권 1호, 65~79쪽.

전승우·박준우·김주현·박준호. 2016. 「공포 소구에서 공포와 위험, 효능감의 관계」. 《한국심리학회지》, 17권 4호, 645~664쪽.

진하령. 2017. 「상황적 위기 커뮤니케이션 이론(SCCT)의 국내 적용과 반 기업 정서의 역할에 대한 연구」. 한양대학교 석사학위논문.

차동필. 2005. 「공포 소구 모델 EPPM의 예측력 연구」. 《한국사회과학연구》, 27권 3호, 91~114쪽.

_____. 2015. 「폭음행위 영향 요인 모색을 위한 병행과정 확장모델과 범이론적 모델의 결합」. 《언론학연구》, 19권 3호, 225~245쪽.

최진식. 2009. 「위험성 인식의 사회적 증폭요인에 관한 연구: 언론보도와 사회적 신뢰가 광우병 위험성 판단에 미치는 영향을 중심으로」. 《한국정책과학학회보》, 13권 3호, 165~188쪽.

허서현·김영욱. 2015. 「위험 유형에 따른 위험 정보 탐색과 처리 과정 연구」. 《한국언론정보학보》, 70호, 246~276쪽.

홍성만. 2013. 「위험사회와 공공성 탐색: 불산가스 및 방사능 누출 위험사례를 중심으로」. 《한국정책연구》, 13권 2호, 117~135쪽.

Aishath, S. and Becken, S. 2015. "Understanding Tourism Leaders' Perceptions of Risks from Climate Change: An Assessment of Policy-making Processes in the Maldives using the Social Amplification of Risk Framework (SARF)." *Journal of Sustainable Tourism,* Vol. 23, No. 1, pp. 65~84.

Ajzen, I. 1991. "The Theory of Planned Behavior." *Organizational Behavior and Human Decision Processes,* Vol. 50, No. 2, pp. 179~211.

Anthony, K. E, Sellnow, T. L. and Millner, A. G. 2013. "Message Convergence as a Message-centered Approach to Analyzing and Improving Risk Communication." *Journal of Applied Communication Research,* Vol. 41, pp. 346~364.

Arendt, C, LaFleche, M. and Limperopulos, M. 2017. "A Qualitative Meta-analysis of Apologia, Image Repair, and Crisis Communication: Implications for Theory and Practice." *Public Relations Review,* Vol. 43, No. 3, pp. 517~526.

Barnett, D. J, Thompson, C. B, Semon, N. L, Errett, N. A, Harrison, K. L. ··· Storey, D. 2014. "EPPM and Willingness to Respond: The Role of Risk and Efficacy Communication in Strengthening Public Health Emergency Response Systems." *Health Communication,* Vol. 29, No. 6, pp. 598~609.

Benoit, W. L. 1995. *Accounts, Excuses, and Apologies.* Albany NY: State University of New York Press.

Boase, N, White, M, Gaze, W. and Redshaw, C. 2017. "Evaluating the Mental Models Approach to Developing a Risk Communication: A Scoping Review of the Evidence." *Risk Analysis,* Vol. 37, No. 11, pp. 2132~2149.

Bostrom, A, Fischhoff, B, and Morgan, M.G. 1992. "Characterizing Mental Models of Hazardous Processes: A Methodology and an Application to Radon." *Journal of Social Issues,* Vol. 48, No. 4, pp. 85~100.

Bostrom, A, Atman C.J, Fischhoff, B, and Morgan, M.G. 1994. "Evaluating Risk Communications: Completing and Correcting Mental Models of Hazardous Processes, Part II." *Risk Analysis,* Vol. 14, No. 5, pp. 789~798.

Bostrom, A, Morgan, M. G, Fischhoff, B, and Read, D. 1994. "What Do People Know about Global Climate Change?: Mental Models." *Risk Analysis,* Vol. 14, No. 6, pp. 959~970.

Cameron, G, Wilcox, D, Reber, B. and Shin, J. 2008. *Public Relations Today: Managing Competition and Conflict.* New York: Pearson.

Claeys, A. and Cauberghe, V. 2012. "Crisis Response and Crisis Timing Strategies: Two Sides of the Same Coin." *Public Relations Review,* Vol. 38, No. 1. pp. 83~88.

Coombs, T. 2004. "Impact of Past Crises on Current Crisis Communication: Insights from Situational Crisis Communication Theory." *Journal of Business Communication*, Vol. 41, No. 3, pp. 265~289.

Coombs, T. 2006. "The Protective Powers of Crisis Response Strategies: Managing Reputational Assets during a Crisis." *Journal of Promotion Management*, Vol. 12, No. 3/4, pp. 241~260.

Coombs, T. 2015. *Ongoing Crisis Communication: Planning, Managing, and Responding*, 4th ed. Los Angeles: Sage.

Cross, F. B. 1998. "Facts and Values in Risk Assessment." *Reliability Engineering & System Safety*, Vol. 59, pp. 27~40.

de Hoog, N, Stroebe, W. and de Wit, J. B. F. 2007. "The Impact of Vulnerability to and Severity of a Health Risk on Processing and Acceptance of Fear-arousing Communications: A Meta-analysis." *Review of General Psychology*, Vol. 11, pp. 258~285.

Douglas, M. 1985. *Risk Acceptability according to the Social Sciences*. New York: Russell Sage Foundation.

Fink, S. 1986. *Crisis Management: Planning for the Inevitable*. New York, N.Y: American Management Association.

Fischhoff, B. 1995. "Risk Perception and Communication Unplugged: Twenty Years of Process." *Risk Analysis*, Vol. 15, No. 2, pp. 137~145.

Fischhoff, B, Slovic, P, Lichtenstein, S, Read, S, and Combs, B. 1978. "How Safe is Safe Enough? A Psychometric Study of Attitudes towards Technological Risks and Benefits." *Policy Sciences*. Vol. 9, No. 2, pp. 127~152.

Gigerenzer, G. and Hoffrage, U. 1995. "How to Improve Bayesian Reasoning without Instruction: Frequency Formats." *Psychological Review*, Vol. 102, No. 4, pp. 684~704.

Griffin, R. J, Dunwoody, S. and Neuwirth, K. 1999. "Proposed Model of the Relationship of Risk Information Seeking and Processing to the Development of Preventive Behaviors." *Environmental Research*, Vol. 80, No. 2, pp. S230~S245.

Griffin, R. J, Neuwirth, K, Giese, J. and Dunwoody, S. 2002. "Linking the Heuristic-systematic Model and Depth of Processing." *Communication Research*, Vol. 29, No. 6, pp. 705~732.

Ha, J. H. and Riffe, D. 2015. "Crisis-related Research in Communication and Business Journals: An Interdisciplinary Review from 1992 to 2011." *Public Relations Review*, Vol. 41, pp. 569~578.

Hagemann, K. and Scholderer, J. 2009. "Hot Potato: Expert-consumer Differences in the Perception of a Second-generation Novel Food." *Risk Analysis*, Vol. 29, pp. 1041~1054.

Hart, P. S. and Feldman, L. 2014. "Threat without Efficacy? Climate Change on U.S. Network News." *Science Communication,* Vol. 36, No. 3, pp. 325~351.

Heath, R. L. 2010. "Crisis Communication: Defining the Beast and De-marginalizing Key Publics." in W. T. Coombs, and S. Holladay (eds.). *The Handbook of Crisis Communication* (pp. 1~13). Malden, MA: WileyBlackwell.

Johnson, B. B. 2004. "Risk Comparisons, Conflict, and Risk Acceptability Claims." *Risk Analysis,* Vol. 24, No. 1, pp. 131~145.

Jones, N. A., Ross, H., Lynam, T., Perez, P. and Leitch, A. 2011. "Mental Models: An Interdisciplinary Synthesis of Theory and Methods." *Ecology and Society,* Vol. 16, No. 1, pp. 46~46.

Kahlor, L A, Dunwoody, S, Griffin, R. J, Neuwirth, K. and Giese, J. 2003. "Studying Heuristic-systematic Processing of Risk Communication." *Risk Analysis,* Vol. 23, No. 2, pp. 355~368.

Kasperson, R. E, Renn, O, Slovic, P, Brown, H. S, Emel, J, Goble, R, ··· Ratick, S. 1988. "The Social Amplification of Risk: A Conceptual Framework." *Risk Analysis,* Vol. 8, No. 2, pp. 177~187.

Kasperson, J. X, Kasperson, R. E, Pidgeon, N. and Slovic, P. 2003. "The Social Amplification of Risk: Assessing Fifteen Years of Research and Theory." in N. Pidgeon, R. E. Kasperson and P. Slovic (eds.). *The Social Amplification of Risk* (pp. 355~375). Cambridge: Cambridge University Press.

Keller, C, Siegrist, M. and Gutscher, H. 2006. "The Role of Affect and Availability Heuristics in Risk Communication." *Risk Analysis,* Vol. 26, No. 3, pp. 631~639.

Kim, H. and Cameron, G. 2011. "Emotions Matter in Crisis: The Role of Anger and Sadness in the Publics' Response to Crisis News Framing and Corporate Crisis Response." *Communication Research,* Vol. 38, No. 6, pp. 826~855.

Lupton, D. 2013. *Risk,* 2nd ed. London: Routledge.

Ma, L. and Zhan, M. 2016. "Effects of Attributed Responsibility and Response Strategies on Organizational Reputation: A Meta-analysis of Situational Crisis Communication Theory Research." *Journal of Public Relations Research,* Vol. 28, No. 2, pp. 102~119.

Mamadouh, V. 1999. "Grid-group Cultural Theory: An Introduction." *GeoJournal,* Vol. 47, No. 3, pp. 395~409.

McComas, K. A. 2006. "Defining Moments in Risk Communication Research: 1996-2005." *Journal of Health Communication,* Vol. 11, pp. 75~91.

McMahan, S, Witte, K. and Meyer, J. 1998. "The Perception of Risk Messages regarding Electromagnetic Fields: Extending the Extended Parallel Process Model to an Unknown Risk." *Health Communication,* Vol. 10, No. 3, pp. 247~259.

Mitroff, I. and Anagnos, G. 2001. *Managing Crises before They Happen: What Every*

Executive and Manager Needs to Know about Crisis Management. New York: Amacom.

Morgan, M. G, Fischhoff, B, Bostrom, A. and Atmans, C. 2002. *Risk Communication: A Mental Models Approach.* New York: Cambridge University Press.

Miles, B. and Morse, S. 2007. "The Role of News Media in Natural Disaster Risk and Recovery." *Ecological Economics,* Vol. 63, No. 2-3, pp. 365~373.

Paek, H, Hilyard, K, Freimuth, V, Barge, J. K. and Mindlin, M. 2010. "Theory-Based Approaches to Understanding Public Emergency Preparedness: Implications for Effective Health and Risk Communication." *Journal Of Health Communication,* Vol. 15, No. 4, pp. 428~444.

Palenchar, M. J. 2008. "Risk Communication and Community Right to Know: A Public Relations Obligation to Inform." *Public Relations Journal,* Vol. 2, No. 1, pp. 1~26.

Pidgeon, N. and Henwood, K. 2010. "The Social Amplification of Risk Framework (SARF): Theory, Critiques, and Policy Implications." in P. Bennett, K. Calman, S. Curtis, D. Fischbacher-Smith (eds.). *Risk Communication and Public Health.* Oxford, UK: Oxford University Press.

Quarantelli, E. L. 2005. "Catastrophes are different from disasters: Understanding Katrina." http://understandingkatrina.ssrc.org/quarantelli.

Reynolds, B. and Seeger, M. W. 2005. "Crisis and Emergency Risk Communication as an Integrative Model." *Journal of Health Communication,* Vol. 10, pp. 43~55.

Rodgers, W. M, Hall, C. R, Blanchard, C. M, McAuley, E. and Munroe, K. J. 2002. "Task and Scheduling Self-efficacy as Predictors of Exercise Behavior." *Psychology and Health,* Vol. 17, No. 4, pp. 405~416.

Sellnow, D. D. and Sellnow, T. L. 2014. "Instructional Principles, Risk Communication." in T. L. Thompson (ed.). *Encyclopedia of Health Communication* (pp. 1181~1182). Thousand Oaks, CA: Sage.

Sellnow, D, Lane, D, Sellnow, T. and Littlefield, R. 2017. "The IDEA Model as a Best Practice for Effective Instructional Risk and Crisis Communication." *Communication Studies,* Vol. 68, No. 5, pp. 552~567.

Shakeela, A. and Becken, S. 2015. "Understanding Tourism Leaders' Perceptions of Risks from Climate Change: An Assessment of Policy-making Processes in the Maldives Using the Social Amplification of Risk Framework (SARF)." *Journal of Sustainable Tourism,* Vol. 23, No. 1, pp. 65~84.

Sheppard, B, Janoske, M. and Liu, B. 2012. *Understanding Risk Communication Theory: A Guide for Emergency Managers and Communicators.* Report to Human Factors/Behavioral Sciences Division, Science and Technology Directorate, U.S. Department of Homeland Security. START, College Park, MD.

Siegrist, M. and Gutscher, H. 2006. "Flooding Risks: A Comparison of Lay People's

Perceptions and Expert's Assessments in Switzerland." *Risk Analysis,* Vol. 26, No. 4, pp. 971~979.

Slovic, P, Fischhoff, B. and Lichtenstein, S. 1980. "Perceived Risk." in R. Schwing and W. A. Albers Jr. (eds.). *Societal Risk Assessment: How Safe is Safe Enough?* (pp. 181~214). New York: Plenum.

Slovic, P, Finucane, M. L, Peters, E. and MacGregor, D. G. 2004. "Risk as Analysis and Risk as Feelings: Some Thoughts about Affect, Reason, Risk and Rationality." *Risk Analysis,* Vol. 24, No. 2, pp. 311~322.

Slovic, P. and Peters, E. 2006. "Risk Perception and Affect." *Current Directions in Psychological Science,* Vol. 15, No. 6. pp. 322~325.

So, J. 2013. "A Further Extension of the Extended Parallel Processing Model (E-EPPM): Implications of Cognitive Appraisal Theory of Emotions and Dispositional Coping Style." *Health Communication,* Vol. 28, pp. 72~83.

Sturges, D. L. 1994. "Communication through Crisis: A Strategy for Organizational Survival." *Management Communication Quarterly,* Vol. 1, No. 3, pp. 297~317

Thompson, P. 2012. "Ethics and Risk Communication." *Science Communication,* Vol. 34, No. 5, pp. 618~641.

Thomson, I. 2015. "Commentary: Understanding and Managing Public Reaction to 'Fracking'." *Journal of Energy & Natural Resources Law,* Vol. 33, No. 3, pp. 266~270.

Wilson, T. D. 1997. "Information Behaviour: An Interdisciplinary Perspective." *Information Processing and Management: An International Journal,* Vol. 33, No. 4, pp. 551~572.

Ware, B. L. and Linkugel, W. A. 1973. "They Spoke in Defense of Themselves on the Generic Criticism of Apologia." *Quarterly Journal of Speech,* Vol. 59, No. 3, pp. 273~283.

Witte, K. 1992. "Putting the Fear Back into Fear Appeals: The Extended Parallel Process Model." *Communication Monographs,* Vol. 59, No. 4, pp. 329~349.

Witte, K. and Allen, M. 2000. "A Meta-analysis of Fear Appeals: Implications for Effective Public Health Campaigns." *Health Education & Behavior,* Vol. 27, pp. 591~615.

Yang, J, Aloe, A. and Feeley, T. H. 2014. "Risk Information Seeking and Processing Model: A Meta-Analysis." *Journal of Communication,* Vol. 64, No. 1, pp. 20~41.

커뮤니케이션학에서 뇌 연구 톺아보기[*]

정동훈

1. 들어가며

해부학과 생리학 그리고 심리생리학(psychophysiology)은 그 뿌리가 동일하다. 이들은 모두 환경에 적응하는 인간, 더 구체적으로 인간의 몸 안에서 상호 연관성을 갖고 몸을 구성하는 요소들 간의 시스템을 연구하는 학문이다. 특히 심리생리학은 인간의 몸을 구성하는 물질적인 요소들은 물론, 동시에 사회적 환경 안에서 유기체의 경험과 행동 그리고 심리적 현상을 포괄하는 복잡한 과학 분야이다. 즉, 생리학적 반응과 행동에 영향을 미치는 사회적 문화적 특징들의 다양성을 고려하며 인간의 행동을 연구하는 다차원적 이론과 방법론이 결합한 학제 간 연구 분야이다.

이에 따라 심리생리학은 그 주제 분야에 따라 전공 분야가 세분화된다. 가령 사회 심리생리학은 생리학적 시스템과 사회 시스템 사이에서 상호관계를 포함

---

[*] 이 글은 정동훈 「심리생리학 측정방법론」, 한국언론학회(편), 『융합과 통섭』(2012, 나남) 243~271쪽을 수정한 것이다.

한 생리학적 측정과 관련된 인간의 인지, 감정, 그리고 행동 효과를 연구하고, 인지 심리생리학은 인간의 정보처리와 생리학적 과정 간의 관계를 연구한다.

이렇게 구체화된 심리생리학은 발달 심리생리학, 임상 심리생리학 등 그 분야가 다양하다. 이러한 분야는 단순히 인간의 생체학적 기능들만 살펴보는 것이 아니라 그것을 포함하면서도 그 배후에 존재하는 사회문화적 환경까지 포괄하는 연구의 방향성을 갖는다. 이러한 이유들로 인해 심리생리학은 생리학적 관점 또는 심리학적 관점만이 더 중요성을 갖는 것이 아니라 이 두 가지 관점이 잘 어우러져야 하는 학문 분야이다.

심리생리학은 다양한 전문 학문 분야가 연관되어 있기에 정의하기가 쉽지 않다. 초기만 하더라도 심리생리학은 이미 오랜 역사를 갖고 있는 생리심리학(psychological physiology)과 차별화를 두고자 했다. 생리심리학은 동물을 대상으로 해부학적 구조나 생리학적 과정의 조작화를 통해 행동 반응을 연구하는 학문을 말한다.

반면 심리생리학은 인간을 대상으로 심리학적 또는 행동적 요소를 조작화함으로써 생리학적 반응을 측정하는 연구이다(Stern, 1964). 즉 똑같이 생리학적 데이터를 필요로 하지만 조작화의 핵심 요소를 심리학적 배경에 둔 것이다. 그러나 연구라는 것이 그렇듯이, 연구목적에 부합하는 방법론을 사용하기 위해서 연구 분야 간 방법론적 장벽은 의미가 없게 된다. 차별점을 갖고자 시작된 이러한 연구 분야들은 서로 혼용되어 사용됨으로써 최근에는 심리학적 사건과 생리학적 사건의 기저를 이루는 메커니즘이나 이 두 사건 간의 관계를 연구하는 분야로 정의되고 있다(Ackles, Jennings and Coles, 1985).

이를 더욱 구체화하면, 심리생리학은 인간의 인지, 사고, 감정, 행동 등이 복합적으로 얽혀 있다는 전제와 함께 신경이나 호르몬과 같은 물질적 반응이 인간 속성을 설명할 수 있다는 가정에 기반을 둔 학문이다. 따라서 유기체와 환경의 상호 관계를 통해서만 설명 가능한 학문이다. 이러한 모든 것을 고려했을 때 심리생리학은 인간의 몸 안에서 발생하는 생리학적 그리고 유기체적 반응을 인간 내외적 환경을 구성하는 심리학적·사회적·행동주의적 현상과 결부하여 분석하는 학문으로 정의내릴 수 있을 것이다.

심리생리학 연구는 주의, 기억, 감정, 행동 등 인간의 의식이나 활동에 대한 거의 모든 요소에 대한 이해를 가능하게 해준다. 인간의 심리적 변화에 따른 생리적 변화라는 자극 - 반응의 인과관계를 가정하여 정서(affect), 인지, 주의 등의 결과를 생리신호를 통해 측정하여 우리가 생각하고 느끼며 반응하는 것들에 대해 설명하는 것이다.

심리생리학 연구 분야 안에서도 다양한 방법론이 있다. 일반적으로 가장 많이 활용하는 뇌전도(Electroencephalography: EEG) 연구를 비롯해, 심장의 활동을 통한 심전도(Electrocardiogram: ECG), 말초신경과 근골격근에서 형성되는 미세한 전기 신호를 통한 근전도(Electromyograph: EMG) 등 심리와 생리학의 연관성을 살펴보려는 특정 연구목적에 따라 다양하게 활용할 수 있다.

이러한 방법론이 가능한 것은 테크놀로지의 발전에 기인한다. 최근에는 직접적으로 뇌의 활동을 영상으로 연구하는 fMRI(Functional Magnetic Resonance Imaging)나 PET(Positron Emission Tomography) 같은 기법을 사용해, 뇌를 이용한 인간 연구의 새로운 방향을 제시하고 있기도 하다. 이렇게 새로운 테크놀로지의 도입을 통해 인간에 대한 연구를 진행하고 있지만, 심리생리학 연구의 가장 보편적인 방법론은 뇌에서 나오는 파장이나 근육에서의 반응, 심장에서의 파동과 같은 고전적인 기법들을 사용해서 생리적 반응을 측정하는 것이다. 이러한 기법들은 분석 기법의 정교화를 통해서 다양한 연구에서 응용되어 사용될 수 있다.

그동안 커뮤니케이션학 연구는 양적 질적으로 엄청난 성장을 이루었다. 한국연구재단에서 발표하는 등재학술지 목록을 보면 신문방송학 분야에 속하는 등재지가 22개가 있다. 여기에는 우리 한국 광고홍보학회에서 발행하는 《한국광고홍보학보》와 《광고연구》도 모두 포함된다. 그러나 이 많은 학술지 중에 심리생리학 방법론을 활용한 연구 논문은 극히 일부이다.

이번 장에서 소개하려고 하는 뇌과학 연구는 다양한 심리생리학 방법론 중에서도 특히 EEG의 연구에 대한 내용이다. EEG 연구는 데이터의 처리와 해석이 매우 어렵기 때문에 연구하기가 쉽지 않은 분야이다. 그러나 이 책의 목적 중 하나가 인접 학문과의 벽을 허무는 과정을 통해 광고와 PR을 포함한 커뮤니케이션학의 영역 확장을 꾀하고 있기에, EEG의 이해를 통해 연구의 영역을 넓히려는 노력을 하려고 한다. 이 장에서는 EEG의 태동과 원리, 사용 방법 등에 대해서 소개하고, 이를 어떻게 활용할 수 있는지에 대해서 간략하게 설명을 할 것이다. 또한 그동안 커뮤니케이션학 분야에서 활용한 EEG 연구가 어떤 것이 있는지 살펴봄으로써 후속 연구 또는 새로운 연구주제의 적용 가능성을 높이고자 한다.

2. 개념 정의와 기원

1) 뇌의 역할

EEG는 뇌에서 벌어지는 다양한 활동을 측정하는 것이다. 따라서 두피 또는 피질에 부착한 전극(electrode)의 위치에서 각 뇌 영역이 어떤 역할을 담당하는지 아는 것은 매우 중요하다. 근본적으로 뇌 활동을 얘기할 때 가장 기초적인 것은 신경원(neuron)과 교세포(glia)이다. 신경원과 교세포는 신경계를 구성하는 세포이며, 신경계는 크게 뼈로 둘러싸인 중추신경계(central nervous system)와 뇌와 척수(spinal cord)로부터 정보들을 신체 외부와 연결시키는 말초신경계(peripheral nervous system)로 구성되어 있다.

이를 더욱 자세히 살펴보면, 중추신경계는 인간의 심리적·물리적 활동을 담당하는 뇌와 뇌로 정보를 전달하는 감각뉴런과 뇌로부터 정보를 전달받는 운동뉴런으로 구성된 척수로 나뉘고, 말초신경계는 심장이나 위장의 운동, 체온유지 등과 같이 인간의 의지와 상관없는 활동을 담당하는 자율신경계(autonomic nervous system)와 의식이 관여하는 체성신경계(somatic nervous system)로 나뉜다.

신경계의 다양한 구성 가운데 역시 가장 중요한 부위는 뇌이다. 뇌를 구분하는 요소는 그 위치와 기능에 따라 다양하지만, 가장 큰 단위로 후뇌(hindbrain), 중뇌(midbrain), 전뇌(forebrain)로 구분한다. 후뇌는 다시 연수(medulla), 소뇌(cerebellum), 교뇌(pons)로 구성되며 가장 아래쪽에 위치해 척수와 직접적으로 연결되어 있는 영역이다. 중뇌는 하구(inferior colliculi)와 상구(superior colliculi)로 구성되며, 교뇌 바로 위에 위치해 있는 영역을 말하고 전뇌는 뇌의 대부분을 차지하는 영역을 말한다. 다른 영역도 그렇겠지만 특히 전뇌를 설명하기 위해서는 많은 논의를 필요로 한다. 그러나 이 글을 쓰는 목적이 뇌과학을 전공하지 않은 커뮤니케이션학 연구자를 대상으로 뇌과학 기반 심리생리학의 연구 경향을 소개하는 것이기에, EEG 연구와 직접적 연관성이 있는 대뇌피질(cerebral cortex)을 중심으로 요약하려고 한다.

피질을 공간적으로 구분하는 세 개의 열(fissure: 뇌에서 주름이 깊게 파인 골짜기 모양)이 있는데, 여기에 속하는 것이 외측열(lateral fissure), 중심열(central fissure), 종열(longitudinal fissure)이다. 각각의 열은 공간적 위치를 나누는 기준이 되는데, 외측열은 뇌의 윗부분인 배측(dorsal)과 아랫부분인 복측(ventral)을 나누는 기준이 되고, 중심열은 운동 처리를 담당하는 대뇌 반구의 앞과 감각 처리를 담당하는 뒤를 구분하는 기준이 된다. 마지막으로 종열은 오른쪽과 왼쪽으로 나누는 기준이 되는데 대뇌 반구(cerebral hemisphere)가 각각 인지와 정서로 나누어지는 다른 역할을 하고 있기 때문에 구분이 중요하다.

이러한 구분이 열에 의한 구분이라면 엽(lobe)에 의한 구분도 있다. 엽은 대뇌피질에서 해부학적인 분석은 물론 기능적 특징들이 분명하게 구분되는 특징을 갖는 네 개의 영역으로 나누어지는데, 전두엽(frontal lobe), 두정엽(parietal lobe), 측두엽(temporal lobe), 후두엽(occipital lobe)이 이에 속한다. 각 엽은 담당하는 고유의 역할이 있다.

먼저 전두엽을 살펴보면 전두엽은 중심열의 앞쪽에 위치하면서 외측열의 위쪽에 위치해 있는 곳을 말하며, 대뇌에서 가장 넓은 부위로 또한 가장 많은 기능을 담당하는 곳이다. 전두엽은 사고와 행동을 의식적으로 할 수 있게 해주

그림 12-1 • 인간의 뇌

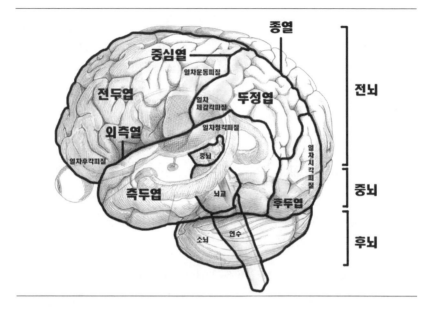

는 역할을 하고, 언어적 능력과 기억, 억제, 정서 등에 영향을 미친다고 알려졌는데, 전두엽이 손상될 경우 개별적인 과업 수행에 대해서는 문제가 없지만 과업수행과정을 조직화하지 못하는 문제로 인해 적절한 행동 수행을 하지 못한다. 또한 좌우 전두엽 간의 불일치를 경험할 수도 있는데, 오른쪽 전두엽이 더 활성화될 경우 부정적 기분과, 왼쪽 전두엽이 더 활성화될 경우 긍정적 기분과 관련이 깊다. 전두엽은 일반적인 행동을 설명하는 영역으로 통합적인 정보처리를 바탕으로 인지와 행동에 영향을 준다.

두정엽은 중심열의 뒤쪽과 외측열의 위쪽에 위치하며 고차원적인 감각과 언어 처리를 담당한다. 감각과 관련된 기능과 연관되어 있는데 체감각, 감각통합 그리고 공간 인식에 특히 관련이 있다. 뇌가 공간 정보를 처리할 때 두정엽이 활성화되는데, 이로 인해 뇌의 각 영역에서 진행하는 공간 정보를 통합하여 처리하고 이를 운동으로 활성화하는 반응을 이끌어내는 등의 다중 양식적 처리를 가능하게 한다.

측두엽은 외측열 아래에 널리 분포되어 있는 영역을 말한다. 측두엽은 언어, 기억, 정서, 복잡한 대상의 인식 등과 관련이 있는데, 특히 기억, 시각 재인(再認), 청각, 그리고 정서를 주로 담당한다. 신경과학(neuropsychology) 역사에서 매우 유명한 사건 중 하나인 'H. M. 측두엽 제거 수술 사건'은 측두엽의 역할을 잘 설명해준다. 간질을 치료하기 위해 측두엽 제거 수술을 했는데, 수술 결과는 좋았지만 예상치 못한 부작용이 나타난 것이 바로 기억 상실이다. 이를 통해 측두엽, 특히 측두엽 내의 한 영역인 해마(hippocampus)가 장기기억에 중요한 역할을 한다는 것을 알게 되었고, 이후 연구를 통해 왼쪽 측두엽은 주로 언어적 정보와 오른쪽 측두엽은 공간 정보와 관련이 깊다는 것을 발견했다. 마지막으로 후두엽은 뇌의 가장 뒤쪽에 위치해 있으며 주로 시각을 담당한다.

한편 이러한 엽의 기능들과 유사하게 일차 감각 피질(primary sensory cortex)과 일차 운동 피질(primary motor cortex)이라 불리는 영역에서 다양한 기능을 담당한다. 일차 감각 피질은 후각·촉각·시각·청각 등에 관련되고, 일차 운동 피질은 근육이나 행동 등 신체 영역을 조절하는 곳이다. 먼저 감각 피질에 대해 살펴보면, 일차 후각피질은 좌반구와 우반구에 각각 하나씩 있는데, 전두엽 바로 아래에 가느다란 선 모양의 신경조직을 말한다. 또한 일차 체감각 피질은 중심열이 위치한 부분을 기준으로 뒤쪽에 형성되어 있으며 피부에 전달되는 다양한 촉각자극 정보를 담당한다. 일차 시각 피질은 후두엽에 위치하며, 일차 청각 피질은 측두엽과 두정엽이 만나는 외측열과 중심열이 접하는 부분에 위치한다.

한편 일차 운동 피질은 운동 신경대(motor strip)라고 하는 영역에 위치하는데, 중심열이 위치한 부분을 기준으로 앞쪽에 길고 좁은 띠 모양으로 형성되어 있다. 앞서 설명한 엽이 연합 영역(association area)으로 다양한 정보를 복합적으로 처리하는 데 반해, 일차 피질은 자신이 담당하는 특정 감각이나 운동 정보만을 처리하고, 감각 기관에서 시상(thalamus)을 거쳐 전달되는 감각 정보가 가장 먼저 받아들이는 부분으로 그 중요성이 있다.

2) EEG의 역사

인간의 뇌는 수십억 개의 신경세포가 상호 결합하여 정신현상이나 운동, 감각 등을 관장하는 중추기관이다. 뇌파(electroencephalogram 또는 brain wave)는 뇌의 전기적인 활동을 의미하는 것으로, 신경계에서 뇌신경 사이에 신호가 전달될 때 생기는 전기의 흐름을 말한다. 바로 이 뇌파를 측정함으로써 인간의 뇌 활동을 연구할 수 있는 것이고, EEG는 두피 또는 피질에 부착한 전극을 통해 뇌의 전기적 활동을 측정하는 방법이다.

뇌파는 뇌에서 발생하는 모든 정보처리의 과정과 결과를 보여준다. 이는 시청각 자극을 포함한 인간이 느낄 수 있는 모든 감각적 과정을 포함하며 사고, 인지, 추론 등도 이에 속한다. 따라서 뇌파를 연구한다는 것은 뇌 활동을 연구하는 것이고, 이는 결국 인간의 심리적·물리적 활동 전반을 이해하려는 시도로 볼 수 있다.

EEG에 대한 연구는 리버풀의 개업 내과의사 리처드 케이턴(Richard Caton)이 1875년 토끼와 원숭이의 노출된 대뇌반구에서 발견한 전기적 현상을 갈바노미터(galvanometer)라는 검류계(檢流計)를 통해 기록한 것이 최초라고 전해진다. 당시의 갈바노미터는 종이에 출력되는 것이 아닌, 거울을 달고 거기에 빛을 쪼여 전위(potential)에 따라 거울이 움직이면 그 반사된 빛을 벽에 비추어서 볼 수 있는 장치였다.

그러나 본격적인 EEG 연구의 시초는 독일 생리학자 한스 베르거(Hans Berger)라고 할 수 있다. 그는 1920년 EEG 연구를 시작했는데, 머리에 외상을 입은 환자의 두개골 결손부의 피하에 2개의 백금전극을 삽입하여 기록하였고, 후에 두피에 전극을 얹기만 하여도 뇌파를 기록할 수 있음을 발견했다. 인간을 대상으로 1920년에 처음 EEG 연구가 시작된 이래로, 1929년이 되어서야 비로소 베르거에 의해 최초의 연구논문이 출판되고, 1935년 런던 생리학협회 세미나에서 처음으로 공개적인 EEG 측정 시연을 한 이후 바이오메디컬 분야에서 널리 사용되게 된다. 베르거의 최초의 논문에서 그는 아무런 정신적 활동을 하지 않는 상태로 눈을 감고 있는 편안한 상태의 성인에게서 10Hz의 매우 규칙적인 파형이 잡히는 것을 보고했는데, 이것이 현재 알려진 알파파이고 그의 공적을 기려 알파파를 '베르거 리듬'이라고도 한다.

EEG의 역사에서 가장 중요한 사건 가운데 하나는 《뇌전도와 임상신경생리학(Electroencephalography and Clinical Neurophysiology)》이라는 저널의 출판이다. 1949년 처음 출판된 이후로 저널에서 소개되는 연구 결과들은 EEG의 기능과 역할이 얼마나 중요한지를 밝히고 있다. 또한 1950년대 영국 내과의사 월터(William Grey Walter)가 만든 EEG 지도(topography) 역시 EEG 역사에서 중대한 사건인데, 뇌의 표면에 걸친 전기적 활동을 지도로 보여준 것으로 특히 1980년대 큰 인기를 누렸으며, 중요한 연구 도구로써 지금까지 사용되고 있다.

1958년에 10-20 국제전극배치법(10-20 International Electrode Placement System)의 표준화를 완성한 것 역시 EEG 연구의 진일보한 성과라고 할 수 있다. 이렇게 뇌 활동을 측정하기 위해 EEG가 주로 사용되어오다가, 1970년대 중반 이후뇌 활동을 판명하기 위한 새로운 방법론이 등장하는데 이것이 두뇌 영상 기법에 의한 측정법이다. 이 기법들은 앞서 설명한 EEG처럼 전류를 측정하는 것이 아니라 국소 혈류(local blood flow)의 변화를 측정하는 것인데, 뇌는 산소와 포도당을 저장하지 않으므로 신경원이 활동하기 위해 국소 혈액 공급이 반드시 필요하다는 논리에 기반을 둔 측정법으로, 이에 속하는 방법론으로는 대표적으로 fMRI나 PET가 있다.

각각의 기법들은 고유한 특징을 갖고 있다. 먼저 EEG는 뇌활동을 측정하는데 강점이 있다. fMRI나 PET가 뇌 활동을 감지하는 데 수 초에서 수 분이 걸리는 데 반해, EEG는 0.001초 사이에 일어나는 변화를 감지할 수 있어 시간 해상도가 상대적으로 우수하다는 장점을 갖는다. 또한 fMRI나 PET가 혈류나 물질대사 활동에서의 변화를 감지하는 간접적인 뇌의 전기 활동(brain electrical activity) 측정법인 데 반해, EEG는 직접적으로 뇌의 전기 활동을 측정한다.

반면, fMRI나 PET는 두뇌 영역이 기여하는 정도를 직접적으로 관찰할 수 있는 공간 해상도가 우수하며 다양한 합성물을 영상화할 수 있다는 장점을 갖는다. 연구를 진행할 때 중요한 것은 연구 목적을 달성하기 위해 최적의 방법론을 선택해야 하는 것이지, 어느 한 기법이 절대적 우위를 갖는다고 얘기하기는 곤란하다. 그리고 무엇보다도 우리 커뮤니케이션학 연구자들이 fMRI나 PET와 같은 고가의 장비를 활용하기에 현실적으로 큰 어려움을 겪기에 연구문제에 따라서는 EEG 연구로도 충분히 타당성 있는 데이터를 확보할 수 있을 것이다.

3. EEG 측정과 의미

1) EEG 측정과 뇌파의 분류

1920년 한스 베르거에 의해 인간을 대상으로 한 EEG 연구가 시작된 이래로 짧은 역사 속에서 많은 연구가 이루어졌다. 아직 뇌의 많은 부분이 설명되지 못하고, 또한 설령 많은 연구를 해왔다 하더라도 일관성 있는 결과를 단정하기에 한계점이 있는 것은 사실이다. 그러나 테크놀로지의 발전으로 인해 EEG 측정이 이전보다 사용하기 쉬우면서도 노이즈(noise 또는 artifact: 잡파)에 덜 민감하고, 또한 더 정확하고 상세한 해석을 가능하게 하기 때문에 심리생리학의 이론적 배경만 충실하다면 데이터를 수집하고 해석하는 데 큰 문제가 없다.

EEG는 다양한 파라미터로 특징지을 수 있는데, 가장 많이 활용하는 파라미터는 역시 주파수(frequency)와 진폭(amplitude)이다. EEG는 뇌의 신경활동을 기록하는 방법으로 두피에 부착한 금속 전극을 통해 뇌에 의해 생성되는 전기신호를 기록하는데, 이때 전기신호는 그 크기가 100μV를 넘지 못하므로 증폭과정을 거친다. 그러므로 각각의 전극들은 강력한 증폭기에 연결되어 있으며 이 증폭된 신호는 저장되어 분석에 이용된다.

EEG 측정을 위해서는 보통 연구참여자를 대상으로 임피던스(impedance, 전기회로에서 전기저항으로 여겨지는 것의 총칭)를 줄이기 위해 전도성 젤을 바른 부위에 전극을 부착하는데, 각각의 전극은 앰프에 연결되며 이때 앰프는 전압을

1000배에서 10만 배까지 증폭한다. 많은 수의 전극을 사용하여 EEG 활동성을 두피의 여러 지역에서 동시에 측정할 수 있다.

이를 사람마다 상대적으로 비교하기 위해서 두피의 전극들은 규격화된 위치에 놓이게 되는데, 대부분의 실험들은 10-20 국제전극배치법이라는 방식을 사용하고 있다. 이는 각각의 전극이 인접 전극으로부터 10 혹은 20% 떨어져 있다는 것에서 유래한다. 각 전극들은 다음과 같은 표기법을 따르는데, 좌반구는 홀수를 의미하고 우반구는 짝수를 의미하며, 작은 수일수록 가운데 위치를 나타내고 큰 숫자일수록 측면을 나타낸다. 이 규격 체계는 뇌파 실험이 누구에게 진행이 되든, 어디서 진행이 되든 관계없이 뇌파의 일관된 측정과 연구를 가능하게 해주며, 규격과 머리의 표면적에 의해 부착 가능한 전극의 수가 제한되는데, 이를 채널이라고 부르며 일반적으로 16채널 이상을 사용한다(Hughes, 1994). 일부 연구에서는 정밀한 작업을 위해 256채널을 사용하는 경우도 있지만, 16채널이나 32채널 전극을 사용하는 것이 일반적이다.

뇌파의 분류로는 주파수 영역에 따라 델타(δ), 세타(θ), 알파(α), 베타(β), 감마(γ)파 등이 있으며 이는 편의상 작위적으로 분류한 뇌파의 주파수 영역이다. 보통 특정상태의 뇌파의 특징을 분석하고자 하는 연구자들은 0~50Hz의 각 주파수 성분에 대한 분포를 먼저 관찰 후, 유의미하게 변하는 주파수 성분을 찾아 의미를 부여하기도 한다.

뇌파의 일반적인 분류를 살펴보면, 뇌신경 리듬의 속도에 따라 느린 서파(slow wave)와 빠른 속파(fast wave)로 나눌 수 있다. 델타파, 세타파, 알파파 등이 서파에 속하며, 베타파와 감마파가 속파에 속한다.

서파부터 살펴보면, 먼저 델타파는 0~3.99Hz 대역을 말하는데, 델타파는 주로 정상인의 깊은 수면에 빠져 있을 때나 신생아에게 잘 나타난다. 만약 깨어 있는 사람에게서 델타파가 평균 범위보다 매우 많이 나타난다면 대뇌피질부위의 악성 종양 또는 마취, 혼수 상태 관련 질병으로 추정할 수 있다. 그러나 뇌파 측정의 한계점이기도 한 노이즈 발생 때문에 간혹 델타파가 두드러지게 보이는 문제가 있다. 눈 움직임이나 몸 움직임에 의해 발생하는 노이즈의 주파수

그림 12-2 • 10-20 국제전극배치법

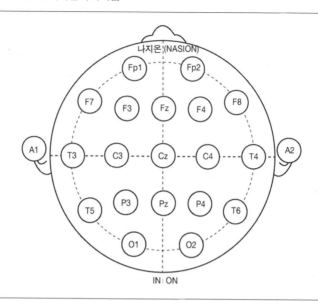

영역은 델타파 주파수 영역과 거의 일치하므로 분석 시 주의해야 한다.

다음으로는 4~7.99Hz의 주파수 대역을 갖는 세타파가 있다. 세타파는 정서 안정 또는 수면으로 이어지는 과정에서 주로 나타나는 파로 성인보다는 어린 이에게 더 많이 나타나는데, 주로 기억력·초능력·창의력·집중력·불안해소 등 많은 다양한 상태와 관련되어 있다. 특히 7~8Hz의 주파수 대역은 불안이 해소 되고 주의, 집중력이 높을 때 주로 나타난다고 보고되고는 있으나 세타파를 설 명하기에 아직까지는 표준화된 결과들이 다소 부족한 상태이다.

알파파는 8~12.9Hz의 주파수 대역을 의미하며 긴장이완과 같은 편안한 상 태에서 주로 나타난다. 베타파와 더불어 일반적으로 가장 많이 측정되고 해석 하는 뇌파이다. 안정되고 편안한 상태일수록 진폭이 증가하는데, 일반적으로 규칙적인 파동 형태로 연속적으로 나타나며, 두정부와 후두부에서 가장 크게 기록되고 전두부에 가장 작게 나타나는 특성이 있다. 눈을 감고 진정한 상태에 있을 때 안정된 알파파가 나타나고, 눈을 뜨고 물체를 주시하거나 정신적으로 흥분하게 되면 알파파는 억제된다(Klimesch, Sauseng, and Hanslmayr, 2007; Min and Herrmann, 2007). 알파파는 뇌의 발달과 밀접한 관계가 있어, 유아기에는 4~6Hz에서 측정되나 나이가 들수록 주파수도 증가하여 20세 정도에 성인의 값에 이르게 된다. 알파파를 유도하여 학습 및 업무능률향상 효과를 얻기도 한다. 속파에 속하는 베타파는 13~30Hz에서 측정되는 주파수 대역을 의미하며 주로 전두부에서 많이 나타난다. 깨어 있을 때, 말할 때와 같이 모든 의식적인 활동을 할 때 나타나는데, 특히 불안한 상태나 긴장 시 또는 복잡한 계산 처리 시에 우세하게 나타나기도 한다. 베타파 안에서도 각 영역별로 SMR파(13~16Hz: 주의 상태), 낮은 베타파(16~20Hz: 집중, 활동 상태), 높은 베타파(20~30Hz: 긴장, 흥분, 스트레스 상태)로 나누기도 한다.

감마파는 베타파보다 더 빠른 뇌신경 리듬을 가진 뇌파로 주파수 대역은 30~50Hz이며, 정서적으로 초조한 상태거나 추리, 판단 등 고도의 인지정보처리를 할 때와 관련이 깊다. 특히 인지 능력이 커질 때는 34~40Hz 대역이 활성화된다. 또한 행복감과 같은 긍정적 또는 부정적 감정과도 관련이 있는데, 가령 명상하는 도중 감마파의 활성화가 많이 증가하고, 반대로 자신의 감정을 자주 표출하거나 복잡한 인간관계를 맺으며 일하는 사람에게는 명상이 불안, 스트레스와 같은 부정적인 감정을 불러오기도 한다는 보고가 있다(Lutz et al., 2004).

이 밖에도 아직 널리 활용되지는 않지만, 카파파(κ), 람다파(λ), 뮤파(μ) 등이 보고되고 있다. 카파파는 약 10Hz(또는 6~12Hz)의 파로서 지적, 정신 활동에서 많이 나타나고, 람다파는 대상의 움직이는 상으로부터 초래되는 시각반응을 나타내는 것으로 음성파가 지속되기도 한다. 뮤파는 알파파와 비슷한데 주파수는 보통 9~11Hz이며, 형태자극을 주시할 때 활성화된다.

2) 자극처리의 유의미한 데이터 측정이 가능한 ERP

뇌의 작동 메커니즘은 여전히 미지의 영역이기 때문에 특정 상태에 대한 이론적인 추정을 하기 위해서는 임상실험을 통해 적절한 분석 알고리즘을 사용하여 데이터를 분석하고 해석을 해야 한다. 이를 위해 정확한 데이터는 필수적이다. 문제는 눈 움직임이나 근육의 미세한 변화 등과 같은 매우 사소한 움직임도 노이즈로써 영향을 미친다는 점이다. EEG 신호는 불규칙하며 연구참여자의 약간의 변화에도 민감하게 반응하기 때문에 노이즈 발생이 빈번하고 또한 이러한 노이즈 제거가 EEG 해석에서 매우 중요하다.

주파수 대역을 통해 EEG 데이터를 살펴봄으로써 두뇌활동에 대한 연속적인 활동의 총체적 설명이 가능하지만 동시에 한계도 있다. 인간의 감성은 매우 짧은 순간에 많은 변화를 가져오기 때문에, 짧은 시간 동안 순간적으로 변화하는 경우, 그 지점을 찾아내어 신호가 포함하는 정보를 찾아 감성의 변화나 태도를 분류하는 작업은 주파수 대역을 통한 EEG 분석으로는 불가능하다. 즉 특정 사건에 대한 반응을 조사하기 위해서 다른 방법이 필요한데, 이를 극복할 수 있는 방법이 바로 사건 관련 전위(event-related potentials: ERPs)이다.

ERP는 인체 내부에서 발생된 심리적·인지적 사건이나 외부의 감각적 자극에 반응하는 뇌 전위의 전기 생리학적 측정에 근거하고 있다(Donchin, 1979; Picton and Hillyard, 1988). ERP는 각각의 전극 위치에서 측정된 뇌파가 다양한 실험 조건에서 시간에 따라 어떻게 변화하는지를 검사하는 데 초점을 맞추는 분석법으로 충분한 양의 시행을 통한 EEG 데이터의 평균을 통해 구한다.

자극 처리와 관련된 뇌의 전기적 활동을 보여주는 ERP는 양전위와 음전위를 포함하는 파형을 지니며, 특정 정보를 내포하고 있는 자극을 반복 제시한 후 이 자극 처리와 관련한 뇌의 전기적 활동만을 얻는다. 따라서 특정 자극이 제시된 시점을 기준으로 측정한 뇌파들을 평균화함으로써 자극과 관련 없는 뇌의 전기적 활동부분은 제거하고 자극처리에 공통으로 관여한 뇌 활동만을 추려낸 것이다(Klimesch, Sauseng and Hanslmayr, 2007).

ERP는 통상적으로 상대적인 극성(positive, P; negative, N)과 대략적인 발현 시간(latency: 1000분의 1초 단위)을 연이어 표시하는데, 예를 들어 P100, N170, P300과 같이 표현하고, 이 해석은 P300의 경우는 자극 제시 후 약 300ms 지점에 나타나는 양(positive, 상향)의 피크(peak)로 설명한다. 또한 발현 시간 대신에 P1, N1, P3처럼 상대적으로 등장하는 순서로 명명하기도 한다(Proverbio and Zani, 2003).

ERP는 N100, N200, P300, N400, P600, P800 등 여러 개의 피크로 구성되어 있는데, 이러한 피크들은 정보처리에 관련된 다양한 의미를 내포한다. 이러한 피크들은 발현되는 시간에 따라 두 범주로 분류하는데, 자극 제시 200ms 이전에 관찰되는 정점인 N100과 N200 등을 초기 피크(early peak)로 분류하는 한편 200ms 이후에 나타나는 P300, N400 등을 후기 인지적 요소(late cognitive component)로 분류한다.

N100의 경우는 선택적 주의와, N200의 경우는 기초적인 자극 분석(elementary feature analysis)과 관련이 있는데, 초기 피크는 외부 자극은 물론 연구 참여자 개인의 내적 영향도 함께 받는다. P300의 경우는 가장 많은 연구가 이루어진 피크인데, 주로 주의력, 자극인지, 기억력과 관련이 있다. 앞서 설명한 주파수 영역에서의 델타파나 세타파와 같은 속성을 갖고 있다고 볼 수 있다.

ERP는 이렇게 시간 해상도에서 큰 장점을 갖고 주로 치매, 강박장애, 정신분열병 환자를 대상으로 하여 임상 검사로 사용되고 있으며, 바이오피드백 학습법에서는 주의 집중을 요구하는 훈련을 하는 데 사용되고 있다. 그러나 ERP는 주파수 대역을 통한 EEG 분석과 상반되게 보고자 하는 신호를 제외한 다른 신호들은 모두 노이즈로 간주하므로 사건 전후로 발생하는 뇌파의 활동성을 무시한다는 문제점을 지닌다. 또한 일관성 없는 연구 결과로 말미암아 아직까지 임상에서 활발하게 사용되지 못하는 한계를 갖고 있다.

4. 커뮤니케이션학 분야에서의 적용과 연구

1) 인지, 정서, 감정

EEG는 양적 방법론의 일환으로 커뮤니케이션학의 다양한 세부 분야, 가령 심리학적 접근법, 광고, 마케팅 등의 다양한 현상을 이론으로 정립하는 데 훌륭한 방법론적 토대를 제공한다. EEG는 인간과 관련된 현상적 이론을 연구하는 실험에서 객관적 실증 지표를 제공하므로 매우 유용하게 사용될 수 있는데, 안타깝게도 국내외의 커뮤니케이션학에서는 이를 체계적으로 교육하는 기관과 연구자가 극히 제한되어 있어 많은 연구가 이루어지지 못하는 실정이다.

사실 커뮤니케이션학 분야에서 EEG를 활용한 연구를 하기에는 많은 제약조건이 있다. 먼저 실험연구라는 방법론을 사용하는 연구자가 많지 않다. 게다가 EEG를 배울 수 있는 기관이 드물고, EEG를 측정하기 위한 비용 부담도 크다. 여전히 설문지 기법을 주로 사용하고 있는 환경에서, 또한 다른 실험연구와 비교하기 힘들 정도로 EEG에 대한 접근성이 떨어진 상황에서 연구를 하기가 쉽지 않은 실정이다.

그럼에도 앞으로 커뮤니케이션학 분야에서도 EEG의 활용 가능성이 증가할 가능성은 크다. 먼저 커뮤니케이션학 연구는 인간을 대상으로 한다는 점에서 그렇다. 기존의 주류 방법론은 인간을 대상으로 함에도 인간을 직접적으로 측정하는 것이 아닌 생각과 기억 등의 또 다른 변수에 의해 방해받을 수 있는 요소가 필연적으로 존재하는 방법론적 제약을 갖는다. 특히 인지적 반응을 측정하는 데 결정적 한계가 있다. 반면, EEG는 인간이 의식적으로 통제할 수 없는 즉각적이며 정량적인 데이터를 제시할 수 있어 객관성을 확보하는 측면에서 더 유리하다. 앞으로 더 많은 EEG 연구를 통해 이에 대한 분석방법과 해석 등이 축적되고 세밀해질 것을 가정하면, 커뮤니케이션학에서 EEG의 적용은 무궁무진하다고 할 수 있다.

EEG를 통해 커뮤니케이션학 연구자는 다양한 연구를 진행할 수 있다. 예를 들어 EEG는 감정의 변화를 측정하는 데 유용하다. 전두엽은 즐거움이나 흥미, 두려움, 혐오나 고통 같은 감정을 표현하는 부위로 알려져 있다. 이는 미디어를 통한 광고나 PR 캠페인에서 설득 효과가 어떻게 나타나는지 알려주는 중요한 평가지표가 된다.

또한 감정적으로 흥분이 되거나, 집중과 관여가 높아질수록 대뇌피질이 활성화되는데, 이때 긍정적 상관관계를 나타낸다(Bradley, Cuthbert and Lang, 1993). 행복한 영화를 볼 때는 오른쪽보다는 왼쪽 뇌에서 알파파가 더욱 활성화되고, 역겨운 영화를 볼 때는 반대가 된다. 이는 뇌의 좌우반구가 각각 비대칭적으로 활성화됨으로써 측정 정서에 대한 자극 반응을 한다는 점을 보여준다(Wheeler, Davidson and Tomarken, 1993). 이를 기반으로 자극 - 반응의 효과 검증을 명확하게 보여줄 수 있으며, 설득이나 태도, 메시지나 채널 효과 등을 평가하기에 유용하다.

팍스와 데이비슨(Fox and Davidson, 1987)은 유아들을 대상으로 감정표현과 전두엽의 좌우 EEG 비대칭의 상관관계에 대해 많은 논문을 남겼다. 10개월 유아를 대상으로 한 실험에서는 아기들이 우는 표정보다 웃는 얼굴을 봤을 때 좌측 전두엽의 EEG가 활발한 반응을 보였고, 이는 뇌의 앞쪽 부분이 접근(approach)과 소거(withdrawal)의 행동 표현을 컨트롤하는 역할을 하는 것으로 보인다고 해석하였다. 감정은 접근과 소거의 두 가지 개념으로 크게 나눌 수 있는데, 접근은 기쁨·관심 등을 포함하고, 소거는 혐오·두려움·스트레스 등을 포함한다. 다른 연구에서도 아이들의 접근과 소거와 연관된 행동은 좌우 전두엽의 EEG 불균형으로 나타난다는 것이 밝혀졌다.

성인 역시 긍정적 감정에 반응하는 좌측 전두엽의 활성화와 부정적 감정에 반응하는 우측 전두엽의 활성화의 일관된 연구 결과를 보이고 있다. 예를 들어 전두엽에서 발생하는 EEG를 통해 개인의 감성 스타일이나 성격을 짐작할 수 있는데, 오른쪽 전두엽의 EEG 불균형이 두드러지는 패턴을 보이는 성인은 그 반대의 경우보다 영화를 상대적으로 더 부정적으로 평가하고(Tomarken, Davidson, and Henriques, 1990), 둘이 있을 때 덜 사교적인 것으로 나타났다(Schmidt and Fox, 1994). 광고나 PR 캠페인의 효과를 측정하기에 유용한 평가지표인 것이다.

이후 연구에서도 접근과 소거의 감정이 전두 좌우의 뇌파 비대칭과 관계가 있음을 확인한 이들은 인간의 휴식 패턴, 혹은 전두의 뇌파 비대칭의 기초는 전두엽이 접근이나 소거와 관계된 감정을 표현하거나 못 하게 하는 역할을 하는 기준점(marker)이라는 것을 발견했다. 전두엽을 활용하여 다양한 연구를 할 수 있음을 보여주는 한 예이다.

이렇게 커뮤니케이션학에서 EEG는 인지, 정서, 학습, 개인차, 감정 등에 관한 연구를 위한 방법론으로 인간의 반응을 직접적이면서도 실시간으로 데이터를 수집할 수 있다는 점에서 큰 장점을 갖는다.

2) 광고와 PR

EEG 방법론이 활성화되지 못한 상황에서도 커뮤니케이션학 분야에서 간간히 이와 관련된 논문이 소개됐다. 특히 광고와 마케팅 분야는 자극 - 반응이라는 효과 검증을 확인하는 데 EEG가 효과적으로 사용된다. 먼저 텔레비전 광고 모델의 광고효과 측정 연구가 있었다.

김은희(2010)는 광고 모델을 전문가, 유명인, 일반소비자로 분류한 뒤 광고 모델에 따른 EEG 변화를 비교했지만 유의미한 차이가 없는 것으로 나타났다. 반면, 손명준(2013)은 스포츠 스타 모델의 제품유형에 따른 광고 태도 차이를 분석했는데, 베타파 대역에서 좌뇌 영역인 FP1(좌전전두엽), F7(좌전두엽), F3(좌중전두엽)와 우뇌 영역인 FP2(우전전두엽)에서 스포츠 스타 모델의 스포츠제품 광고가 일반제품 광고보다 통계적으로 더 유의미하게 높은 값을 보여 좌뇌의 이성적·논리적인 기반이 더 많이 작용한 것으로 나타났다.

재미있는 것은 설문지법을 이용한 측정결과와 뇌파반응을 이용한 측정결과가 전혀 다르게 나타났다는 것이다. 설문조사법에서는 일반제품 광고에서 더 높은 광고효과가 나왔고, EEG에서는 스포츠제품 광고에서 광고효과가 있는 것으로 분석된 것이다. 이처럼 심리생리학 방법론은 기존에 주로 사용되어왔던 설문지 기법의 결과를 더 강화하기도 하고, 때로는 반대의 결과를 가져오기도 한다. 어떤 결과가 더 정확한지에 대해서는 추가 연구가 필요하지만, 기억과 인지적 결과에 의존한 설문지 기법과 무의식적 생리적 반응을 측정한 데이터를 교차 분석하는 방법론은 연구 결과의 타당성을 높이는 데 긍정적이다.

이와 같은 방법론을 사용한 연구가 광고소구 유형에 따른 효과를 EEG로 검증한 연구이다(이시훈 외, 2014). 이 연구는 위협, 유머, 성적 소구 광고의 강도에 따른 주의, 각성 및 광고 회상에 대해 분석했는데, 강한 자극이 약한 자극보다는 인지적 노력과 각성을 유발했고, 그 차이가 위협, 유머, 성적 소구 순으로 나타나 소구별 특징을 반영하고 있다. 응답자의 설문에 의한 각성 및 주의와 광고회상과는 유의한 차이가 발견되지 않았으나, 뇌의 각성 정도와 광고회상과는 유의한 차이가 발견되었다.

베치아토 외(Vecchiato et al, 2010)는 상업광고, 정치 캠페인, 공공서비스 발표(Public Service Announcements)를 보았을 때 활성화되는 뇌 영역을 연구했다. EEG에서 측정되는 '표면 전기 분포'는 두개골 내의 무한 가지의 신경 근원 분포로 동일하게 설명될 수 있기 때문에 낮은 공간해상도가 단점으로 지적되어 왔는데도 베치아토 연구팀은 높은 해상도 EEG 기술을 통해 이를 극복했다고 주장한다. 이러한 그들의 주장이 사실이라면, 그동안 가격이 비싸지만 뇌 공간 해석 능력이 상대적으로 높은 fMRI나 PET 등의 활용이 어느 정도 선에서는 EEG만으로도 대체 가능하지 않을까 제안할 수 있다. 그들의 연구 결과를 보면, 상업광고의 경우 뇌의 광범위한 영역에서 활성이 이루어졌으며, 정치연설의 경우 지지자와 지지가 분명하지 않는 사람 간의 차이가 나타났다. 이 경우에 관해 베치아토 등은 지지가 분명하지 않는 사람에게는 커뮤니케이션이 의도한 대로 이루어지지 않았을 가능성을 제기했다.

3) 미디어와 인간 커뮤니케이션

피셔와 카운츠(Fisher and Counts, 2010)는 페이스북과 다른 미디어(책, 텔레비전, 웹페이지 등)를 비교 평가하기 위해 EEG와 설문지 기법을 함께 사용했다. 연구자는 매체에 대한 자동적인 정신 처리과정의 수준을 측정하는 것으로 EEG를 활용하였고, 의식적인 정신 단계를 측정하기 위해서는 설문지를 활용했다. 그들의 연구 결과는 의식적이고 인지적인 단계에서는 페이스북이 더욱 흥미롭고, 중독적이며, 매우 개인적이었지만, EEG 측정 결과는 이와 반대로 이야깃거리가 부족하고, 별로 놀랍지 않으며, 덜 개인적인 것으로 나타났다. 피서와 카운츠의 연구에서 EEG 측정은 ERP를 활용했으며, 그들은 뇌파 측정 결과를 통해 무의식적으로 일어나는 자동적인 연합이 이용자의 결정 혹은 행위에 영향을 끼칠 수 있다고 제안했다.

게임 분야를 살펴보면 정구인과 고전규(2007)는 초등학생 4학년과 6학년을 대상으로 게임 활동 시의 EEG 변화를 측정하였다. 이들은 EEG 측정을 게임 전, 구축 시, 공격 시, 게임 후 등 4회에 걸쳐 3분씩 측정하였으며, 연구 결과 4학년의 경우 게임 활동 시에 주의집중과 관련된 세타파의 활성이 유의하게 높은 반면 게임 후에는 알파파의 활성이 유의하게 높아진다고 나타냈다. 또한 6학년은 베타파가 유의한 차이를 나타냈는데, 이는 주로 전두엽 부분에 활성화되어 나타났다고 보고했다. 한편, 새로운 기능성 게임을 제시하고 이에 대한 콘텐츠 평가로 게임 전과 후의 EEG를 측정한 연구도 있다(유길상 외, 2005).

인간 커뮤니케이션과 관련된 뇌파연구를 살펴보면, 보드로, 컬슨과 매큐빈스(Boudreau, Coulson, and McCubbins, 2009)는 다른 사람을 믿는 결정에 바탕이 되는 인식 메카니즘에 궁금증을 갖고 이를 행동분석과 EEG 분석을 통해 알아내고자 했다. 그들은 연구에서 그동안 단순히 실험 참가자들의 결정만을 관찰을 해오면서는 발견할 수 없었던 것을 EEG 분석을 통해서 알 수 있었다. 분석 결과, 비록 동일한 신뢰도를 지녔다 하더라도 유사한 흥미 공유 여부나 외부적인 관습 차이에 따라 다르게 나타남을 보여주었다. 이들은 참가자의 행위와 뇌의 활동 간에는 연관성이 있으며, 이러한 그들의 연구 결과는 상대방의 상태에 따른 믿음 결정과정을 이해하는 데에 EEG가 새로운 차원을 나타낼 수 있음을 밝혀주었다.

학습과 관련한 EEG 연구 또한 행해지고 있는데, 그중 장재경과 김호성(2011)은 여대생들을 대상으로 이러닝 학습태도 변화에 따른 EEG 분석을 실시했다. 그들은 연구에서 이러닝 학습태도를 눈 감음, 산만 - 시선이동, 산만 - 클릭, 집중함이라는 네 그룹으로 나누고 그룹에 대한 EEG 분석을 했다. 그 결과

눈 감음과 집중함의 집중 지표와 산만 - 시선이동, 산만 - 클릭의 집중 지표 간에는 유의미한 차이가 나타났다. 반면 주의, 경계 시에 활성화되는 것으로 알려진 SMR파를 지표로 한 주의는 산만 - 시선이동 태도, 산만 - 클릭 태도와 눈 감음 태도, 집중함 태도에서 유의미한 차이가 나타났다. 그러나 연구 대상이 모두 여학생이었다는 점과 EEG 측정으로 두 채널의 전극만을 활용했다는 점은 이 연구의 한계점으로 남아 있다.

5. 선행 연구의 한계와 향후 연구 제언

앞서 살펴본 것처럼 EEG는 이처럼 하나의 측정방법으로 사용되기도 하지만 또한 새로운 커뮤니케이션 도구로도 사용된다. 그것은 BCI(Brain-Computer Interface)라고 소개되는 새로운 분야인데, BCI란 사람과 컴퓨터의 커뮤니케이션을 위해 사람의 생체신호 가운데 특히 EEG를 통해 컴퓨터를 작동하는 연구를 말한다. 영화 퍼시픽림(Pacific Rim)을 보면, 주인공이 로봇에 탄 후 헬멧을 통해 자신의 행동을 그대로 로봇이 따라하게 하는 장면이 나오는데, 이 시스템이 작동되는 원리가 바로 BCI이다.

최근에는 특히 가상현실로 대표되는 실감미디어와 결합하여 연구되는데, 대표적인 예가 EEG 센서를 사용하여 뇌파를 감지함으로써 가상 환경에서 콘텐츠를 조작하는 것이다(Amores, Benavides, and Maes, 2016). 헤드마운트디스플레이(head-mounted display, HMD)를 쓰고 가상현실을 즐기는 중에, HMD에 달린 EEG 센서가 몰입도를 측정함으로써 사용자는 즐겁게 플레이를 하면서 더욱더 집중도를 높이는 것이다.

BCI 기술을 이용해서 EEG 기반 레이싱게임과 같은 엔터테인먼트 영역에 응용을 한 사례는 이미 오래전에 소개된 바 있다(안민규 외, 2011). 안재성과 이원형(2010)은 뇌파 신호를 이용하여, PC 게임의 컨트롤러를 대체할 수 있는 가능성에 대한 실험을 했는데, 이들은 뇌파에서 나오는 방향 인식 패턴을 FFT 파워

스펙트럼으로 분석하여 주파수별 분포를 추출하고 이를 키보드를 대체하는 컨트롤러에 적용하였다.

앞으로 EEG 연구는 단지 EEG의 신호를 파악하는 것에 그치는 것이 아니라, 이를 통해 특정 행동이나 아이디어와 관련된 특정 패턴을 분석함으로써 인간 활동을 위한 사용자 인터페이스를 만들게 될 것이다. 오래지 않아 EEG를 통해 쇼핑을 하고, 타이핑을 하며, 인터넷을 즐길 수 있는 시스템이 갖추어질 것이다(Zhang et al., 2016). 이러한 기술이 개발되면, 광고나 브랜드에 대한 태도나 구매 의도 등을 넘어서 직접적인 구매 행동을 뇌파를 통해 분석할 수 있을 것이다.

EEG는 테크놀로지의 발달과 축적된 연구 결과에 의해 사용과 분석이 정교화되었고, 따라서 이를 이용해서 다양한 사례에 응용이 가능해졌다. 인간에 대한 반응을 연구하는 데에서 비의도적이고 즉각적이며 계량화된 기법의 사용은 설명과 일반화에 강점을 가질 수 있기 때문에, 심리생리학적 연구에 대한 시도는 앞으로도 유의미한 도전이 될 것이다.

또한 더 나아가서 인문학·사회과학·신경과학·뇌공학·인간공학·HCI 등 다양한 학문과의 접목을 통해서 기존 연구의 한계를 극복한 타당성 있는 연구를 가능하게 할 것이다. 아직 우리 커뮤니케이션 학계에서는 미지의 연구 분야로 남아 있는 심리생리학 연구가 우리 학계의 외연을 확대하고, 내실을 다질 수 있는 하나의 이론과 방법론으로서 중요한 역할을 할 수 있을 것이다.

EEG 연구가 시작된 지 그리 짧지 않았음에도, 더 나아가 심리생리학 방법론이 고유한 방법론으로 자리하며 신뢰성과 타당성을 확보한 매우 안정적인 연구방법론임에도 해외는 물론 우리나라에서 이를 활용한 연구는 극히 드물다. 인간을 대상으로 실험을 하기 때문에 전문성과 비용, 시간 그리고 윤리학적 문제가 개입될 수 있기 때문이다.

예를 들어 커뮤니케이션학 학회 중 가장 오랜 역사와 많은 회원을 자랑하는 국제커뮤니케이션학회(International Communication Association)를 통해 연구 상황을 살펴보면 현실을 이해할 수 있다. 이 학회는 1950년에 창설해서 현재 80

여 개국 4500명의 회원이 있는 큰 학회로, 23개의 디비전(division)과 9개 인터 레스트 그룹(interest group)으로 구성되어 있다. 특정 주제에 대한 새로운 학술적 관심 분야가 생길 경우 먼저 인터레스트 그룹을 만들고, 이 그룹이 지속가능한 연구를 할 경우에 디비전으로 승격되는 방식으로 운영된다.

그동안 커뮤니케이션학에서 심리생리학 연구가 전혀 없었던 것도 아님에도, 심리생리학 연구를 주로 하는 인터레스트 그룹(Communication Science and Biology)이 2016년에 생겼다는 것은 커뮤니케이션학에서 심리생리학 연구의 위치를 잘 보여준다. 커뮤니케이션학 분야에서 심리생리학 방법론이 활성화되지 못한 이유는 간단하다. 이 방법론을 사용할 수 있는 연구자도 교육자도 없었기 때문이다.

심리생리학 연구를 하기 위해서는 생리학에 대한 배경이 필수이다. 즉, 심리학도 중요하지만, 생물학이나 생리학 등 인간의 몸을 연구하는 학문 배경이 필수적이다. 예를 들어 '커뮤니케이션학과 생물학' 인터레스트 그룹을 만든 창립자이자 초대 회장이었던 캘리포니아 산타 바바라 대학의 베버(René Weber) 교수는 미디어 심리학박사일 뿐만 아니라 정신과 및 인지신경과학 의학박사이다. 현재 회장인 펜실베이니아 대학의 폴크(Emily Falk) 교수는 학부는 신경과학을, 박사는 심리학을 전공했다.

뇌에는 500억~1000억 개의 신경세포가 복잡하게 연결되어 있어 이를 연구하기 위해 고난도의 전문성이 필요하다. 복잡하고 비싼 기기 사용과 이로부터 추출된 데이터를 해석하는 것은 단순히 테크닉을 익힌다고 해서 해결되는 문제가 아니다. 사실 우리 커뮤니케이션학 분야에서 뇌의 신경활동을 이해하는 것은 신경과학 분야에서 보았을 때 극히 초보적인 단계에 지나지 않고, 그렇기 때문에 연구하기가 쉽지 않은 분야이다. 그나마 이 정도의 연구를 할 수 있는 커뮤니케이션학 연구자도 극히 드물다. 생물학이나 생리학 연구자가 커뮤니케이션학 연구 분야로 넘어오거나 커뮤니케이션학 연구자가 이를 배워야 하는데 그것이 쉽지 않다. 그러니 매우 제한적인 연구만 이루어지는 실정이다.

현실적으로 생리학 또는 신경학과 관련된 연구는 우리 커뮤니케이션학 연구자 단독으로 진행하기 어렵기 때문에, 커뮤니케이션학 분야에서 이를 활용할 수 있는 가장 좋은 방법은 커뮤니케이션학 전공자의 이론을 생리학자의 생리학적 방법론으로 검증하는 것이다. 인접 학문과의 벽 트기는 한 연구자의 다학제적 접근도 중요하지만, 협업을 통해 가설을 검증하는 것 역시 중요하다.

이 책에서 심리생리학을 소개하는 것 역시 이 챕터를 읽고 나서 당장이라도 심리생리학 연구를 할 수 있게 만드는 것이 목적이 아니라, 생소한 분야에 대한 관심을 통해 의학이나 심리학 분야로 우리 커뮤니케이션학 분야의 이론적·방법론적 영역을 확대하여 전통적인 방법론과 더불어 새로운 방법론을 통한 커뮤니케이션학 연구를 활성화하고자 함이다.

참고문헌

김은희. 2010. 「뇌파측정(EEG)을 통한 텔레비전 광고모델의 광고효과에 관한 연구」. 《커뮤니케이션학연구》, 18권 1호, 273~299.
손명준. 2013. 「정량화된 뇌파측정(QEEG)을 이용한 스포츠 스타 모델의 제품유형에 따른 광고효과분석」. 《한국사회체육학회지》, 51권 1호, 101~109.
안민규·조호현·김웅빈·김형훈·박태규·전성찬. 2011. 『뇌파 기반 뇌-컴퓨터 인터페이스 응용: 뇌게임』. HCI학회.
안재성·이원형. 2010. 「EEG 방향 인식 패턴을 이용한 게임 인터페이스 설계」. 《한국컴퓨터게임학회논문지》, 21호, 161~166.
염홍기·장인훈·심귀보. 2008. 「뇌와 컴퓨터의 인터페이스를 위한 뇌파 측정 및 분석 방법」. 중앙대학교 전자전기공학부. 《Proceedings of KIIS Spring Conference 2008》, 18권 1호, 147~150.
유길상·김인우·연제혁·이동재·이원형. 2005. 「기능성 게임 콘텐츠 설계 및 신체적 감성변화 분석」. 《한국컴퓨터게임학회논문지》, 6호, 34~39.
이시훈·안주아·정일형·김광협. 2014. 「광고 소구 유형에 따른 뇌파의 활성화 및 광고회상과의 관계」. 《광고연구》, 101호, 62~94.
장재경·김호성. 2011. 「여대생의 이러닝 학습태도 변화에 따른 뇌파 분석」. 《한국콘텐츠학회논문지》, 11권 4호, 42~50.
정구인·고전규. 2007. 「e-Sports 게임 활동 시 초등학생의 뇌파 변화」. 《한국스포츠심리학회지》, 18권 4호, 109~121.

Ackles, P, Jennings, R, and Coles, M. 1985. *Advances in Psychophysiology.* Illinois: University of Illinois at Champaign-Urbana.

Amores, J, Benavides, X, and Maes, P. 2016, May. "Psychicvr: Increasing mindfulness by using virtual reality and brain computer interfaces." In *Proceedings of the 2016 CHI Conference Extended Abstracts on Human Factors in Computing Systems*(pp. 2-2). ACM.

Boudreau, C, Coulson, S, and McCubbins, M. D. 2009. "When Institutions Induce Trust: Insights from EEG and Timed-Response Experiments (March 27, 2009). *Experiments in Political Science 2008 Conference Paper.* Available at SSRN: http://ssrn. com/abstract=1301770 or http://dx.doi.org/10.2139/ssrn.1301770

Bradley, M. M, Cuthbert, B. N, and Lang, P. J. 1993. "Pictures as prepulse: Attention and emotion in startle modification." *Psychophysiology, 30*(5), 541~545.

Donchin, E. 1979. "Event-related brain potentials in the study of human information processing." In H. Begleiter (ed.). *Evoked brain potentials and behaviour*(pp. 13~88). New York: Plenum Press.

Fisher, K, and Counts, S. 2010. "Your Brain on Facebook: Neuropsychological Associations with Social Versus other Media." *Proceedings of the Fourth International AAA1 Conference on Weblogs and Social Media.*

Fox, N. A, and Davidson, R. J. 1987. "Electroencephalogram asymmetry in response to the approach of a stranger and maternal separation in 10-month-old infants." *Developmental Psychology, 23,* 233~240.

Hughes, J. R. 1994. *EEG in clinical practice.* Oxford: Butterworth Heinemann Press.

Klimesch, W, Sauseng, P, and Hanslmayr, S. 2007. "EEG alpha oscillations: The inhibition-timing hypothesis." *Brain Research Reviews, 53*(1), 63~88.

Lutz, A, Greischar, L. L, Rawlings, N. B, Ricard, M, and Davidson, R. J. 2004. "Long-term meditators self-induce high-amplitude gamma synchrony during mental practice." *Proceedings of the National Academy of Science of the U.S.A. 101*(46). 16369~16373.

Min, B. K, and Herrmann, C. S. 2007. "Prestimulus EEG alpha activity reflects prestimulus top-down processing." *Neuroscience Letters, 422*(2), 131~135.

Picton, T. W, and Hillyard, S. A. 1988. "Endogenous event-related potentials." In T. W. Picton (ed.). *Handbook of Electroencephalography and Clinical Neurophysiology* (Vol. 3, pp. 361~426). Amsterdam: Elsevier.

Proverbio, A. M, and Zani, A. 2003. *Electromagnetic manifestations of mind and brain. The cognitive electrophysiology of mind and brain.* New York: Academic press.

Schmidt, L. A, and Fox, N. A. 1994. "Patterns of cortical electrophysiology and autonomic activity in adults' shyness and sociability." *Biological Psychology, 38,* 183~198.

Stern, J. A. 1964. "Toward a definition of psychophysiology." *Psychophsiology, 1,* 1~90.

Tomarken, A. J., Davidson, R. J., & Henriques, J. B. 1990. Resting frontal brain asymmetry predicts affective responses to films. *Journal of personality and social psychology*, 59(4), 791.

Vecchiato, G, Astolfi, L, Tabarrini, A, Salinari, S, Mattia, D, Cincotti, F, Bianchi, L, Sorrentino, D, Aloise, F, Soranzo, R, and Babiloni, F. 2010. "EEG analysis of the brain activity during the observation of commercial, political, or public service announcements." *Computational Intelligence and Neuroscience*[On-line], Available: http://www.hindawi.com/journals/cin/2010/985867/

Wheeler, R. E, Davidson, R. J, and Tomarken, A. J. 1993. "Frontal brain asymmetry and emotional reactivity: A biological substrate of affective style." *Psychophysiology*, 30(1), 82~89.

Zhang, L, Wang, K. J, Chen, H, and Mao, Z. H. 2016, October. "Internet of Brain: Decoding Human Intention and Coupling EEG Signals with Internet Services." In *Service Science (ICSS), 2016 9th International Conference*(pp. 172~179). IEEE.

찾아보기

지은이 소개

백 혜 진 ｜ hjpaek@hanyang.ac.kr
한양대학교 광고홍보학과 교수
연세대학교 신문방송학과 졸업 후 광고회사 코래드에서 카피라이터와 AE로 일했다. 미국 위스콘신대학교(University of Wisconsin)에서 매스 커뮤니케이션 전공으로 석사학위와 박사학위를 받고, 조지아대학교(University of Georgia) 광고홍보학과 조교수, 미시간 주립대학교(Michigan State University) 광고홍보학과 부교수를 거쳤다. 한국 헬스커뮤니케이션학회 회장을 역임했으며, 관심 분야는 헬스커뮤니케이션, 리스크 커뮤니케이션, 소셜 마케팅, 광고PR의 사회적 책임이다. 주요 저서로는 『헬스 커뮤니케이션의 메시지 수용자 미디어 전략』(공저), 『공공 커뮤니케이션 캠페인』(역서), 『소셜 마케팅』, 『커뮤니케이션 과학의 지평』(공저) 등이 있다.

최 세 정 ｜ bluemarina73@korea.ac.kr
고려대학교 미디어학부 교수
미국 미시간 주립대학교(Michigan State University)에서 광고학으로 석사학위와 매스미디어(광고)로 박사학위를 취득했다. 오리콤에서 AE로, 텍사스-오스틴대학(University of Texas at Austin)에서 조교수와 부교수로 근무한 경력이 있다. 주 관심 분야는 디지털 환경에서의 소비자 심리, 광고 전략과 효과이다.

조 수 영 ｜ sycho@khu.ac.kr
경희대학교 언론정보학과 교수
미국 미주리대학교 컬럼비아 캠퍼스(University of Missouri-Columbia)에서 2005년에 박사학위를 취득했다. Public Relations 관련(위기관리, CSR) 및 헬스커뮤니케이션 분야의 연구를 광범위하게 진행하고 있다.

정 세 훈 ｜ sjeong@korea.ac.kr
고려대학교 미디어학부 교수
서울대학교 언론정보학과 졸업 후 미국 펜실베이니아대학교(University of Pennsylvania)에서 석사학위 박사학위를 받았다. 주요 연구 관심사는 매체 및 메시지 요인이 광고 설득에 미치는 영향을 살펴보는 것이다.

최 인 호 ｜ fidelis73@gmail.com
명지대학교 디지털미디어학과 객원교수
고려대학교 철학과 졸업 후 미국 휴스턴대학교(University of Houston)에서 홍보학 석사학위를, 고려대학교에서 언론학 박사학위를 받았다. LG전자 해외 마케팅(IMC팀), 기획재정부 대변인실(외신업무팀), 고려대학교 연구교수 경력을 가지고 있으며, 주요 연구 관심사는 광고 및 PR 메시지 효과, 미디어 리터러시, 디지털 격차 등이다.

박진성 | jinspark@inu.ac.kr

인천대학교 신문방송학과 부교수

고려대학교에서 신문방송학 학사학위를, 미국 마켓대학교(Marquette University)에서 커뮤니케이션 석사학위를, 플로리다대학교(University of Florida-Gainesville)에서 매스커뮤니케이션 박사학위를 받았다. 미국 템플대학교(Temple University)와 테네시대학교(University of Tennessee-Knoxville)에서 조교수로서 연구와 강의를 수행하였다. 연구 주제는 건강 커뮤니케이션, 소비자 심리학, 소비자 복지 등이며 주요 연구가 *Journal of Consumer Affairs, Journal of Health Communication, Journalism and Mass Communication Quarterly, Health Communication* 등의 권위 있는 학술지에 게재된 바 있다.

전종우 | jwjun@dankook.ac.kr

단국대학교 커뮤니케이션학부 교수

미국 플로리다대학교(University of Florida)에서 매스커뮤니케이션 전공으로 박사학위를 마쳤다. 공부를 시작하기 전에 광고회사인 LG애드(현 HS애드)에서 일하는 등 광고업계에 종사하였다. '광고론', '글로벌 브랜드 마케팅', '엔터테인먼트와 광고'를 강의하고 있으며, 연구 관심 주제는 소비자 감성, 엔터테인먼트 마케팅, BTL 마케팅 커뮤니케이션 등으로서 소비자의 감성과 재미 등에 대한 연구를 주로 하고 있으며 이들 주제에 대한 글로벌 차원의 연구를 선호한다.

박노일 | no1park@cha.ac.kr

차의과학대학교 의료홍보미디어학과 부교수

연세대학교 신문방송학과에서 언론학 석사학위와 박사학위를 취득한 후, 미국 미주리 주립대학교(Missouri State University)에서 박사 후 과정을 마쳤다. 국방부 대변인실 보도계획담당, 서울디지털대학교 광고홍보영상전공 주임교수, 한국PR학회 학술연구이사, 한국방송학회 총무이사, 한국헬스커뮤니케이션학회 기획이사를 역임하였다. 관심 분야는 소셜 미디어와 뉴스정보채널 신뢰도, 설득과 헬스커뮤니케이션, 위기관리와 PR기획이다. 주요 저서로 『PR학원론』(공저), 『한국의 PR연구 20년』(공저) 등이 있다

이두황 | doolee@khu.ac.kr

경희대학교 언론정보학과 교수

한국외국어대학교 신문방송학과를 졸업하고, 미국 조지아대학교(University of Georgia)와 미시간 주립대학교(Michigan State University) 텔레커뮤니케이션학과에서 언론학 석사학위와 박사학위를 받았다. 미국 앨라배마대학교(University of Alabama) 교수를 역임하였다. 연구 분야는 가상 및 증강 현실(VR/AR), 인간 - 컴퓨터/인간 - 로봇 상호작용(HCI/HRI) 맥락에서의 사용자의 미디어 이용과 사회심리적인 효과이다.

서영남 | ynseo@ntu.edu.sg

싱가포르 난양공과대학 커뮤니케이션 스쿨(Wee Kim Wee School of Communication and

Information, Nanyang Technological University) 연구원(Research Fellow)
경희대학교 언론정보학과에서 학사, 석사, 박사학위를 취득했고 졸업 후에는 미래창조과학부 산하 실감교류인체감응솔루션 연구단에서 박사 후 연구원으로 가상 및 증강 현실(VR/AR), 인간 - 컴퓨터/인간 - 로봇 상호작용(HCI/HRI) 관련 다양한 연구를 진행한 바 있다. 주요 관심 분야는 HCI와 이스포츠(eSports) 마케팅, 그리고 디지털 환경에서의 유저 간 상호작용 등이며 관련 논문을 SSCI 국제 학술지에 꾸준히 게재해오고 있다.

김 미 경 | mkkim@hongik.ac.kr
홍익대학교 광고홍보학부 조교수
미국 미시간 주립대학교(Michigan State University)에서 커뮤니케이션 전공으로 석사학위를, 미디어와 인포메이션 전공으로 박사학위를 취득하였다. 제일기획에서 마케팅 플래너로 근무한 경력이 있으며, 주요 관심 분야는 디지털 환경에서의 마케팅 전략 및 소비자 심리이다.

김 수 연 | sooyk@sogang.ac.kr
서강대학교 커뮤니케이션학부 부교수
이화여자대학교 신문방송학과를 졸업하고, 미국 조지아대학교(University of Georgia)에서 PR학 전공으로 석사학위를, 플로리다대학교(University of Florida)에서 PR학 전공으로 박사학위를 취득하였다. 주요 관심 연구분야는 기업의 사회적 책임(CSR), PR윤리와 전문성, 위기 커뮤니케이션 등이다.

김 효 정 | hyojkim521@gmail.com
한국전력국제원자력대학원대학교(KINGS) 부교수
한동대학교를 졸업하고 미국 시라큐스대학교(Syracuse University)에서 커뮤니케이션학 석사학위를, 미주리 주립대학교(Missouri State University)에서 언론학 박사학위를 취득하였다. 싱가포르 난양이공대학(NTU) 커뮤니케이션스쿨(WKWSCI)에서 조교수를 역임하였다. 주요 관심 분야는 위험, 위기, 보건, 과학 커뮤니케이션이다. 국내외 학술지, *Asian Journal of Communication*, *Communication Research*, *CyberPsychology & Behavior*, *Health Communication*, *Journal of Health Communication*, *Journal of Public Relations Research*, *Public Relations Review* 등에 다수의 논문을 발표했다. 저서로는 *Handbook of Research on Crisis Leadership in Organizations*(공저)가 있다.

정 동 훈 | donghunc@gmail.com
광운대학교 미디어영상학부 교수, Comm. & Tech. Lab 소장
미국 테크스미스(TechSmith)사에서 유저빌리팅 테스팅과 마케팅을 담당했고, 미국 아칸사대학교(University of Arkansas)에서 조교수를, 컬럼비아대학교(Columbia University)에서 방문학자를 역임했다. 인간경험(UX)을 분석함으로써 마케팅과 정책에 대한 실행 프로젝트를 제안하는 것을 주요 연구분야로 삼고 있다. 이제까지 약 80여 편의 국내외 연구논문을 출판하고, 40여 개의 프로젝트를 수행했으며, 베스트 티처상과 우수 연구상 등 15개의 수상 경력이 있다.

한울아카데미 2117
KADPR 지식총서 3

광고PR 커뮤니케이션 효과이론

ⓒ 한국광고홍보학회, 2018

지 은 이   백혜진·최세정·조수영·정세훈·최인호·박진성·전종우·
           박노일·이두황·서영남·김미경·김수연·김효정·정동훈
기획 및 저술 지원 한국광고홍보학회
펴 낸 이   김종수
펴 낸 곳   한울엠플러스(주)
편집책임   최진희

초판 1쇄 인쇄 2018년 11월 16일
초판 1쇄 발행 2018년 11월 26일

주   소   10881 경기도 파주시 광인사길 153 한울시소빌딩 3층
전   화   031-955-0655
팩   스   031-955-0656
홈페이지   www.hanulmplus.kr
등록번호   제406-2015-000143호

Printed in Korea.
ISBN   978-89-460-7117-9 93320 (양장)
           978-89-460-6566-6 93320 (학생판)

* 이 도서는 한국언론진흥재단의 후원을 받아 출판되었습니다.
* 책값은 겉표지에 표시되어 있습니다.
* 이 도서는 강의를 위한 학생판 교재를 따로 준비했습니다.
  강의 교재로 사용하실 때는 본사로 연락해주십시오.